VIE

DE

L'ABBÉ BERNARD

OUVRAGES DU MÊME AUTEUR

Mgr DE SÉGUR, souvenirs et récit d'un frère, 7ᵉ édit. 2 beaux
vol. in-8º raisin, imprimés par DESCLÉE et DE BROUWER;
caractères elzéviriens, têtes de chapitres, culs-de-lampe,
lettrines, encadrement rouge, titre et couverture rouge
et noir, papier teinté, deux photogravures de Goupil, représentant, l'une Mgr de Ségur en 1860, l'autre un grand
dessin fait par Mgr de Ségur en 1847. Prix, broché..... 13 »»

Relié dos et coins maroquin du Levant poli, plats papier
tranche dorée, ou tranche supérieure seule dorée.... . 25 »»

Mgr DE SÉGUR, souvenirs et récit d'un frère. 2 vol. in-18 jésus. 6 »»

LETTRES DE Mgr DE SÉGUR. 2 vol. in-18 raisin. .... 7 »»

UN HIVER A ROME, portraits et souvenirs. 1 vol. in-18 jésus. 3 50

VIE DU COMTE ROSTOPCHINE, gouverneur de Moscou en 1812.
1 vol. in-18 jésus 3 50

SAINTE CÉCILE, poème tragique. 1 vol. in-18 raisin........ 2 »»

TÉMOIGNAGES ET SOUVENIRS. 1 vol. in-18 jésus.... ...... 2 50

FABLES COMPLÈTES. 1 vol. in-18 jésus............. . .. 2 50

VIE DE MADAME MOLÉ, fondatrice de l'institut des Sœurs de
la Charité de Saint-Louis (1763-1825). 1 vol. in-18 jésus.. 3 50

2905. — ABBEVILLE. — TYP. ET STÉR. A. RETAUX.

VIE

DE

L'ABBÉ BERNARD

VICAIRE GÉNÉRAL DE CAMBRAI

PAR

LE MARQUIS DE SÉGUR

PARIS

BRAY ET RETAUX, LIBRAIRES-ÉDITEURS

82, RUE BONAPARTE, 82.

—

1883

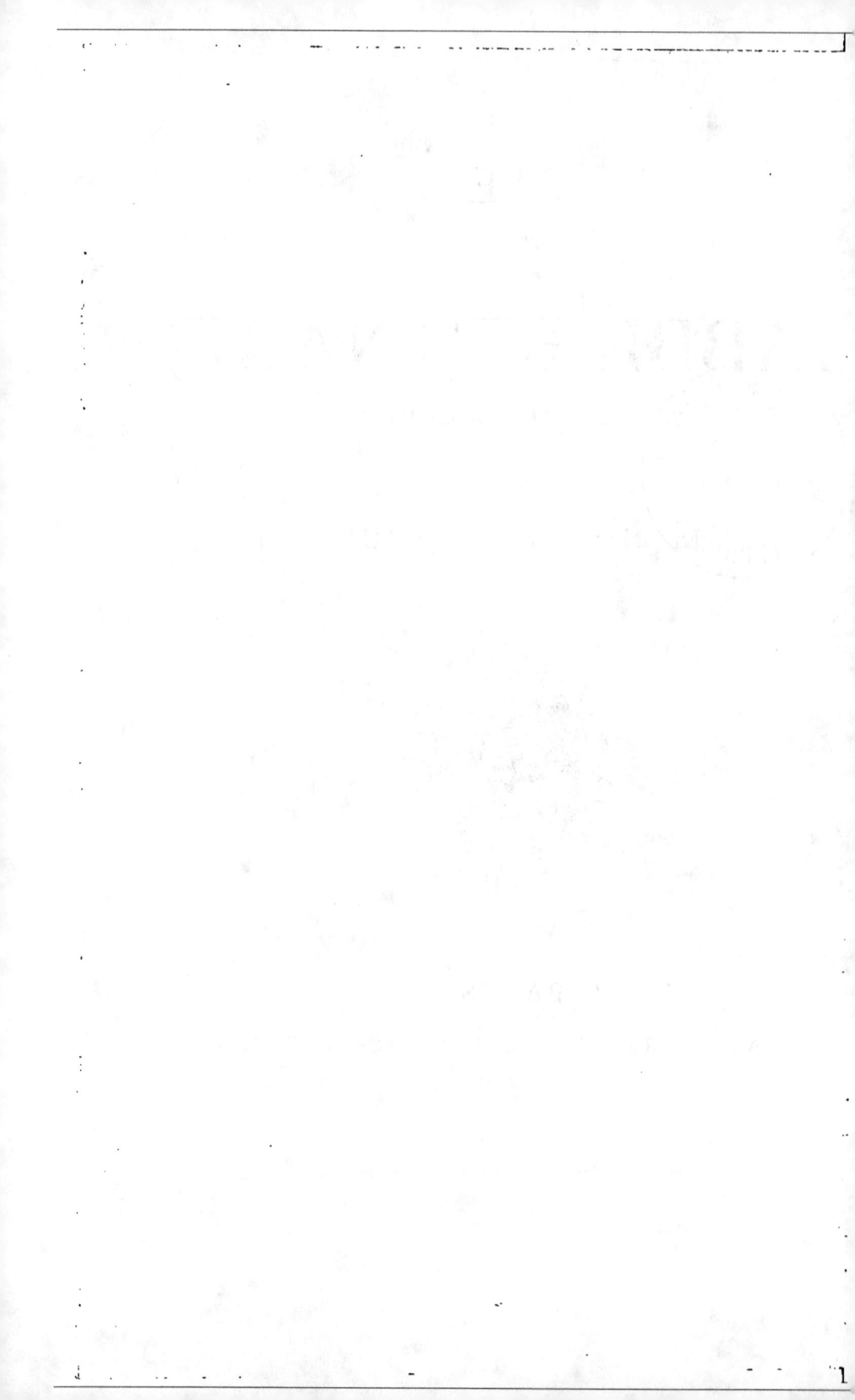

DÉDICACE

A SA GRANDEUR MONSEIGNEUR DUQUESNAY,

ARCHEVÊQUE DE CAMBRAI,

ET A SON DOCTE ET PIEUX CLERGÉ,

NOUS OFFRONS CETTE BIOGRAPHIE SACERDOTALE,

OU, DANS LES ŒUVRES ET LES VERTUS D'UN PRÊTRE DU DIOCÈSE,

SE TROUVENT RETRACÉES LES ŒUVRES

ET LES VERTUS DE TOUS.

· A. DE SÉGUR

Paris, octobre 1883

PRÉFACE

Nous croyons utile d'expliquer en quelques mots pourquoi nous avons entrepris la biographie de l'abbé Bernard, malgré des liens de parenté qui nous honorent et que sa mort n'a pu rompre. Une parenté plus étroite ne nous a pas empêché de retracer naguères la douce et sainte image de Sabine de Ségur, notre sœur, et plus récemment l'existence apostolique de Mgr de Ségur, notre frère. Quand on est résolu à parler chrétiennement des personnes chrétiennes et à ne dire que la vérité en racontant la vie des serviteurs de la vérité, les liens de famille sont un avantage et un motif de plus pour écrire, au lieu d'être un obstacle et une raison de se taire. L'auteur est alors un témoin en même temps qu'un historien, et, pourvu qu'il ne puisse être soupçonné de partialité volontaire, son témoignage a un caractère d'universalité, de continuité et en même temps d'intimité qui ajoute à sa force et à son intérêt.

Le danger, en pareille matière, serait plutôt le respect humain que la partialité. Le courage de la louange est souvent plus difficile que celui de la critique quand on parle de ses parents ou de ses amis, et plus d'une fois, en écrivant, nous avons été tenté de laisser la plume et de nous dire : « Pourquoi nous exposer à une double accusation, celle de paraître exalter les survivants en louant les morts, et celle d'offenser l'humilité des serviteurs de Dieu qui ont cherché toute leur vie à fuir la louange des hommes, et n'ont voulu travailler que sous l'œil du Divin Maître ? »

Cette crainte ne nous a point arrêté. Il nous a toujours paru que si, dans l'ordre divin, l'humilité est prescrite et nécessaire aux saints plus encore qu'au reste des hommes, la divulgation de leurs œuvres et de leurs vertus après leur mort est un devoir d'édification prescrit par les enseignements et les lois de l'Église. Il est écrit dans l'Évangile que la lumière n'est point faite pour être mise sous le boisseau; il est écrit non moins clairement à toutes les pages de l'histoire ecclésiastique que l'exaltation des Saints par le récit de leurs actes et par la consécration officielle du Saint-Siège, est une œuvre de justice et de salut. Le Sauveur l'a proclamé lui-même : « Celui qui s'abaisse sera élevé. » Et l'élévation après la mort doit être proportionnée à l'abaissement volontaire pendant la vie.

Devant ces préceptes formels de l'Évangile, ces leçons et ces traditions constantes de l'Église, les scrupules personnels doivent tomber et se taire. Peu importe ce qu'on pourra penser et dire des intentions de l'écrivain. Ce qui importe, c'est que la vérité ne demeure pas captive, que la lumière ne reste pas cachée, que le livre de la morale chrétienne en actions soit toujours ouvert, que les exemples d'une vie sacerdotale, pleine d'enseignements et d'édification, ne prennent point fin avec cette vie elle-même, et que les prêtres de Jésus-Christ, dignes de leur ministère, puissent continuer à agir, à prêcher leur divin Maître, à enseigner, à édifier, même après leur mort : *defunctus adhuc loquitur.*

Nous objectera-t-on que ces règles ne sont faites que pour la vie des saints et ne s'appliquent point à la biographie des chrétiens qui, malgré leurs vertus et leurs œuvres, ne méritent pas cette qualification? Nous répondrons qu'elles s'appliquent, selon nous, à tous ceux dont la vie peut être proposée comme un modèle à suivre et que plus le modèle est accessible à l'imitation des âmes de bonne volonté, plus il est utile et légitime de le leur présenter. Devant un thaumaturge comme saint Bernard, un homme de génie comme saint Thomas d'Aquin, un pénitent comme saint Benoît Labre, le lecteur chrétien peut être tenté de découragement, en mesurant la distance presque infinie qui le sépare de tels saints. Mais devant les vertus et les œuvres de Mgr de Ségur ou de M. l'abbé Bernard, on se sent plus à l'aise. On les touche de plus près ; malgré l'admiration qu'ils inspirent, on les trouve moins inimitables, et la lecture de leur histoire peut produire en bien des âmes des résultats plus pratiques et plus immédiatement réalisables.

Pour nous, ce n'est point sans une profonde édification que nous avons étudié d'un bout à l'autre en la racontant l'existence de ce vrai prêtre, de ce grand charitable, de cet humble et infatigable apôtre des petits, des enfants et des pauvres, de ce promoteur de tant d'œuvres de zèle et de dévouement, parmi lesquelles brille au premier rang la restauration de la collégiale de Saint-Pierre et de Notre-Dame de la Treille. C'est donc avec une entière confiance que nous présentons la vie si féconde et si éprouvée de l'abbé Bernard à la méditation et à l'imitation des fidèles de toute classe, et particulièrement des ecclésiastiques, désireux d'atteindre le but suprême proposé à tous les enfants de l'Église : être de vrais prêtres, ou de vrais chrétiens ici-bas, pour devenir un jour des bienheureux dans le ciel !

A. DE SÉGUR.

Post scriptum. — Qu'il nous soit permis d'adresser ici l'expression publique de notre gratitude aux prêtres, aux religieux et religieuses et à tous ceux qui nous ont apporté avec tant d'empressement le secours de leurs souvenirs, et de leur témoignage écrit ou parlé. Nous devons nommer, entre tous les autres, M. l'abbé de Marbais, qui a bien voulu nous communiquer, après les avoir classés, les papiers et les correspondances de l'abbé Bernard, son intime ami, dont il était dépositaire, les notes et documents de toute nature remis entre ses mains, et qui, par ce travail préliminaire, a puissamment activé et facilité notre œuvre.

Octobre, 1883.

VIE

DE

L'ABBÉ BERNARD

CHAPITRE PREMIER

La famille de l'abbé Bernard. — Son origine. — M. Bernard-
Lagache. — Madame Serret. — M. et Madame Benjamin-
Bernard.

Parmi les hommes éminents dans le sacerdoce, soit par
leur charité, soit par leur piété et leurs œuvres, quelques-
uns se rencontrent, dont la vocation semble née spontanément de la seule action de la grâce, en dehors de toute
préparation extérieure, de toute influence de la famille.
On en voit même, de loin en loin, dont les sentiments et
la conduite contrastent étrangement avec le sang et les
exemples qu'ils ont reçus de leurs parents, comme si Dieu
voulait montrer que sa puissance suffit à se créer des serviteurs et des saints en dehors de tout concours humain.
Mais ce sont là de rares exceptions, et la règle est absolument contraire. D'après l'ordre accoutumé de la Provi-

I

dence, les saints de tous les degrés sont en germe dans leurs ascendants ; ils semblent souvent être le produit des vertus, des bonnes œuvres de plusieurs générations, et comme Dieu a donné à son fils unique fait homme des prophètes, des précurseurs pour annoncer sa venue, une mère immaculée unie à un époux virginal pour veiller sur son enfance et le voir grandir en grâce et en vérité, il donne de même aux ministres de son verbe, aux héritiers de son sacerdoce éternel, des précurseurs et des initiateurs dans les générations qui les ont précédés et les parents qui les élèvent.

Il en fut ainsi de celui dont nous nous proposons d'écrire la vie et de raconter les œuvres. Il fut, pour sa génération, comme la fleur la plus pure et la plus odorante d'une tige excellente et bénie, et notre récit serait incomplet, il ressemblerait à un temple qui manque de frontispice, si nous ne résumions point d'abord, dans une rapide esquisse, les vertus naturelles et chrétiennes de ses ascendants et de ses père et mère.

La famille Bernard, sans avoir une histoire qui remonte aux croisades, possède cependant des annales qui datent de près de trois siècles, et sa généalogie, récemment imprimée, à un petit nombre d'exemplaires, par un de ses membres, remonte, sans interruption, à l'année 1598. Originaire du village de Camplin-en-Carembault, situé dans la chatellenie de Lille, elle s'établit à Lille en 1679. Ce fut Jean Bernard qui, le premier, vint se fixer dans la capitale de la Flandre. En 1685, il acheta la Bourgeoisie de Lille, et y fonda, près de la grande place, la raffinerie de sucre qui constitue depuis lors l'industrie d'une des branches les plus importantes de sa famille, et fut la source incessamment renouvelée de sa fortune. Profitant des ordonnances de Louis XIV, et suivant l'esprit de son époque, il prit des armoiries et acheta en 1743 les fiefs et seigneuries vicomtiers de Jardin-Meurin, qu'il transmit à ses descendants. Il mourut à Lille cette même année, âgé de 87 ans : ce fut le véritable fondateur de la famille.

Si l'on veut se rendre compte de la situation que ses descendants avaient à Lille, quarante ans plus tard, et de leur réputation de vertu, qu'on lise cet article nécrologique, paru en 1784 dans un annuaire de l'époque, et consacré au petit fils de Jean Bernard. Il est trop honorable pour que nous le passions sous silence.

« Le 6 de mai 1784, M. Bernard-Lagache, négociant, conseiller au mont-de-piété, ancien consul et syndic des chambres consulaires et de commerce de Lille, avait été ravi à des parents inconsolables de sa perte et à ses amis, auxquels ses vertus rendront à toujours sa mémoire chère et précieuse. Un esprit cultivé, une connaissance étendue, le faisaient aimer de quiconque le fréquentait ; mais quel lustre n'ajoutaient pas à ces qualités estimables une belle âme et un heureux naturel ! Issu d'une famille qui jouit d'une estime universelle, parce que chacun de ses membres naît avec une inclination à obliger, une bienfaisance généreuse et une tendre commisération pour les pauvres, la réunion de ces heureux dons du ciel semblait faire le caractère distinctif du citoyen vertueux dont nous déplorons la mort précipitée. Tendre époux, excellent père, ami sûr, qui pourrait rendre les charmes que goûtaient dans sa compagnie une épouse qu'un rare mérite, rehaussé par une rare modestie, rend supérieure à tout éloge; des enfants qu'il aimait d'un amour vraiment paternel et dont il était singulièrement chéri; des amis dans le sein desquels son âme ouverte et ingénue aimait à s'épancher, avec cette innocente gaieté qui est le fruit de la paix de l'âme et du calme de la conscience. Admis aux Chambres consulaires et de commerce par le suffrage unanime des négociants, suffrage vraiment flatteur parcequ'il est le fruit de leur estime, tout ce qui le flatta dans ces honorables fonctions de consul et de syndic fut de coopérer au bien du commerce, avec le même zèle qui anime ses dignes collègues. Tant d'heureuses qualités étaient marquées au sceau d'un respect sincère pour la religion, dont il observait les devoirs avec cette humble mais noble simplicité qui anime une âme pénétrée des vérités qu'elle enseigne. Heureuse sa famille, si le témoignage de la vive douleur de tous les ordres des citoyens et l'intérêt universel qu'ils prennent à son affliction peuvent, sinon fermer, du moins adoucir une plaie qui saignera longtemps dans le cœur de ses parents, et dans toute âme honnête et sensible, qui aura été honorée de son amitié. »

Tel était le grand père de l'abbé Bernard, et telle était déjà la situation de sa famille vingt ans environ avant qu'il vînt au monde. Son père, M. Benjamin Bernard, le septième des neuf enfants de M. Bernard-Lagache, épousa en 1802 Mlle Amélie Françoise Serret, issue d'une honorable famille de Valenciennes. Pendant la révolution de 1793, elle avait émigré avec ses parents et la rude école de l'adversité avait achevé l'éducation chrétienne qu'elle avait reçue de sa mère. Cette mère vraiment admirable, grand'mère de celui dont nous racontons la vie, mérite, à ce titre et par ses vertus extraordinaires, une page de cette histoire. Ce sont de ces figures qui honorent à la fois leur famille, leur pays et leur temps. La France, hélas ! n'en connaît plus beaucoup de pareilles.

Rentrée en France en 1802 après huit années d'épreuves de toute sorte passées à Hambourg, Mme Serret perdit son mari en 1814. Jamais depuis lors elle ne quitta le deuil ; jamais elle ne voulut porter de bijoux, ni avoir d'équipage. Elle se levait d'ordinaire à cinq heures et elle éveillait elle-même ses femmes. Sa coutume était d'entendre plusieurs messes et de communier trois ou quatre fois par semaine. Elle rentrait vers huit heures pour prendre un peu de thé qu'elle se refusait même de sucrer; après quoi, elle donnait audience aux malheureux dont elle écoutait les plaintes et les demandes avec grande patience et commisération. Sa matinée se passait de la sorte, à proximité d'un cabinet où étaient rangés, sur des rayons, toute espèce de vêtements répondant à tous les âges et à tous les besoins. Rien de ce qui y entrait n'y faisait long séjour et la provision s'y renouvelait sans cesse. Là se trouvait aussi une petite phar-macie. Deux ouvrières travaillaient habituellement auprès de la sainte veuve et l'aidaient au besoin à faire les pansements.

Toujours elle partageait son dîner avec un pauvre du quartier, à qui elle envoyait une portion prise au plat commun. Pendant plusieurs années, ce privilège fut accordé à une fille hydropique, et il n'était pas rare, les jours de réunion de famille, de voir disparaître de la salle les deux ailes d'une volaille destinées à quelque indigent

infirme, avant qu'aucun des convives fût servi. Quand elle
était seule, il lui arrivait de temps en temps d'admettre un
pauvre à sa table. Il était rare qu'elle prit du dessert ;
elle s'était interdit le café, ainsi que toute liqueur spiri-
tueuse, et sa boisson ordinaire était l'eau pure.

Elle s'attachait à procurer de l'ouvrage aux personnes
de bonne volonté qui en manquaient. Ainsi il y eut une
époque où les dentelles de Valenciennes ayant perdu leur
vogue, les marchands n'en trouvèrent plus le débit, et par
suite cessèrent de faire fabriquer. Il en résulta un chomâge
désastreux pour un grand nombre d'ouvrières qui n'étaient
plus en âge d'apprendre un autre état. Mme Serret leur fit
grand bien en les aidant à continuer leur travail, s'engageant à acheter leur ouvrage qu'elle payait toujours
comptant. Une partie de ces magnifiques dentelles furent
plus tard cédées à des étrangers qui n'en trouvaient plus
ailleurs ; et le reste fut distribué entre les filles de Mme
Serret.

Elle avait un grand esprit de prière, et, dans ses
moments libres, elle était souvent agenouillée, recueillie et
s'entretenant avec Dieu. Elle aimait beaucoup les offices
de paroisse, et donnait généreusement pour tous les.
besoins de l'Église. Ce n'est pas qu'elle fût prodigue ou
portée par nature à faire des largesses. Chez elle, l'aumône
était un fruit de son esprit de foi et d'une charité réfléchie.
Dans son action de grâces après la messe, et avant de
quitter l'Église, elle déterminait la quotité de ce que,
dans la journée, elle affecterait aux bonnes œuvres, et dès
son retour au logis, la somme fixée passait de son secrétaire dans une bourse spéciale. Sur les douze mille francs

d'aumônes qu'elle faisait annuellement, une bonne part servait à aider dans leurs études ecclésiastiques les jeunes gens qui se destinaient au sacerdoce.

Vers la fin de sa vie, elle fut frappée d'apoplexie, sa langue paralysée ne pouvait, à la lettre, articuler un mot intelligible, si court qu'il fût. Ce n'étaient que sons confus et dépourvus de sens, quoi qu'elle fût parfaitement saine d'esprit. Seul, l'adorable nom de *Jésus-Christ* revenait constamment sur ses lèvres, aussi nettement prononcé, dans ses trois syllabes, qu'avant son infirmité. C'était comme une prédication abrégée faite à quiconque venait la voir, comme un testament sommaire laissé à sa nombreuse famille, en même temps qu'une pieuse et efficace invocation à celui qui est la voie, la vérité, la vie, et qui la reçut bientôt après dans les tabernacles éternels.

Après avoir fait connaître à nos lecteurs le grand-père paternel et la grand'mère maternelle de l'abbé Bernard, il nous reste à leur présenter, avant d'arriver à lui-même, le portrait de son père et de sa mère, tracés par sa main filiale et sacerdotale pour perpétuer leur souvenir parmi leur descendance. Ces deux figures vénérables, si touchantes dans leur austère simplicité, sont dignes du saint prêtre, à la mémoire duquel nous consacrons cet écrit. Ajoutées aux deux précédentes, elles seront comme ces statues symboliques que la sculpture place aux quatre angles des illustres tombeaux.

« Mon père, Alexandre-Benjamin-Joseph Bernard, était pardessus tout remarquable par sa droiture et par sa bonté. Il s'était appliqué dans ses études ; il avait l'esprit cultivé, le goût pur et la mémoire ornée. Néanmoins, il était modeste et se défiait de lui-même. Il avait été cité dans sa jeunesse pour sa piété filiale et surtout pour son dévoûment affectueux envers sa mère qui était demeurée veuve d'assez bonne heure. Il ne se recherchait point lui-même, mais au contraire, il s'oubliait volontiers pour tout le monde, spécialement pour sa femme, pour ses enfants, et aussi pour ses frères et sœurs. Il était complaisant comme par instinct; il donnait volontiers et s'associait, sans se faire prier, aux œuvres utiles qu'on lui proposait.

Toujours il avait été d'une conduite exemplaire ; mais à partir du jubilé de 1826, il fut plus spécialement touché de la grâce, et il entra plus décidément dans la voie des conseils évangéliques. Sa dévotion envers la Sainte-Vierge prit alors un développement sensible, qui alla croissant jusqu'à la fin de sa vie. L'attrait qu'il avait pour cette dévotion salutaire le fit s'enrôler dans la confrérie de Notre-Dame de Bon-Secours, érigée dans la paroisse. Plus tard, il entra dans celle du mont Carmel, et il porta jusqu'à la fin son scapulaire, qu'il baisait encore amoureusement quelque temps avant d'expirer. Il voulut aussi faire partie de la confrérie de Notre-Dame de la Treille, honorée comme patronne et protectrice de sa ville natale : c'est à partir du dit jubilé qu'il s'affectionna au chapelet. Il se préparait, par là, sans le savoir de saintes diversions aux ennuis que devait lui occasionner, dans la suite, l'affaiblissement de sa vue, en même temps qu'il se ménageait de douces consolations pour ses futures et pénibles insomnies.

Marguillier de sa paroisse, membre de la confrérie du Saint-Sacrement, il ne connaissait pas le respect humain. Tous les jours, il assistait au saint sacrifice, et se confessait presque tous les samedis, pour se mettre en état de communier le dimanche. Dans les dernières années, il faisait même la sainte communion plus souvent. Bien que parfois il ne dût pas approcher de la sainte table le dimanche, il entendait une messe basse de bon matin, sans préjudice de la messe paroissiale, à laquelle il fut toujours fidèle, comme à l'office de l'après-midi. Le jeudi, il ne manquait pas la messe chantée du Saint-Sacrement. Il avait, pour cet adorable mystère, une dévotion très affectueuse. Elle se manifesta d'une manière plus sensible encore dans les dernières semaines. Après avoir reçu les derniers sacrements pendant l'administration desquels il s'écriait à plusieurs reprises : « Mon Dieu, je vous aime de tout mon cœur », il eut le bonheur de communier une fois encore. Puis, quand l'état de sa poitrine embarrassée ne permit plus de satisfaire à son pieux désir, il fit souvent et avec beaucoup de foi la communion spirituelle.

Dans l'une de ses dernières journées, il dit à l'un de ses fils qui était seul auprès de lui : « Je vous ai toujours beaucoup aimé », mais aussitôt il ajouta : « tous également et sans aucune préférence. » Depuis qu'il sentait sa fin approcher, il était insatiable de la substance des psaumes et des cantiques de l'Église, dont il savait par cœur de nombreux versets en latin. Les passages les p us touchants du *Veni sancte spiritus*, du *Pange lingua*, du *Stabat mater*, le fortifiaient visiblement : il se précipitait à en accueillir la récitation, comme un enfant affamé se jette sur la nourriture qu'on lui présente. *Quemadmodum desiderat cervus* commençait-on à lui dire. — *Quemadmodum ?* oh ! encore plus que cela, reprit-il. — *Gloria et divitiæ in domo ejus ;*

I.

il fit à ce verset, un geste et comme un air de dédain e.
d'éloignement pour toute gloire mondaine et pour tout
attachement aux biens de la terre. Dans l'invocation qu'on
lui suggérait des saints noms de Jésus, Marie, Joseph :
« Joseph, c'est mon patron, s'écriait-il. » Il ignorait qu'il
dût mourir un mercredi, jour consacré à St-Joseph, patron
de la bonne mort.

Il unissait pieusement ses souffrances et ses peines à
celles de Notre Seigneur. Ses sueurs, qui lui procuraient
un si grand malaise, il les considérait comme le sang de
l'agonie ; ses crachats continuels qui le dégoutaient si fort,
il les comparait, en s'humiliant, à ceux que Notre-Seigneur
Jésus-Christ reçut de ses ennemis. Il pardonnait généreusement à tous ceux qui lui avaient manqué, priait pour les plus
nécessiteux, recommandant les âmes les plus malades de
sa connaissance, et s'offrant pour elles, bénissant avec
effusion tous les siens, étendant même sa sollicitude sur
les ouvriers raffineurs, auxquels il fit porter des paroles
d'exhortation chrétienne.

Il s'est endormi dans le Seigneur le 30 août 1848, après
avoir baisé de lui-même les plaies du sauveur crucifié et sa
relique de la vraie Croix, comptant sur la couronne de
justice, par les mérites de son Sauveur, et pouvant dire :
« J'ai accompli l'œuvre que j'avais à faire. » Il était âgé
de 79 ans. Son corps repose à Santes, auprès de celui de
son fils aîné. *Requiescant in pace.*

Lille, samedi 2 septembre 1848.

L'abbé Charles BERNARD. »

Après le mari, la femme ; après le père, la mère.

« Ma mère Amélie-Françoise Serret, mariée à Alexandre-Benjamin Bernard, était d'un caractère ferme, droit, sérieux, ennemi de toute frivolité, mais au fond très sensible. Dévouée, autant qu'on peut l'être, à son ménage, à son mari, à ses enfants, elle était matinale, exacte à la première messe de sa paroisse, passionnée pour l'ordre, et faisant elle-même la plus grande partie des courses que nécessitait la bonne tenue de sa maison. Elle était le conseil, l'appui et la consolation de son mari dont l'extrême sensibilité et une disposition habituelle à s'alarmer exigeaient souvent des paroles rassurantes qui le remissent en paix et en sérénité. Pour ses enfants, elle fut toujours prête à tous les sacrifices, s'oubliant elle-même, renonçant à toute espèce de distraction et de plaisir hors de son intérieur. Elle leur prodigua en tout temps et à tous également ses soins, son affection et ses veilles. Elle aimait beaucoup sa sœur aînée qui comme elle, après l'émigration, avait été transplantée de Valenciennes à Lille. Elle avait fait de cette sœur sa confidente particulière. Elle la voyait au moins une fois le jour, et semblait ne plus pouvoir se passer de la société de cette judicieuse et tendre amie à qui elle devait de s'être habituée à Lille. Elle la perdit en 1826, et dès lors elle se tourna plus résolûment encore que par le passé vers la religion qui a des secrets merveilleux pour nous consoler de la perte des créatures, même les plus vertueuses et les plus utiles.

Déjà, à cette époque, comme de tout temps, ma mère était d'une parfaite régularité dans l'accomplissement de ses devoirs de chrétienne. Mais le vide que lui laissa la mort de sa bonne sœur fut aussitôt rempli par un amour plus vif envers Dieu, amour qui se manifesta par la pratique d'un plus grand nombre d'œuvres pieuses. Élevée elle-même par une mère très charitable et qui donnait d'autant plus en aumônes qu'elle se refusait davantage les superfluités de la toilette, elle fut toujours accueillante pour les véritables pauvres qui venaient lui demander, et elle entrait facilement avec eux dans les détails qui intéressaient leurs ménages. Le ciel bénissant de plus en plus les affaires de la maison, elle augmenta ses dons proportionnellement. Après avoir, jusqu'en 1830, fait partie du bureau de charité de sa paroisse, elle accepta la présidence de la société des Dames de Saint-Vincent-de-Paul que l'on fondait à Lille, et, dans l'exercice de sa charge, elle se fit aimer de tout le monde par la manière simple et unie avec laquelle elle traitait les choses, sans montrer jamais la moindre prétention.

Elle voyait avec bonheur s'accroître le nombre de ses petits enfants, qui tous l'intéressaient et lui étaient chers, comme ses enfants propres, les aînés surtout qui, par leur âge, avaient déjà pu apprécier leur grand-mère et jouir de sa conversation et de son amitié. Avec tant de monde à diriger de plus ou moins près, et surtout avec le désir que tout chez les siens fût sagement et chrétiennement réglé, elle avait besoin de chercher en Dieu sa lumière et sa force.

Habituée déjà à nourrir son âme par la méditation du livre de *l'imitation de Jésus-Christ* et de *l'année spirituelle* ; déjà fidèle à s'approcher des sacrements plusieurs fois par mois, elle eut l'avantage de recevoir chez elle M. l'abbé

Mollevaut, de la société de St-Sulpice. Elle eut une conférence avec ce saint et savant directeur, qui lui dit que, vu
l'influence qu'elle avait à exercer sur une si nombreuse
famille, il fallait qu'elle allât à la sainte table six fois la
semaine. C'est ce qu'elle observa les douze dernières
années de sa vie, se préparant à chacune de ses communions avec une ferveur nouvelle.

Le cardinal Giraud professait une singulière estime pour
elle ; il aimait particulièrement sa force de caractère qui la
rendait capable de grands sacrifices. Quand il fut question
de me retirer de la cure de Sainte-Catherine, elle dit au
prélat qui lui communiquait son projet, qu'elle était prête
à tout ; mais en même temps, elle indiquait, par ses larmes
qui, malgré elle se montraient dans ses yeux, la lutte
intérieure qu'elle avait à soutenir. Dix-sept ans plus tôt,
quand, un jour d'Assomption, je faisais à ma mère les
premières ouvertures au sujet de ma vocation, elle avait
été profondément émue ; mais elle avait répondu sans
hésiter : « Nous ne nous y opposerons pas. »

Devenu prêtre, je fus souvent le confident de ma mère,
et je puis dire combien elle avait d'affection pour son
gendre et pour toutes ses belles-filles, qu'elle confondait
dans l'amour de ses enfants. Elle fut pendant plus de deux
ans la garde-malade de mon père qui s'affaiblissait de jour
en jour ; elle lui était devenue indispensable et ne le
quittait plus. Les assujettissements de cette longue carrière
de dévouement et le chagrin d'une douloureuse séparation
avaient altéré sa santé, jusque-là vigoureuse. Elle paraissait
destinée à survivre bien des années à celui dont elle avait
fait le bonheur ; mais elle était réclamée là haut, sa tâche

était accomplie. Elle vit venir la mort sans effroi, reçut les sacrements avec grande sérénité, régla, avec une continuelle présence d'esprit, tout ce qui intéressait les siens, et s'endormit doucement dans le Seigneur, âgée de 76 ans, le premier du mois consacré au divin cœur de Jésus de l'année 1852, après s'être préparée au jugement de Dieu par les exercices pieux du mois de Marie, la mère de notre juge, le modèle des veuves et la protectrice des orphelins.

Requiescat in pace.

Notre-Dame de Liesse, 24 octobre 1855.

L'abbé Ch. BERNARD. »

Le lecteur nous pardonnera certainement et même, nous en sommes convaincu, il nous remerciera d'avoir, au début de cet écrit, reproduit ces portraits de famille tracés, avec une sobriété qui n'exclut pas l'émotion, par la main de l'abbé Bernard lui-même. Maintenant que ses prédécesseurs dans la vie et dans les vertus, ceux que nous pourrions appeler ses précurseurs, sont connus, il est temps d'arriver à sa personne et de raconter tout ce que nous avons pu recueillir, soit dans nos souvenirs, soit dans les nombreux documents qu'on a bien voulu nous fournir, sur sa vie et ses œuvres, de sa naissance à sa mort.

S'il est vrai que noblesse oblige, et que la sainteté soit la première des noblesses, on a le droit d'attendre beaucoup de l'enfant de bénédiction, qui trouvait dans le passé de sa famille tant d'exemples de dévouement, de piété et de vertu.

CHAPITRE II

L'abbé Bernard naquit à Lille le 8 novembre 1806, dans
la maison que le fondateur de sa famille, Jean Bernard,
avait établie rue de Paris et où s'étaient succédé quatre
générations éminemment chrétiennes, parfaitement charitables, bénies de Dieu et honorées des hommes. Il était le
second des sept enfants et des six fils de M. Benjamin
Bernard-Serret, qui, deux années après, en 1808, s'éta-
tablit rue de Courtrai, et y fonda, en 1820, la raffinerie
de sucre exploitée après lui par ses fils et ses petits-fils.
La maison de la rue de Paris où naquit l'abbé Bernard,
se trouvait sur la paroisse de Saint-Étienne : c'est dans
cette église qu'il fut baptisé et qu'il reçut, en entrant
dans la société chrétienne, les noms de Charles-Joseph.
Bien que ses parents eussent transporté leur domicile rue
de Courtrai en 1810, sur la paroisse de la Madeleine, il
fit sa première communion et fut confirmé à l'église où il
avait reçu le baptême ; le collége de Lille où il fit ses
études étant situé sur le territoire de Saint-Étienne.

Charles Bernard entra, en 1816, comme demi-pension-
naire, à ce collége de Lille, qui ressemblait plus alors aux
établissements fondés depuis par les jésuites qu'à ce que
sont devenus la plupart des lycées de l'État. Ce n'était encore qu'un collége communal; un digne prêtre, M. l'abbé
Rohart, ancien chanoine de la collégiale de Saint-Pierre
détruite par la Révolution française, le dirigeait avec zèle
et intelligence et imprimait à l'éducation de ses élèves un
caractère de piété solide et durable. Pendant les sept années que Charles Bernard passa sous cette sage et chrétienne direction, il se distingua par sa piété non moins
que par ses succès scolaires et il laissa le souvenir d'un
élève modèle. Un pieux ecclésiastique, alors maître d'é-
tudes, M. Bresson, depuis curé doyen de Rœulx, écrivait
à M. Henri Bernard, au moment de la mort de son frère :
« J'ai connu M. Bernard au collége de Lille il y a près de
60 ans. Je puis dire qu'il a toujours brillé éminemment
dans toutes ses classes et qu'il a toujours été au-dessus de
toute surveillance par l'aménité et l'excellence de son caractère. » Le collége possédait une chapelle, dans laquelle
les élèves pensionnaires et demi-pensionnaires assistaient
à la messe tous les jours. Ce n'était que par exception
qu'ils se rendaient à la paroisse. Mais pour la réception
solennelle des sacrements, nous voulons dire la première
communion, la confirmation, et les Pâques, tout se passait
à l'église paroissiale. Ce fut donc à Saint-Étienne que
Charles Bernard fit sa première communion peu de jours
avant Pâques, en 1818, avec une tendre dévotion, et qu'un
peu plus tard, il reçut la confirmation. Il n'oublia jamais
l'église où il avait été baptisé, confirmé, où il avait pour

la première fois participé au corps et au sang de Jésus-Christ, et vers la fin de sa vie, en souvenir du lieu où ces trois sacrements, fondement de la vie chrétienne, lui avaient été administrés, il légua à Saint-Étienne le plus beau de ses ornements sacerdotaux.

Il quitta le collège à la fin de ses études universitaires, c'est-à-dire en 1823 ou 1824, et ses parents, désirant qu'il fît son droit avant de se décider dans le choix d'une carrière, songèrent à l'envoyer à Paris ; sa sagesse, la pureté de ses mœurs, la solidité de sa dévotion étaient telles qu'ils pouvaient sans imprudence l'éloigner d'eux et le livrer à lui-même, malgré sa jeunesse. D'après les souvenirs des rares amis de ce temps qui lui ont survécu, Charles Bernard était alors un beau jeune homme, plein d'amabilité, d'esprit et de grâce, dont la vue seule attirait les cœurs comme les regards et inspirait je ne sais quel affectueux respect. Un d'entre eux nous a raconté l'impression étrange qu'il avait ressentie la première fois qu'il l'avait rencontré. C'était dans le jardin de la maison de la rue de Courtrai. Cet ami venait voir le frère aîné de Charles Bernard, avec lequel il était lié et ne l'ayant pas trouvé à la maison, il le cherchait dans le jardin. En s'approchant d'un cabinet de verdure qui se trouvait à une des extrémités du jardin, il aperçut un jeune homme à la démarche gracieuse, à l'aspect souriant, qui venait au devant de lui. Il fut tellement frappé de la candeur et du rayonnement de son visage, qu'il s'arrêta comme devant une apparition, et qu'il songea malgré lui à la rencontre de Notre-Seigneur Jésus-Christ avec Sainte Marie-Madeleine après la résurrection. Près de soixante ans après, au moment où il nous racontait cette impression, il l'avait conservée tout entière dans sa pensée et dans son cœur, tant elle avait été vive et profonde. Il ajoutait que, depuis lors, son amitié intime avec l'abbé Bernard s'était toujours mélangée d'un sentiment de vénération et de respect.

Ce même ami se rendant quelque temps après chez un professeur très aimé de la jeunesse studieuse à Lille, qui réunissait chez lui de nombreux étudiants dont il perfectionnait les études philosophiques, revit le jeune Charles Bernard, qui arrivé le premier, avait sonné à la porte du maître. Sur la réponse que celui-ci était absent, Charles se retourna vers un groupe de ses camarades qui s'était formé dans la rue, et leur dit ce seul mot : *invisibilis*, avec un sourire si gracieux, un accent si aimable, que son futur ami reçut une impression analogue à celle de leur première rencontre.

A partir de ce moment, ils se lièrent intimement d'une amitié chrétienne, toute sainte, et que la mort seule a brisée ou plutôt interrompue ; car pour les chrétiens, tous les sentiments sont immortels.

Malgré ce charme de jeunesse et de grâce souriante qui frappait alors en Charles Bernard, il ne faut pas croire qu'il ne connût pas encore les épines de la vie. Dès cette époque, les premières atteintes du mal mystérieux qui affligea sa maturité et surtout sa vieillesse le touchaient de loin en loin, comme en passant, et mêlaient une goutte d'absinthe aux joies innocentes de sa jeunesse. La croix est le sceau de tous les chrétiens, spécialement de tous les saints, et c'est à cette marque divine que le Sauveur cru-

cifié a voulu qu'on reconnût ses vrais disciples. La croix
d'un autre grand serviteur de Dieu, que l'abbé Bernard a
beaucoup connu et aimé et dans l'âme duquel il nous a été
donné de pénétrer profondément, fut la cécité, demandée,
obtenue et joyeusement portée pendant plus de vingt-cinq
années. Quant à l'abbé Bernard lui-même, sa croix fut
d'un autre ordre, intermittente, aussi morale que physique,
et qui lui laissait parfois plusieurs années de repos absolu,
car si elle eut été continuelle elle aurait dépassé les forces
humaines. C'était une sorte d'anéantissement du corps et
de l'âme, dont la source était dans l'état nerveux de l'estomac ; à mesure qu'il avançait en âge et en sainteté,
ce mal prit le caractère d'une véritable agonie, mais dans
sa jeunesse et jusqu'à sa pleine maturité, il ne faisait que
s'annoncer par des angoisses plus corporelles que spirituelles, brèves, passagères et ne le visitant que de loin en
loin. Dès l'époque que nous racontons, c'est-à-dire avant
qu'il eût vingt ans, l'ami dont les souvenirs nous ont guidé
dans cette première partie de notre récit, put constater
quelques-unes de ces visites de Jésus crucifié à son futur
ministre.

Un jour qu'ils se promenaient ensemble à Lille, causant
gaiement et devisant de toutes choses, Charles Bernard
s'arrêta tout à coup, et pâlissant il dit à son compagnon :
« Je me sens souffrant, je ne puis plus parler. — Eh ! bien,
reprit l'autre en souriant, ne parlez plus ; je parlerai seul
et vous m'écouterez. » Quelques minutes plus tard, Charles
s'arrêta de nouveau et dit : « Je souffre, je ne puis plus
vous entendre. — Soit, poursuivit, son ami, affectant de
prendre la chose en plaisanterie, taisons-nous tous les deux

et promenons-nous en silence. » Enfin, un peu plus loin, le pauvre jeune homme s'arrêtant pour la troisième fois, dit d'une voix étouffée : « Je ne puis plus marcher. » Et en effet, son compagnon dut le soutenir pour l'empêcher de tomber. Cet anéantissement ne dura que quelques minutes et se termina par une crise d'estomac dont il était l'effet et le début. Mais il comprit dès lors que son jeune ami aurait beaucoup à souffrir dans sa vie.

Un autre jour, ils parcouraient tous deux l'espace qui s'étend entre l'esplanade et la citadelle de Lille et qu'on appelait alors la plaine. Charles Bernard, pris comme la première fois d'une subite souffrance, demeura quelque temps muet, accablé, comme anéanti. Puis, ses nerfs se détendirent, il fondit en larmes, et si abondamment que, pendant plusieurs minutes, les pleurs coulèrent de ses yeux comme deux ruisseaux qui tombaient de son visage sur sa poitrine et sur le sol. Son ami le laissa pleurer sans rien dire et, quand il vit que les larmes diminuaient, il lui dit avec un tendre sourire : « Voilà une ondée qui vous fera du bien. » En effet, le calme se fit bientôt dans le corps et l'âme du pieux jeune homme qui retrouva presque instantanément toute sa sérénité. Sauf ces rapides et rares atteintes, la santé de Charles Bernard, pendant la première moitié de sa vie, n'eut rien de particulièrement délicat et, tout en lui imposant, de temps à autre, quelques ménagements et des intervalles de repos nécessaires, elle n'entrava point la féconde activité de son ministère.

Le moment de quitter Lille pour aller faire son droit à Paris arriva, et, malgré son regret de se séparer d'une famille tendrement aimée et dont tous les membres furent toujours admirablement unis, Charles Bernard fit courageusement et allégrement ses préparatifs de départ. A cette époque, aucun signe décisif ne présageait encore sa future vocation, et sa piété, ardente et tendre, n'avait rien de bien extraordinaire dans un milieu où la foi et l'amour de Dieu faisaient en quelque sorte partie de l'air qu'on respirait. Il n'avait pas vingt ans, et il aimait les plaisirs de son âge. La veille de son départ, sa mère réunit, en une soirée intime, ses parents et ses amis, et Charles prit part comme ses frères aux plaisirs innocents qui animèrent cette aimable fête de famille. Ce fut même à cette occasion que madame Bernard acheva les tentures et l'ameublement du grand salon de la maison de la rue de Courtrai où elle était établie depuis une quinzaine d'années. Depuis lors, cet ameublement, renouvelé une seule fois en 1845, est resté à peu près le même, dans sa noble simplicité. Les générations y ont grandi sans y rien changer d'essentiel, malgré l'accroissement des affaires et de la fortune; dans les familles chrétiennes du Nord, on aime encore à garder les meubles, comme les mœurs et les belles traditions du passé. C'est ainsi que, dans d'autres temps, au commencement du dix-huitième siècle, quand le père du chancelier d'Aguesseau, admonesté par ses proches sur la simplicité de ses meubles, apporta à sa femme une bourse renfermant vingt-cinq mille livres pour en acheter de plus somptueux, elle lui dit ces belles et touchantes paroles : « Monsieur, voilà longtemps que nous vivons ainsi ; m'est avis que nous pouvons continuer de même jusqu'à notre mort, et que cet argent sera mieux employé aux besoins des malheureux. — Vous avez raison, répondit son mari, faites comme il vous plaira. » Et les vingt-cinq mille livres furent versées dans le sein des pauvres de Jésus-Christ. Les âmes et les familles chrétiennes se ressemblent et se donnent la main à travers les siècles. Le luxe et la charité sont inconciliables, et c'est pourquoi le luxe est condamné par l'Évangile.

Charles Bernard passa à Paris les trois années nécessaires à l'achèvement de ses études juridiques et fit son droit avec la conscience et le sérieux qu'il apportait dans l'accomplissement de tous ses devoirs. Nous savons peu de chose de l'existence qu'il y mena, sinon que ce fut l'existence d'un jeune homme studieux, chaste et chrétien. Il y vécut dans une intimité de presque tous les instants avec huit ou dix étudiants qu'avait groupés la similitude des goûts et des principes, et dont la plupart se firent prêtres comme lui. Parmi ces pieux compagnons, nous en pouvons citer deux ; M. Desrousseaux son ami d'enfance, son compatriote, qui entra dans les ordres en même temps que lui, qui lui resta toujours uni d'une étroite affection, et travailla, pendant cinquante ans, comme lui, à la sanctification des âmes dans le diocèse de Cambrai; et M. Labbé, qui, devenu prêtre, se consacra à la belle et difficile tâche de l'éducation de la jeunesse et fonda à Yvetot une maison d'enseignement secondaire justement renommée. C'est pendant ce premier séjour à Paris que Charles Bernard fit connaissance avec un saint prêtre de Saint-Sulpice, M. Mollevaut, qu'il devait retrouver peu d'années après au séminaire d'Issy et qui fut, pendant toute la durée de son droit, le guide, le directeur spirituel de son âme, et suivant toute apparence, l'initiateur et le premier confident de sa vocation.

Charles Bernard, ayant achevé son droit, revint à Lille, et dès ce moment la résolution de se consacrer à Dieu dans le sacerdoce était déjà arrêtée dans son esprit. Peu de temps après son retour, le jour de l'Assomption de 1828, il s'en ouvrit à sa mère et lui demanda son consentement qu'elle lui accorda, non sans larmes, mais sans hésitation. Quelques mois après, il entrait au grand séminaire et quittait la livrée du monde pour prendre celle de Jésus-Christ. Depuis l'établissement de la famille Bernard à Lille en 1679, il était le premier qui se fût consacré tout entier au service de Dieu. Il lui appartenait de donner à cette famille éminemment chrétienne la couronne sacerdotale qui lui manquait, et l'exemple d'un sacrifice qui a trouvé depuis, parmi ses proches, de généreux imitateurs. Quand Charles Bernard prit la soutane il était dans toute la fleur de sa jeunesse ; il avait à peine accompli sa vingt-deuxième année. C'était donc sa vie toute entière qu'il consacrait au service de Jésus-Christ, et nous croyons pouvoir affirmer sans témérité que c'était une âme virginale, encore parée de l'innocence baptismale, qu'il apportait au Dieu des vierges et des saints.

CHAPITRE III

Séminaire d'Issy. — Ordres mineurs, sous-diaconat et diaconat. —
L'abbé Bernard est chargé du cours de philosophie au grand
Séminaire de Cambrai. — Souvenirs du P. Félix et du P. Darras.
Son ordination à Cambrai. — Il est nommé vicaire à Bavai. —
Son zèle, sa charité, sa prudence, dans son ministere. — Il
tombe gravement malade et quitte Bavai. — Voyage à Rome. —
Séjour au collége de Mouscron. — Retour à Lille, dans sa famille.
1828 à 1834.

Dans les notices publiées sur l'abbé Bernard après sa
mort, on a dit qu'il était entré d'abord au grand séminaire
de Cambrai et que sa santé l'avait obligé d'en sortir bientôt pour aller à Paris, suivre comme externe les cours du
séminaire de Saint-Sulpice. Les renseignements officiels de
l'archevêché de Cambrai et les souvenirs de Saint-Sulpice
ne confirment pas cette allégation. Il semble certain au contraire qu'il passa ses deux premières années de séminaire
à l'établissement d'Issy, succursale du séminaire de Saint-Sulpice, et que chassé de Paris par la Révolution de juillet 1830,
il revint à Cambrai, achever ses études théologiques et recevoir la prêtrise. Le vénérable M. Icard, depuis supérieur
général du séminaire de Saint-Sulpice, fut son professeur
de philosophie à Issy, et a gardé de lui le souvenir d'un
élève ecclésiastique plein de zèle, d'intelligence, de modestie et d'aménité. Il ne semble pas que sa santé se soit

2

ressentie du régime du séminaire et ait apporté d'interruption dans ses études. Le jeune abbé Bernard acquit dans cette atmosphère de science et de vertu, avec des connaissances théologiques solides, un goût particulier pour tout ce qui se rattache à la splendeur du culte et à l'observation exacte de toutes les prescriptions de la liturgie. Il y apprit aussi à connaître et à apprécier l'importance des catéchismes de persévérance dont l'institution et la direction sont une des gloires de Saint-Sulpice. Des conférences étaient faites toutes les semaines aux élèves d'Issy sur la nécessité des catéchismes, sur la place qu'ils devaient tenir dans le ministère paroissial, sur la manière de les diriger. En outre, un certain nombre de séminaristes s'exerçaient, dès cette époque, à cette fonction délicate et si importante, en assistant le clergé de la paroisse de Saint-Sulpice dans l'instruction de la jeunesse chrétienne après la première communion. C'est dans cette pratique, ou dans les conférences d'Issy, que l'abbé Bernard connut et comprit cette grande œuvre, aujourd'hui universellement répandue, des catéchismes de persévérance, qu'il eut l'honneur d'établir à Lille, quelques années plus tard, quand il fut nommé curé de Sainte-Catherine. Dès cette époque, les souvenirs d'une vieille parente encore survivante qui habitait à Fontenay-aux-Roses non loin d'Issy et que le jeune séminariste allait voir les jours de sortie, le représentent tel qu'il fut dans tout le cours de sa vie sacerdotale, pur, simple, charitable, cherchant à consoler les peines du corps et de l'âme, et portant partout avec lui la sérénité de la foi et la bonne odeur de Jésus-Christ.

Il résulte d'une lettre de lui écrite bien des années plus

tard que ce fut à Paris qu'il reçut tous les ordres, jusqu'au sous-diaconat : « Mes sanctuaires de prédilection à Paris, dit-il, sont Notre-Dame où j'ai reçu les ordres jusqu'au sous-diaconat inclusivement, Notre-Dame des Victoires et la chapelle des dames de Saint-Thomas de Villeneuve, où saint François de Sales a été subitement guéri d'une affreuse tentation de désespoir. » Ce fut donc à Notre-Dame et par les mains de Monseigneur de Quélen, alors archevêque de Paris, qu'il reçut, non seulement les ordres mineurs, mais le sous-diaconat qui engage irrévocablement dans la sainte milice. C'est là, sous les voûtes de l'antique métropole, qu'il fit ce pas redoutable et décisif qui sépare à jamais du monde et qui unit à Jésus-Christ. Quant au diaconat, il ne le reçut certainement point à Paris ; cela résulte non seulement de la lettre que nous venons de citer, mais de l'époque de son retour à Cambrai, après la révolution de juillet 1830. C'est au grand séminaire de Cambrai qu'il fit sa dernière année de théologie, et qu'il fut ordonné prêtre par Monseigneur Belmas, le 17 décembre 1831. C'est là aussi qu'il fut fait diacre, à l'ordination de la Trinité, et qu'après le diaconat reçu et les vacances qui suivirent, il fut nommé professeur de philosophie au grand séminaire. Cette nomination précéda de deux mois son ordination, et il commença son cours à la rentrée du séminaire au mois d'octobre 1831.

L'abbé Bernard n'était alors agé que de 25 ans à peine. C'est dire en quelle estime le tenait Monseigneur Belmas, et quelle réputation de science, de doctrine et de gravité il avait dès cette époque parmi ses maîtres et ses condisciples. Cette confiance universelle ne fut pas trompée, et la manière dont le jeune professeur remplit ses importantes fonctions dépassa toutes les espérances. Après plus de cinquante ans, ses leçons ne sont pas encore oubliées. A ses démonstrations solides et pleines d'intérêt, il joignait volontiers des réflexions que sa charité, aussi prudente et mesurée que communicative, savait entremêler aux plus doctes enseignements. C'était le développement des plus hautes considérations philosophiques, exposées dans un langage attrayant, sous des formes délicates et pieuses, comme il convient de faire avec des élèves du sanctuaire.

Il ne se bornait pas à son cours de philosophie ; hors de sa chaire, en récréation, dans toutes les occasions qui s'offraient à lui, il prêchait Jésus-Christ par ses exemples, ses paroles, et par des conseils où l'autorité du maître se mêlait merveilleusement à l'aimable familiarité du condisciple. Nous avons pu recueillir à ce sujet, de deux des plus éminents de ses anciens élèves, de précieux détails qui le feront revivre aux yeux de nos lecteurs, à cette époque de ses débuts dans la vie ecclésiastique.

« Si je ne me trompe, nous écrit le Père Darras, supérieur des Rédemptoristes de Lille, les jeunes philosophes, ses élèves, n'ignorant pas qu'il venait de Saint-Sulpice, étaient attentifs à tous ses actes extérieurs pour reconnaître s'il n'y avait rien de trop austère dans son maintien et ses façons ; mais ce petit contrôle disparaissait bientôt devant la sympathie qu'il gagnait par ses manières aimables et charitables. Il avait le talent de tout ramener à l'esprit intérieur et sacerdotal, et cela avec une sorte de gaieté pleine de charme. Je me souviens qu'un jour, un de nos condisciples qui avait passé la récréation de midi dans sa compagnie, me dit : « Voilà une récréation qui m'a fait autant de bien à l'âme qu'une méditation ; et pourtant nous nous sommes récréés. » Ce fut aussi le sentiment que j'éprouvais près de l'abbé Bernard. Il parlait au cœur en même temps qu'à l'esprit. De là, un attrait irrésistible, pour toute la partie fervente des élèves, c'est-à-dire, pour la plus nombreuse, à rechercher sa compagnie pendant les récréations. Comme ces récréations étaient employées à se promener dans les allées de la cour du séminaire, il arrivait que le nombre voulu pour marcher à ses côtés était atteint rapidement, ce qui faisait regretter à beaucoup d'autres de n'être pas accourus assez tôt. Professeur de philosophie, il remplissait parfaitement sa charge, mais sa sollicitude allait bien au de là ; elle s'étendait à tout ce qui peut former la vie intérieure et surnaturelle dont un prêtre doit vivre. Un point important de cette vie, c'est l'oraison. Un jour, il nous prévint, pendant son cours, que le lendemain, jeudi, jour de récréation, il nous attendait tous après le déjeuner pour un exercice particulier. Personne ne manqua au rendez-vous. Après nous avoir entretenus de la nécessité de bien faire la méditation, de son importance pour l'avenir, de la manière de la faire pour en tirer un profit durable, il interpella tout à coup un élève en ces termes : « Veuillez, mon cher ami, nous dire comment votre temps s'est passé aujourd'hui, pendant la durée de votre méditation. Ne craignez pas ; nous sommes en famille... » et continuant ainsi, il sut si bien l'encourager qu'il obtint la réponse qu'il sollicitait ; quoique l'embarras du jeune philosophe fut extrême. C'est par ce procédé qu'il voulut rendre pratique cet exercice essentiel de la médi-

2.

tation, et de l'oraison qui doit la suivre. Nous fûmes tous
très heureux d'apprendre que cet exercice d'une heure se
renouvellerait tous les jeudis, et qu'il interrogerait l'un ou
l'autre sur le temps employé ce jour-là à la méditation.
Ce fut une excitation précieuse pour plusieurs à se mettre
sur leurs gardes. D'ailleurs, il y avait parmi nous des âmes
qui ne craignaient pas un peu d'humiliation et qui, à
l'exemple des saints, recevaient volontiers quelque confusion, à l'occasion de cet exercice pratique qui dévoilait
leur intérieur devant leurs condisciples. Tous en compre-
naient l'utilité et l'attendaient avec impatience, pour profiter des conseils et des explications de leur éminent
professeur. L'abbé Bernard savait que rien ne résiste
à un homme de prière ; de là tout le soin qu'il prenait
pour former ses jeunes philosophes à une habitude si salutaire et si efficace.

Non seulement, il voulait former dans ces jeunes gens la
vie intérieure ; mais il voulait aussi que l'extérieur fut réglé.
Il était pour cela lui-même un exemple de tous les instants.
Il fit un jour remarquer à un élève, en l'arrêtant dans la
cour, que sa démarche devait être plus grave. Arrivé nouvellement au séminaire, ce jeune homme conservait les
allures du monde. « Mon ami lui dit l'abbé Bernard, votre
marche n'est pas en rapport avec la soutane que vous
portez. Surveillez-vous afin que vos pieds marquent leur
empreinte toute entière sur le sol, au lieu de sautiller,
comme vous le faites. » C'est ainsi que, dans son zèle
d'apôtre, il ne négligeait rien pour former le prêtre dans
le séminariste; qu'il reprenait, instruisait, sans affectation,
comme sans respect humain, avec une charité toujours

éveillée et toujours aimable, et qu'on trouvait dans sa personne un modèle accompli pour tout réformer en soi, à l'intérieur comme à l'extérieur. »

L'autre témoignage est celui du père Félix, l'illustre orateur de la compagnie de Jésus, qui fut, comme le Père Darras, élève de l'abbé Bernard au grand séminaire de Cambrai, et qui, sans entrer dans les mêmes détails, rapporte en termes admirables l'impression que lui avaient laissée les enseignements et les vertus de son jeune professeur. « Celui que vous pleurez, écrit-il, je l'ai connu et aimé depuis bien longtemps, ayant été son élève au séminaire de Cambrai. Depuis, je n'ai pu guère que le revoir de de loin en loin, mais l'admiration qu'il m'avait inspirée, jeune encore, m'est demeurée toujours, même après de longues années, et l'impression de vertu et de sainteté que j'en avais gardée ne s'est jamais effacée. J'ai connu dans ma vie peu de prêtres possédant à un si haut dégré, avec le zèle des âmes, avec l'amour de notre Seigneur et de la sainte Église, l'esprit vraiment sacerdotal. M. l'abbé Bernard était, dans le meilleur sens de ce mot, un vrai prêtre, un prêtre selon le cœur de Dieu. Il s'échappait de toute sa personne je ne sais quoi de pur et de saint qui se communiquait aux âmes assez heureuses pour s'approcher de la sienne. La religieuse modestie qui composait tout son extérieur traduisait au dehors, à son insu, avec sa grande piété, sa profonde humilité. Il était impossible de le voir et de converser avec lui, sans se sentir porté à devenir meilleur. A la lettre, il respirait le bien, la piété, la sainteté, et, si je le puis dire, Dieu même ; et, après plus d'un demi-siècle qui me sépare des années où j'eus le bonheur de le voir de près et de communiquer avec lui, mon âme garde de ce souvenir comme un parfum dont elle s'embaume toujours. »

Tel était l'abbé Bernard à l'époque que nous racontons, au lendemain de son ordination, alors qu'il professait la philosophie aux élèves du sanctuaire, des rangs desquels il sortait à peine. Cette impression de sainteté qu'il produisit à 26 ans sur l'éminent religieux dont nous venons de rapporter le témoignage, il la produisit jusqu'à la fin de sa vie sur tous ceux qui l'approchèrent assez pour le connaître intimement et se pénétrer du parfum de ses vertus, et tous les témoins de sa longue carrière sacerdotale nous rediront successivement, dans le cours de ee récit, les paroles du R P. Félix : « L'abbé Bernard fut un vrai prêtre, un prêtre selon le cœur de Dieu. »

Le cours de philosophie du jeune professeur au séminaire de Cambrai ne dura que deux ans, et le 26 septembre 1833, il était nommé vicaire de Bavai. Cette nomination inattendue surprit tout le monde, et on le comprendra quand on saura quel était le poste auquel l'autorité épiscopale envoyait l'abbé Bernard. « Bavai, nous écrit M. l'abbé B. qui habitait alors cette petite ville, était à cette époque un des postes les plus obscurs du diocèse et les moins enviables pour un jeune ecclésiastique débutant dans le ministère paroissial. Cette paroisse, composée de trois communes, Bavai, Louvignie et Audignie, avait un doyen très âgé ; toutes les courses nécessitées par les visites des malades, par l'administration des sacrements aux mourants, étaient pour le vicaire. De plus, il n'y avait pas de maison vicariale, et le vicaire devait prendre sa pen-

sion dans une petite habitation assez éloignée de l'église. »
Cet ensemble de conditions matérielles et morales, le contraste de ce poste inférieur et pénible avec la situation de
famille et la réputation personnelle de l'abbé Bernard, avec
l'éclat que son cours de philosophie avait déjà jeté sur lui,
étaient faits pour étonner et affliger ses amis.

On voulut même y voir le signe d'une disgrâce. Quelques-uns des survivants de cette époque croient se souvenir
que l'envoi de l'abbé Bernard à Bavai fut la suite et la
conséquence d'un voyage fait à Rome aux vacances de
1833, d'une conversation avec le Pape Grégoire XVI, ou
d'une visite faite à la même époque aux jésuites de Fribourg
qui y dirigeaient alors un collège célèbre. Nous admettons
difficilement la première hypothèse. D'autres témoignages,
appuyés de preuves certaines, ne placent le premier
voyage à Rome de l'abbé Bernard qu'en mai 1834, après
qu'il eut quitté Bavai par raison de santé : opinion d'autant plus vraisemblable que la saison des vacances pendant
les deux mois les plus chauds de l'année, alors que le pape
et sa cour s'éloignent de Rome pour en fuir la chaleur et le
climat, ne fut jamais celle que choisissent les pélerins pour
visiter la ville éternelle. Nous admettrions plus volontiers
la visite faite par l'abbé Bernard en août 1833 au collège
de Fribourg, au retour d'un voyage qu'il fit à cette époque
à Turin et à Chambéry, et le mécontentement de Monseigneur Belmas dont les opinions ne cadraient point
absolument avec celles du jeune ecclésiastique : on sait
qu'à cette époque, les doctrines gallicanes étaient encore
en honneur dans une partie notable du clergé français et
même de l'épiscopat. Parmi les prêtres les plus doctes, et

les plus pieux, les prélats les plus éloquents, les fidèles les
plus pratiquants, on trouvait souvent encore un grand
attachement aux vieilles coutumes, aux antiques maximes
et pour les appeler par leur nom, aux erreurs, aujourd'hui
unanimement abandonnées, de l'Église gallicane. A cet
attachement au gallicanisme se joignait chez beaucoup un
éloignement, aussi peu justifié que difficile à combattre, à
l'égard des doctrines toutes romaines de la Compagnie de
Jésus et partant de la personne de ces religieux. Le
mécontentement de Monseigneur Belmas contre l'abbé
Bernard ou du moins son refroidissement à son égard
pouvait donc facilement s'expliquer, et sans voir dans son
envoi à Bavai une disgrâce proprement dite, sans manquer
en rien à la mémoire de l'évêque de Cambrai, il est permis
d'y trouver la preuve d'un dissentiment doctrinal entre le
vieux pontife et son jeune professeur de philosophie.

Quoi qu'il en soit, si quelques-uns autour de l'abbé Bernard furent surpris et affligés de son changement de position, lui, n'en manifesta ni surprise, ni mécontentement, ni
chagrin. Son humilité, son esprit d'obéissance, de respect
pour l'autorité épiscopale, lui firent accepter comme la volonté de Dieu la volonté de son évêque. Il quitta Cambrai,
retourna à Lille faire ses préparatifs de départ, ses
adieux à sa famille, et le 18 octobre 1833, le jeune vicaire de Bavai prit possession de son nouveau poste, non
seulement avec résignation, mais avec joie. Pour son âme
apostolique, le ministère paroissial avait un attrait plus
direct que celui de l'enseignement. Dès le lendemain de
son arrivée, il écrivit à monseigneur Belmas pour lui
annoncer qu'il était installé dans ses nouvelles fonctions,

et pour remercier sa grandeur de l'honneur qu'elle lui avait fait, de la confiance qu'elle lui avait témoignée en l'associant à un vénérable vieillard dans la conduite des âmes. La lettre du jeune vicaire n'était ni brève, ni de forme officielle ; il s'épanchait longuement comme un fils reconnaissant dans le cœur de son père.

L'Évêque de Cambrai reçut cette lettre et l'ouvrit en présence de Monsieur Saint-Léger, son vicaire général; mais il ne put en achever la lecture sans répandre des larmes d'attendrissement. « Ah! Monseigneur, s'écria M. Saint-Léger, vous ne connaissez pas encore l'abbé Bernard ! Pour moi, il y a longtemps que j'ai su l'apprécier !» Témoignage touchant qui honore également celui qui en était l'objet, celui qui l'exprimait avec cette simple franchise et le prélat qui l'approuva, loin de s'en offenser.

La conduite de l'abbé Bernard à Bavai répondit pleinement aux sentiments renfermés dans sa lettre à son Évêque. Ici encore, nous avons un précieux témoignage émané d'un témoin oculaire et éminent, nous voulons parler de M. l'abbé Mortier, successeur de l'abbé Bernard comme vicaire-général de Cambrai, qui, en 1833 et 1834, habitait Bavai et fut en rapport constant avec le jeune vicaire, par ses fonctions quotidiennes d'enfant de chœur. Nous trouvons tout avantage à reproduire textuellement les documents de ce genre dont l'autorité est plus grande et l'authenticité plus incontestable que celle de nos propres affirmations.

« M. Bernard quittant la chaire de philosophie au grand séminaire de Cambrai, vint à Bavai le 18 octobre 1833, en qualité de vicaire. Il y avait dans cette petite ville, comme curé doyen, M. Tilmant, vieillard respectable, qui avait pris la route de l'exil pour ne pas forfaire à sa conscience au temps de la révolution, et qui avait rapporté de la Pologne un caractère de haute distinction emprunté aux habitudes d'une maison noble et seigneuriale où il avait dirigé l'éducation et l'instruction des enfants. Ce digne curé, qui, jusqu'à l'arrivée de M. Bernard, n'avait jamais laissé à ses vicaires qu'une faible partie du ministère paroissial, apprécia aussitôt toute la valeur de l'auxiliaire qui lui était envoyé, et il se déchargea, sur ce prêtre de mérite et de confiance, de la plus grande partie du fardeau pastoral qu'il s'était réservé jusque là.

« La valeur de M. Bernard fut remarquée dès le premier sermon qu'il prêcha dans l'église de Bavai. Le père de celui qui écrit ces lignes, étonné de la supériorité du prédicateur, ne put s'empêcher de dire en sortant de la messe à laquelle il venait de l'entendre : « Voilà un prêtre que Bavai ne gardera pas longtemps. » Sa vie de vicaire, qui ne devait durer que six mois, fut de tout point exemplaire et vraiment sacerdotale. Une respectable veuve, Madame Martin, sœur de trois ecclésiastiques qui s'étaient également exilés à l'époque de la terreur, et aïeule de l'enfant de chœur qui devait un jour lui succéder à Cambrai à cinquante ans de distance, l'accueillit sous son toit hospitalier en qualité de pensionnaire et avec lui M. l'abbé Bourgeois, séminariste, qui fut au début de son sacerdoce son compagnon et commensal, comme il le devint encore dans les dernières et douloureuses années de son existence. Dans cet intérieur de famille modeste mais religieux, on admirait la piété, la simplicité, et aussi la distinction du jeune vicaire : son passage, quoique bien court, y a laissé un souvenir ineffaçable de vertu et de sainteté.

Dans la paroisse, son attention se porta immédiatement sur toutes les œuvres de zèle : le chant religieux, l'ornementation de l'église, les enfants de chœur, les catéchismes, la piété. Pour donner plus d'intérêt et plus d'attrait aux offices de l'église, il s'appliqua à former des voix, les exerçant à la psalmodie et les préparant lui-même tous les soirs, en les accompagnant du violon qu'il maniait avec habileté. Il enrichit la sacristie d'ornements plus dignes du culte, et il inspira à une famille noble et chrétienne, la famille d'Audignies qui comptait six jeunes filles, l'idée et le goût de restaurer et de confectionner les vêtements sacerdotaux, et de former une miniature de ce qui devait être plus tard l'œuvre de sainte Élisabeth.

Il dota lui-même l'église de deux tableaux qui révèlent ses deux plus chères dévotions : l'un représente le sacré cœur de Jésus, l'autre le saint cœur de Marie, et à ce double présent il en ajouta un troisième, une belle statue en bois figurant la Vierge-Mère qui tient la première place à la chapelle patronale, celle de l'Assomption. Les enfants de chœur attirèrent aussi sa sollicitude. Il s'appliqua à relever leur tenue, à diriger leurs évolutions dans les cérémonies et à leur donner des habitudes d'exactitude, de ponctualité et de respect religieux, par le double aiguillon des récompenses et des retenues sur leurs modestes émoluments. Les catéchismes, oh ! qu'il les conduisait avec intérêt et dévouement ! comme il éveillait l'attention des enfants par des questions heureusement ménagées, par des récits courts mais édifiants ! comme il leur inspirait la vie

3

par des cantiques populaires auxquels il mêlait sa voix et surtout son cœur !

Faut-il s'étonner, après ces détails, que la piété ait été avant tout l'objet de ses préoccupations? La foi était vivace alors dans la paroisse, mais la piété n'y était pas en honneur. Il se dévoua à la faire connaître et à la faire aimer. Il la propagea, et plus d'une âme, grâce aux inventions de son zèle, lui dut le bonheur de s'élever dans les voies de la perfection ou d'entrer dans la vie religieuse.

Un trait qui achève de caractériser M. Bernard à son début dans le ministère paroissial mérite d'être signalé. Une jeune dame qui appartenait à l'une des premières familles de la paroisse, en s'oubliant elle-même, avait aussi oublié son Dieu. Elle se mourait lentement, atteinte d'une affection de poitrine, et la garde était si bien faite autour d'elle, qu'il était impossible de l'aborder. Que fait le pieux vicaire, qui depuis longtemps épiait l'occasion et l'heure d'arriver jusqu'à elle? il aposte des personnes de confiance près de la maison de la malade, il en étudie les voies, les issues qui conduisent à son appartement et, à un moment où il est sûr de la trouver seule, il s'élance, court à la mourante, gagne sa confiance par quelques mots bienveillants et charitables: il excite en elle, le repentir, la réconcilie par la grâce du sacrement et il ne la quitte qu'avec la certitude d'avoir ménagé une élue pour le ciel.

Après un séjour de six mois, l'abbé Bernard affaibli par la souffrance, dut renoncer à ses fonctions et aller chercher un repos nécessaire dans sa famille. Il se retira à Lille, laissant à Bavai le souvenir de ses bonnes œuvres et la mémoire impérissable d'un prêtre selon le cœur de Dieu.

A ce tableau, si vivant dans sa simplicité, du ministère de l'abbé Bernard à Bavai, nous n'avons, pour le compléter que peu de traits à ajouter. Ils nous sont fournis par M. l'abbé Bourgeois, témoin comme M. Mortier, de ses œuvres dans ce ministère si court et si bien rempli. M. Bernard souffrait de ne point voir une lampe bruler constamment devant le Saint-Sacrement, suivant les règles formelles de l'Église, alors oubliées et tombées en désuétude sur ce point. Mais comment dire à son curé qu'il était en faute, et comment l'engager à réparer sa négligence inconsciente sans risquer de le blesser? Le jeune vicaire tourna la difficulté avec autant de prudence que de délicatesse. Il acheta une lampe d'autel, attendit la fête du doyen, et le jour venu, il en fit cadeau au respectable vieillard qui l'accepta avec une joyeuse reconnaissance. Ce fut avec la même prudence qu'il élimina certaines statues ridicules qui se trouvaient dans les églises de Bavai et de Louvignies. Dès cette époque il savait ajouter au bien qu'il faisait l'art de le bien faire, art difficile et qui s'acquiert rarement quand on n'y est point porté par nature.

Le ministère de l'abbé Bernard à Bavai fut brusquement interrompu par une grave crise de santé. Soit qu'il eut outrepassé ses forces dans l'ardeur de son zèle, soit toute autre raison, il fut atteint subitement dans les premiers jours du mois de mars 1834 d'une sorte de congestion cérébrale qui parut un moment compromettre sa vie. Il demeura quelque temps sans connaissance et quand il revint à lui, il souffrait cruellement de la tête. La cause du mal était comme toujours dans l'état nerveux de son estomac. Il se sentit d'abord si profondément atteint qu'il songea à demander les derniers sacrements et qu'il s'apprêta à mourir. Il fit à Dieu le sacrifice de sa vie, et rien n'était plus édifiant, nous raconte l'abbé Bourgeois, témoin de cette épreuve, que les sentiments de résignation, d'humilité de ce jeune prêtre, qui se déclarait serviteur inutile, et se préparait sans un regret à quitter la terre, à la fleur de son âge, presque aux premiers pas de son sacerdoce. La crise fut heureusement aussi courte qu'elle avait été violente, mais elle laissa la santé de l'abbé Bernard, si ébranlée qu'il ne put songer à conserver ses fonctions paroissiales. Il envoya donc à son évêque sa démission de vicaire de Bavai et il quitta, non sans de vifs regrets, cette humble paroisse où il avait fait tant de bien en si peu de temps, et où il laissa des souvenirs si profonds qu'à sa mort, cinquante ans plus tard, ils n'étaient pas encore oubliés.

Il revint à Lille, à la maison paternelle, où il devait trouver, avec les soins qu'exigeait sa santé, un champ illimité à son apostolat de prêtre libre. Mais, avant de se remettre au travail, il dut songer à consolider ses forces affaiblies par les fatigues de son ministère à Bavai, et par la maladie qui en avait été là suite. C'était peu de temps après les fêtes de Pâques : il partit pour Rome où il devait trouver, avec les distractions salutaires du voyage, le changement d'air et le bienfait du climat d'Italie, la satisfaction de sa piété, le bonheur de visiter les grands sanctuaires de la ville éternelle, le tombeau des apôtres, et de se prosterner aux pieds du vicaire de Jésus-Christ. Dans le cours de sa vie sacerdotale, nous le verrons fréquemment, à chaque atteinte un peu grave du mal qui finit par le conduire au tombeau, courir à Rome, à Saint-

Pierre, au Pape, comme au remède souverain de ses infirmités physiques et morales, et chaque fois en rapporter
une force, une vigueur nouvelle pour reprendre son ministère et se donner, avec un surcroit d'allégresse et de zèle,
au travail douloureux et consolant du salut des âmes.

Il vit le pape Grégoire XVI, il eut la faveur d'une audience privée, et le Saint-Père frappé sans doute de la réserve et de la sagesse de ce jeune prêtre de 28 ans, lui
parla des intérêts généraux du diocèse de Cambrai avec
une confiance et une liberté bien honorables pour son interlocuteur. Quand l'abbé Bernard revint en Italie pour la
seconde fois en 1849, il n'était plus simple vicaire de campagne, il était vicaire général du diocèse de Cambrai. Le Pape
ne s'appelait plus Grégoire XVI il s'appelait Pie IX. Il ne
résidait plus à Rome, mais à Gaëte. Tout était changé, sauf
la vénération profonde de l'abbé Bernard pour le Souverain-
Pontife, et la confiante bonté du Souverain-Pontife pour
son modeste et pieux serviteur.

L'abbé Bernard quitta Rome plus dévoué que jamais à la
sainte Église, au Saint-Siège, au vicaire de Jésus-Christ, et
il revint en France après une absence de trois mois, non
sans avoir visité Naples et fait pieusement le pélerinage de
Lorette. Il rentra à Lille vers l'Assomption, fortifié de corps
et animé d'un zèle sacerdotal qu'il devait dépenser pendant
huit ans, comme prêtre libre au service des âmes et au développement de la foi et des œuvres dans sa ville natale.
Néanmoins, il dut encore, au printemps suivant, pour consolider sa santé dans un repos qui ne fut pas sans utilité
apostolique, quitter Lille pour quelques mois et faire une
retraite dans la maison et sous la conduite d'un vénérable

ecclésiastique qui dirigeait le collège de Mouscron en
Belgique, sur la frontière de France. M. l'abbé Flajeolet
avait, pendant sept ans, charmé les habitants de Tourcoing
par les vertus et les talents qu'il avait manifestés dans des
fonctions analogues. C'est dans ce collège retiré, sous cette
sage direction, que l'abbé Bernard acheva de retrouver le
calme de l'esprit et les saints abandons de la confiance en
Dieu. Cet épisode généralement oublié de sa vie intéresse
particulièrement un certain nombre de prêtres du diocèse
de Cambrai qui faisaient alors leurs études à Mouscron, et
qui tous ont conservé de sa présence au milieu d'eux le
plus édifiant souvenir : « Plus d'une fois, il nous en souvient, écrit un de ces ecclésiastiques, pour rendre service à
quelqu'un des maîtres de la maison, l'abbé Bernard sur-
veillait lui-même les élèves dans leurs études, où il mainte-
nait un silence et une application qu'aurait obtenu à défaut
de discipline, le respect profond qu'on avait pour sa personne. A ce respect s'ajoutait une douce affection qui répondait aux paroles sages et toujours aimables que le surveillant d'études improvisé, se mêlant à leurs récréations,
adressait aux élèves rassemblés autour de lui. »

A Mouscron, comme à Cambrai, en retraite comme dans
son cours de philosophie, dans sa chaire de surveillant volontaire comme dans sa chaire de professeur, on le voit,
l'abbé Bernard était toujours et partout le même, bon,
charitable, zélé et prudent dans son zèle, prêchant de parole
et d'exemple, et ne dépouillant jamais le caractère apostolique sans lequel il n'y a point de véritable prêtre de
Jésus-Christ. Le temps de son séjour au collège de Mouscron dura peu, trop peu pour ceux qui en profitaient dans

leur préparation encore éloignée au ministère ecclésiastique. Il finit avec l'année scolaire de 1835, et les vacances arrivées, l'abbé Bernard revint définitivement s'installer à Lille qu'il ne devait plus quitter qu'en 1845, lorsque la confiance de son nouvel archevêque, Monseigneur Giraud, l'appela aux importantes fonctions de Vicaire-général.

CHAPITRE IV

On peut dire que, durant les huit années que l'abbé Bernard passa à Lille en dehors de tout ministère paroissial, sa seule préoccupation fut le salut des âmes et le moyen d'y contribuer en proportion de ses forces et suivant l'appel de Dieu. Mais il ne put se livrer que progressivement à toutes les pieuses suggestions de son zèle apostolique ; sa santé avait été si fortement atteinte à Bavai qu'à chaque pas un peu précipité fait en avant, il se sentait ramené en arrière par la main inexorable de la souffrance. Les lettres très suivies du vénérable M. Mollevaut de Saint-Sulpice, qu'il avait conservé comme confident et comme directeur depuis son départ de Paris, témoignent

3.

avec éloquence des ardeurs du jeune prêtre comme de ses
épreuves. Pendant les années 1835 et 1836, il mena encore, à diverses reprises, la vie d'un convalescent astreint à
des soins continuels par l'état de son estomac, dispensé
forcément de la récitation du bréviaire, et réduit quelquefois à la célébration du saint sacrifice. Aux réponses du
sage directeur, on voit que le jeune prêtre souffrait de ces
précautions, voulait les écarter violemment, et se jeter,
coûte que coûte, dans un ministère plus actif. Il fallait
pour le retenir l'influence, l'autorité même du maître de
son âme. Le pénitent se soumettait toujours, et acceptait
la croix de la souffrance et de l'inaction avec une touchante
humilité.

Mais que de bonnes œuvres pourtant, que de fruits de
salut pour lui et pour les autres, dans cette inaction relative ! Dans presque chacune des lettres de M. Mollevaut,
il est question de quelque tentative de ministère, de quelque entreprise de zèle et d'édification. Tantôt le prudent et
pieux directeur l'encourage et le rassure, tantôt il le re-
tient. Il lui interdit le jeûne et même toute mortification
corporelle. « La discipline ne vous convient pas, lui écrit-
il ; une petite chaîne quelquefois, et encore, pas tous les
jours. » Il le remercie des honoraires pour messes que
l'abbé Bernard lui envoyait continuellement et qui étaient
transmis à de pauvres prêtres réduits à vivre de l'autel. Il
l'exhorte à user sans scrupule du pouvoir d'indulgencier
les objets bénits qu'il avait obtenu à Rome en 1834. « Les
Jésuites le font partout, lui écrit-il. Rassurez les fidèles et
engagez les à gagner beaucoup d'indulgences. Encouragez
tous les prêtres que vous connaissez à répandre la dévo-

tion dans le peuple et à se sanctifier eux-mêmes. — Je suis bien aise, dit-il ailleurs, que vous engagiez les prêtres à faire connaître l'importance et la manière de la méditation. Dans plusieurs paroisses de Paris, on fait l'oraison en chaire tous les matins pendant une demi-heure et il y assiste toujours bon nombre de fidèles. » Et encore : « Pour une retraite, il est bien clair que vous ne pouvez en faire; suppléez-y en engageant tous les prêtres à en faire. Je suis bien content que vous ayez vu tout le clergé... » Il résulte de ces conseils et de ces encouragements que, malgré sa jeunesse et sa santé, l'abbé Bernard avait déjà une certaine action générale sur le clergé qui l'entourait.

Le zèle du jeune prêtre pour le culte de la sainte Vierge ressort également de cette précieuse correspondance : « Je prends le plus vif intérêt au projet de construction d'une église pour votre ville. Il ne faudrait presque que commencer, et la Providence se manifesterait bientôt. Combien je me réjouis de voir le mois de Marie offert à toutes les classes et à tous les âges ! On ne peut pas trop multiplier les instructions et les associations : ce sont deux puissants moyens pour affermir et étendre la piété Continuez à vous intéresser à toutes ces bonnes œuvres. Cela console bien vite de toutes les petites tracasseries, et l'on finit par les compter pour rien. Allez-y toujours avec bien de la paix et de la douceur. Vous gagnerez beaucoup en allant très doucement. »

Ces conseils de modération et de patience, soit avec lui-même, soit avec les autres, reviennent sans cesse et témoignent de son ardeur au bien. « Vous avez bien assez d'occupations, lui écrit M. Mollevaut en 1836, et il n'est

pas temps encore d'augmenter la récitation des parties de
votre bréviaire. Allez-y doucement, attendez l'effet du
printemps, puis des chaleurs. — Soyez très sobre pour reprendre et faire la correction fraternelle. Il ne faut jamais
se taire par respect humain ; mais souvent par prudence
chrétienne. — J'ai recommandé à la communauté la conversion de ce vieillard. Ne discutez pas avec lui ; faites-lui
beaucoup d'accueil, témoignez-lui de la tendresse. S'il
pouvait lire quelques Vies des Saints, et si vous pouviez
obtenir une petite prière chaque jour à Marie ! Il ne faut
plus compter que sur notre bonne mère. »

Il est fréquemment question dans ces lettres d'œuvres
particulières du même genre, tentées par l'abbé Bernard,
d'incrédules ou de protestants à convertir, de dévotions
mal entendues à réformer. On voit aussi que, dès 1836 et
malgré l'état encore chancelant de sa santé, il commençait
déjà à s'occuper des enfants des frères. « Continuez avec
ces enfants des frères, sans prévoir l'avenir, et en attendant quelque ouverture de la Providence, ne vous engagez
à rien : que cela soit purement bénévole. Mais ne visitez pas
les écoles des Frères ; cela pourrait avoir des inconvénients. »
Nous parlerons plus longuement tout à l'heure de ce ministère près des enfants du peuple qui tient une si grande place
dans la vie sacerdotale de l'abbé Bernard à Lille. Mais
pour en finir avec ses occupations indéterminées pendant
les deux premières années dont nous parlons, années d'é-
preuves et de tâtonnements à cause des exigences de sa
santé, disons qu'il profita de ce repos relatif pour lire et
relire les Pères de l'Église, se perfectionner dans l'étude
de la théologie et du latin ; qu'il commença à s'exercer à

écrire et qu'il composa un *mois de Marie* populaire qui, publié par la maison Lefort, sans nom d'auteur, en 1838, eut le seul succès qu'il ambitionnât, celui de faire beaucoup de bien. « Jusqu'ici, dit-il, dans la préface, il n'y a pas de mois de Marie spécialement destiné aux classes les plus humbles, qui cependant sont les plus nombreuses, outre qu'elles sont une portion chérie du troupeau de Jésus-Christ. Le livre que nous publions aujourd'hui est fait surtout en faveur de ceux qui sont petits selon le monde. On s'est efforcé de l'écrire avec simplicité, de manière à ce que tout fût intelligible aux esprits les plus vulgaires. Chaque exercice commence par un pèlerinage destiné à fixer l'attention de l'auditeur ou du lecteur, et aussi à lui faire connaître quelques-uns des innombrables lieux où la sainte Vierge est honorée avec éclat. Cette description est suivie d'une courte instruction qui se trouve dans la bouche de la sainte Vierge, comme si cette aimable mère, voyant à ses pieds un de ses serviteurs, cherchait à éclairer et à fortifier sa foi, à corriger ses mœurs et à exciter sa dévotion. Vient ensuite une notice abrégée sur un personnage zélé pour le culte de Marie, et dont la vie peut servir d'exemple ; enfin, la lecture de chaque jour est terminée par une résolution sous le nom de fleur de Marie. »

Il est inutile de faire remarquer la sagesse et la simplicité heureuse de ce plan. Ce qui nous frappe dans cette préface comme dans le livre, dont la neuvième édition a paru en 1879 et qui poursuit depuis plus de quarante ans son bienfaisant apostolat, c'est l'humilité de l'auteur qui se cache ; son amour de la sainte Vierge ; l'esprit d'entreprise qui fut un des caractères les plus marqués de son sacerdoce ; cette sainte audace qui vulgarise le mois de Marie, encore à ses débuts dans l'église de France, et qui cherche à remettre en honneur et en pratique la dévotion des pélerinages, alors tombée en désuétude et si populaire aujourd'hui. Tous ces traits, on le verra dans la suite de ce récit, restèrent jusqu'au dernier jour de l'abbé Bernard, les plus caractéristiques de sa vie de prêtre et d'apôtre. Nul humble ne fut plus entreprenant, et nul audacieux ne fut plus humble. Remarquons enfin dans ce mois de Marie, terminé en 1838, la préoccupation et l'intuition de l'abbé Bernard qui, dès cette époque, alors que le souvenir de Notre-Dame-de-la-Treille était tombé dans un oubli presque universel, consacrait à l'antique patronne de Lille, une page historique, aussi savante que pieuse, et concluait hardiment par ces mots : « Aujourd'hui l'image miraculeuse qui a échappé au marteau révolutionnaire, est vénérée dans l'église paroissiale de Sainte-Catherine, en attendant que la foi et la piété des Lillois consacrent une nouvelle église sous le vocable du prince des apôtres. » Il est permis de trouver ces paroles presque prophétiques, en songeant que la vénération à Notre-Dame-de-la-Treille dont parle l'abbé Bernard se bornait alors à celle de quelques âmes pieuses comme la sienne, et que l'image miraculeuse était réléguée dans un coin de l'église ou même à la sacristie. Quant à la collégiale de Saint-Pierre, où se trouvait autrefois la chapelle de la patronne de Lille, nul sauf lui et quelques amis ne songeait à la rétablir : qui savait alors seulement son histoire et se souvenait de sa gloire ?

Abordons maintenant l'étude des grandes œuvres auxquelles l'abbé Bernard, remis en pleine possession de lui-

même, consacra les années fécondes de son ministère sacerdotal de 1836 à 1842. Nous pouvons les classer ainsi :
instruction religieuse et patronage des enfants des écoles,
avec la coopération du frère Adrien ; coopération aux
œuvres de la sœur Sophie, spécialement comme aumônier
volontaire de la maison de charité établie rue de la Barre ;
part active prise à la direction et aux progrès de la Société
de Saint Vincent-de-Paul à Lille, et des autres œuvres qui
s'y rattachent ; fondation de la Société de Saint-Joseph ;
sanctification du collège de Lille dont il se fit l'aumônier
volontaire ; l'œuvre des sourds-muets et des aveugles, et
l'introduction dans le diocèse des Frères de Saint-Gabriel
et des Filles de la Sagesse. Nous procéderons par ordre
en reprenant toutes ces œuvres l'une après l'autre, en racontant ce qu'elles étaient et ce que l'abbé Bernard fut
pour elles.

Les Frères des Écoles chrétiennes avaient été appelés à
Lille en 1819 par le comte de Muyssart, alors maire de la
grande cité. Établis d'abord à l'hospice Comtesse, ils furent transférés en 1827 dans une vaste maison de la rue
des Urbanistes, appartenant à l'administration des hospices. L'école qu'ils dirigeaient avec autant de succès que
de zèle demeura communale jusqu'en 1832. A cette époque, le conseil municipal, imbu des idées de la révolution
de Juillet, décréta ce qu'on appelle aujourd'hui, dans une
langue barbare, la laïcisation des écoles ; mais l'établissement de la rue des Urbanistes fut maintenu comme école
libre, grâce à la générosité des catholiques Lillois et à la
bonne volonté de l'administration hospitalière. Le premier
directeur de cette école fut le frère Adrien, qui avait été

envoyé à Lille dès 1831. Cet humble et excellent religieux qui conserva ses fonctions jusqu'à sa mort arrivée en 1857, fut le bienfaiteur des enfants du peuple et l'exemple de tous ceux de sa Compagnie. Prudent et zélé, intelligent et pieux, il prépara pendant deux ans le terrain que l'abbé Bernard devait cultiver, et le jeune prêtre trouva en lui le coopérateur le plus utile et le plus dévoué. C'est en 1836 que l'abbé Bernard commença à s'occuper de l'instruction religieuse des enfants de l'école des Urbanistes, située dans le voisinage de sa demeure. Il s'aperçut bien vite que la préparation de ces pauvres enfants à leur première communion était insuffisante, faute de retraites spécialement prêchées pour eux. Les retraites préparatoires n'existaient point encore à Lille, à cette époque. Les frères d'une part, les parents de l'autre, restaient chargés de cette délicate besogne, et bien que l'esprit chrétien, alors plus vivant dans les populations, la rendît moins difficile, elle était souvent bien incomplète. L'abbé Bernard, d'accord avec le frère Adrien, résolut de porter remède à ce mal, et avec l'élan ordinaire de sa charité, il se mit à l'œuvre sur le champ. Il commença, pendant les mois qui précédaient la première communion, par voir et entretenir séparément les enfants en âge de la faire. Il les recevait dans une salle de la maison d'école, et il passait souvent des heures entières dans ces entretiens qui étaient des véritables leçons de catéchisme et de piété. A l'approche du grand jour, il les réunissait tous dans la chapelle de la maison, leur prêchait une retraite en règle, conformément aux traditions de St-Sulpice, et les préparait ainsi à recevoir dignement le corps de Notre-Seigneur Jésus-Christ. Les fruits de ces pieux exercices furent si abondants, si évidents pour tous, que l'habitude des retraites préparatoires à la première communion se répandit rapidement dans toutes les paroisses de Lille et de là dans le reste du diocèse. « Il m'en souvient, nous écrit à ce sujet Mgr Delannoy, évêque d'Aire et de Dax, le vénérable frère Adrien me racontait avec quelle simplicité et quel modeste oubli de lui-même M. l'abbé Bernard se renfermait pendant des semaines entières avec de pauvres enfants dans un galetas et les disposait, par des instructions et la confession, à s'approcher dignement de la sainte Table. Ce zèle ne put cependant pas rester ignoré ; le clergé des paroisses ayant su apprécier les résultats de ces pieux exercices, ils entrèrent bientôt dans les mœurs du diocèse de Cambrai tout entier. » Ce fut une des premières œuvres excellentes dont l'abbé Bernard fut l'initiateur et qui honorent sa mémoire.

Est-il nécessaire d'ajouter qu'en même temps qu'il instruisait et évangélisait les enfants des frères, l'abbé Bernard évangélisait les Frères eux-mêmes par ses conseils et par ses actions ! Suivant les conseils de M. Mollevaut, il travaillait assidûment à donner à ses bons frères l'esprit de piété qui, chez eux, doit toujours dominer et sanctifier l'esprit pédagogique. Il leur adressait fréquemment des paroles d'édification, et, se faisant leur chapelain gratuit et volontaire, il célébra tous les jours la messe dans leur chapelle pendant une année entière. Il fit restaurer cette modeste chapelle à ses frais, mit des vitraux aux fenêtres, habilla les enfants de chœur, et y établit le culte sinon avec éclat, du moins avec toute la convenance et la dignité possibles.

Il couronna tout ce bien par un bien plus considérable encore, en établissant, d'accord avec le frère Adrien, dans l'école des Urbanistes, le premier patronage de garçons qui ait existé à Lille et peut-être en France. Pour appeler les enfants aux offices du dimanche et les retenir à la maison des Frères, loin des tentations et des périls du cabaret ou de la rue, il eut la pensée de leur offrir des divertissements et des jeux. Bientôt la maison devenant trop étroite pour le nombre des enfants et des jeunes gens qui répondaient à son appel, il sollicita et obtint du génie militaire une partie des remparts, située derrière l'établissement des canonniers, qui ne servait à aucun usage. On fit enclore de palissades le terrain concédé, et on y installa des jeux de toute espèce. Cette installation dura jusqu'en 1848 et produisit d'excellents résultats. Après la révolution de février, la concession fut retirée, et le patronage dut se renfermer dans les limites étroites de la maison des Frères. Mais l'exemple était donné depuis longtemps comme pour les retraites de première communion. Les patronages des enfants et des anciens élèves des Frères se répandirent de tous côtés, et là encore l'abbé Bernard doit être compté, avec le Frère Adrien, au premier rang des fondateurs de cette œuvre admirable, sauvegarde de la foi et de la moralité de la jeunesse populaire, surtout dans les villes et les centres industriels.

Disons tout de suite que l'abbé Bernard, devenu doyen de Sainte-Catherine, puis vicaire-général du diocèse de Cambrai, conserva toujours avec le bon frère Adrien et l'établissement de la rue des Urbanistes les rapports les plus affectueux. Il y avait dans cette maison modèle une classe d'honneur composée des élèves les plus forts de toutes les écoles de Lille. En 1854, au moment du jubilé séculaire de Notre-Dame-de-la-Treille, l'abbé Bernard, demanda à ces jeunes gens d'élite d'offrir, comme premier hommage à la patronne de Lille, une truelle d'honneur qui servit à poser la première pierre de la basilique. En échange de ce présent, il leur donna une riche bannière, représentant d'un côté Notre-Dame de la Treille et de l'autre saint Pierre. Quand le frère Adrien, chargé de bonnes œuvres et de mérites, fut atteint en 1857 de sa dernière maladie, l'abbé Bernard vint l'assister et le consoler sur son lit de mort. « Je me rappelle, écrit Mgr Delannoy, l'avoir vu, à l'époque de la dernière maladie du bon frère Adrien, venir encore s'entretenir avec lui, et lui donner, comme il le disait avec une charmante simplicité, ses commissions pour le Ciel ». Parmi ces commissions d'outre-tombe, en voici une dont le souvenir a été gardé et qui nous a été racontée par des témoins auriculaires. « Mon bon frère, lui dit l'abbé Bernard, vous allez voir au paradis la sainte Vierge et saint Pierre à qui nous élevons une basilique. Demandez-leur bien de nous protéger et de bénir notre entreprise. — Je n'y manquerai pas, répondit le mourant avec la candeur d'un enfant. » Simplicités adorables, inspirées par Jésus-Christ lui-même, à ces petits auxquels il aime à révéler ses secrets et qu'il fait passer avant les savants et les puissants de ce monde !

« Il y aurait peut-être lieu, nous écrivait Mgr Delannoy après vous avoir parlé du Frère Adrien, de dire un mot d'une admirable sœur de charité, si connue à Lille sous le nom de sœur Sophie. Cette sainte religieuse fit pour les jeunes filles, par l'orphelinat et la maison de sœurs qu'elle fonda et développa rue de la Barre, ce que le bon frère Adrien faisait pour les jeunes gens des écoles. L'un et l'autre s'inspirèrent des conseils et de la direction de M. l'abbé Bernard. Plus tard, lorsqu'il eut quitté Lille, il aimait encore à les voir, à stimuler leur zèle et à leur suggérer de nouveaux moyens de faire le bien. Le nom de ces deux âmes d'élite, qui prirent une part si active aux œuvres multiples de sa charité, ne doit pas, ce me semble, être séparé du sien. »

Nous allons remplir ce vœu de Mgr Delannoy pour la sœur Sophie, comme nous l'avons fait pour le frère Adrien, en nous appuyant sur les souvenirs des sœurs et des orphelines encore survivantes, et sur le témoignage de la supérieure actuelle qui était déjà à Lille lors de la fondation de la maison de la rue de la Barre.

Cette maison, au moment où nous écrivons, élève et instruit 180 orphelines, tient un ouvroir pour 70 jeunes filles externes, et est chargée par la ville du service des pauvres dans quatre paroisses. Les Filles de Saint-Vincent-de-Paul qui la dirigent étaient, avant la révolution de Juillet, attachées au bureau de bienfaisance et aux hôpitaux de Lille. Après 1830, elles furent conservées quelque temps encore à titre provisoire, et le choléra qui sévit avec violence en 1832 retarda leur départ. Comme on avait besoin d'elles, on les garda ; elles soignèrent les malades avec la simplicité et l'héroïsme de leur dévouement. L'épidémie disparue, la municipalité leur adressa des remercíments publics, et, pour leur témoigner sa reconnaissance, les renvoya comme des servantes infidèles. Les pauvres des hospices demandèrent en vain qu'on les leur conservât, s'offrant à les nourrir à leurs frais, si la ville voulait continuer à les loger. Elles durent partir, au milieu des larmes des vieillards, des enfants et des pauvres. Mais leur absence ne fut pas longue. Ce qu'avait défait l'intolérance révolutionnaire, la charité catholique le refit. Dès 1833, trois sœurs, parmi lesquelles se trouvait la sœur Sophie, furent installées sur la paroisse Saint-Etienne, par les soins d'une pieuse demoiselle, et en 1837, cette première installation étant devenue insuffisante, elles furent transférées dans une vaste maison de la rue de la Barre, sur la paroisse et près de l'église de Sainte-Catherine. Cette nouvelle maison était grevée de tant de charges compliquées et bizarres que les sœurs n'osèrent en accepter la donation M. le comte de Melun, un des héritiers de la propriétair. décédée, la mit à leur disposition, mais ce ne fut qu'ene 1866 qu'elles en devinrent propriétaires légales.

C'est là que, pendant près de trente ans, la sœur Sophie accomplit des prodiges de charité comparables à ceux de la sœur Rosalie à Paris. L'abbé Bernard, avant même qu'il revînt de Bavai en 1834, la connaissait et l'aimait comme un fils. A peine de retour à Lille, il s'associa à ses bonnes œuvres et lui rendit tous les services imaginables pour le soin des pauvres, l'instruction des orphelines, et l'édification des sœurs. Il se fit leur aumônier volontaire, comme celui des Frères, leur disant la messe quand elles n'avaient point d'autre prêtre à leur disposition, leur prêchant des retraites, ainsi qu'aux enfants élevés dans la maison. « Comme il aimait la sainte Vierge ! nous disait une de ces petites orphelines devenue quinquagénaire,

mais encore émue à son seul souvenir; et quand il nous parlait d'elle, comme son visage s'illuminait! — « Votre paroisse
est à la sainte Vierge, se plaisait-il à nous répéter: sa statue
miraculeuse est dans votre église, derrière l'autel. Si Dieu
le permet, un jour je l'en ferai sortir, et je rétablirai son
culte dans toute la ville de Lille. » — Comme il était
humble et doux ! Il nous prêchait toujours l'humilité, la
vie cachée, et il en donnait l'exemple. »

C'était chez les sœurs de la rue de la Barre que le Conseil des Dames de Charité de Lille se réunissait. Depuis 1830, Madame Bernard était la présidente de l'œuvre;
mais avec elle et au-dessus d'elle, l'abbé Bernard présidait les séances du Conseil. Il le faisait avec autant de
charme et d'onction que de précision et d'autorité. « Chez
moi, disait gracieusement madame Bernard, il est mon fils
et il m'obéit ; ici, il est mon supérieur et c'est moi qui lui
obéis. »

La sœur Sophie voulut servir les pauvres jusqu'au bout
malgré ses infirmités : « La vie pour travailler, l'éternité
pour se reposer », disait-elle gaiement à ses sœurs qui
cherchaient à l'en détourner. Quand on la vit près de sa
fin, on la pria instamment de laisser faire son portrait. Elle
résista d'abord par humilité, puis y consentit par charité ;
mais ce fut à la condition expresse que le peintre mît auprès d'elle trois gros pains, de ceux qu'on distribuait aux
pauvres, afin que son portrait continuât à prêcher après sa
mort l'amour des membres souffrants de Jésus-Christ. Elle
mourut en odeur de sainteté, le 16 avril 1862. L'abbé
Bernard, alors retenu loin de Lille, ne put assister à ses
derniers moments. « Son nom et celui du frère Adrien,

écrit Mgr Delannoy, sont restés en profonde vénération dans toutes les classes de la société, parmi les pauvres et le peuple Lillois, aussi bien que parmi les riches et les hommes d'œuvres ; et l'on se souvient encore des manifestations unanimes qui eurent lieu à leur mort. La municipalité se chargea spontanément des frais de leurs funérailles, et la reconnaissance publique leur éleva à chacun un superbe monument. Que les temps sont changés ! »

L'abbé Bernard n'oublia jamais ni la sœur Sophie, ni la maison de la rue de la Barre. Il aimait tant l'humble chapelle de la communauté qu'il revenait chaque année y célébrer la messe pendant l'octave de l'Immaculée Conception. Il y vint pour la dernière fois au mois de décembre 1880 ; la paralysie seule put l'empêcher d'accomplir ce pieux pèlerinage en 1881, dernière année qu'il acheva en ce monde. Quand revint la fête de la Conception immaculée en 1882, il était déjà parti pour l'autre vie, et c'est dans le ciel qu'il la célébra.

A côté de ces œuvres de patronage et de charité auxquelles il prit une part prépondérante, beaucoup d'autres œuvres se fondèrent à Lille vers cette époque, avec son concours plus ou moins direct, mais toujours efficace. Nous voulons parler spécialement de la Société de Saint-Joseph et de la Société de Saint-Vincent-de-Paul, la première, œuvre locale et toute lilloise ; la seconde, œuvre générale, née à Paris en 1833. Toutes deux eurent pour berceau à Lille un cercle de catholiques fervents, modeste de nom, déjà assez ancien d'origine, qui depuis les premières années de la restauration faisait beaucoup de bien sans bruit. Le cercle du *bouillon*, c'était son nom très peu mystique,

avait pris naissance dans une maison de la rue d'Angleterre où des distributions de soupe avaient lieu en faveur
des indigents. Vers 1828, s'y trouvant trop à l'étroit, il se
transporta dans une autre maison de la rue du Gland, aujourd'hui rue de la Préfecture, bâtie dans l'enclos même
où s'élevait avant la Révolution la collégiale de Saint-
Pierre. La moitié de cette maison était occupée depuis
longtemps par une loge maçonnique ; l'œuvre chrétienne
et l'œuvre satanique se trouvaient ainsi logées côte à côte,
séparées par un simple mur mitoyen. « C'était là certes,
lisons-nous dans le compte-rendu décennal de l'œuvre de
Notre-Dame de la Treille, une coïncidence singulière et
une condition d'antagonisme dont le sentiment et la raison
ne pouvaient accepter la durée. Quel serait celui des deux
adversaires qui aurait le premier à reculer ? Ce terrain
était un terrain sacré ; celui qui en était l'antique posses-
seur y maintint ses droits ; et il se trouva qu'un jour les
membres du cercle purent s'emparer de la partie si tris-
tement usurpée, renverser le mur de séparation, jeter sur
le pavé les décors et les oripeaux de la loge ; et bientôt,
ce travail de purification se complétant, le cénacle de la
franc-maçonnerie fut remplacé par une chapelle expiatoire qui devint. en réalité, le centre des œuvres catholiques de Lille. »

La première de ces œuvres fut une bibliothèque qui
prêtait de bons livres aux lecteurs de toutes les classes,
mais surtout de la classe ouvrière, qui répandait des brochures de propagande, et dont les administrateurs avaient
pris l'habitude de se réunir le soir à certains jours de la
semaine, pour s'entretenir des choses de Dieu et des be-

soins religieux du peuple. C'est là que prirent naissance, entre beaucoup d'œuvres de foi et de charité, la Société de Saint-Joseph et la première conférence de Saint-Vincent-de-Paul.

La Société de Saint-Joseph y commença, le 1er novembre 1836, sur la proposition d'un jeune ouvrier typographe qui avait émis l'idée de réunir, dans un but chrétien et moral, des jeunes gens désireux de bien vivre et de s'amuser honnêtement. Un des administrateurs du cercle, qui avait reçu cette communication, la mit à profit, et réunissant quelques jeunes gens, la plupart ouvriers, forma un noyau d'une trentaine de membres environ : ce furent les premiers membres, les membres fondateurs de la Société de Saint-Joseph. L'œuvre grandit rapidement ; les ressources s'accrurent avec le nombre des membres titulaires et honoraires, et, dès le 12 octobre 1838, moins de deux ans après sa fondation, elle fut transférée rue Sainte-Catherine, 60, dans le local où elle a toujours vécu et prospéré depuis. L'abbé Bernard, ami intime du fondateur de la Société de Saint-Joseph, en fut dès le principe un des protecteurs les plus zélés. Il contribua à la diriger et à la maintenir dans les habitudes de religion, de piété même, qui l'ont rendue si féconde en heureux résultats, si salutaires pour les innombrables jeunes gens qui en firent successivement partie. Ce que cette œuvre bénie a séché de larmes, ramené de pécheurs, affermi de justes, répandu de bienfaits dans la population de Lille, est incalculable. L'abbé Bernard, sans avoir la part principale dans tout ce bien, en eut cependant une considérable par ses conseils, et aussi par ses aumônes. Son nom se trouve inscrit au pre-

4

mier rang parmi ceux des membres honoraires de la Société de Saint-Joseph, et les rares survivants parmi les membres fondateurs se souviennent de son zèle, de sa présence assidue au milieu d'eux et de son aimable charité.

Pour la Société de Saint-Joseph comme pour les œuvres précédentes, Mgr Delannoy nous envoie son précieux témoignage qui confirme ce que nous venons de dire et y ajoute un trait important. « M. Lefort pourrait vous dire quelle part eut M. l'abbé Bernard dans la fondation de la Société de Saint-Joseph : que de jeunes gens maintenus dans la pratique du devoir, que d'infortunes soulagées et consolées, grâce à cette association ! La maison de campagne de Saint-Joseph était située sur le territoire d'Esquermes. Or, comme les processions du Saint-Sacrement étaient à cette époque interdites dans l'intérieur de la ville, les sociétaires de Saint-Joseph se rendaient à la procession d'Esquermes. Ce fut un des moyens dont la Providence se servit pour préparer le succès des démarches qui aboutirent peu après 1848 au rétablissement de ces pieuses processions. Ce fut là une des plus grandes joies de M. l'abbé Bernard qui y avait activement et puissamment contribué, comme ce dut être une des tristesses de ses dernières années de voir ces mêmes processions de nouveau supprimées. »

De même que la Société de Saint-Joseph, la première conférence de Saint-Vincent-de-Paul de Lille prit naissance dans la maison du cercle du Bouillon. Elle se constitua le 25 novembre 1838, dans une assemblée de douze membres, sous la présidence de Mgr Wicart, alors curé-doyen de Sainte-Catherine. L'abbé Bernard contribua certainement à cette fondation, car nous voyons son nom figurer dans les procès-verbaux des premières séances, comme de celles qui suivirent. « La séance, dit le procès-verbal du 16 décembre 1838, est terminée par quelques paroles d'édification adressées par M. l'abbé Bernard ». Et dans celui du 3 février 1839, nous trouvons ce qui suit : « A l'ouverture de la séance, M. l'abbé Bernard a bien voulu nous faire entendre quelques paroles d'édification qui, comme de coutume, ont été accueillies avec un vif intérêt. La même faveur nous a été promise pour tous les premiers dimanches de chaque mois, jour où une réunion aurait toujours lieu. »

L'abbé Bernard, ainsi constitué prédicateur ordinaire et comme directeur spirituel de la conférence, fit plus que tenir sa promesse. Outre ses allocutions mensuelles, il prêcha le panégyrique de Saint-Vincent-de-Paul ; il assistait à des séances ordinaires ou extraordinaires, dans lesquelles sa présence était particulièrement réclamée, et il prenait part soit à l'organisation des œuvres annexes que se proposait la conférence de Sainte-Catherine, soit à l'établissement de conférences nouvelles. C'est ainsi que, dans la séance du 10 février 1839, il est dit que M. l'abbé Bernard est désigné avec MM. Louis Piévet, Jules Mourcou et Henri de Cugnac, pour faire partie de la commission chargée d'étudier les moyens de porter secours aux petits Savoyards. » Et le 4 août suivant : « M. l'abbé Bernard rappelle à la conférence l'établissement de l'œuvre de Saint-François-Régis. Une commission est nommée aussitôt. Elle se compose de MM. l'abbé Bernard, Louis Fiévet, Charles Kolb, Mourcou et Remy. Cette commission se réunira pour fixer les bases de l'œuvre à Lille et aviser au moyen de lui donner dans notre ville l'extension dont elle est susceptible. Elle fera part à la prochaine conférence du résultat de cette première réunion. » Enfin le 6 juin 1841 : « Nos espérances pour Tourcoing viennent d'être réalisées. Les premiers éléments ayant été rassemblés, une réunion préparatoire avait eu lieu sous la présidence de M. Jombart ; mais pour atteindre plus sûrement le résultat désiré, ce dernier a provoqué une deuxième séance à laquelle M. l'abbé Bernard, M. le Président et M. le Secrétaire ont assisté comme délégués de la conférence de Lille. Cette séance a réuni une trentaine de personnes, parmi lesquelles MM. les doyens et vicaires de Tourcoing. M. le Président a, dans une allocution toute paternelle, fait connaître l'origine et les succès de l'œuvre, et M. Bernard couronna dignement cette mission en adressant à l'assemblée des paroles pleines d'onction et d'à-propos, »

La charité de l'abbé Bernard, on le voit, s'étendait déjà au-delà des limites de sa ville natale. Elle ne fit que s'accroître par sa nomination de doyen de Sainte-Catherine. Il resta en rapports constants avec la conférence qu'il édifiait depuis trois ans, en reçut le titre de président spirituel, et lui adressa, à cette occasion, une allocution charmante, assez courte pour que nous puissions la transcrire sans abréviation, telle que nous la trouvons dans le procès-verbal de la séance du 22 mai 1842.

« Samuel se présentant à Bethléem pour sacrer David, les vieillards lui demandaient : « Est-ce la paix que vous nous apportez ? » — « Pour moi, Messieurs, je viens, non pas vous apporter la paix que vous avez déjà, mais unir mes prières aux vôtres. Votre accroissement montre bien que vous êtes la vigne plantée et protégée par le céleste père de famille ; votre esprit de simplicité, de charité, attire sur vous ses bénédictions. Vous venez d'ajouter à ce que vous avez fait, en rattachant plus étroitement votre conférence à l'Église. Restez unis pour vous préserver de la froideur du siècle. Les brebis tondues se pressent les unes contre les autres, afin de ranimer leur chaleur ; qu'elles soient votre modèle ! Unité de volonté, pluralité de personnes, voilà votre conférence. Cette unité se rattache encore à l'unité divine, manifestée par l'Église avec laquelle vous venez de resserrer vos liens. Aussi, je puis vous dire pour ma part : mon partage est beau ; je trouverai dans cette ville des sujets d'édification ; et dans mes rapports avec Mgr l'Archevêque, j'aurai le bonheur d'apporter à son cœur des consolations toujours nouvelles, et un dédommagement à ses fatigues et à son dévouement pastoral. »

Une autre œuvre excellente et d'importance capitale qui s'imposa vers la même époque au zèle de l'abbé Bernard, ce fut l'évangélisation des élèves du collége de Lille. La liberté d'enseignement n'existait point alors pour l'instruction secondaire, et en dehors des établissements publics, il était impossible à la grande majorité des familles de donner à leurs enfants une éducation chrétienne. Or depuis 1830, le collège de Lille se trouvait sans aumônier. « Après la Révolution de juillet, écrit M. Chon dans ses Impressions et Souvenirs, la majorité du Conseil municipal obéissant aux tendances du moment résolut de décléricaliser ou laïciser la direction du collège qui était auparavant confiée à un ecclésiastique. Le principal, M. Ed. Gachet, convaincu de l'importance de l'instruction religieuse pour la jeunesse, se fit, par dévouement, professeur de morale, et sa morale ne pouvait être que foncièrement chrétienne. Ses principes donnaient de telles garanties à l'Église que jamais une réclamation ne s'est élevée contre son enseignement, qui se continua jusqu'au jour où deux zélés prêtres, les abbés Bernard et Gonthier, vinrent, sur ses instances, se constituer aumôniers volontaires. » L'abbé Bernard fut le premier qui accepta, s'il ne l'a sollicita, cette mission. Ancien élève du collège de Lille sous la restauration, il y avait reçu une éducation aussi profondément chrétienne que fortement littéraire, et la reconnaissance comme le zèle du salut des âmes le poussait à cet apostolat. C'était vers l'année 1838, à l'époque où sa santé rétablie lui permettait tous les dévouements. Sous prétexte qu'ils ne sont astreints à aucune des obligations du service paroissial, les prêtres libres, quand ils sont vraiment prêtres, sont les plus envahis et les moins libres des hommes. Ils se chargent de chaînes volontaires dont le poids s'accumulant finit par les accabler.

L'abbé Bernard ne put résister aux instances du principal qui répondaient à ses souvenirs et à ses désirs personnels, et il commença, pour les élèves du collège, une série d'instructions qui eurent un plein succès et amenèrent les plus heureux résultats. Mais s'apercevant bientôt que ses forces physiques ne lui permettraient pas de porter seul ce fardeau, concurremment avec ses autres œuvres, il obtint qu'on lui adjoignit un vicaire de la Madeleine,

M. l'abbé Gonthier, qui devint plus tard aumônier en titre du collège. Ce jeune prêtre, qui avait été professeur au séminaire de Cambrai et qui était très au courant des questions controversées dans le monde des indifférents, fit pendant plusieurs années de suite, chaque semaine à jour fixe, des conférences dans une salle où tous les élèves du collège étaient réunis.

Quant à l'abbé Bernard, qui, en sa qualité d'initiateur, laissait volontiers par nécessité et par raison, à ceux qu'il avait appelés à quelque œuvre, le soin de la continuer, il conserva jusqu'en 1842 de nombreuses relations spirituelles avec le collège de Lille. Un des jeunes gens qu'il y rencontra, devenu depuis curé de la paroisse de Saint-Denis de la Chapelle à Paris, nous a envoyé à ce sujet de précieux renseignements : « M. l'abbé Bernard, nous écrit-il, avait gagné les sympathies d'un grand nombre de familles et la confiance de beaucoup de jeunes gens. C'est ainsi qu'en me mettant en rapport avec lui, vers 1840, je fus attiré à rechercher sa direction, et qu'il remarqua en moi certaines aptitudes pour l'état ecclésiastique. Il m'avait charmé par son zèle, sa piété et sa douceur, et il fut l'instrument providentiel de ma vocation. Il fut heureux plus tard de me voir entrer au séminaire de Saint-Sulpice, où il vint me visiter quelquefois lors de ses voyages à Paris. Depuis, il n'a cessé de me donner des témoignages de son affectueux et charitable intérêt. Il ne venait presque jamais à Paris sans m'honorer de sa visite. Il m'écrivait des lettres empreintes de l'esprit de foi qui l'animait, que je garde comme un précieux souvenir. Lors de son dernier voyage à Paris, il me fit encore visite ainsi qu'à ma vieille mère ; c'était dans l'été de 1879, à ce que je crois ; et vers la fin de 1881, il m'écrivit une dernière fois une lettre de condoléances bien touchante, au sujet de la perte que je venais de faire en la personne de cette mère qu'il estimait beaucoup et que j'aimais tant moi-même. »

Les diverses œuvres que nous venons d'énumérer étaient plus que suffisantes pour absorber le temps et les forces d'un prêtre plus vigoureux de santé que ne l'était l'abbé Bernard. Et pourtant nous n'avons rien dit encore du ministère le plus important qu'il exerça pendant cette période de sa vie ; nous voulons parler de son dévouement vraiment admirable à ces créatures déshéritées entre toutes qu'on appelle les sourds-muets et les aveugles, et ce qu'il entreprit et accomplit pour amener à Lille et de là dans tout le diocèse de Cambrai les religieux et les religieuses voués, par une disposition spéciale de leur règle, au soin de ces infortunés. Cette page, intéressante entre toutes, de la vie de l'abbé Bernard, mérite un chapitre particulier qu'elle suffira largement à remplir.

CHAPITRE V

L'attention de la charité privée et de l'assistance publique
ne commença à se porter sur les sourds-muets à Lille que
vers 1834. C'était l'année même où l'abbé Bernard, l'apôtre
des petits et des misérables, revenait à Lille après son vicariat de six mois à Bavai. Jusque-là, le conseil général du
Nord envoyait à Arras quelques-uns des plus pauvres enfants affligés de cette infirmité, mais il n'y avait dans le
département aucun asile destiné à les recevoir. L'âme
tendre du jeune prêtre ne pouvait manquer de s'émouvoir
de compassion à la vue d'une telle infortune ; mais il ne
fut pas le premier à la découvrir et à la vouloir soulager.
Cet honneur revient à un chef d'institution secondaire
M. Victor Derode, qui, dans une pensée chrétienne, résolut
d'admettre dans son pensionnat d'Esquermes les enfants
sourds-muets que leurs parents voudraient lui confier. Il lui fallut pour réaliser ce projet faire des dépenses considérables,
ouvrir des ateliers de menuisiers et de tourneurs, les arts

manuels jouant un grand rôle dans l'éducation de ces pauvres infirmes. Il lui fallut aussi s'adjoindre un professeur habile ; il alla tout de suite au plus éminent, en s'adressant à M. Massieu, qui répondit à son appel.

Massieu, sourd-muet lui-même, fut l'élève privilégié et le collaborateur de l'abbé Sicard. Ce qu'il a écrit des impressions de ses premières années offre un tableau saisissant des souffrances de ces pauvres êtres privés du bienfait de l'ouïe et de la parole : « Les enfants de mon âge, dit-il, ne jouaient pas avec moi, ils me méprisaient, j'étais comme un chien. Je voyais de jeunes garçons qui allaient à l'école, je désirais les suivre, et j'en étais très jaloux. Je demandais à mon père, les larmes aux yeux, la permission d'aller à l'école ; je prenais un livre, je l'ouvrais du haut en bas pour marquer mon ignorance. Je le mettais sous mon bras comme pour sortir ; mais mon père me refusait. On me faisait signe que je ne pourrais jamais rien apprendre, parce que j'étais sourd-muet. Alors, ne pouvant dominer mon chagrin je pris le parti d'aller à l'école sans le dire à mon père : je me présentai au maître, je lui demandai par signes de m'apprendre à lire et à écrire. Le maître me chassa de l'école. Cela me fit pleurer beaucoup, mais ne me rebuta pas. Tout seul, j'essayai de former avec une plume des signes d'écriture. »

Un voyageur remarqua l'intelligence et la tristesse du pauvre petit, et le fit entrer à l'institution des sourds-muets de Bordeaux, dont l'abbé Sicard était directeur. Massieu, devenu grand, étonna son maître, et sa réputation comme professeur s'étendit dans toute l'Europe. Il était déjà vieux quand, en 1834, M. Derode l'appela à Lille et lui confia

la direction des enfants sourds-muets de son institution. Là
comme partout il obtint des résultats merveilleux ; mais le
courant de l'opinion ne se porta point du premier coup
de ce côté. Six élèves seulement ou plutôt six familles
avaient répondu à l'appel de M. Derode. C'était trop
peu pour compenser les efforts et les dépenses considérables que lui coûtait cette épreuve. Il dut donc y renoncer au bout d'un an ; mais Massieu s'était déjà fait
connaître et apprécier, et il résolut de fonder une institution spéciale pour les sourds-muets des deux sexes. Ap-
puyé par le conseil général et par le conseil municipal de
Lille, il put, dès 1835, ouvrir cet établissement d'instruction et de charité dans le quartier saint Sauveur. Deux
maisons, donnant, l'une sur la rue de Fives, l'autre sur la
rue de Poids, et communiquant par leurs jardins, étaient
affectées, l'une aux garçons, l'autre aux filles. Les cours
étaient faits par Massieu qui, malgré son grand âge, les
dirigea avec un plein succès jusqu'en 1839. Mais alors
âgé de quatre vingts ans, succombant sous le fardeau de la
vieillesse et des infirmités, il dut résigner ses fonctions,
et fut remplacé par les frères de saint Gabriel et par les
filles de la Sagesse.

Dès le début, l'abbé Bernard s'était intéressé à l'œuvre
de Massieu, qu'il avait sans doute connue par une séance
publique tenue à Lille en 1835. Quelques exercices où
se révélait la docile facilité des élèves, quelques réponses
surprenantes, où éclatait le génie encore vivant du maître,
avaient excité au plus haut point l'intérêt des assistants.
L'abbé Bernard vit dans l'évangélisation de ces pauvres
enfants un moyen d'exercer son zèle sans s'imposer une

fatigue au dessus de ses forces, et il s'offrit à Massieu
comme aumônier volontaire et gratuit de son institution. Il
se mit à l'œuvre sur le champ, apprit le langage des
sourds-muets, et il fut bientôt en état de leur faire des
instructions par signes et d'ouvrir ainsi leurs âmes à la
connaissance de Dieu et aux consolations de la foi. Ce
ministère, accueilli avec un empressement et une gratitude
extrêmes, lui parut si plein de douceur et de fruits de
salut qu'il s'y consacra avec une sorte de prédilection. Il
ne tarda point à s'apercevoir que l'intelligence affaiblie de
Massieu ne serait plus longtemps à la hauteur de sa mission,
et qu'il fallait s'occuper de lui trouver des successeurs. Il
s'était aperçu en même temps que, pour les enfants sourds-
muets comme pour les autres, le rapprochement des sexes
dans les mêmes exercices, et sous une seule direction,
offrait de graves inconvénients. Il se demanda donc s'il
n'y avait pas en France quelque ordre religieux de frères
et de sœurs consacrés à l'éducation des sourds-muets, et
il trouva la réponse providentielle à cette question dans un
compte rendu de journal qui racontait une distribution des
prix dans une école de sourdes-muettes dirigée par les filles
de la Sagesse. En étudiant l'histoire de ces saintes religieuses, il connut l'existence des frères de saint Gabriel,
établis auprès d'elles à Saint-Laurent-sur-Sèvres, sous un
même supérieur général, et il s'employa dès lors activement à préparer l'arrivée à Lille de ces deux ordres religieux. Ses relations de famille rendaient cette besogne
facile, et c'est à son initiative et à ses démarches que le
diocèse de Cambrai est redevable en grande partie des
bienfaits qu'ils y ont répandus sans interruption depuis

plus de quarante ans. Esquissons en quelques pages, . avant de raconter leurs œuvres unies à celles de l'abbé Bernard, l'historique de ces deux excellentes congrégations.

Vers la fin du dix-septième siècle, le vénérable Grignon de Montfort, dont le procès en béatification est commencé, évangélisait avec un zèle apostolique les provinces de l'ouest de la France, et en 1716, il mourait en odeur de sainteté à Saint-Laurent-sur-Sèvre, diocèse de Luçon, où son tombeau est, depuis lors, visité par un grand nombre de pèlerins. Ce vénérable missionnaire avait établi à Saint-Laurent le siège de trois œuvres chargées de continuer sous des formes diverses son apostolat : les Pères de la compagnie de Marie, missionnaires comme lui, les Filles de la Sagesse et les Frères du Saint-Esprit. Le but de ces derniers était de servir les Pères et de travailler à l'instruction de la jeunesse. Dans les premières années de notre siècle, M. Deshayes était nommé supérieur général des congrégations de Saint-Laurent Cet homme de Dieu, né dans le diocèse de Vannes, y avait exercé le saint ministère en confesseur de la foi pendant la terreur. Après la tourmente, devenu curé d'Auray, puis honoré du titre de vicaire général par Mgr l'évêque de Vannes, il continua sa vie active de bonnes œuvres, et commença, de concert avec l'abbé Jean de Lamennais, une institution de frères pour l'instruction de la jeunesse. En 1821, le P. Deshayes, ayant été nommé supérieur des congrégations de Saint-Laurent, réunit aux frères du Saint-Esprit sa petite communauté naissante qu'il sépara de celle de M. de Lamennais, et il ne tarda pas à l'organiser en une véritable congrégation qui

5

prit le nom d'institut des frères de l'instruction chrétienne de Saint-Gabriel.

Cet institut, dont le siège demeura fixé à Saint-Laurent-sur-Sèvre, a pour but général de travailler à l'instruction et l'éducation chrétienne des enfants des classes populaires, soit dans les écoles, soit dans les pensionnats, et pour but spécial de travailler à l'instruction des sourds-muets et des aveugles. Étant encore curé d'Auray, l'abbé Deshayes avait pris à cœur l'évangélisation de ces infortunés, et il s'était occupé d'ouvrir dans la chartreuse d'Auray, rachetée par lui, un asile pour les recevoir et les élever. Devenu supérieur de Saint-Laurent, il dirigea de ce côté le dévouement de ses frères, et dès 1826, la classe des garçons sourds-muets, confiée jusque-là aux filles de la Sagesse, fut remise entre leurs mains. Leur succès dépassa toutes les espérances, et depuis lors un grand nombre des membres de l'institut de Saint-Gabriel se vouent à cette touchante et consolante mission. Quant à l'éducation des jeunes aveugles, les frères de Saint-Gabriel ne s'y livrèrent que plus tard, en même temps que les filles de la Sagesse. Une de ces dernières ayant perdu la vue, le P. Deshayes, déjà près de sa fin, fut touché de sa douleur, et résolut d'employer ses deux communautés à cette œuvre comme à celle des sourds-muets. C'est à Lille en 1841, que les frères et les sœurs appelés par l'abbé Bernard, réalisèrent pour la première fois cette pensée et partagèrent leurs soins entre les sourds-muets et les aveugles.

La communauté des filles de la Sagesse fondée, comme nous venons de le dire, par le vénérable Grignon de Montfort, avec la coopération de mademoiselle Trichet de

Poitiers, première supérieure générale, reçut de ses fondateurs la forme et les statuts qu'elle a toujours gardés
depuis. Le 22 août 1715, le saint missionnaire donna l'habit
religieux à mademoiselle Trichet avec le nom de sœur
Marie-Louise de Jésus, et quelques jours après, ayant mis
la dernière main à la règle, il la lui présenta en disant :
« recevez, ma fille, cette règle, observez-la, et la faites
observer à celles qui seront sous votre conduite. » La sœur
se jeta à genoux et la reçut comme le présent le plus précieux qu'on pût lui faire. Elle est, en effet, un chef-
d'œuvre de piété et de sagesse. Un éminent ecclésiastique
du temps s'écria en la lisant : « quiconque gardera cette
règle sera un ange. » Un mot du Vénérable Grignon de
Montfort donnera une idée de sa sainteté et de celle qu'il
voulait en ses religieuses. « Mes filles, leur écrivait-il le
31 décembre 1715, je vous souhaite une année pleine de
combats et de victoires, de croix, de pauvreté et de mépris. » Une des dernières paroles qu'il leur adressa fut une
parole prophétique. Il leur parlait de Dieu comme de coutume, quand tout à coup il s'arrêta et demeura immobile,
les yeux fixés au ciel. Son visage leur parut tout brillant.
« O mes filles, leur dit-il, que Dieu me fait connaître, à
cet instant, de grandes choses ! Je vois dans les décrets de
Dieu une pépinière de filles de la Sagesse. » Cette prédiction se réalisa pleinement : quand il mourut, quelques mois
après, le 28 avril 1716, la communauté ne comptait encore
que quatre sœurs. A la mort de la mère Marie-Louise de
Jésus, fondatrice et première supérieure générale, elle
possédait dix-neuf établissements, ce qui suppose plus de
cent sœurs. A la révolution de 1789, elle dirigeait plus de

quatre-vingts maisons et le nombre des sœurs était de plusieurs centaines. En 1865, elle comptait trois mille religieuses, dirigeait ou desservait cent six asiles de l'enfance, deux cents écoles primaires, trente pensionnats, trente écoles normales et classes d'adultes, huit écoles de sourdes-muettes et d'aveugles, quarante-cinq ouvroirs ou orphelinats, six maisons de retraites spirituelles, cinq maisons de maternité, quatre-vingt-douze hôpitaux civils et militaires, neuf bagnes ou prisons, neuf asiles d'aliénés, trente bureaux de bienfaisance, et cent autres maisons de charité secourant les pauvres à domicile. Du grain de senevé était sorti un grand arbre dont les branches abritent une multitude innombrable d'oiseaux du ciel.

De l'histoire de ces saintes filles, nous ne citerons qu'un épisode sous la Terreur. Il montre trop leur dévouement héroïque à toutes les misères humaines et a trop de rapports avec le temps et les circonstances actuels pour que nous le passions sous silence. Après la loi du 18 août 1792 qui proscrivit l'habit religieux et prononça la dissolution de toutes les communautés, les Filles de la Sagesse reçurent de leurs supérieurs l'autorisation de se retirer dans leurs familles. Quatre-vingts d'entre elles étaient chargées du service de l'hôpital de la marine à Brest. Douze seulement préférèrent retourner chez elles, jusqu'à la fin de la persécution plutôt que de rester à l'hôpital privées de leur costume et exposées à tous les outrages. Les autres bravèrent tout pour continuer leur mission de charité. Leur position était horrible, sans chapelle, sans autre aumônier qu'un prêtre qu'elles tenaient caché dans un recoin de la maison et qui leur disait secrètement la messe quand il le pouvait ; ayant sous les yeux les victimes qu'on amenait chaque jour au tribunal révolutionnaire installé dans une salle de l'hôpital, et qu'on emmenait à l'échafaud dans la charrette même destinée au service des sœurs. Elles s'entendaient à chaque instant menacer de mort ; elles apprenaient l'envahissement de leur maison mère, le massacre d'une partie de leurs compagnes, le supplice des autres ; et parmi toutes ces horreurs, elles poursuivaient avec sérénité l'accomplissement de leur admirable ministère.

Un jour vint, en 1794, où l'administration de l'hôpital voulut se débarrasser de leur présence et les envoyer, enchaînées deux à deux, à Cayenne. Mais il fallait d'abord pourvoir à les remplacer. A cet effet, on choisit trente femmes qu'on habilla proprement, qu'on paya largement et qui vinrent pendant plusieurs jours faire auprès des sœurs leur apprentissage d'infirmières. Les sœurs se prêtèrent à tout avec une générosité toute chrétienne. Mais quand vint le moment d'assigner à chacune de ces femmes son emploi dans les salles des malades, la plupart des médecins s'y opposèrent résolûment. Les malades eux-mêmes refusèrent leurs soins et menacèrent de les jeter par les fenêtres si elles reparaissaient, ajoutant qu'ils mettraient le feu à l'hôpital si les sœurs en sortaient. Devant ces manifestations, l'autorité municipale prit peur, céda, et maintint à leur poste les filles de la Sagesse. C'est ainsi qu'elles traversèrent la Terreur, le Directoire, et que la fin de la persécution les retrouva, toujours calmes et dévouées, au chevet de leurs malades.

Tel était l'ordre admirable des filles de la Sagesse que l'abbé Bernard apprit à connaître en lisant leur histoire, qu'il eut la gloire d'introduire dans le diocèse de Cambrai, avec les frères de Saint-Gabriel, et dont le témoignage va nous faire connaître ce qu'il fit pour elles et pour eux, aussi bien que pour les pauvres enfants infirmes auxquels il s'était consacré.

Depuis un an environ, le 19 novembre 1838, l'abbé Bernard avait été nommé aumônier en titre de la maison de la rue de Fives, où les sourds-muets des deux sexes séparés pour l'habitation étaient encore réunis au point de vue de l'instruction : Mgr Belmas, évêque de Cambrai, reconnaissait ainsi officiellement le dévouement avec lequel il les évangélisait depuis plusieurs années. Au mois d'octobre 1839, les frères de Saint-Gabriel et les filles de la Sagesse arrivèrent à Lille, et prirent la direction de l'institution divisée entre les deux congrégations, qui supprimèrent toute communication d'une maison à l'autre et instruisirent séparément les garçons et les filles. Écoutons d'abord le récit des frères, et nous entendrons ensuite celui des sœurs.

« Les frères eurent à passer de tristes jours dans les commencements. Isolés dans un pays dont les habitudes et les usages leur étaient entièrement inconnus, ils trouvèrent dans l'abbé Bernard l'appui le plus solide et les plus précieuses consolations. Quel dévouement ! Pouvaient-ils être étrangers à son zèle, eux dont la position précaire lui était si bien connue ? Il avait contribué de tout son pouvoir à les amener à Lille, et c'était grâce à son ascendant bien marqué sur les membres de la commission de surveillance de l'institution que ces messieurs s'étaient décidés à offrir aux frères de Saint-Gabriel et aux filles de la Sagesse la direction de l'œuvre.

Sa charité inépuisable, son dévouement sans bornes, rendaient les frères presque honteux. Il n'est point de minutieux détails dans lesquels il n'entrât pour les tirer d'embarras. Il allait jusqu'à mettre le charbon de terre dans leurs foyers pour leur apprendre à en tirer parti. Il examinait tout, veillait à tout comme le père le plus tendre. Que de fois les comestibles arrivèrent à la maison sans être demandés, et payés d'avance, sans que les frères en sussent même le prix ! Sa famille ne voulut pas le laisser seul à l'œuvre et les frères en reçurent également toutes sortes de bons offices, ainsi que du digne médecin, M. le docteur Binaud, que l'abbé Bernard leur avait procuré.

En bénissant et en vouant à Marie l'humble chapelle de l'institution naissante, il annonça avec une grande effusion de cœur que la Sainte Vierge protègerait et ferait prospérer un établissement si utile et si bien éprouvé dès son début. Dans le discours qu'il prononça à cette occasion le 19 décembre 1839, il disait des élèves, après la Sainte Écriture : « Ils ont une langue et ils ne parlent pas ; ils ont des oreilles et ils n'entendent pas. » Ce discours a été conservé et nous croyons devoir le reproduire ici, comme une des pages les plus intéressantes sorties de son intelligence et de son cœur.

« Pour apprécier les avantages que les sourds-muets trouvent dans une institution semblable, il faut bien connaître l'état dans lequel sont et demeurent tous ceux qui ne reçoivent pas une éducation adaptée à leurs besoins, et ici il ne faut pas juger par les apparences. Beaucoup de personnes s'y trompent, et se figurent, à voir l'air intelligent des plus jeunes sourds-muets, qu'ils comprennent la

valeur de tous les signes naturels. Mais l'expérience prouve
que, doués d'un grand talent d'imitation, par la perspica-
cité de leurs regards, auxquels rien n'échappe, et par la
souplesse de leurs membres qu'ils exerçent toujours, ils
savent, il est vrai, copier parfaitement ce qu'ils voient
faire, mais ils s'arrêtent à l'écorce et ne saisissent pas les
choses abstraites, tant qu'ils n'ont point le secours d'un
instituteur. S'ils nous voient nous agenouiller et prier, ils
s'agenouillent et remuent les lèvres, mais sans avoir pour
cela la moindre idée de Dieu. S'ils sont témoins d'un ou-
ragan, si devant eux la pluie tombe par torrents, si le vent
déracine les arbres avec violence, ils peuvent soupçonner
qu'une force, un agent quelconque produit ces effets désastreux, mais ils n'auront point l'idée d'un Esprit souverain, éternel, qu'il faut honorer et servir. Seuls, ils ne
peuvent franchir la distance qui sépare la contemplation
d'un fait sensible d'avec la perception de sa cause. Comme
l'animal fidèle qui garde l'homme, ils sentiront bien une
différence entre les caresses et la correction; mais ils ne
pourront arriver d'eux-mêmes à la connaissance de la loi,
ni apprécier la distinction du mal et du bien moral; les
habitudes ordinaires de famille ne les aident en rien sous
ce rapport. Et ce que j'avance, je le dis d'après l'expérience des maîtres les plus consommés qui, interrogeant
leurs élèves sur les pensées que faisaient naître en eux le
spectacle de la nature, les événements de la vie et les cérémonies du culte, n'ont jamais cru qu'avant leur entrée à
l'école ils eussent eu une véritable connaissance de Dieu
et des devoirs de l'homme.

« Dans cet état d'enfance indéfinie, ils peuvent être

chrétiens par le baptême ; mais ils sont incapables d'augmenter leurs mérites, d'embellir leur couronne, et de goûter dans le sacrement de nos autels, les divines consolations que le Dieu fait homme a préparées à ceux qui le reçoivent (1).

« De plus, dans leur famille, ils sont gênants et inutiles à tout, excepté à rendre quelques services matériels, et ils demeurent dans une dépendance continuelle de ceux qu'on appelle les *parlants*. En même temps ils sont assez dangereux pour la société surtout dans les campagnes où les mœurs des parents ne polissent pas toujours assez les dehors de leur caractère. Colères et vindicatifs, comme par instinct, leur isolement les porte au vagabondage et leur fait naître conséquemment bien des occasions de nuire.

« C'est donc un bienfait inappréciable pour tous que de recueillir ces enfants dans les institutions, afin de leur ouvrir l'intelligence et de réformer leurs penchants vicieux, en leur procurant le trésor de la foi. Après six ou sept ans passés dans l'école, ils sont d'autres êtres ; il s'est fait en eux comme une création nouvelle. S'ils ne perçoivent pas votre voix, au moins ils vous lisent et vous comprennent ; s'ils n'articulent pas de sons, au moins ils savent vous parler avec la plume. Dès lors, ils peuvent communiquer avec quiconque sait lire et écrire la langue de leur pays. Les voilà donc en mesure de reprendre rang parmi leurs frères et leurs sœurs. »

1. Note de l'auteur. — Ces paroles de l'abbé Bernard doivent être prises comme l'exposé de faits expérimentaux plus que comme l'énonciation d'une théorie absolue qui pourrait paraître favoriser jusqu'à un certain point le *traditionalisme*, blâmé par le Saint-Siège et le Concile du Vatican.

L'écho répéta ces paroles dans toutes les bonnes familles de Lille et un grand nombre se firent un devoir de participer à une œuvre si intéressante. Grâce au concours bienveillant des autorités et surtout à l'inépuisable charité de l'abbé Bernard, le bien-être augmenta dans l'institution. En 1840, le pieux aumônier fut au comble de ses vœux en admettant pour la première fois à la sainte table quelques-uns de ses enfants. Il les disposait à cette importante action avec un zèle toujours croissant qui prit un nouvel essor en 1841, dans la retraite qui précéda la solennité. Elle fut présidée par M. de Garsignies, vicaire-général et plus tard évêque de Soissons. Le discours que M. de Garsignies fit à cette occasion fut très pathétique et produisit des fruits de salut dans tout l'auditoire. Un des membres de la commission, profondément ému de cette scène attendrissante et des ardentes paroles de l'orateur, dit à un de ses amis au sortir de la cérémonie : « La piété des enfants et l'éloquence du prédicateur m'ont dessillé les yeux. J'y vois clair à présent, et c'est tout de bon que je veux me montrer chrétien. » Il tint parole.

Quand, le 30 mars 1842, l'abbé Bernard fut nommé curé-doyen de Sainte-Catherine, ce fut une désolation générale parmi les frères de Saint-Gabriel et leurs élèves. C'était plus qu'un aumônier, c'était un père qu'ils perdaient. Aussi, lors de la visite que Mgr Giraud, archevêque de Cambrai, fit à l'institution de la rue de Fives le 2 mai suivant, les enfants lui adressèrent une supplique pressante pour obtenir qu'il leur laissât leur cher aumônier, le bienfaiteur de leurs corps et de leurs âmes. La chose était délicate, et le prélat hésitait. M. de Saint-

Aignan, alors préfet de Lille, qui l'accompagnait, inter-
vint en proposant à l'archevêque d'autoriser M. l'abbé
Bernard à conserver ses anciennes fonctions tout en exerçant les nouvelles. Ne pouvait-il pas, en effet, tout en ces-
sant de porter officiellement le titre d'aumônier des sourds-
muets, continuer auprès d'eux à titre officieux son admirable ministère ? Mgr Giraud, touché de la douleur et de
la tendresse de ces pauvres enfants, consentit à ce moyen
terme qui semblait tout concilier, et la joie des sourds-
muets et de leurs maîtres éclata en manifestations qui
émurent jusqu'aux larmes les assistants. Les membres de
la commission de surveillance ne s'en tinrent pas à cet arrangement verbal. Ils écrivirent à l'archevêque et obtinrent
une réponse écrite, pleinement satisfaisante. « Notre père
et notre soutien nous est conservé ! » Tel fut le cri unanime qui sortit des lèvres des frères et du cœur des
élèves.

« Mais hélas, ajoutent les frères dans leur Mémoire, la
joie ne fut pas de longue durée. Le digne M. Bernard ne
put continuer longtemps ses fonctions d'aumônier, incom-
patibles avec la charge accablante de son importante paroisse de Sainte-Catherine. Il fallut bien s'y résigner et
renoncer à sa direction quotidienne. Mais ses conseils
sages et bienveillants et sa haute protection ne nous firent
jamais défaut, tant à Sainte-Catherine qu'au poste de
vicaire-général où l'appela en 1845 la confiance de Mgr
Giraud.

Les directeurs qui se succédèrent à l'institut des sourds-
muets et surtout le frère Louis de Gonzague (1846 à
1852) sollicitaient et suivaient ses conseils avec un em-

pressement et une docilité filiale. Comme l'établissement
était surchargé de dettes, il indiquait les moyens de les
diminuer ou de les éteindre, quêtes dans le Nord, appel à
la charité des personnes aisées et bienfaisantes, augmen-
tation des bourses votées par le Conseil général, fondation
d'un pensionnat de parlants, concerts donnés par les
aveugles. A l'occasion, il prêtait le concours de sa plume
pour aider les frères quêteurs. Il se préoccupait aussi des
progrès des élèves et de l'amélioration des méthodes.
Ainsi, en mai 1849, il manifesta devant les frères le vif
désir que l'on s'occupât activement de développer la parole chez les sourds-muets ; ce que l'on tenta sans grand
succès immédiat. Mais l'idée n'était pas perdue. La *chéi-
rologie* fut inventée aux vacances suivantes par le frère
Alexis, et ce système fut appliqué, un ou deux ans après,
à la parole et à la lecture sur les livres par le dévoué frère
Bernard, au moyen de la *Phonodactylologie :* mot barbare
qui exprime une invention éminemment bienfaisante et
civilisatrice.

L'abbé Bernard continua jusqu'à sa mort à donner à
l'institution et aux frères de Saint-Gabriel des preuves de
son affection et de son dévouement. En janvier 1850, il
écrivait au frère Louis de Gonzague : « Je suis heureux
de vous annoncer la nomination de M. Weens comme aumônier. Il sera une bénédiction pour votre maison. »
M. Weens exerça ses fonctions jusqu'à sa mort arrivée en
1880, avec un zèle et des fruits de salut qui justifièrent
pleinement cette prédiction. L'abbé Bernard, par ses démarches et ses recommandations pressantes, contribua aussi
à activer et assurer la reconnaissance légale des frères de

Saint-Gabriel qui eut lieu par un décret impérial du 3 mars 1853.

« Quand le cardinal Régnier, ajoutent les frères, daignait nous honorer et nous encourager de ses visites, quelquefois imprévues, il se faisait toujours accompagner de M. Bernard ; c'était alors un double bonheur pour les frères ; car ils savaient que, selon son expression, leur premier aumônier aimerait et protègerait jusqu'à la fin les frères et les élèves de l'institution des sourds-muets et des jeunes aveugles. »

Cette institution, transférée une première fois en 1843 de la rue de Fives (quartier de Saint-Sauveur) à la rue Saint-Gabriel à Fives, fut transportée en 1872, de la rue Saint-Gabriel où elle se trouvait trop à l'étroit, à Ronchin-lez-Lille. C'est un des établissements de ce genre les mieux tenus et les plus justement renommés ; au moment de la mort de l'abbé Bernard, il renfermait quatre-vingt-quinze élèves sourds-muets et trente aveugles. La maison de la rue Saint-Gabriel ne sert plus qu'*aux parlants*.

Le dévouement de l'abbé Bernard aux Filles de la Sagesse et à leur intéressante famille de sourdes-muettes et d'aveugles fut plus grand encore, si c'est possible. Nous ne pouvons mieux faire que d'en reproduire le tableau retracé par les sœurs avec autant d'émotion que de reconnaissance.

« L'œuvre que M. Bernard a le plus chérie est arrivée à une prospérité qui a dû réjouir les dernières années de son fondateur ; je veux dire l'institution des sourdes-muettes et des aveugles de Lille. Cet établissement, confié d'abord à M. Massieu, réunissait les garçons et les filles.

Des raisons majeures faisaient désirer la séparation des sexes ; on y songeait sérieusement, lorsque M. l'abbé Bernard s'entendit avec les amis des sourdes-muettes en vue d'obtenir des religieuses de la Sagesse. Celles-ci prirent possession en octobre 1839. La tâche des sœurs fut rude et laborieuse. Plusieurs, succombant à la fatigue et aux privations, tombèrent malades. Ce fut alors que M. l'abbé Bernard déploya tout son zèle. Initié au langage mimique, il se fit professeur, et grâce à son dévouement, les classes ne furent pas interrompues. Non seulement il fut leur professeur, mais aussi leur aumônier. Il réunissait dans leur chapelle de pauvres petits ramoneurs, pour les catéchiser, et se faisait, comme le grand apôtre, tout à tous pour les gagner tous à Jésus-Christ. Il descendit jusqu'à donner des leçons culinaires aux sœurs, afin que les enfants n'eussent pas à murmurer d'un changement dans la préparation des aliments. Les sœurs de la Sagesse, étrangères au mode de chauffage du Nord, éprouvaient une réelle difficulté à allumer les poëles et à les entretenir. Ce fut encore M. l'abbé Bernard qui leur vint en aide dans cette circonstance. Une foule d'objets indispensables manquaient à l'établissement ; l'œil vigilant du prêtre charitable s'en apercevait, et chaque jour le généreux bienfaiteur déposait secrètement quelques ustensiles de première nécessité.

Une transformation complète se produisit bientôt chez les enfants. L'éloquence toute paternelle et les prières du saint prêtre changèrent le cœur des élèves légères et indisciplinées qui devinrent dociles, pieuses et laborieuses. Trois de ces enfants sont encore à l'institution comme grandes pensionnaires et servent d'exemple à leurs compagnes.

Le local trop restreint de la rue de Fives nécessitait un changement de demeure. L'abbé Bernard s'occupa de chercher une maison convenable. Un hôtel rue Royale était à vendre ; mais les ressources manquaient pour en faire l'acquisition. Celui qui avait à cœur la prospérité de l'établissement offrit une somme considérable prêtée sans intérêt (cette somme prêtée par l'abbé Bernard était de 90,000 francs) ; plusieurs autour de lui l'imitèrent, et par son influence des dames organisèrent une souscription. Grâce à ces secours, l'hôtel fut acquis aux Filles de la Sagesse, et l'institution y fut transférée au mois d'avril 1841. A cette époque, deux jeunes aveugles furent adjointes aux sourdes-muettes et participèrent à la sollicitude de leur bienfaiteur. M. l'abbé Bernard continua à être l'apôtre de cette maison.

Nommé doyen de Sainte-Catherine, alors que l'élite de la société lilloise recherchait sa direction, il ne négligeait pas son œuvre. Chaque semaine, il venait s'asseoir au milieu des sourdes-muettes et des aveugles pour leur enseigner le catéchisme et les confesser. Élevé au poste de vicaire-général, il conserva toutes ses sympathies pour la maison qu'il avait fondée. Jamais il ne venait à Lille sans visiter ses protégées pour qui c'était une réjouissance de le voir. Dans ses tournées apostoliques, s'il rencontrait une sourde-muette, il savait trouver un moment pour la confesser et lui donner de sages conseils. C'est ainsi que plusieurs de ces enfants, chancelantes dans la voie de la vertu, se sont trouvées raffermies dans le bien.

M. Bernard écoutait avec une joie visible les détails qu'on lui donnait sur la conduite des élèves sorties de l'institution. Il bénissait Dieu quelques années avant sa mort en apprenant que la plupart des sourdes-muettes retournées dans leur paroisse y gagnaient honnêtement leur vie et faisaient par leur piété la consolation de leur curé. Il se réjouissait aussi de savoir que cinquante aveugles depuis la fondation avaient été placées comme organistes et maîtresses de piano. De plus, il ne voyait pas sans une satisfaction marquée cette pépinière de Filles de la Sagesse que son action directe ou indirecte avait appelées successivement dans le Nord pour y remplir des missions variées (notons particulièrement la maison de Cambrai, et celle d'Haubourdin à laquelle il prêta quarante mille francs sans intérêt). Nous ne pouvons passer sous silence la joie qu'il ressentit en apprenant que les Filles de la Sagesse étaient demandées pour l'hôpital militaire de Lille ; c'était son vœu depuis bien des années.

Le but du saint prêtre était atteint. Son œuvre prospérait. Au lieu de quinze élèves qui avaient place à l'institution en 1839, soixante-dix sourdes-muettes y reçoivent aujourd'hui l'instruction, ainsi que trente aveugles. Bien que, tous les sept ans, le personnel se renouvelle, toutes les générations d'enfants qui se succèdent dans cet établissement portent au ciel le nom du bienfaiteur par excellence qui leur a ouvert cet asile, et les bienfaits de M. Bernard y ont laissé un souvenir impérissable. »

Nous n'ajouterons à ce témoignage de la vénération et de la gratitude que les détails suivants sur les maisons et les œuvres des Filles de la Sagesse, dont le diocèse de

Gambrai est redevable à l'abbé Bernard, puisque ce fut lui qui les appela à Lille et de Lille contribua à les répandre dans tout le reste du département du Nord. Nous en empruntons le tableau à Mgr Delannoy, ami de ce saint prêtre et témoin de son zèle : « Ce que nul n'ignore, c'est que, grâce au zèle infatigable et toujours fécond en ressources de M. l'abbé Bernard, l'institut de la Sagesse s'est répandu dans les centres les plus importants du diocèse de Cambrai et y produit un bien incalculable. Deux cent cinquante religieuses de cette congrégation y travaillent actuellement, et tiennent plus de vingt asiles, quinze classes ou pensionnats, dix ouvroirs, quatre hôpitaux ; sans parler des réunions dominicales et des retraites annuelles pour les personnes du monde, qu'elles ont aussi inaugurées sous l'inspiration de M. l'abbé Bernard. »

De ces témoignages et de ces faits, nous avons le droit de conclure que, cette œuvre des sourds-muets et des filles de la sagesse eût-elle été la seule œuvre de l'abbé Bernard, il eût bien mérité de Lille, du diocèse de Cambrai et de l'Église.

CHAPITRE VI

L'abbé Bernard et les Passionistes — Part considérable que prend l'abbé Bernard à leur établissement en Belgique, en Angleterre et en France.

Avant de suivre l'abbé Bernard dans son ministère paroissial à Lille et de raconter ce qu'il fit comme curé-doyen de Sainte-Catherine, il nous semble opportun de rapporter ici avec quelques détails la part considérable qu'il prit à l'établissement des Pères Passionistes en Belgique, en Angleterre et en France. Dans cette grande œuvre, comme en beaucoup d'autres, il eut la mission et le rôle d'initiateur. C'est lui qui conçut le projet, qui lui donna l'impulsion première, qui lui chercha et lui trouva partout des appuis et des agents d'exécution. C'est donc à lui que revient avant tout autre l'honneur du succès ou, pour parler un langage plus chrétien, le mérite de tant d'âmes sauvées, de tant de bonnes œuvres réalisées par le ministère de ces admirables religieux.

L'ordre des Passionistes, fondé à Rome au siècle dernier par saint Paul de la Croix, contemporain de Voltaire et canonisé par le Pape Pie IX, est un ordre voué à la prière et à l'apostolat, qui envoie ses missionnaires à la conquête des âmes et qui, d'après une révélation faite à son fondateur, devait travailler avec une efficacité particulière, à la conversion de l'Angleterre. Quand l'abbé Bernard vint à Rome pour la première fois en 1834, il eut occasion de connaître cet ordre, de fondation encore assez récente ; il pria dans l'église Saint-Jean et Saint-Paul devant le corps miraculeusement conservé du bienheureux Paul de la Croix, et il apprit, de la bouche d'un de ses religieux, le père Dominique, les espérances prophétiques du saint fondateur au sujet du retour à la foi de l'Angleterre protestante. Voici en quels termes le père Dominique, qui devait le premier réaliser ces espérances, racontait lui-même l'histoire de sa vocation. Nous les empruntons à un mémoire inédit de Mgr Haffringue sur l'établissement des Passionistes en Angleterre :

« Né de parents sans fortune, n'ayant aucune éducation, occupé dès mon enfance aux travaux de la campagne, je crus, à l'âge de vingt ans, entendre une voix intérieure qui me disait que j'étais destiné à travailler à la conversion de l'Angleterre, et que pour cela je devais entrer aux Passionistes. Pour obéir à la voix qui m'appellait, je me présentai à une des maisons de cet ordre, où je fus admis en qualité de frère convers et employé comme aide à la cuisine. Quoiqu'il n'y eût aucune connexité entre les fonctions de cuisinier et les études qui devaient me mettre en état de remplir ma mission, j'acceptai sans hésiter et avec confiance la charge qui m'était imposée. Quelque temps après, mes supérieurs, me trouvant des dispositions plus qu'ordinaires, jugèrent à propos de me faire suivre un cours d'études que je dus commencer par les premiers éléments. Je fis des progrès rapides qui me permirent, après

quelques années, d'être promu au sacerdoce. Alors plus
que jamais je fus poursuivi par la pensée que je devais
aller en Angleterre travailler à la conversion de ce pays.
Je ne laissais pas ignorer à mes supérieurs ces pensées et
ces désirs que je croyais inspirés du ciel. Mais comme il
n'y avait alors aucune apparence de pouvoir entreprendre
une pareille mission, j'étais traité de visionnaire ; et, pour
m'ôter tout espoir, je fus pendant plusieurs années employé dans des missions qui semblaient m'éloigner à jamais
de l'Angleterre. Quand plus tard la mission pour l'Angleterre fût décidée, mes supérieurs ne crurent pas devoir
m'admettre au nombre des Pères qui devaient en faire
partie, jugeant que j'étais nécessaire pour une autre
mission. Je partis pour le nouveau poste qui m'était assi-
gné, sans hésitation, mais avec la certitude que la divine
Providence me destinait pour l'Angleterre. Mes prévisions
ne tardèrent pas à se réaliser. Le Père qu'on avait désigné
pour supérieur de la mission étant tombé malade, je fus
chargé de le remplacer. »

Quand l'abbé Bernard rencontra pour la première fois
le Père Dominique à Rome, en 1834, le futur apôtre de
l'Angleterre était encore à l'heure des épreuves ; ses espérances étaient traitées d'imaginations et il ne se doutait
pas, en ouvrant son cœur à ce jeune prêtre de Lille, inconnu et malade, qu'il avait devant lui l'instrument choisi
par Dieu pour l'aider à la réalisation de ses projets. —
L'abbé Bernard emporta de ces entretiens 'e désir ardent,
le dessein arrêté de travailler de toutes ses forces à cette
grande œuvre de salut, et de 1834 à 1842, cette pensée
fut, avec celle de la restauration de la collégiale de Saint-

Pierre et du culte de Notre-Dame de la Treille, la principale préoccupation de sa vie. La Providence en le mettant
en rapport avec Mgr Haffringue lui facilita l'accomplissement de sa tâche. A cette époque l'abbé Haffringue s'était
déjà fait un nom à Boulogne par le collège qu'il dirigeait
avec autant d'intelligence que de succès et par la reconstruction commencée dès 1827 de l'ancienne église de
Notre-Dame. L'abbé Bernard, pendant les vacances de
1836, qu'il était venu passer aux bords de la mer pour
affermir sa santé, fit connaissance avec lui, reçut ses confidences sur ses œuvres apostoliques, sur son espérance
de contribuer au retour de l'Angleterre à la foi catholique
par la reconstitution de l'Évêché de Boulogne, et l'établissement d'un pèlerinage international dans la basilique
de Notre-Dame qu'il reconstruisait dans la ville haute, près
des ruines de l'ancien palais épiscopal. A ces ouvertures,
l'abbé Bernard répondit par le récit de ce qu'il avait appris à Rome de la bouche du Père Dominique, et convainquit facilement l'abbé Haffringue que la fondation d'une
maison de Passionistes à Boulogne était le moyen le plus
sûr d'atteindre son but. A Boulogne les Pères seraient à
portée de l'Angleterre ; ils trouveraient toute une colonie
d'Anglais déjà convertis à affermir dans la foi, et à trans-
former en apôtres, ou d'Anglais protestants à convertir.
De là, ils pourraient facilement envoyer de l'autre côté de
la Manche des missionnaires qui fonderaient au sein du
royaume britannique de nouvelles maisons de leur ordre :
ce serait le commencement de la réalisation de la pro-
phétie du bienheureux Paul de la Croix, et le signal d'une
invasion pacifique de l'Angleterre, plus sûre et plus facile

à mener à bonne fin que l'invasion militaire projetée et abandonnée par Napoléon en 1804.

M. Haffringue, devenu de ce jour l'intime ami de l'abbé Bernard, lui promit tout son concours, toute son influence, soit à Arras, soit à Rome, pour l'introduction des Pères Passionistes dans son diocèse, et ce fut pendant plusieurs années l'objet d'une correspondance active entre ces deux zélés serviteurs de Dieu. Quelques extraits des lettres de l'abbé Bernard montreront l'ardeur de son zèle, en même temps que l'activité de ses démarches et la netteté de son esprit.

« 4 décembre 1836. — Depuis mon retour à Lille, j'ai bien pensé à la bonne volonté que vous aviez de travailler à l'établissement des Passionistes dans votre voisinage. Voici que je reçois une lettre d'un de ces religieux, par laquelle je suis à même de vous poser des questions nettes et dont la solution nous fera renoncer à notre plan ou bien nous engagera à en activer l'exécution. Tout dépend maintenant de Mgr l'Évêque d'Arras et des localités à trouver.

« Il faut une habitation avec église et chapelle — que la maison soit à usage de communauté, avec un quartier pour le noviciat. Les Passionistes étant mendiants et faisant la quête seulement au temps de la moisson, seront-ils soutenus dans le pays ? — Les lois de l'État permettent-elles à des religieux établis en France de communiquer librement avec leur général et de dépendre entièrement de lui ?. .... Pour les exercices, retraites, missions, prédications au dehors, pouvoir de confesser, admission aux saints ordres, ils dépendent de l'Ordinaire.

Voilà les questions principales que le Père Ignace a posées dans le temps et qu'il vient de m'expliquer. Car j'avais été effrayé d'abord du mot *exemption* de l'ordinaire.

« Il reste cependant un point délicat, c'est celui de l'habit. Ils sont déchaussés, portent une ceinture de cuir et un cœur blanc sur l'habit. Ne serait-ce pas un obstacle dans nos pays froids, où on est si esclave de ses habitudes? Après tout, on voit dans le port de Boulogne et aux environs tant de costumes étrangers qu'on y sera plus indulgent peut-être que partout ailleurs pour un habit religieux. — Il faudrait aussi savoir au juste sur quel pied serait cette communauté devant le gouvernement.

« Dans la crainte des Évêques français et du gouvernement, j'avais pensé à la Belgique, à l'ancien diocèse d'Ypres, où il y aurait le port d'Ostende et bien d'autres facilités. Mais à Rome, comme à Lille, on tient pour Boulogne. Mgr Wiseman a annoncé qu'il y avait vingt jeunes Anglais disposés à se faire Passionistes, lesquels n'ont pas le moyen d'aller à Rome, mais bien à Boulogne, pour y faire leur noviciat. Ainsi, vous le voyez, il n'y a pas à reculer. Notre-Dame de Boulogne, dont vous êtes le très-honoré et très-honorable architecte, fera cette affaire pour vous. Le Père général compte communiquer la chose au Pape ce mois-ci, et demander conseil à Sa Sainteté. C'est pourquoi on tient à avoir promptement l'avis de Mgr d'Arras...... Quel bonheur pour le pays qui possèdera de tels saints ! »

Il résulte des lettres de Mgr Haffringue que l'approbation du Pape sollicitée par lui-même dans une audience en 1839 avait été accordée, que Mgr l'Évêque d'Arras désirait l'arrivée des Passionistes, que le gouvernement tolérerait sans doute leur présence, leur costume, leurs œuvres ; mais que la question d'argent soulevait un obstacle difficile à lever. « Ainsi donc, écrivait l'abbé Bernard le 20 mars 1839, il ne reste que la question d'argent — où trouvera-t-on de l'argent ? Il faudrait bien essayer d'en trouver chez les Anglais. Pour moi, je vous promets de faire à Lille tout ce que je pourrai. Je viens de voir M. Fiévet qui m'en demandait précisément pour une autre œuvre. Mais n'importe, dans les grandes circonstances, on a le droit d'être importun. Nous le ferons bien aller dans ses *quatre* bonnes maisons. »

Il est probable que les quatre bonnes maisons de M. Fiévet restèrent fermées ou à peu près pour une fondation étrangère au diocèse, que l'abbé Bernard lui-même déjà épuisé par ses autres œuvres, ne put apporter à M. Haffringue qu'une offrande insuffisante. L'abbé Haffringue, de son côté, accablé par la construction de son église monumentale de Boulogne, ne trouva point de ressources autour de lui. Les évêques d'Angleterre auxquels il s'adressa ne purent rien assurer ; lord Spencer seul, converti, prêtre et plus tard passioniste, promit deux mille livres sterling (50,000 fr.), mais à une condition qui ne se réalisa point ; bref, il fallut abandonner ou du moins ajourner le projet de l'établissement des Passionistes à Boulogne.

L'abbé Bernard, ne pouvant se résoudre à renoncer à un projet si cher, chercha, mais en vain, à faire venir les

6

Passionistes dans le diocèse de Cambrai. Il rencontra des difficultés de toute sorte et bientôt il se convainquit que le seul moyen de réussir était de renoncer à la France et de se tourner du côté de la Belgique. Cette fois la Providence le servit à souhait. Comme il se trouvait à Valenciennes dans la famille de sa mère, qu'il parlait de son désir, de ses démarches favorablement accueillies par l'évêque de Tournay et de son embarras au sujet d'une maison convenable, un de ses oncles lui dit tout à coup : « Pouvez-vous rester ici jusqu'à ce soir ? » — Certainement, si c'est utile. — « Eh bien, attendez-moi et ayez confiance. » Avant la nuit, la question était résolue. Le messager de charité revenait avec l'offre d'un château situé à Ère, près de Tournay, dans des conditions parfaitement convenables à l'établissement des Pères, et que le propriétaire mettait gracieusement et gratuitement à leur disposition. — Le Général des Passionistes, averti sur le champ par l'abbé Bernard, accepta avec empressement sa proposition, et voici en quels termes il lui annonça, quelque temps après, le départ de ses religieux pour la Belgique, en même temps qu'il lui exprimait sa profonde gratitude. C'était le 23 mai 1840.

« Illustrissime Seigneur, les porteurs de la présente seront le P. Dominique de la Mère de Dieu et ses trois compagnons, destinés à établir la nouvelle retraite de notre congrégation à Tournay. Il vous exprimeront de vive voix les sentiments de ma gratitude, et moi, je me borne à vous écrire que jamais je n'oublierai tout ce que vous avez fait pour la dilatation de notre institut. Et comment oublier vos démarches empressées pour l'établir à Boulogne

et tout ce que vous avez fait jusqu'à présent pour la fondation à Tournay ? Celle-ci est entièrement votre œuvre, et
si la charité des autres y a une part, c'est votre charité
qui lui a donné le mouvement. Je vous considère comme
un des plus insignes bienfaiteurs de notre congrégation,
et, à ce titre, je vous transmets le diplôme d'aggrégation
à icelle, vous mettant en participation à tout le bien qui
se fait, soit dans les observances régulières, soit dans les
ministères apostoliques à l'avantage du prochain. Au sus-
dit diplôme d'agrégation, je joins une *thèque* (reliquaire)
avec beaucoup de précieuses reliques qui rappellent la
Passion de Jésus-Christ. — Agréez ce peu, considérant
que je ne puis donner plus, et, pour le grand bien que
vous avez fait, attendez une abondante récompense de
Celui qui a promis qu'il ne laissera pas sans récompense
même un verre d'eau fraîche donné à ses chers pauvres.

« Tout ce que vous avez fait est pour moi un gage de
ce que vous ferez en faveur de nos religieux. Ils viennent
dans un royaume étranger, et ils auront besoin de direction, de conseils et d'aide. Je les recommande à votre charité et je suis sûr que vous ferez tout ce que vous pourrez
en leur faveur, pour que l'Œuvre sainte heureusement
commencée arrive à sa perfection. Il importe surtout que le
très vigilant Évêque de Tournay les prenne sous sa protection et les regarde de bon œil, et encore pour cela je
me fie à vos bons soins, espérant que, comme vous avez
réussi à lui faire désirer les Passionistes absents, de
même et encore mieux vous réussirez à les lui faire aimer
et protéger présents.

« Avec des sentiments de haute estime et de cordiale

reconnaissance, je me déclare, de Votre Seigneurie, le très humble et très dévoué serviteur.

« ANTOINE DE SAINT-JACQUES,
« Supérieur-général.

« Rome, retraite de Saint-Jean-de-Paul, le 23 mai 1840. »

Il résulte de notes complémentaires envoyées de Rome que l'abbé Bernard, après avoir conçu, préparé et conduit à bonne fin le projet d'établissement des Passionistes en Belgique, à deux heures de Lille, à quelques heures des rives de l'Angleterre, les reçut lui-même à leur arrivée à Lille, les hébergea, les conduisit à Tournay et les assista toujours de ses aumônes et de son actif dévouement. Cette solution, au point de vue qui préoccupait particulièrement l'abbé Bernard, l'évangélisation de l'Angleterre, était presque aussi avantageuse que la fondation d'abord poursuivie, puis forcément ajournée, d'une maison de Passionistes à Boulogne. C'était bien ainsi que l'entendaient le Père Dominique, supérieur de la maison d'Ère, le Père Antoine, son supérieur-général et le Pape lui-même qui, depuis la démarche faite près de lui par M. Haffringue, s'était déclaré le partisan et le protecteur du projet primitivement conçu par l'abbé Bernard. Par une étrange et admirable conduite de la Providence, cette grave entreprise, à laquelle s'intéressaient activement les catholiques d'Angleterre, plusieurs Évêques de France et de Belgique et le Souverain-Pontife, était née des entretiens d'un jeune prêtre français n'ayant pas trente ans, sans appui, sans ministère, d'une santé chétive, avec un pauvre religieux traité de visionnaire par ses supérieurs ; c'était cette *chiquenaude*, pour emprunter le langage familièrement sublime de Pascal, qui avait mis en mouvement tout un monde. Tant il est vrai que si l'homme propose, Dieu seul dispose, et que si l'homme s'agite, c'est Dieu qui le mène.

En fait, la maison des Passionistes à Ère fut toujours considérée comme un point de passage et de départ pour Londres. Dès la fin de l'année 1840, quelques mois après son installation, le Père Dominique faisait un premier voyage d'exploration en Angleterre, sans grande apparence de succès.

En partant pour Londres, il s'était arrêté à Lille et avait reçu de M. Bernard-Serret, père de l'abbé Bernard, un manteau dont le vénérable vieillard s'était dépouillé pour en revêtir le religieux et le garantir du froid pendant son voyage. Ce petit fait jette un jour aimable et significatif sur les rapports d'amitié et de charité qui existaient alors entre la famille de l'abbé Bernard et les Passionistes.

Il ne faut pas croire que l'établissement des Passionistes en Angleterre s'accomplit sans difficulté. Les lettres du Père Dominique à M. Haffringue, les seules qui aient été conservées, sont pleines des récits de leurs succès spirituels, mais aussi de leurs épreuves temporelles. « L'Évêque et le grand-vicaire de Tournay nous affectionnent beaucoup, écrivait-il, le 1er mai 1841 : mais ils ne voudraient pas que je quittasse la Belgique, et voilà le motif pour lequel je n'ose rien leur demander pour les dépenses du voyage. » D'un autre côté, le Père Antoine, supérieur-général, avait choisi pour diriger la mission anglaise un autre religieux, et le Père Dominique n'en eût

6.

point fait partie, sans une maladie providentielle de son
confrère qui l'empêcha de se rendre à son poste. Arrivée
en Angleterre, la petite armée des missionnaires connut
les souffrances de la misère, des accueils malveillants, des
oppositions inattendues. Mais Dieu était avec eux et ils ne
se découragèrent pas. Dès 1842, le Père Dominique jetait
au centre du pays ennemi, non loin de Manchester et de
Birmingham, les fondements de la première maison de son
ordre, sous les auspices de M. Filips et de l'abbé Spencer, qui bientôt prit lui-même l'habit des Passionistes. Les
conversions commencèrent à le consoler, dès ses premières
prédications.

« Après beaucoup de difficultés, écrit-il en décembre 1842, j'ai réussi à trouver une grande et belle
salle, dans laquelle, le premier dimanche de l'Avent, j'ai
eu le bonheur de dire la première messe qui ait été célébrée à *Stone* depuis la prétendue Réforme. J'y ai prêché
le matin, expliqué le catéchisme aux enfants après vêpres,
et le soir, à six heures, j'ai commencé un cours de conférences sur les matières controversées entre nous et les
protestants. Cela a été assurément un grand plaisir pour
moi de voir la salle remplie tout à fait de protestants qui
se sont prêtés très attentivement à écouter la conférence.
Je n'aurais jamais imaginé de voir un concours si grand à
entendre un étranger qui ne parle pas bien l'anglais. Cela
me fait croire que ces pauvres gens ne sont pas insensibles
aux devoirs de religion, ni contraires aux vérités catholiques, et j'espère que nous pourrons faire quelque chose
pour la gloire de Dieu et pour le salut des âmes. » — Et
un peu plus tard : « Le nombre de nos convertis s'accroît

peu à peu, et une partie au moins semblent pleinement persuadés de l'importance de ce qu'ils font... Nous avons un bon Italien, et sa femme, anglaise convertie, qui nous sont d'une assistance étonnante pour instruire les enfants. Ils ont leur maison remplie toute la soirée d'enfants qui se remplacent les uns les autres. — Rien ne nous a causé tant de joie qu'un petit trait que nous avons appris hier soir : quand madame Vitta se met à lire à ces pauvres jeunes filles des méditations sur la Passion, elles se mettent à pleurer à chaudes larmes, n'ayant auparavant rien entendu de pareil. N'est-ce pas là quelque chose pour réjouir le cœur d'un Passioniste ? Nous avons trouvé un autre catholique qui négligeait ses devoirs, mais qui, à présent, plein de ferveur et de charité, non seulement reçoit des personnes pour les instruire dans sa maison, mais encore tous les soirs va dans les maisons de quelques-uns des convertis pour dire le chapelet, les litanies de la Sainte-Vierge et pour lire quelque livre de méditations. — « Voilà, dit un vieillard de près de cent ans que nous avons reçu dernièrement et qui semble avoir été conservé pour cette fin, comme le vieux Siméon, voilà la véritable religion ! Nos ministres n'ont jamais rien fait de la sorte. Maintenant je connais bien que celle-ci est la vraie religion de Jésus-Christ ! » Enfin, il y a un autre vieillard et sa femme qui veulent se faire catholiques, parce qu'ils ont vu un de nos Pères aller à minuit visiter un de leurs voisins, récemment converti, atteint d'une maladie contagieuse, tandis que les ministres, qui ont des femmes et des enfants, ne veulent pas y aller même en plein jour. Aujourd'hui j'ai entendu les premières confessions de sept nouveaux catholiques, et j'es-

père recevoir l'abjuration de plus d'une douzaine de protestants pour les présenter comme un bouquet à la très
sainte Vierge, le jour de son Annonciation. — De son
côté, l'abbé Spencer écrivait le 3 janvier 1843 : « La
veille de Noël, un ministre anglican de l'école d'Oxford fit
dans notre église sa première communion. Il était recteur
d'une paroisse, où il jouissait d'un revenu de neuf cents
livres sterling (22,500 fr.). Il a 27 ans et a commencé
déjà ses études pour le sacerdoce. En même temps douze
convertis du voisinage firent leur première communion.
La religion progresse de même de toutes parts. »

Mais la conversion la plus éclatante fut celle du docteur
Newman, depuis Cardinal, qui fit son abjuration en 1845
entre les mains du Père Dominique dans les circonstances
suivantes. Le Saint missionnaire allait se rendre en Belgique pour faire la visite canonique de la maison des Passionistes, quand il fut invité par un nouveau converti, M.
Dalgairns, à passer par Oxford. Sans demander d'explications et suivant l'impulsion de l'Esprit-Saint, le Père Dominique se mit en route sur-le-champ, et le même jour, à
dix heures du soir, il arriva à Oxford, en voiture décou-
verte, par une pluie battante qui, durant cinq heures, était
tombée sur lui et l'avait mouillé jusqu'à la moelle. En descendant de voiture, il fut reçu par M. Dalgairns et M.
Saint-John qui lui annoncèrent que M. Newman, leur ami
et leur maître, était décidé à suivre leur exemple. Oubliant
sa fatigue et la pluie qui ruisselait de ses vêtements, il re-
monta aussitôt en voiture et arriva vers onze heures à
Littlemore, dans la maison de retraite où Dieu avait favo-
risé de grâces très abondantes le chef du Puséysme. Il

s'approchait à peine du feu pour sécher ses habits, quand
M. Newman entra, se prosterna à ses pieds, et, après lui
avoir demandé sa bénédiction, le pria de le confesser et de
le recevoir au sein de l'Église de J.-C. — A ce spectacle,
des larmes de joie coulèrent des yeux du Père Dominique.
La confession générale de M. Newman dura toute la nuit.
Le lendemain matin, il fut baptisé sous condition, avec
deux autres savants convertis, et il reçut la sainte communion des mains de l'humble Passioniste. C'est ainsi que
le plus grand théologien qu'ait eu depuis la Réforme l'Angleterre protestante fit son abjuration entre les mains de
l'ancien gardeur de troupeaux, choisi par Dieu et tiré de
sa poussière pour travailler à la conversion de la grande
nation hérétique.

Ce mouvement de retour se poursuivit depuis, en s'ac-
célérant d'année en année, et l'abbé Bernard put voir successivement, comme autant d'essaims sortis de la maison
d'Ère, des couvents de Passionistes s'établir à Londres, à
Birmingham, à Liverpool, à Dublin, à Glascow, à Belfast,
pour l'Angleterre; à Hardinghem, à Boulogne et à Paris
pour la France. Le couvent d'Hardinghem, dans l'arrondissement de Boulogne fut le premier de son ordre
fondé sur le territoire français. L'installation en fut faite,
avec une grande solennité, le 17 janvier 1853. La maison
de Boulogne sortit de celle d'Hardinghem, comme celle-ci
était sortie des monastères de Belgique et d'Angleterre.
Elle s'établit dans la ville de Mgr Haffringue, en 1872, un
an à peine après que le vénéré prélat en était parti pour
le ciel. L'abbé Bernard, plus heureux que son saint ami,
put assister à l'accomplissement du projet auquel ils avaient

travaillé de concert pendant tant d'années. Mais, moins
bien partagé sous un autre rapport, il vit bientôt tomber
sous les coups d'une persécution sacrilège ces deux fondations dont il attendait tant de fruits de salut. Les Passionistes d'Hardinghem durent vendre leur couvent au
moment d'en être chassés, et ils y furent remplacés par un
orphelinat de garçons. Ceux de Boulogne furent expulsés
à main armée le 5 novembre 1880, et allèrent en Angleterre rejoindre leurs frères qui l'évangélisaient depuis
1841. La généreuse dame anglaise qui les recueillit au
sortir de leur monastère crocheté, s'était écriée, dans un
mouvement d'indignation et d'orgueil patriotique : « Je
suis anglaise, je suis libre ! » Comme elle, les Passionistes
chassés de France, au mépris des lois divines et humaines,
purent s'écrier en posant le pied sur le territoire du
Royaume-Uni : « Nous sommes en Angleterre, nous
sommes libres ! »

Cette œuvre de salut et de bénédiction que les Passionistes continuent avec tant de succès dans la libre Angleterre, c'est à l'abbé Bernard qu'elle doit son origine. Il
en fut incontestablement le promoteur, l'initiateur providentiel, et quand, après quelques années d'épreuves, elle
fut solidement fondée en 1842, par le premier établissement des Passionistes près de Birmingham, il était encore
simple prêtre à Lille, modeste aumônier d'enfants des
frères, de collégiens et de sourds-muets. C'est ainsi que
Dieu le récompensait de son humilité, de ses souffrances,
et qu'avant de faire de lui un curé-doyen de Lille, un vicaire-général de Cambrai, il le faisait déjà participer à
l'Œuvre universelle de l'Église : la propagation de la foi
catholique dans le monde.

CHAPITRE VII

Monseigneur Belmas, évêque de Cambrai, mourut le 21
Juillet 1841, au moment où l'inquiétude qu'avaient paru lui
inspirer les doctrines très romaines de l'abbé Bernard s'était
peu à peu dissipée et avait fait place à une estime effectueuse
et à une juste appréciation de son mérite. Dans les derniers
temps de sa vie, le vieil évêque lui avait donné des marques
sensibles de sa confiance ; il l'avait encouragé par des pou-
voirs aussi étendus que possible dans son ministère auprès
des sourds-muets, et s'il eût vécu quelques années encore,
il n'est pas douteux qu'il l'eut appelé à des fonctions plus
importantes dans le diocèse. Ce qu'il ne put faire, son successeur le fit presqu'au lendemain de son avènement. Ce

successeur choisi par la Providence était Mgr Giraud, évêque de Rodez, qui devait, pendant près de neuf ans, diriger le diocèse de Cambrai avec une grande fermeté dans la doctrine et une grande suavité dans le commandement. Voici en quels termes M. Mollevaut, qui l'avait connu à Rodez, faisait son éloge dans une lettre écrite à l'abbé Bernard le 8 décembre 1841 : « J'ai vu hier Monseigneur Giraud. Vous avez à remercier la divine Providence d'un pareil choix. Il quitte un diocèse ou règne la foi. Il aime les dévotions et les confréries. Il ne veut employer que la bonté. Dans un diocèse pauvre, il a fait réparer et construire des églises pour quatre millions. On ne lui refusait rien. Il est simple dans ses manières ; point de hauteur ni de faste. Vous savez comme il écrit. Un de ses mandements sur les cabarets en a fait fermer trois ou quatre cents les jours de dimanche. Je lui ai donné, ajoute M. Mollevaut, de grandes espérances pour l'avenir et je lui ai beaucoup parlé de vous, je ne pouvais faire autrement. Mon désir est que les bons prêtres le préviennent et l'environnent, lui donnent des renseignements exacts. Je désirerais que vous puissiez avoir avec lui quelques conférences pour le mettre au courant ; mais il faut bien de la prudence et de la modération, et vous ferez bien de ne vous point mettre en avant, et de préférer à tout la prière. »

Quand donc Monseigneur Giraud prit possession de son siège archiépiscopal (car c'est à l'époque et à l'occasion de sa nomination que l'évêché de Cambrai fut érigé en archevéché) il connaissait déjà l'abbé Bernard de réputation et les termes même de la lettre de M. Mollevaut prouvent en quelle estime le saint et savant sulpicien tenait l'apôtre des sourds-muets et l'influence légitime qu'il souhaitait lui voir exercer dans les conseils de son archevêque. Aussi l'un des premiers actes du pontificat de Mgr Giraud fut-il de nommer l'abbé Bernard curé-doyen de la paroisse de Sainte-Catherine à Lille, en remplacement de M. Wicart qu'il avait pris pour vicaire général. Il ressort des lettres de M. Mollevaut que l'abbé Bernard hésita avant d'accepter cette importante fonction, à cause des devoirs réguliers, quotidiens, considérables qu'elle impose, et de sa défiance de sa santé. M. Mollevaut lui-même lui avait écrit très peu de temps auparavant qu'il ne croyait pas le fardeau d'une grande paroisse en rapport avec ses forces. Mais l'archevêque insista tellement que le prêtre dut céder à la volonté formelle de son supérieur. « Vous avez obéi, lui écrit M. Mollevaut le 6 mars 1842, la cause est finie. » A cette date, la nomination n'était pas encore faite ; elle ne fut signée et connue que le 30 mars ; mais la lettre de M. Mollevaut répondait à la nouvelle que lui avait donnée l'abbé Bernard de la décision qu'il avait dû prendre et du consentement qu'il avait envoyé à Cambrai.

L'abandon de son ministère près des enfants des écoles, des élèves du Collège de Lille, des sourds-muets et des sourdes-muettes, explique non moins que la délicatesse de sa santé, son hésitation à accepter la cure de Sainte-Catherine. Il savait de plus que le départ de M. Wicart laissait parmi ses paroissiens des regrets bien légitimes, et que plusieurs, dans le peuple chrétien comme dans le clergé, redoutaient en son successeur ce zèle actif et entreprenant qu'on qualifiait de besoin excessif d'innover. Mais, outre la volonté formelle de son archevêque, un motif déterminant

7

pour lui d'accepter la cure de Sainte-Catherine fut l'espérance et le ferme propos de réaliser enfin l'objet constant
de ses préoccupations et de ses désirs depuis bien des
années, à savoir le rétablissement du culte de Notre-Dame
de la Treille. Il savait que l'image miraculeuse de l'antique
patronne de Lille habitait l'église de Sainte-Catherine et il
dut regarder comme un appel direct de la Providence la
pensée de Mgr Giraud qui lui confiait l'administration de
cette paroisse.

Il obéit donc, mais il obéit non sans émotion et sans
larmes, en pensant aux chères âmes qu'il dirigeait avec tant
d'amour et qu'il lui fallait abandonner pour d'autres œuvres.
Quelques notes résumant les adieux qu'il adressa aux élèves
du collège de Lille, ont été conservées et portent la marque
très vive de la peine qu'il en ressentit. C'était au commencement de la semaine sainte, et le deuil de l'Église en ces
jours sacrés se mêlait à la tristesse personnelle de son cœur.
Voici ces notes, plus saisissantes dans leur brièveté qu'un
discours achevé, parce que l'orateur disparaît et ne laisse
voir que le prêtre, avec tout son cœur et toute sa foi.

« 1° Emotion au souvenir de la visite de Monseigneur,
visite de paix et de bénédiction, visite auguste et solennelle, visite qui a embaumé vos âmes, ranimé votre foi, di-
laté vos cœurs dans la piété, et produit sur vous l'effet
que le soleil produit sur des fleurs nées sous un ciel bru-
meux et qui s'étaient développées sans parfum.

« 2° Emotion à cause de ma crainte pour l'avenir. Mes
espérances : je voyais la foi, les âmes s'ouvrir à la piété ;
mais j'adore les desseins de Dieu. *Expedit vobis ut ego va-
dam* : il vous est avantageux que je m'en aille. Vous rece-

vrez celui qui fera plus et mieux que moi, l'envoyé du Seigneur; ce sera l'ange gardien qui veillera visiblement sur cette maison. Vous lui direz *benedictus*.

3° Mais si je vous quitte, je puis tester 1° j'espérais des vocations : *venite post me*, au moins *sequere me*. Chaque ville fournit son contingent à l'armée pour la défense du territoire. Il n'y a plus de tribu de Lévi : à vous de fournir votre contingent pour les combats du Seigneur. A Dieu ne plaise que l'on vous force; mais si Dieu vous appelle comme Samuel, qu'il ne puisse pas vous dire : *vocavi et renuistis*, je vous ai appelés et vous n'avez pas répondu. 2° J'espérais le rétablissement de Saint-Pierre. Saint-Pierre et Marie, c'est tout Lille dans le berceau, orthodoxie et piété : ór les choses se maintiennent et se développent par le principe qui les a fait naître. Il faut donc revenir à Saint-Pierre. Sans sortir de cette idée, jeudi saint, lavement des pieds, Eucharistie; vendredi saint *flevit amare*; samedi saint *alleluia*, résurrection; ne plus mourir et foi inébranlable à la vue de ces trois mystères. »

On peut dire que l'abbé Bernard est là tout entier pour qui sait lire à travers les lignes; son amour tendre et religieux pour son archevêque et son père ; sa tendresse sacerdotale pour les jeunes gens qu'il évangélisait depuis trois ans et auxquels il venait de procurer la visite et la bénédiction de Mgr Giraud ; son inquiétude pour leurs âmes, tempérée par son humilité et sa confiance en Dieu ; son zèle toujours éveillé pour le recrutement de la sainte milice et le développement des vocations ecclésiastiques; enfin le rétablissement de la collégiale de Saint-Pierre et de Notre-Dame de la Treille, l'idée fixe de sa vie qui revenait dans

tous ses discours comme le *delenda Carthago* dans ceux
de Caton. Les trois mots relatifs aux trois jours saints, qui
terminent ces notes, s'appliquent évidemment à Saint-Pierre
et l'*alleluia*, la *résurrection pour ne plus mourir* indiquent la
foi inébranlable de l'abbé Bernard dans l'accomplissement
de son rêve ou plutôt de sa vision quasi-prophétique.

Son installation comme curé-doyen de Sainte-Catherine
suivit presque immédiatement ses adieux au collège; elle eut
lieu le 2 avril 1842, le samedi de la semaine de Pâques, trois
jours après sa nomination officielle. Ce fut M. l'abbé Lefebvre, doyen de Saint-Etienne et archiprêtre de Lille, qui
présida la cérémonie; les témoins furent M. Heroguer
curé de Saint-André et M. le chanoine Desrousseaux, supérieur du petit séminaire de Cambrai, ami de jeunesse
de M. l'abbé Bernard. L'allocution que le nouveau curé
prononça en prenant possession de sa paroisse n'est pas
moins intéressante que ses paroles d'adieu au collège de
Lille, par l'expression sincère de l'état de son âme dans ce
moment solennel de sa vie. Elle est si courte, comme presque tout ce qu'il disait ou écrivait, qu'on nous saura gré
de la reproduire toute entière :

« Mes très-chers frères, Dieu qui est tout puissant et
souverainement libre se plaît souvent à employer les instruments les plus faibles pour arriver à ses fins. Entre-
prend-il de procurer à son peuple le salut et la paix, il
suscite Gédéon, le plus petit de la maison de son père et sans
expérience des combats. Veut-il donner à ce même peuple
un prince selon son cœur, il ordonne au prophète d'aller
verser l'huile sainte sur la tête de David, le plus jeune des
huit fils de Jessé, et habitué seulement à garder les trou-

peaux. Puis quand il cherche sur la terre une coopératrice à l'œuvre de la rédemption du genre humain, c'est Marie qui est choisie, Marie jusque là la plus obscure de toutes les vierges. Enfin, lorsque le moment est venu de faire connaître l'évangile de la paix à toute la terre, à qui cette mission est-elle confiée ? à douze apôtres sans crédit.

« Vous ne serez donc plus surpris, mes frères, si le Seigneur prend aujourd'hui à son service ma faiblesse et mon inexpérience en me chargeant de vous aider dans l'affaire de votre salut. S'il agit de la sorte, c'est qu'il veut que toute la gloire de l'ouvrage lui appartienne et que le chétif ouvrier soit forcé de se regarder comme un serviteur inutile.

« Je ne vous le cacherai pas, mes très chers frères, en craignant de vous être inutile, j'avais craint de vous être nuisible, et j'avais désiré n'être point chargé de la conduite de vos âmes. Et d'ailleurs, me disais-je, comment, sans témérité recueillir cette succession de travaux de tous genres, si généreusement entrepris par mon prédécesseur, poursuivis avec tant d'éclat et couronnés d'un si glorieux succès ? Mais quand la volonté de celui à qui il est dit : qui vous écoute m'écoute, quand cette volonté expresse et persévérante me fut manifestée, je crus entendre la voix de Dieu qui me disait comme autrefois à l'un des juges d'Israël : sache que c'est moi qui t'ai envoyé *scito quod ego misi te* ; oui, mes frères, le Seigneur et nul autre.

« Car si le sang, la chair, l'homme, le monde en un mot, de quelque manière que ce fût, eût prétendu me revêtir de la dignité qui m'honore et m'accable en ce moment, jamais, croyez-le bien, non jamais mes épaules ne se fussent courbées sous le joug que je porte ; jamais je n'eusse consenti à

toucher le seuil de cette église, ni à vous adresser la parole de Dieu en qualité de pasteur ; mais je n'ai consulté
rien d'humain ni de créé : *non acquievi carni et sanguini*,
et c'est ce qui fait aujourd'hui ma confiance. J'ai le droit
d'espérer que celui qui m'a envoyé sera avec moi, et comme
il est équitable, il exigera moins de celui à qui il a moins
donné.

« Me voici donc à vous, mes frères, avec tout ce que
j'ai et tout ce que je puis. Me voici à vous, riches et grands
de la terre, qui êtes destinés à être les modèles du troupeau ;
mais à vous surtout pauvres de Jésus-Christ, ses membres
souffrants et ses copies vivantes, si vous êtes patients et résignés ; me voici à vous, justes, paroissiens fidèles, familles
pieuses ; mais à vous surtout pécheurs dignes de compassion, frères égarés, hommes qui ne connaissez pas encore
le chemin qui conduit à la vie et qui vous tenez éloignés
des sources de la lumière, de la force et de la paix. Me
voici à vous tous, qui que vous soyez, qui êtes dans cette
bergerie. Toutefois, vous ne trouverez pas surprenant, mes
très chers frères, que je continue d'avoir quelque sollicitude
pour un petit troupeau, frappé d'une double infirmité qui le
prive de l'avantage de parler et d'entendre, société forcément isolée et étrangère dans son pays, colonie intéressante qui a son langage propre et ses besoins spéciaux.
Vous ne craindrez pas que ce soit là un larcin fait à ce
qui vous est dû par moi de dévouement et d'affection. Le
cœur du prêtre est large comme la charité qui l'anime ;
c'est que le cœur du prêtre est façonné sur le modèle de
celui de Jésus-Christ, à qui soit louange et amour dans
les siècles des siècles, Amen. »

Les lettres que M. Mollevaut adressa à l'abbé Bernard lors de sa nomination et de son installation lui tracent, avec une sagesse parfaite, la voie qu'il devait suivre et qu'il suivit, en effet, pendant les trois années de son ministère paroissial. Nous en citerons ici les passages qui nous semblent les plus frappants, nous réservant de montrer plus loin comment l'abbé Bernard y conforma sa conduite. « Allez très doucement et renfermez-vous dans le cercle de vos attributions. La seule chose qui doit vous occuper est une résidence des Pères Jésuites dans votre paroisse ; avec·cela vous aurez tout. Préparez-la dans le secret, de manière que tout soit fait et prêt, avant qu'on n'en sache rien, excepté l'autorité. Laissez à tout ce qui est établi dans cette paroisse la plus grande liberté, approuvant et encourageant. Lisez saint Vincent de Paul, vous attachant à sa lenteur pour ne rien presser, et à sa pureté d'intention pour ne rien faire sans être assuré de la divine volonté. Quand vous aurez fait une chose, tout le monde dût-il crier, ne changez pas. Il faut montrer du caractère et de la fermeté ; c'est le moyen d'obtenir confiance. Lisez M. Olier, pour y puiser son esprit de sacrifice, d'oraison et de confiance en Dieu. Ménagez plus que jamais votre santé. Ayez soin par dessus tout de conserver la paix, le sang froid, de ne vouloir pas tout faire, mais, comme saint François de Sales, peu et bien. Préférez les petites vertus, douceur, patience, longanimité et humilité toujours plus profonde. Comptez peu ou point sur les hommes et leurs compliments ; Dieu seul et la prière. Un petit bout de retraite, puis après trois mois d'exercice, recueillement pour vous tracer, d'après votre expérience, un plan de conduite... Simplicité et briè-

veté, c'est la plus haute perfection d'un sermon et le moyen
de n'ennuyer jamais : mettez de côté les grands discours.
Une fois curé, il faut agir et parler en père, simplement,
cordialement ; être comme une mère avec ses enfants ;
laisser aux autres les phrases et l'apparat. Ayez si vous
voulez de brillants prédicateurs ; réservez-vous l'instruction
familière. Pour les charges qui tomberont sur vous de tous
côtés, il faudra bien que vous deveniez frère quêteur. On
n'obtient rien sans cela, et tous ceux qui se mettent à la
tête des bonnes œuvres ne font pas autrement. Criez misère,
sollicitez, recevez de toutes mains ; il ne faut que de la confiance. N'ayez jamais peur d'épuiser vos paroissiens. Plus
vous demanderez, plus vous obtiendrez. Il suffit qu'ils sachent que vous êtes dans la détresse et que vous n'avez pas
le sou. Il faut en être là, si l'on veut travailler en grand.
Tenez à l'oraison, l'humilité, la confiance et l'union avec vos
collaborateurs ; rien n'est plus puissant pour faire marcher
les œuvres du ministère. »

Dans ces conseils, sortis de l'expérience et du cœur
d'un des plus éminents professeurs, d'un des plus saints
faiseurs de prêtres de la compagnie de Saint-Sulpice, l'abbé
Bernard trouvait, à côté d'exhortations à la lenteur et à la
prudence, des encouragements à la décision et à l'énergique
réalisation des mesures reconnues utiles et justes. Dès les
premiers jours de son ministère à Sainte-Catherine, il se
trouva en face d'une de ces questions résolues depuis
longtemps dans son esprit, et il n'hésita point un instant à
prendre son parti. Installé le 2 avril, le mois ne s'acheva
pas sans qu'il eût rétabli l'image miraculeuse de Notre-
Dame de la Treille dans la place d'honneur qui lui appar-

tenait à Sainte-Catherine, et rendu à la patronne de Lille le culte dont elle était privée depuis tant d'années. Comme ce fut à la fois le premier acte de l'abbé Bernard en tant que doyen de Sainte-Catherine, et le début de l'œuvre la plus considérable de sa vie, nous pensons devoir aborder ce sujet avant de retracer l'ensemble et le détail de son ministère paroissial. Mais il faut, pour l'intelligence de notre récit, rappeler d'abord les origines et l'histoire de la collégiale de Saint-Pierre et de Notre-Dame de la Treille ; c'est ce que nous allons faire le plus brièvement possible.

La collégiale de Saint-Pierre, où la statue de Notre-Dame de la Treille fut placée et vénérée dès les premières années de la fondation, prit naissance avec la ville de Lille elle-même. Baudouin, comte de Flandre, cinquième du nom, ayant entouré de murailles l'enceinte alors étroite de la cité naissante et s'y étant bâti un château, lieu habituel de sa résidence, voulut élever aussi, près de sa demeure, une église en l'honneur du prince des apôtres et un collège de quarante chanoines destinés à chanter les louanges du Seigneur. Cette collégiale, commencée en l'an 1047, fut achevée et inaugurée au mois d'août 1066, au milieu de toutes les pompes féodales militaires et religieuses. Le jeune roi de France, Philippe premier, pupille de Baudouin, assistait à cette solennité. De ce jour, on peut le dire, datent la grandeur et la célébrité de Lille.

Baudouin V mourut peu de temps après l'accomplissement de son œuvre, en 1067, et il fut enseveli au milieu du chœur de Saint-Pierre. Ses successeurs continuèrent à sa fondation une protection spéciale; son sanctuaire devint un lieu d'asile ; son autel, par un privilège extraordinaire,

7.

resta seul vivant et consacré chaque jour par les saints
mystères, au milieu d'un interdit général (lettre du pape
Célestin III en 1196). La collégiale exerçait le droit de justice sur toutes les terres de son apanage, et nul juge ne pouvait exercer juridiction sur celles de Saint-Pierre. Elle tenait à Lille la place d'un évêché et d'une université. Sa réputation était telle que lorsque Thomas Becket de Cantorbéry
fut exilé en attendant le martyre, ce fut au chapitre de
Saint-Pierre qu'il vint demander l'hospitalité. Les menaces
d'Henri II n'y purent rien ; le comte de Flandre fut inébranlable et respecta, coûte que coûte, le droit invio-
lable de sa collégiale. Peu d'années auparavant, elle
avait reçu la visite de saint Bernard, venu pour y vénérer
l'image de Marie, honorée dès le premier jour dans l'é-
glise de Saint-Pierre sous le nom de Notre-Dame de la
Treille.

En 1213, sous Jeanne de Constantinople, Lille fut prise
d'assaut, saccagée et détruite par Philippe-Auguste en guerre
avec la Flandre. La collégiale subit le sort de la cité, mais
elle ressuscita bientôt comme elle, plus vaste, plus belle,
plus vénérée que jamais, et cette fois pour ne plus mourir
qu'aux jours néfastes de la Terreur. Néanmoins, l'église
nouvelle ne fut entièrement achevée que sous le règne de
Philippe le Bon, avec les merveilles dont les arts et la piété
réunis l'avaient ornée comme à l'envie. Peintures, vitraux,
sculptures en bois y attiraient de toutes parts l'admiration.
Les pèlerins les plus illustres y affluaient, et parmi eux, le
plus illustre fut saint Louis qui vint prier dans ce sanctuaire
qu'avait détruit son aïeul Philippe-Auguste.

Quand Philippe le Bon institua l'ordre de la Toison d'Or,

le plus célèbre et toujours le premier des ordres de cheva-
rie, il le consacra à Notre-Dame de Lille, et il tint dans la
collégiale le premier chapitre de la nouvelle association, le
27 novembre 1431. Deux siècles plus tard, quand Louis XIV
vainqueur entra dans Lille, le 28 août 1667, et qu'il eut
rendu aux magistrats les clefs de la ville qu'ils venaient de
lui présenter, il se dirigea aussitôt vers la collégiale, s'age-
nouilla dans la chapelle de Notre-Dame de la Treille, et c'est
là qu'il prononça le serment que les comtes de Flandre
avaient coutume de faire à leur avénement.

C'est là enfin qu'eut lieu en 1707 le sacre de Joseph
Clément, électeur de Cologne, réfugié à Lille à la suite de
ses revers, et que l'adversité décida à reprendre une
vocation longtemps interrompue : c'est là que Fénelon, le
saint et harmonieux évêque de Cambrai, prononça ce
discours incomparable qui est resté comme une des gloires
de la chaire chrétienne et un des monuments les plus
achevés de l'éloquence humaine.

Quand vinrent les jours à jamais lamentables de la
révolution française, ni les merveilles de l'art, ni les souvenirs de gloire nationale ne purent préserver la collégiale de Saint-Pierre de la rage des ennemis de Dieu et de
la monarchie, qui voulaient tout détruire du passé, les
monuments et les pierres, comme les institutions et les
hommes. Mise sous le séquestre en 1790, profanée par un
évêque schismatique en 1791, fermée en 1792, puis trans-
formée, après le 10 août, en magasin à fourrage et en
étable pour les moutons de la république, elle fut mise en
adjudication le 23 mars 1793, et entièrement détruite.
Tout fut brisé ou livré aux flammes, les vitraux, les

boiseries splendides, les missels et les manuscrits du moyen-âge ; on vendit à vil prix ce qui échappa à la dévastation, et pendant plus de soixante ans, il ne resta plus aucun vestige de ce monument qui avait été une des gloires de la France et de l'Église.

Quelques mots suffiront pour compléter ce résumé historique en ce qui concerne le culte spécial de Notre-Dame de la Treille. L'image de la mère de Dieu, vénérée sous ce vocable, est contemporaine de la collégiale de St-Pierre. Beaudoin V, fondateur de la collégiale, y avait placé lui-même cette statue en pierre, entourée d'un treillis en fer, d'où lui vint son nom. Pendant deux cents ans, la dévotion du peuple à cette image de la Vierge alla toujours croissant, jusqu'en 1254. Ce jour-là, le dimanche après la fête de la Trinité, la puissance divine se manifesta avec une abondance et une prodigalité peut-être sans exemple depuis l'établissement de l'Église. La chapelle de la Treille était remplie d'infirmes et de malheureux, présentant l'assemblage et demandant la guérison de toutes les misères humaines, quand, tout à coup, touchés par une main invisible, ils se sentirent renaître à la santé et à la vie. Un cri d'universelle reconnaissance s'éleva ; le miracle, visible et sensible excita l'enthousiasme de la multitude, et obéissant au vœu général, la comtesse Marguerite établit aussitôt une confrérie en l'honneur de Notre-Dame de la Treille. Les souverains pontifes l'enrichirent de précieuses faveurs, et quinze ans plus tard, fut instituée en l'honneur de la Vierge de la collégiale la procession de Lille, célèbre entre toutes, qui attirait annuellement à ses pieds un concours immense de pèlerins.

En 1624, les magistrats de Lille voulurent consacrer officiellement le titre de reine et protectrice de la cité que le consentement et l'unanime reconnaissance du peuple lui donnaient depuis quatre siècles. Au milieu de la population tout entière, ils déposèrent sur l'autel de la Treille aux genoux de Marie les clefs de la ville, et ils lui offrirent un étendard portant l'effigie de Notre-Dame avec ces mots : « *L'habitant de cette cité dira : Voilà notre espérance ;* et sur le revers de la bannière. « *Les magistrats et le peuple consacrent Lille à Notre-Dame de la Treille.* »

Le mayeur ou maire de Lille était alors, M. Jean Levasseur, chrétien admirable qui mourut dix ans plus tard en 1644, en odeur de sainteté, après avoir été réélu dix fois de suite par l'acclamation unanime de ses concitoyens.

Le dix-huitième siècle vit se renouveler, avec une ferveur et une solennité extraordinaires, le cinquième anniversaire séculaire des miracles de 1254. C'était en 1754. Moins de quarante ans après, la collégiale de Saint-Pierre et la chapelle de la Treille n'existaient plus. L'image antique et vénérée fut jetée parmi les décombres, au milieu des pierres sépulcrales brisées, des statues mutilées qu'on allait vendre à l'encan. Un ecclésiastique nommé Alain Gambier, qui avait autrefois desservi comme sacristain la chapelle de la Treille, vit la statue miraculeuse, la reconnut, la prit respectueusement dans ses bras, et obtint, à prix d'argent, du gardien de ces ruines, la faveur de l'emporter chez lui. Après la révolution, la sainte image fut donnée par son sauveur à M. Lefebvre et confiée par ce dernier à la paroisse de Sainte-Catherine, où elle fut placée d'abord dans une chapelle dédiée à Saint-Joseph, au

bas de l'église. Elle fut portée aux processions intérieures
et extérieures jusqu'en 1830, mais sans attirer l'attention
publique.

En 1831, les processions extérieures ayant été supprimées, la statue fut portée une fois encore dans l'intérieur
de l'église le jour de la Fête-Dieu, mais elle tomba par
accident pendant la cérémonie et blessa une des porteuses,
Mlle Wicart, sœur de Mgr Wicart, alors curé-doyen de
Sainte-Catherine. Le souvenir de Notre-Dame de la Treille
était tellement oublié que le doyen put, sans croire manquer
à aucune convenance et sans soulever de protestation,
reléguer la statue dans une sorte de niche-armoire creusée
dans le mur derrière le maître-autel. C'est là qu'elle était
comme en pénitence depuis dix ans, laissée dans l'ombre
et l'oubli, quand l'abbé Bernard fut nommé doyen de
Sainte-Catherine.

Si jamais un homme put être regardé comme choisi par
la Providence pour accomplir une mission spéciale, ce fut
l'abbé Bernard, en ce qui concerne la restauration du culte
de Saint-Pierre et de Notre-Dame de la Treille. Par suite des
événements qui s'étaient accomplis comme une succession
de coups de foudre et d'orages depuis 1789, la chaîne des
traditions s'était brisée ; on semblait être séparé par des
siècles des années qui avaient précédé la Révolution. Les
horreurs de la Convention, les hontes du Directoire, les
gloires sanglantes et les catastrophes de l'Empire, avaient
étouffé et anéanti dans les esprits les souvenirs du passé.
La collégiale de Saint-Pierre, le culte de Notre-Dame de la
Treille, étaient si oubliés à Lille dans les familles les plus
chrétiennes que, même en voyant passer l'image mira-

culeuse dans les processions publiques sous la restauration, on ne la reconnaissait plus. L'abbé Bernard, élevé pieusement au milieu de parents attachés de tout temps à la religion de leurs pères, n'avait jamais entendu parler de Notre-Dame de la Treille, quand se trouvant à Paris, étudiant en droit, et se promenant un jour sur les quais, il jeta les yeux par hasard sur une vieille gravure où le nom de sa ville natale le frappa. C'était une image assez ancienne représentant la patronne de Lille, avec une inscription explicative. Il acheta cette gravure et, de retour à Lille, il rechercha ce que pouvait être cette image miraculeuse qu'il ne connaissait point. Grâce aux souvenirs de quelques vieillards, à leurs indications, aux livres et aux manuscrits qu'il consulta, il vit, peu à peu, le passé ressusciter dans son âme; il s'éprit de la pensée de renouer sur ce point fondamental les traditions de l'église et de la cité lilloise, et avant même qu'il fut entré au séminaire, c'était déjà devenu chez lui une préoccupation dominante. M. Louis Fiévet, un des saints laïques de cette époque, partageait ce désir, qu'il avait puisé dans les entretiens de M. Cardon de Montreuil, dont il imitait la charité, et dans les leçons du vénérable abbé Détrez qu'il chérissait comme un père et qu'il admirait comme un saint. La liaison intime de M. Fiévet avec l'abbé Bernard dut entretenir et accroître le zèle du jeune prêtre pour la restauration de la collégiale de Saint-Pierre et du culte de Notre-Dame de la Treille. Ce zèle, nous l'avons vu, se manifesta sous toutes les formes pendant les années qu'il passa à Lille comme prêtre libre. Il parlait partout de la patronne trop oubliée des Lillois, prêchait son culte aux orphelines de la sœur Sophie, et leur prédisait son rétablissement ; il annonçait, dans son mois de Marie populaire, la restauration prochaine et certaine de la collégiale de Saint-Pierre et de la Vierge de Lille. Il s'occupait en même temps de publier une histoire de Notre-Dame de la Treille, et l'on trouve la trace de cette préoccupation dans les lettres de M. Mollevaut de 1835 à 1839.

Aussi, dès qu'il fut nommé doyen de Sainte-Catherine, il vit dans cette nomination une indication nouvelle de sa mission et de la volonté de Dieu, et il trouva, pour l'encourager dans cette pensée, les conseils de son vieil ami M. Fiévet, qui faisait partie du conseil de fabrique de la paroisse. L'inauguration du mois de Marie lui offrit une occasion toute naturelle de tirer la statue de Notre-Dame de la Treille de la niche où elle était cachée et abandonnée depuis plus de dix ans. Avant l'abbé Bernard, le mois de Marie ne se faisait officiellement ni à Sainte-Catherine, ni dans aucune autre paroisse de la ville. Il résolut de l'établir sans retard, et le 30 avril, il l'ouvrit solennellement par l'installation de l'image miraculeuse dans la chapelle de la sainte Vierge, au-dessus de l'autel. C'était aux pieds de la patronne de Lille que devaient se faire ainsi, pendant trente et un jours, les exercices du mois de Marie.

La reconnaissance, si l'on peut s'exprimer ainsi, de la Vierge et des habitants de la cité s'accomplit de la sorte sous les auspices de l'abbé Bernard, et la dévotion à l'image miraculeuse ressuscita et se développa si vite qu'elle franchit du premier coup la limite du mois de Marie et celle de la paroisse Sainte-Catherine. On sentit que ce n'était point là une dévotion paroissiale, ni une dévotion nouvelle, mais bien la reprise de possession de la cité lilloise toute entière, par son ancienne patronne et maîtresse, et dès ce moment, la chapelle occupée par Notre-Dame de la Treille redevint pour tous les catholiques un lieu de pèlerinage national. Quand Mgr Wicart, devenu évêque de Fréjus, revint à Lille, quelques années plus tard, il tint à honneur de venir à Sainte-Catherine, et de faire, du haut de la chaire, amende honorable devant ses anciens paroissiens, de son manque d'égards involontaire envers l'image de la patronne de Lille. La première partie de la mission de l'abbé Bernard était remplie, et, du même coup, l'institution du mois de Marie était fondée, non-seulement à Sainte-Catherine, mais dans les autres paroisses de Lille. C'est ainsi que le nouveau doyen débuta dans son ministère de curé, et quinze mois après, le 30 juin 1842, M. Mollevaut, pouvait lui écrire, en le félicitant et l'encourageant : « Vous réussirez, puisque vous travaillez à faire honorer Marie. » Il réussit, en effet, au delà de toute espérance, et trois mois après sa nomination, la défiance et la froideur que plusieurs de ses paroissiens lui avaient manifestées au début, avaient fait place à une estime et à une affection qui allèrent en croissant jusqu'au jour où il dut quitter la cure de Sainte-Catherine pour de plus hautes fonctions.

Mais le zèle de l'abbé Bernard ne s'arrêta point à ce que nous venons de raconter. Dans son esprit, le culte de Notre-Dame de la Treille ne devait point être isolé de ce qui l'avait accompagné et complété dans le passé. En attendant que l'heure fixée par la Providence pour le rétablissement de la collégiale de Saint-Pierre vînt à sonner, il ne perdit pas de temps pour accomplir tout ce qui était immédiatement réalisable. A côté du culte de Notre-Dame de la Treille, dans l'église de la collégiale, Philippe le Bon avait placé une statue de Notre-Dame des Sept Douleurs, et une série de tableaux représentant les épreuves qui, comme sept glaives, avaient percé son cœur virginal et maternel. La dévotion à la Mère des Douleurs avait grandi avec celle de la patronne de Lille ; elle donna naissance en 1570, à un office propre que les papes Alexandre VII et Clément IX approuvèrent pour toutes les églises paroissiales de Lille, et qui resta, jusqu'à la destruction de la collégiale, une des grandes dévotions de la cité toute entière. Elle disparut, au moins en grande partie, avec la statue qui en était le mobile et qui eut le sort de la statue de Notre-Dame de la Treille. Mais l'abbé Bernard, auquel aucun de ces faits historiques n'était étranger ni indifférent, ne voulut point séparer dans sa restauration ce que l'impiété avait réuni dans une même ruine. Aussi, le 18 septembre 1842, la veille de la fête de Notre-Dame des Sept Douleurs, le vit-on inaugurer le rétablissement de cette dévotion par l'installation solennelle d'une statue de la Mère Douloureuse, dans la chapelle même de Notre-Dame de la Treille ; et, le 25 mai 1844, la veille de la Pentecôte, complétant autant qu'il était en lui la résurrection du passé, il fit placer dans cette chapelle sept tableaux de petite dimension, peints à l'huile, suivant ses instructions par un artiste de Lille et donnés à la paroisse par M. Louis Fiévet. Ces pieuses peintures attachées à la muraille et à la grille du chœur, y restèrent jusqu'à la restauration de Sainte-Catherine qui eut lieu après la translation de l'image de Notre-Dame de la Treille à la basilique en 1872.

Enfin, à cette reprise des antiques dévotions, l'abbé Bernard voulut joindre leur restauration morale et la développer de toutes ses forces. Il fit publier une histoire abrégée de Notre-Dame de la Treille suivant le dessein qu'il en avait formé plusieurs années auparavant, pour faire connaître et aimer davantage l'antique patronne de Lille. « J'ai lu avec le plus grand plaisir, lui écrit M. Mollevaut en 1843, l'histoire de Notre-Dame de la Treille. Répandez-la tant que vous pourrez ; comptez sur cette dévotion avant tous les autres moyens. Rendez-la populaire et universelle. » Et le 5 janvier 1844, il écrit encore : « Comptez beaucoup sur la grande et spéciale dévotion à Notre-Dame de la Treille. Qu'elle devienne un pèlerinage avec les cérémonies les plus brillantes que vous puissiez exécuter ! Il faut qu'il arrive un jour où toute la ville et le diocèse partagent cette dévotion. » Il est consolant de voir la pensée de l'abbé Bernard si bien comprise, si fortement encouragée par le savant et pieux sulpicien, auquel la question d'intérêt local était indifférente, mais qui, dans le culte de l'antique patronne de Lille, voyait la restauration des grandeurs chrétiennes et de la gloire catholique de la vieille capitale des Flandres.

Ce n'est pas tout encore, et avant de quitter Sainte-Catherine, où il ne devait passer que trois ans, l'abbé Bernard rétablit la confrérie de Notre-Dame de la Treille qu'avait instituée en 1254 la comtesse Marguerite ; que le Saint-Siège avait comblée de faveurs spirituelles, et à laquelle les empereurs et les rois avaient, pendant cinq siècles, tenu à honneur de se faire agréger. Le 7 mai 1844, le pieux doyen lut en chaire une lettre de l'archevêque de Cambrai, qui érigeait, à Sainte-Catherine, la confrérie nouvelle sous l'invocation de Notre-Dame de la Treille. Plus tard, en 1876, elle fut élevée par le pape Pie IX au rang d'archiconfrérie.

Enfin l'abbé Bernard, par l'entremise du père Vitse de la compagnie de Jésus, qu'il avait attaché à sa paroisse dès le mois de juin 1842, prépara la fondation d'une communauté nouvelle de sœurs hospitalières et gardes-malades, sous le nom de sœurs de Notre-Dame de la Treille. Cette pieuse congrégation, qui rend de grands services au peuple de Lille, naquit des réunions du mois de Marie, et peu à peu se transforma, d'un chœur de jeunes filles qu'elle était d'abord, en confrérie, puis en communauté proprement dite.

Tel est l'ensemble des œuvres que l'abbé Bernard posa comme une première couronne de bénédiction et d'honneur sur la tête de la patronne de Lille, réintégrée par lui, dans son culte traditionnel et dans l'amour des populations catholiques de la vieille cité et de toute la province de Cambrai. Nous allons voir que son zèle ne se borna point à cette grande œuvre, et qu'il s'étendit, avec le même succès, à tous les devoirs du ministère paroissial.

CHAPITRE VIII

Administration de l'abbé Bernard dans la cure de Sainte-Catherine. — Il se propose M. Olier pour modèle. — Sa conduite avec ses vicaires. — Il partage la paroisse par quartiers. — Sa bonté et sa générosité. — Appui qu'il trouve dans les hommes d'œuvres, notamment M. Louis Fiévet. — Notice et anecdotes sur ce saint laïque. — Dévotions nouvelles et usages introduits par l'abbé Bernard dans sa paroisse. — L'œuvre des catéchismes. — La communion du mois. — Les communions d'hommes. — Obsèques des petits enfants. — Processions du Saint-Sacrement. — Etablissement d'une résidence de P. Jésuites à Lille. — Réouverture de la chapelle de la Citadelle. 1842 à 1845.

La restauration du culte de Notre-Dame de la Treille par le rétablissement de son image miraculeuse dans la place d'honneur qui lui appartenait de droit à Sainte-Catherine, fut comme la préface ou le prologue de l'administration de M. l'abbé Bernard, en tant que curé de cette grande et belle paroisse : c'est pourquoi nous l'avons mise en tête de ce récit. Nous revenons maintenant à l'ensemble et au détail de cette administration pendant laquelle il accomplit tant d'œuvres importantes en peu de temps.

Suivant les conseils de M. Mollevaut, il se proposa pour modèle M. Olier, l'immortel fondateur de la Compagnie de Saint-Sulpice, le saint curé de la paroisse de ce nom.

Il se pénétra de son esprit, lut, médita sa vie, et la fit lire aux vicaires qui l'assistaient dans son ministère curial. Il médita également la vie de saint Vincent de Paul, et chercha à s'inspirer de son zèle qui ne reconnaissait aucun obstacle, uni à une prudence qui le préservait de toute tentative inconsidérée. Mgr Wicart, son prédécesseur, prêtre éminent qui passa de la cure de Sainte-Catherine à l'administration du diocèse de Cambrai, comme vicaire-général, et de là aux redoutables fonctions de l'épiscopat, s'était particulièrement dévoué à sanctifier les classes aisées et à développer chez elles l'exercice de la charité par le moyen des conférences de Saint-Vincent-de-Paul qu'il établit pour les dames, aussi bien que pour les hommes. L'abbé Bernard, tout en continuant sa protection et ses conseils actifs à ces œuvres admirables, s'occupa plus particulièrement des œuvres de dévotion et de l'instruction religieuse des enfants et des classes populaires. Dans son inépuisable charité pour les pauvres, il visait à leur âme et au soulagement de leurs misères spirituelles, plus encore qu'à leurs besoins matériels.

Pour arriver plus vite et plus sûrement à connaître cette chère population dont il était le pasteur et le père responsable devant Dieu, il résolut d'associer ses vicaires plus étroitement à l'administration de la paroisse. Le sentiment de son impuissance personnelle à faire tout par lui-même, l'utilité de former ses prêtres à l'exercice de toutes les fonctions paroissiales et de les préparer ainsi à être curés à leur tour, lui inspirèrent l'excellente pensée de diviser sa paroisse par quartiers, de préposer un vicaire à la surveillance, à la visite, à la sanctification de chacun de ces quartiers. Ces jeunes prêtres avaient ainsi, en quelque sorte, une petite paroisse dans la grande. Ils en visitaient, en connaissaient toutes les familles, les enfants, les écoles; ils devaient constater toutes les naissances, tous les mariages, les maladies, les besoins spirituels ou matériels. Tous les quinze jours, l'abbé Bernard les réunissait, leur faisait rendre compte de leur mission, et conférait avec eux des mesures à prendre, des démarches à faire suivant les circonstances. Comme à cette sagesse d'organisation il joignait une aménité parfaite, une douceur de formes qui rendait tout, jusqu'aux reproches, aimable dans sa bouche, l'union la plus intime régnait entre le pasteur et ses vicaires, et les survivants que nous avons pu voir et interroger gardent à sa mémoire un souvenir plein de respect, de tendresse et de reconnaissance. Ce n'était point seulement en paroles qu'il était bon et large avec eux: les associant aux charges de son ministère, il les faisait participer aux offrandes charitables qu'il recevait de ses paroissiens. C'est ainsi qu'un jour, ayant reçu une somme de cinq mille francs pour être distribuée en bonnes œuvres, il donna mille francs à chacun de ses trois vicaires, les laissant libres de les employer en aumônes comme ils l'entendraient.

Il partageait aussi avec eux l'administration des sacrements et de la parole divine, la célébration des offices, les prônes, les conférences. Il leur recommandait de confesser les enfants des catéchismes une fois par mois. Il les initiait à l'observation exacte de la liturgie, à la préoccupation toute sacerdotale de la dignité du culte et de la solennité des fêtes. Il faisait lui-même une conférence populaire tous les lundis. Dans ses instructions, comme dans ses prônes, se souvenant des conseils de M. Mollevaut, il était toujours très simple, très précis et très bref, trois moyens de succès près de ses paroissiens : car, en règle générale, plus un sermon est court, clair et accessible à tous, plus il plaît et plus il fait de bien. C'est sans doute à ce mode de prédication, qu'il pratiquait et recommandait autour de lui, qu'il dut en partie le succès prodigieux des exercices du mois de Marie établis par lui à Sainte-Catherine. Les auditeurs étaient si nombreux, si pressés les uns contre les autres que, suivant l'expression d'un témoin oculaire, es piliers de la vaste église en tremblaient, et qu'un jour, un des vicaires, M. Derode, bloqué par la foule dans son confessionnal, n'en put sortir qu'à la fin de la cérémonie. La division de la paroisse entre les vicaires, établie par l'abbé Bernard avec tant de sagesse et de succès, fut continuée après lui à Sainte-Catherine et s'étendit peu à peu à toutes les paroisses de Lille. En ce point, comme en tant d'autres, il fut innovateur, pour le plus grand bien des âmes et la gloire de Dieu.

Il recherchait le concours des pieux laïques de sa paroisse non moins que celui de ses vicaires et était heureux de les associer à la sanctification de toutes les âmes dont il avait la charge pastorale. La Société de Saint-Joseph était établie sur le territoire de Sainte-Catherine, comme la Conférence de Saint-Vincent-de-Paul qu'il fréquentait assidûment avant sa nomination de doyen ; et ses relations avec ces œuvres et ceux qui les dirigeaient étaient intimes et permanentes. Il continuait à donner des instructions aux Messieurs et aux Dames de Saint-Vincent-de-Paul, à présider le Conseil de charité des Dames qui se réunissaient chez la sœur Sophie, rue de la Barre, et il remplissait avec exactitude et allégresse ses fonctions de directeur spirituel de la conférence des hommes.

Il rencontrait là comme collaborateurs, outre M. Kolb-Bernard, son cousin par alliance, et M. Édouard Lefort, son ami de jeunesse, MM. Mourcou, Jaspar, Vander Cruisse, H. de Cugnac, et M. Louis Fiévet, surnommé *saint Fiévet*, qui mérite une page toute spéciale dans notre récit, à cause du rôle qu'il joua avec l'abbé Bernard dans la restauration du culte de Notre-Dame de la Treille.

En 1815, M. Louis Fiévet était un brillant cavalier, très brave, très royaliste, soutenant le trône et l'autel à cause du trône plutôt qu'à cause de l'autel, en un mot philosophe, comme tant d'autres esprits cultivés de son temps, que les horreurs de la Révolution n'avaient pas guéris des idées légères de l'ancien régime. Un jour, sortant d'un café de Lille, et continuant avec M. de Cugnac royaliste comme lui, mais plus que lui catholique, un entretien sérieux, ils en vinrent à parler de la personne de Jésus-Christ. M. Fiévet s'exprima sur le compte du divin fondateur de l'Église avec le respect d'un incrédule bien élevé, et finit en le proclamant le plus grand des philosophes. « Un philosophe ! interrompit M. de Cugnac ; dites un Dieu, et un Dieu fait homme, fait victime, mort sur une croix par amour pour nous !... » — « Mort pour nous ! s'écria à son tour M. Fiévet avec un accent d'émotion violente. Quel amour ! Ah ! si j'en étais sûr, comme je le servirais, comme je l'aimerais, comme je lui rendrais

8

amour pour amour !... » Dès cette minute, frappé de la
grâce comme saint Paul sur la route de Damas, on peut
dire qu'il était chrétien. Il demanda des livres, des instructions, se convertit tout entier, se donna sans réserve et
sans retour à la vérité, et du premier coup devint un saint.
Il avait l'habitude de servir trois messes chaque matin,
communiait tous les jours et passait tout son temps en
bonnes œuvres. Il faisait le catéchisme aux enfants
pauvres tous les dimanches, sous la grande voûte de son
hôtel. Il visitait les pauvres, les prisonniers dont il s'était
fait l'ami, le serviteur, le père. Quand il entrait dans la
prison, il se mettait à genoux devant eux et leur baisait
les pieds. Un de ces malheureux, voulant ou l'éprouver,
ou l'outrager, salit un jour ses chaussures et offrit aux
lèvres du visiteur un pied couvert d'ordures : M. Fiévet
le baisa sans hésiter et sans sourciller. Aussi, ces hommes
grossiers et criminels finirent-ils par s'attacher à lui pas-
sionément : ils le recevaient comme un envoyé de Dieu, et
quand il arrivait, ils l'accueillaient par un cantique composé en son honneur et qui se terminait par ces deux
vers :

> « Gloire à Fiévet ; que son nom, sur la terre
> Soit à jamais béni du pauvre prisonnier. »

L'abbé Bernard, qui manifestait par tous les moyens possibles sa dévotion envers la sainte Vierge, entretenait et
faisait réparer les nombreuses statuettes de la Mère de
Dieu qui ornaient le coin des rues ou les façades des maisons particulières. C'était un soin pieux qu'il partageait
avec M. Fiévet. Pendant le choléra de 1832, ce dernier

avait l'habitude d'aller, à certains jours de fête, chanter tout haut les litanies de la sainte Vierge devant ces pieuses images, avec un enfant qui l'accompagnait. Sous la Restauration, c'était là une coutume populaire, et à Lille, comme à Rome, les litanies étaient chantées tous les samedis par des groupes d'hommes, de femmes et d'enfants. Après 1830, le peuple reprit ces exercices de piété publiques un moment interrompus, et comme on craignait quelque intervention violente de la police, l'abbé Bernard encore sous-diacre et revenu tout récemment de Paris, voulut aller voir ce qui se passait pour s'interposer au besoin. Décidé à ne pas quitter sa soutane, il emprunta à M. Lefort un grand manteau dont il s'enveloppa, et se rendit à l'endroit où les litanies devaient être chantées. La foule déjà réunie devant la sainte image, l'aperçut, crut à son costume et à son attitude, que c'était quelque ennemi déguisé, et sans plus de réflexions, femmes et enfants se mirent à crier après lui et à ramasser des cailloux pour les lui jeter. Il n'eut que le temps de se réfugier dans une boulangerie, et c'est ainsi qu'une fois en sa vie, il faillit être lapidé, non comme ami, mais comme ennemi de Dieu et de la Vierge Marie.

Après le choléra de 1832, et malgré la tentative généreuse de M. Fiévet, cette pieuse et charmante pratique fut définitivement supprimée. En 1854, le 2 juillet, le soir du jubilé séculaire de Notre-Dame de la Treille, l'abbé Bernard tenta de nouveau l'épreuve, et le peuple du quartier Saint-Sauveur, devançant son désir, chanta les litanies de la Sainte Vierge avec un entrain et un concours extraordinaires ; mais cette ardeur tomba avec la fête, et soit indifférence de la foule, soit opposition de l'autorité, cette reprise n'eut qu'un jour.

M. Fiévet resta le fidèle assistant de l'abbé Bernard dans toutes ses œuvres de charité jusqu'au départ du pieux doyen pour Cambrai en 1845. Il mourut le 10 novembre de l'année suivante, saintement comme il avait vécu depuis sa conversion. Peu de jours avant sa mort, on l'entendit prononcer des paroles célestes sur le Paradis. Le soir même de son dernier jour, quoiqu'il eût perdu connaissance, M. de Cugnac et M. Lefort prièrent M. Derode, vicaire de Sainte-Catherine, de lui apporter le saint Viatique, dans l'espoir que Dieu lui rendrait la force physique et morale de communier une fois encore. Après trois quarts d'heure d'attente, pendant lesquels tous les trois demeurèrent en adoration devant le Saint Sacrement, M. Fiévet ouvrit les yeux et reprit connaissance. « C'est Notre-Seigneur Jésus-Christ, lui dit M. Derode en lui montrant la sainte hostie ; l'aimez-vous ? » A ce mot, le mourant se souleva, frappa son cœur de sa main et s'écria : « Si je l'aime? Il le sait bien ! » Il communia avec l'expression d'un bienheureux, retomba presque immédiatement en syncope et n'en sortit plus qu'au moment où il rendit le dernier soupir.

Il ne faudrait pas croire que, se reposant du soin des pauvres sur de semblables laïques et sur ses vicaires, l'abbé Bernard s'abstînt de les visiter lui-même. Il remplissait ce devoir pastoral avec le même soin que ses autres fonctions, et il aimait, dans les limites de son temps et de ses forces, à leur porter les aumônes appelées à Lille *Prébendes*, qui ont un caractère plus particulièrement paroissial. Dans ces visites, où il se faisait volontiers accompagner par un vicaire, il se montrait pour les malheureux d'une amabilité qui les charmait. Il faisait la visite *assise*, s'informant de l'éducation des enfants, insistant surtout sur l'assistance au catéchisme de persévérance après la première Communion. Il arrivait parfois qu'à sa première visite, les pauvres qui ne le connaissaient pas le prenaient, à son air de jeunesse, pour un simple vicaire. Il jouissait de leur méprise, accueillait avec une grâce charmante leurs excuses quand ils s'apercevaient de leur erreur et leur laissait en partant une médaille de Notre-Dame de la Treille, comme souvenir de son passage et résumé de ses conseils de père et de prêtre.

Ajoutons, pour achever le tableau de ses rapports avec ses collaborateurs, que, pendant ses voyages de vacances, il aimait à emmener avec lui quelqu'un de ses vicaires, pour reposer leur esprit en achevant de le former. « M. l'abbé Bernard, nous écrit l'un d'entre eux, aimait tendrement ses vicaires. Il était heureux de compléter leur éducation du séminaire en leur procurant des voyages instructifs. Je me rappelle le bonheur qu'il éprouvait en me conduisant à Paris pour me montrer les beautés de l'art, les magnificences du culte, les sanctuaires pieux. Il me faisait contempler les richesses de la Sainte-Chapelle, me rappelant tous les souvenirs historiques de ce royal édifice ; puis Notre-Dame de Paris avec ses tours, Saint-Eustache et ses orgues ; la chapelle expiatoire, les admirables saluts de Notre-Dame-des-Victoires ; cette foule si recueillie malgré la longueur de l'office (nous entrions à huit heures du soir et nous en sortions à neuf heures et

8.

demie ou dix heures), ces recommandations, ces guéri-
sons, ces ex-voto, toutes ces merveilles spirituelles!
A quarante ans de distance, je me vois partageant les impressions de sainteté qui remuaient les assistants dans ce
sanctuaire béni. Il me conduisit aussi au pieux pasteur,
M. Desgenettes. Après les visites des églises, des chapelles, venaient les œuvres de charité, les hôpitaux. A
l'Hôtel-Dieu, il me faisait remarquer l'admirable tenue de
ces asiles qui abritent tant de misères d'un côté, et tant de
dévouement de l'autre, de la part des sœurs de la charité.

Dans un autre voyage en Belgique, fait au mois de
mai, l'excellent curé se complaisait à louer la piété des
catholiques belges pour orner les églises pendant le mois
de Marie; ces bouquets de fleurs naturelles, ces brillantes
illuminations : il fallait étudier tout cela pour stimuler le
zèle des bons paroissiens de Sainte-Catherine : « Si An-
vers est fière d'appartenir à Marie, disait-il, Lille aussi
doit se glorifier d'être la cité de la Vierge. »

Tel était l'abbé Bernard, comme administrateur de sa
paroisse, comme pasteur de ses ouailles et de ses vicaires,
large et précis, s'occupant de l'ensemble sans sacrifier les
détails, bon, charitable, paternel avec tous, et conciliant,
suivant les sages conseils de son éminent directeur,
M. Mollevaut, la prudence qui calcule et prépare les
chances de succès, avec l'esprit d'entreprise qui renouvelle, transforme et vivifie. C'est ce travail de sanctification et de progrès qu'il nous reste à examiner, en repas-
sant successivement et par ordre de dates, les actes les
plus importants de son ministère jusqu'à son départ de
Sainte-Catherine.

Nous avons vu comment, dès le 30 avril 1842, quatre semaines après son installation, il avait rétabli le culte de Notre-Dame de la Treille, et inauguré la grande et populaire dévotion du mois de Marie : nous avons dit le renouvellement du culte de Notre-Dame des Sept-Douleurs, l'établissement des enfants de Marie, la formation des sœurs de Notre-Dame de la Treille.

Le mois de Marie à peine terminé, il saisit l'occasion du jubilé pour prêcher et organiser une Communion d'hommes, entreprise hardie, qui pouvait même paraître téméraire à cette époque, et qui, par la protection de Marie, réussit au-delà de toute espérance. Deux cent cinquante hommes répondirent à l'appel de leur pasteur et le 18 juillet 1842 on les vit s'avancer à l'autel avec une foi et une docilité d'enfants pour recevoir le Dieu de leur première Communion. C'était la première fois depuis la Révolution qu'on voyait à Lille un pareil spectacle, précédemment offert à l'admiration de Paris le jour de Pâques à Notre-Dame. Aujourd'hui ces choses semblent toutes naturelles. Alors, quand on les tentait, sans savoir quel en serait le succès, cela semblait à plusieurs de la folie, à beaucoup un excès de zèle compromettant. C'est presque toujours au bruit du murmure des bons que les grandes œuvres ont commencé. Il est vrai qu'une fois établies, elles se poursuivent et se perpétuent au bruit de leurs applaudissements.

Quelques mois plus tard, le deuxième dimanche de décembre 1842, l'abbé Bernard inaugurait la chapelle de Saint-Louis de Gonzague par le catéchisme de persévérance des garçons. Cette œuvre des catéchismes est une des plus importantes qu'il ait entreprises et conduites à bonne fin. Déjà, étant prêtre libre, nous l'avons vu établir l'usage des retraites préparatoires à la première Communion pour les enfants des frères, et donner au clergé des paroisses un exemple qui bientôt fut suivi partout. Devenu curé de Sainte-Catherine, il voulut donner à cette œuvre fondamentale de l'instruction religieuse de la jeunesse une organisation complète, qui pût également servir de modèle ; et pour être sûr de ne pas s'égarer, il étudia et imita ce qui se faisait à la paroisse célèbre entre toutes, celle de Saint-Sulpice à Paris.

Il partagea les catéchismes en trois catégories, le catéchisme préparatoire pour les plus jeunes enfants de sept à dix ans, le catéchisme de première communion et le catéchisme de persévérance. Il veilla à ce que les catéchismes préparatoires et de première communion fussent faits avec un grand soin et un grand esprit de suite par ses vicaires entre lesquels cette besogne était partagée. Les enfants furent confessés plus tôt et plus souvent ; les retraites de première Communion furent faites avec plus de solennité.

Mais c'est pour les catéchismes de persévérance qu'il déploya le plus de zèle et de dévouement. « C'est lui, nous écrit Mgr Delannoy, qui inaugura à Lille ces catéchismes jusqu'alors inconnus dans le diocèse de Cambrai. Fidèle aux pieuses et saintes traditions de Saint-Sulpice, il voulut dès qu'il fut placé à la tête de la paroisse de Sainte-Catherine, lui procurer les précieux avantages de cette œuvre qu'il avait pu apprécier à Paris. » A cet effet il envoya un de ses vicaires à Saint-Sulpice pour étudier sur place les moyens de réaliser son projet, et non content d'affecter une chapelle de son église au catéchisme de persévérance des garçons, dès la fin de 1842, il chargea le même vicaire de faire une quête pour bâtir une chapelle spéciale destinée exclusivement aux catéchismes des filles. Les souscriptions ainsi recueillies montèrent à quinze mille francs. L'abbé Bernard y ajouta dix autres mille francs de sa fortune personnelle, et la nouvelle chapelle, dont Mgr Giraud, archevêque de Cambrai, vint solennellement poser la première pierre le 10 mai 1844, s'éleva rapidement et fut consacrée sous le vocable de la *Sainte-Croix* et de *l'Immaculée Conception*. Au début de cette entreprise, plusieurs, soit dans le clergé, soit parmi les paroissiens, soit même dans la famille de l'abbé Bernard, firent des objections, des critiques : « A quoi bon, disait-on tout haut, ces nouveautés, ces dépenses inutiles ? Pourquoi ne pas continuer ce qui s'est fait jusqu'ici ? » Mais quand on eut constaté les résultats excellents de l'œuvre, on ne murmura plus, on ne se contenta même point d'applaudir ; on imita.

« Bientôt dit Mgr Delannoy, les autres paroisses de la ville s'empressèrent d'établir l'œuvre à leur tour. Ce fut un grand moyen de préservation pour la jeunesse, un centre de piété, et une pépinière de vocations religieuses. » L'abbé Bernard n'abandonna point cette grande œuvre des catéchismes de persévérance de Sainte-Catherine après qu'il eut quitté Lille pour Cambrai. « Ses lettres, écrit un des vicaires qui en fut chargé plus tard, renfermant des conseils et souvent des billets de banque, m'ont mis en mesure de continuer son œuvre et celle de mes éminents devanciers,

M. le curé de Fives et Mgr Delannoy, évêque d'Aire.
Nous avions en moyenne, au catéchisme des filles, trois cents
élèves. La plupart faisaient des rédactions. Mgr l'archevêque donnait les prix chaque année Il y avait une cen-
taine d'enfants de Marie, de nombreuses aspirantes, des
associations de saints Anges, etc. On donnait souvent aux
bienfaiteurs de l'œuvre des fêtes splendides que présidait M. Bernard. Je me souviens qu'un jour, accablé
par les dépenses de tout genre, j'écrivis à M. Bernard en
la fête de saint Michel, et rappelant le texte de l'antienne :
Stetit juxta aram templi, je lui disais : « Je ne demande pas
mieux que de prendre en main l'encensoir et de faire monter
vers le ciel les parfums. Mais il faudrait bien qu'on mît de
l'encens dans l'encensoir pour la fête. » Immédiatement,
je reçus de M. Bernard 200 francs avec la promesse d'autres
secours, quand besoin serait. Je rappelle ce souvenir loin-
tain, pour montrer que ce zélé fondateur du catéchisme de
persévérance n'a jamais perdu de vue son œuvre ni sa paroisse de prédilection. »

A propos de l'esprit de critique et d'opposition que
l'abbé Bernard rencontra comme tous les innovateurs ou
réformateurs, citons une bien petite réforme qui suscita une
véritable tempête, heureusement circonscrite dans un
cercle très étroit. L'abbé Bernard, qui ne négligeait aucun
détail et trouvait tout sérieux quand il s'agissait de la dignité du culte, avait décidé que la barrette, aujourd'hui
universellement adoptée, remplacerait la coiffure bizarre et
devenue ridicule que portaient alors à Sainte-Catherine et
sans doute dans tout le diocèse de Cambrai les clercs, les
chantres, tous ceux en un mot qui ont droit à l'habit de

chœur à l'église. Cette coiffure était une sorte de bonnet moir, rond et pointu, surmonté d'un pompon, que l'habitude seule pouvait faire tolérer, mais que le bon goût et le bon sens proscrivent. Cette réforme de toilette ecclésiastique souleva de tels orages qu'il fallut en appeler à Cambrai. Mgr Giraud, saisi de la question, la trancha dans le sens du curé de Sainte-Catherine, et il dut non seulement approuver, mais ordonner l'usage de la barrette, qui depuis est restée partout en vigueur.

Un autre usage, bien plus important, que l'abbé Bernard introduisit dans sa paroisse dès l'année 1843, et qui depuis s'est toujours continué et généralisé, est celui de la présentation à l'église du corps de tous les petits enfants qui mouraient après avoir reçu le baptême. Jusque-là cette pieuse coutume était réservée aux familles aisées, et les pauvres, pour simplifier sans doute les funérailles, faisaient transporter les restes de ces petits élus de la première heure directement au cimetière, sans passer par l'église, et par conséquent sans aucune prière ni cérémonie religieuse. Le pieux curé fit cesser cet usage antichrétien et rendit aux dépouilles de ces heureux petits pauvres les honneurs dûs à tous ceux qui meurent avec le signe de Jésus-Christ.

En cette même année 1843, le 11 et le 18 juin, il inaugura à Sainte-Catherine deux dévotions importantes, pleines de fruits de salut, en l'honneur de Jésus-hostie, la *communion du mois*, et l'exposition du Saint-Sacrement pendant tous les jours de l'octave de la Fête-Dieu, c'est-à-dire depuis le dimanche de cette fête jusqu'au dimanche du Sacré-Cœur. Il sollicita de Rome et obtint un indult approuvant

l'usage de la communion mensuelle, l'établissant le troisième dimanche de chaque mois et l'enrichissant d'une indulgence plénière. Cet indult fut reproduit par l'*ordo*
diocésain, et cette dévotion, comme celle de l'exposition
du Saint-Sacrement, s'étendit bien au-delà des limites de
la paroisse Sainte-Catherine. Le zèle de l'abbé Bernard
pour tout ce qui regardait le culte du corps sacré de Jésus-Christ était d'ailleurs ardent et infatigable. Il exhortait
ses paroissiens à entrer dans la confrérie du Saint-Sacrement ; il eut la joie d'en voir grossir le nombre, et grâce
aux quêtes qu'il faisait lui-même dans l'église pour les dépenses de la confrérie, il put donner à la solennité de
l'Adoration et aux processions du Saint-Sacrement une
splendeur qu'elles n'avaient point atteinte avant lui.

Ce zèle l'entraîna à une démarche qui pouvait paraître
imprudente, mais qui fut bénie de Dieu. Il désirait ardemment que le saint viatique, porté aux malades, fût entouré
des hommages publics qu'on lui rendait autrefois, mais qui
étaient interdits depuis la chute de la restauration et la
suppression des processions. En 1845, un de ses parents,
vieillard vénérable, entouré du respect universel, allait être
administré. L'abbé Bernard, n'écoutant que sa foi, résolut
de reprendre les usages des temps et des pays catholiques.
Il convoqua les membres de la confrérie du Saint-Sacrement, qui répondirent en grand nombre à son appel, et
revêtu de ses insignes sacerdotaux, entouré d'enfants de
chœur qui tenaient des cierges allumés et chantaient les
hymnes et les psaumes accoutumés, il porta solennellement
la Sainte hostie jusqu'à la rue d'Angleterre, où demeurait le malade, au milieu d'une foule nombreuse et re-

cueillie. Une fois déjà en 1843, le mourant avait été administré et guéri dans des conditions singulièrement touchantes. Après avoir reçu les derniers sacrements, épuisé par la fatigue et par l'émotion de la cérémonie, il s'était senti gagner par le sommeil. Il avait résisté, voulant, disait-il, *voir venir la mort;* mais sur l'invitation qui lui fut faite de profiter de ce repos qui pouvait lui être si salutaire, il jeta les yeux sur son Christ et fit cette prière : « Mon Dieu, c'est la dernière fois que je m'endors en ce monde ; je vous demande encore pardon de tous les péchés de ma vie, et la grâce de m'éveiller en votre paradis. » Il dormit cinq heures du sommeil le plus calme, et quand il s'éveilla, le mal avait disparu. Mais quand, deux ans plus tard, il reçut les derniers sacrements des mains de l'abbé Bernard, ce fut pour la dernière fois et peu d'heures avant sa mort. Il avait néanmoins toute sa connaissance, et pendant les prières de l'Extrême-Onction, il interrompit le *Pater* à cette demande: « Pardonnez-nous nos offenses comme nous pardonnons à ceux qui nous ont offensés »et il dit : « Je fais toujours cette prière avec une grande confiance ; car jamais je n'en ai voulu à qui que ce soit. » Nous ne croyons pas que l'abbé Bernard ait renouvelé cette tentative hardie, de porter processionnellement le saint viatique aux mourants malgré les prescriptions de la police ; mais Mgr Régnier s'en souvint, quand, après 1852, il rétablit cet usage pour tout le diocèse.

Nous trouvons dans l'année 1844 deux autres preuves de son esprit d'initiative et de son zèle pour le règne de Jésus-Christ. Le vendredi 12 juillet, il dit la messe du Saint-Esprit pour l'ouverture d'une salle d'asile dirigée par des Filles de la Sagesse, dont il préparait la fondation depuis qu'il était curé de Sainte-Catherine. C'est une des nombreuses maisons de cette communauté dont il contribua à doter le diocèse de Cambrai.

Le mardi 29 octobre suivant, la chapelle de la citadelle de Lille, livrée depuis la révolution à des usages profanes, était remise officiellement à l'abbé Bernard, pour être rendue au culte. Il avait multiplié les démarches pour arriver à ce résultat si important au point de vue de la sanctification de l'armée, et c'est à lui que revient tout l'honneur de cette mesure réparatrice. Quand il reçut la lettre du ministre de la guerre qui lui annonçait cette heureuse nouvelle et lui donnait communication de l'arrêté signé le 23 septembre 1844 qui tranchait la question dans le sens de ses réclamations et de ses vœux, son cœur se fondit en actions de grâces envers la Providence et ce fut un des beaux jours de sa vie sacerdotale. Il s'occupa des moyens de restaurer la chapelle afin qu'elle ne fût pas trop indigne de la majesté du Dieu qui allait l'habiter à nouveau, et il trouva dans l'autorité militaire un concours actif et bienveillant. Un concert de charité, auquel la musique de la garnison participa, produisit d'abondantes ressources ; bientôt les ouvriers se mirent à la besogne, mais il y avait beaucoup à faire, et ce ne fut que le 26 mai 1845 que la chapelle put être consacrée.

Cette cérémonie s'accomplit avec une solennité extraordinaire, grâce à la pieuse témérité de l'abbé Bernard et à la bienveillance, nous pourrions dire la complicité des autorités militaires qui entraînèrent l'assentiment des autorités civiles. Ce qu'il avait fait à l'occasion de la mort de son vénérable parent en lui portant processionnellement le saint viatique, il le refit plus solennellement encore à l'occasion de la bénédiction de la chapelle de la citadelle. Voici en effet ce qui est relaté au verso d'une image commémorative de cet évènement, représentant la statue de Notre-Dame des Victoires, et imprimée à Lille en 1845 :

« La chapelle de la citadelle, d'une architecture modeste mais gracieuse, destinée par la piété de nos pères à recevoir les hommages religieux des défenseurs de la cité, restait fermée depuis plus d'un demi-siècle. On vient de la rendre au culte, sous le vocable de Notre-Dame des Victoires et de saint Louis, roi de France. M. Bernard, doyen de Sainte-Catherine, assisté d'un nombreux clergé, s'est rendu à la citadelle au chant des psaumes, croix et bannière en tête. Une foule de fidèles suivait, témoignant ses vives sympathies par son extérieur recueilli et ses larmes d'attendrissement. (Cette émotion s'expliquait par l'interdiction des processions extérieures depuis 1830 et par l'admiration qu'inspirait la sainte audace de l'abbé Bernard, couronnée d'un succès inattendu). Après la bénédiction de la chapelle, fut célébrée une messe solennelle à laquelle assistèrent plusieurs notabilités militaires. La musique du 55e de ligne a rehaussé la cérémonie par trois brillants morceaux. Dans une allocution noble et touchante, le vénérable doyen rappela le mot sublime du maréchal de Boufflers, qui, dans sa capitulation, protesta que lui et les siens s'enseveliraient sous les ruines de la citadelle plutôt que d'abandonner la chapelle à la profanation d'un culte hérétique. Il rapprocha de ce trait héroïque les marques de profonde vénération dont le drapeau français entoure la religion sur le sol africain. »

Quand la cérémonie religieuse fut terminée, un grand banquet de réjouissance eut lieu chez M. de Kercadio, colonel du régiment qui occupait la citadelle. Par une attention ingénieuse et délicate du brave colonel, les places y étaient disposées de telle façon qu'un prêtre, une dame et un officier se trouvaient assis à la suite les uns des autres. C'était, non la vieille alliance du trône et de l'autel, mais l'union intime du clergé, de l'armée et de cette troisième puissance de la douceur et de la charité que personnifient les femmes chrétiennes. La chapelle militaire une fois ouverte fut desservie par les vicaires de l'abbé Bernard, en attendant les aumôniers volontaires fournis par les pères jésuites, et plus tard les aumôniers en titre, si malheureusement supprimés depuis par la franc-maçonnerie triomphante.

Nous n'avons plus qu'une œuvre à rappeler pour achever e récit du ministère de l'abbé Bernard comme curé doyen de Sainte-Catherine. Docile aux exhortations pressantes de M. Mollevaut, parfaitement conformes d'ailleurs à ses sentiments personnels, il se préoccupa dès sa nomination de l'établissement d'une résidence de Jésuites à Lille. Les lettres du sage et pieux sulpicien sont admirables à ce sujet, et il est bien touchant de voir la compagnie de Saint-Sulpice et la société de Jésus se soutenir, s'aimer et se donner la main en la personne de leurs plus illustres représentants. Dans la vie de Monseigneur de Ségur, nous avons eu la bonne fortune d'entendre le père de Villefort exprimer sur les prêtres de Saint-Sulpice ses sentiments de

confiance et d'admiration sans réserve. Dans la vie de
M. l'abbé Bernard, nous entendrons M. Mollevaut s'exprimer sur le compte des pères Jésuites dans des termes
aussi complètement approbatifs. Dès la nomination du
curé de Sainte-Catherine en mars 1842, son éminent directeur lui écrit : « La seule chose qui doive vous occuper
est une résidence des pères dans votre paroisse ; avec cela
vous aurez tout. » Le 30 juin il poursuit : « Négociez
pour une résidence ; faites-en votre œuvre capitale. Si vous
aviez deux ou trois pères pour débuter, ce serait une chose
admirable. — Je m'en tiens à votre réflexion sur un commencement de résidence, poursuit-il le 31 décembre : si l'on
s'inquiète des oppositions et du mauvais vouloir, ce sera
encore la même chose dans dix ans. Contentez-vous d'avoir
une autorisation de votre prélat ; puis, allez en avant, recommandant aux pères beaucoup de prudence, faisant les
choses sans bruit, et vous confiant uniquement, mais fortement, à notre bonne mère. » Le 16 mars 1843 : « Une résidence commencée, voilà ce que je désirais. Les hommes
crieront et Dieu la soutiendra... Si les jésuites rapportaient
tout ce qu'il y a à reprendre chez leurs détracteurs, ils
auraient beau jeu. Les jésuites font du bien partout, que
d'autres ne feraient jamais : c'est pour ce motif qu'on ne
les laisse pas tranquilles. Leurs missions surtout produisent
des fruits prodigieux. — Le 10 juillet : « Vous me donnez
les nouvelles les plus consolantes ; si vous obtenez le père
Guidée, vous aurez un trésor de sagesse, de prudence et
de bons conseils. Poursuivez, insistez, pressez jusqu'à ce
que vous l'ayez. »

Avant la fin de 1843, la résidence était fondée ; l'abbé

Bernard avait obtenu, outre le Père Vitse qu'il avait pris précédemment comme vicaire supplémentaire, le père Possoz qui demeura d'abord chez lui, comme le père Vitse. « Vous avez une résidence, lui écrit M. Mollevaut le 30 octobre ; c'est l'essentiel ; allez doucement et sans bruit; attendez les ouvertures de la Providence. » Et un an plus tard, le 10 décembre 1844, il ajoute : « J'apprends avec une joie bien intime que votre résidence à Lille est bien établie. Les propos et le caquetage ne manqueront pas ; c'est leur pain quotidien, et le reste n'en va que mieux, malgré les oppositions et les attaques qui ne finiront qu'avec le monde. Il en sera de même de leurs collèges : on a beau faire, le rocher qu'on attaque est inébranlable : c'est Marie, plus puissante et plus riche que jamais. »

Les pères s'installèrent bientôt dans une maison particulière, rue de l'abbaye de Loos; puis, rue Saint-André, et enfin rue Voltaire avec une entrée et une chapelle, rue Négrier. Quand l'abbé Bernard quitta la cure de Sainte-Catherine, la résidence des pères jésuites était encore bien peu de chose ; mais, elle existait, et il doit en être considéré comme le véritable fondateur, autant par ce qu'il fit pour l'établir, que par ce qu'il fit plus tard pour la consolider.

On voit, par le tableau d'ensemble et de détails que nous venons de tracer de la vie de l'abbé Bernard pendant les trois années qu'il passa comme curé-doyen de Sainte Catherine, que ces années doivent compter parmi les plus fécondes de son existence, et que cette période de son ministère pourrait être offerte en modèle à l'imitation des prêtres de paroisses dévorés comme lui du zèle du salut des âmes. Reçu d'abord avec une certaine défiance par quelques-uns de ses paroissiens, il avait conquis en quelques mois tous les suffrages et tous les cœurs, sans avoir rien cédé de ses principes, de ses projets, rien abandonné ni même ajourné de ses innovations et de ses réformes. Le culte de Notre-Dame de la Treille était restauré, avec tout son cortège de pieuses institutions, mois de Marie, confrérie de la Sainte-Vierge ; avec tout ce qu'il renfermait en germe pour un prochain avenir. Le culte du Saint-Sacrement avait reçu un notable accroissement par l'établissement des communions d'hommes, des communions du mois, des processions et de l'exposition du corps sacré de Jésus-Christ. Les petits enfants recevaient les honneurs des funérailles chrétiennes. Les catéchismes de tout genre étaient régularisés et vivifiés, les catéchismes de persévérance fondés pour les garçons et les filles. La chapelle de la citadelle était rendue à sa destination et constituait pour les soldats un foyer de vie religieuse. Les Filles de la Sagesse étaient établies sur la paroisse de Sainte-Catherine ; les pères jésuites appelés et résidant à Lille ; enfin, le service des vicaires était si fortement et sagement organisé que les successeurs de l'abbé Bernard et les curés des autres paroisses n'eurent, en ce point comme en tant d'autres, qu'à continuer et à imiter ce qu'il avait fait. Quoiqu'il n'eût passé que trois ans à Sainte-Catherine, son œuvre était donc accomplie, et le temps était venu où, par la voix de son archevêque, la Providence allait l'appeler à un poste plus élevé et à une action plus générale sur ce vaste et beau d'ocèse de Cambrai, qui tient lui-même une si grande place dans l'église universelle. Agé de trente-huit ans, il avait parcouru la première moitié de sa carrière. Ce qu'il nous reste à raconter fera connaître comment il accomplit la seconde

CHAPITRE IX

L'abbé Bernard est nommé vicaire-général de Cambrai. — Ses hésitations. — Lettres de M. Mollevaut. — Conseils de direction de
Mgr Mathieu, archevêque de Besançon. — L'abbé Bernard est
nommé promoteur de l'officialité et archidiacre de Lille. — Ses
travaux, réceptions, correspondance, visite des paroisses, des
communautés, nominations. — Son ministère à Cambrai, confessions, prédications, apostolat de société. — Intimité avec
Mgr Giraud. — Confiance du Prélat. — Promotion de Mgr Giraud au cardinalat. — Son voyage à Rome. — L'abbé Bernard reste
à Cambrai avec deux autres grands vicaires pour administrer le
diocèse. — Lettres du cardinal Giraud. — Son retour à
Cambrai.

Dès les premiers jours de l'année 1845, Mgr Giraud
songea à appeler auprès de lui l'abbé Bernard qu'il aimait particulièrement et à lui confier les fonctions de
vicaire-général. L'esprit de fermeté, d'initiative et de sagesse que le curé de Sainte-Catherine avait montré dans
l'administration de sa paroisse, les œuvres qu'il avait entreprises, développées et accomplies, les vertus sacerdotales et apostoliques dont il avait donné l'exemple, lui
avaient conquis le respect et l'affection de ses paroissiens
et le désignaient au choix de son archevêque pour une
position plus haute encore. Il était manifestement de ceux

qui semblent destinés à exercer les fonctions les plus éle-
vées de l'ordre ecclésiastique. Le bruit de sa nomination
prochaine de vicaire-général était tellement répandu dès
la fin de l'année 1844, que le 3 janvier 1845, M. Mollevaut lui écrivait comme si la chose était déjà faite. En
apprenant par l'abbé Bernard que ce n'était encore qu'un
projet, il l'approuve de n'envisager cette éventualité qu'a-
vec inquiétude et regret, et l'encourage à tout faire pour
écarter de lui cette dignité, d'autant plus redoutable
qu'elle pourrait bien être un acheminement vers l'épiscopat. « Vous avez répondu tout ce que vous pouviez dans
la circonstance, lui écrit-il le 24 mars 1845 ; attendez la
suite et priez. Je ne vous souhaite pas une place qui ne
convient pas à votre santé, à votre attrait, à vos œuvres,
à l'ignorance de la *langue du pays*, j'oserai dire à la liberté
dont vous avez joui. On a beau dire, c'est une servitude,
entouré de mille désagréments, au-dedans et au-dehors.
Vous ne connaissez encore que le beau côté de votre diocèse. Ainsi, vous ferez bien de réclamer vivement en
temps et lieu, et de n'accepter qu'à la dernière extrémité,
en témoignant toute votre répugnance, afin que si vous
êtes là, vous puissiez agir selon votre conscience, en
mettant à vos pieds toute considération humaine, et pouvant dire : je ne l'ai ni désiré, ni voulu... s'il y a enfin
nécessité absolue, il faut se soumettre et conserver la
paix dans laquelle le bon Dieu vous a mis. En attendant,
continuez toutes vos œuvres, comme si vous deviez rester
jusqu'au bout, et ne désirez autre chose que la divine volonté. »

La divine volonté se manifesta si vivement par l'organe

de l'archevêque de Cambrai, que l'abbé Bernard dut s'incliner devant l'ordre de son supérieur : « Vous avez suivi la règle *invitus accedat*, lui écrit M. Mollevaut le 16 juin; vous avez refusé ; il ne reste plus qu'à se soumettre, puis à étudier vos devoirs. » Le 18 juin, sa nomination de vicaire général, en remplacement de Mgr Wiccart, nommé évêque de Fréjus, était agréée par le gouvernement, et le 29 juin, jour de la fête de saint Pierre, il était installé dans ses nouvelles fonctions à l'église métropolitaine de Cambrai.

La coïncidence de son installation avec la fête de Saint-Pierre pourra paraître, à ceux qui recherchent partout le doigt de la Providence, un signe remarquable après tant d'autres de la mission de l'abbé Bernard en ce qui touche le rétablissement de la collégiale de Saint-Pierre et de Notre-Dame de la Treille à Lille. En 1842, il était nommé curé de Sainte-Catherine au moment où tout avait été préparé pour la restauration du culte de l'antique patronne de la cité dans la paroisse dépositaire de son image. En 1845, l'œuvre de l'abbé Bernard étant achevée à Sainte-Catherine, saint Pierre le prenait comme par la main et le conduisait à Cambrai, dans les conseils de son archevêque, pour continuer, reprendre et mener à bonne fin la seconde partie de sa mission, c'est-à-dire la reconstruction d'une église spéciale en l'honneur de saint Pierre et de la Vierge Marie, et la translation de la statue miraculeuse dans son sanctuaire relevé. Pour atteindre ce but, de graves difficultés restaient à vaincre ; ce n'était pas trop pour en triompher de l'influence permanente et directe de l'abbé Bernard à Cambrai, de son influence indirecte auprès du Saint-Siège. Nous verrons bientôt cette action s'exercer à Gaëte sur le Pape Pie IX par l'intermédiaire de Mgr Giraud, devenu cardinal, et obtenir du chef de l'Église un acte décisif pour l'accomplissement de son œuvre. L'humble curé de Sainte-Catherine obéit donc à la voix de Dieu, en se conformant de tous points aux conseils de son pieux directeur et en soumettant sa volonté personnelle à celle de son évêque. Sa résis tance, prolongée pendant près de trois mois, prouve la vivacité et la sincérité de ses répugnances, et défend sa mémoire contre toute accusation d'ambi- tion.

Une petite anecdote parvenue jusqu'à nous montre que tout le monde, au moment de sa nomination, ne lui rendit pas justice, et qu'il se trouva des malveillants ou des ja- loux pour le méconnaître et le critiquer. Comme il quittait Lille pour se rendre à Cambrai et prendre possession de ses nouvelles fonctions, une dame, qui ne le connaissait pas, monta dans la voiture publique où il était lui-même, et, pour tromper les ennuis du voyage, se mit à médire du prochain en général et de l'abbé Bernard en particulier. Elle le traita de *petit intrigant*, assurant qu'il ne s'arrête- rait pas en si bon chemin, et que, de vicaire général, il espérait bien passer évêque, comme son prédécesseur. L'abbé Bernard, dissimulant un sourire, écouta tout en silence et se retrancha paisiblement dans la récitation de son bréviaire. Quand on arriva à Cambrai, et que la dame entendit les ecclésiastiques venus au-devant du nouveau vicaire-général le saluer par son nom, elle fut si couverte de confusion qu'elle aurait voulu rentrer sous terre. Aux excuses qu'elle balbutia, l'abbé Bernard répondit avec sa douceur habituelle et sa spirituelle charité, et lui octroya un plein pardon. Mais cet incident laissa une impression durable dans son esprit, et peut-être ne fut-il pas étranger à la résolution qu'il prit et que rien ne put vaincre de ne jamais accepter l'épiscopat.

Peu de temps après sa nomination de vicaire-général, il fut nommé promoteur de l'officialité et archidiacre de Lille. L'officialité métropolitaine de Cambrai, rétablie par Mgr Giraud le 28 juin 1842, quand le siège fut redevenu archiépiscopal, se composait d'un official, d'un promoteur et d'un greffier. Les fonctions de promoteur donnent à celui qui les exerce le droit d'information sur la conduite, les doctrines et les mœurs de tous les ecclésiastiques du diocèse. Quoique les sentences de l'officialité ne soient plus appuyées du concours de l'autorité temporelle, elles n'en ont pas moins une valeur très importante dans l'ordre religieux. Quant au titre d'archidiacre de Lille, il donnait à l'abbé Bernard un droit spécial de surveillance, d'examen et de direction sur toutes les affaires ecclésiastiques de la cité et de l'arrondissement. Sa tâche était donc très étendue, et l'absence d'un évêque à Lille, l'immensité du diocèse de Cambrai, qui comptait dès cette époque plus de 1,500,000 âmes, la rendait accablante.

Aussi l'abbé Bernard chercha-t-il, dès son installation, à s'entourer des conseils les plus autorisés; M. Mollevaut, son vénéré directeur, qui unissait l'expérience de la vieillesse à la force d'une intelligence toujours jeune, fut comme par le passé son guide et son appui de tous les instants. Mgr Mathieu, archevêque de Besançon, devint, grâce à M. Mollevaut, son conseiller extraordinaire.

« Si vous pouviez vous adresser à Sa Grandeur, lui écrivait M. Mollevaut, dès le 16 juin 1845 en apprenant sa nomination définitive, c'est un prélat instruit, prudent et pieux : il ne vous refusera pas ses conseils. » Les directions écrites du prélat et celles du Sulpicien nous semblent si belles et si instructives que nous croyons devoir les reproduire en les résumant. Elles exposent et racontent par avance les actes et les principes de l'abbé Bernard pendant les trente-deux années qu'il passa dans les fonctions de vicaire-général de Cambrai. Écoutons d'abord M. Mollevaut.

« Vous pouvez faire encore plus de bien à votre ville de Lille étant à Cambrai, près de votre évêque. L'absence tempère bien des oppositions et augmente la confiance. — Dans l'exercice de vos fonctions, mettez de côté ce qui n'est pas dans vos connaissances actuelles. Le grand art est de se servir de ceux qui ont fait des études spéciales dans chaque partie. Adressez-vous pour les chiffres à ceux qui y trouvent du goût ; de même pour certains cas de conscience et de jurisprudence. Dans les rapports et conversations, on apprend souvent plus que dans les livres. — Vous avez besoin de repos de corps et d'esprit ; allez-y doucement, ne comptez que sur la prière, l'humilité et la dévotion à Marie. — Ne montrez pas un esprit de réforme, même pour ce qui en a le plus besoin. Il faut une patience sans réserve, longtemps attendre, prier, consulter, et garder un silence à toute épreuve. Le secret est l'âme des affaires et le moyen d'opérer le bien. Montrez-vous bien obligeant et conciliant. Ménagez plus que jamais votre santé. — Montrez-vous l'ami du peuple et des pauvres ; c'est le vrai moyen de rétablir la religion. — Il faut rendre votre diocèse à la Sainte Vierge. Prenez note de toutes les anciennes dévotions. Multipliez les images, les prières, les médailles. Un mandement de votre prélat ferait très-bien. Pensez d'avance au mois de Marie, pour le rendre aussi brillant que possible. — Pour faire un bien durable et ne pas vous épuiser avant le temps, ayez une règle de conduite qui consiste à avoir des temps déterminés pour vos exercices de piété, et tenez-y à moins de nécessité indispensable ; de sorte qu'on puisse dire : c'est l'heure de son office, de sa lecture spirituelle, de son chapelet. On finit par y habituer ceux qui ont affaire à vous. Soyez bref et laconique dans votre correspondance. — Quand vous traitez Monseigneur, tenez-vous au même nombre de plats : mais ornez la table de vaisselle plate, de décorations qui amusent et récréent la vue. On peut aussi orner la chambre. J'ai vu de grands seigneurs qui n'avaient qu'un service qu'on remplaçait aussitôt par le dessert. On préférait la récréation et la conversation à rester deux heures à table. — Nourissez votre goût pour la prédication. Parlez simplement, clairement, cordialement, pratiquement, et, comme saint Liguori qu'il faut savoir par cœur, n'oubliez jamais Marie. Conservez les dévotions populaires et accoutumées. Je suis toujours plus convaincu de la parole de Saint Vincent de Paul, que toutes les calamités de la terre viennent des mauvais prêtres. Le seul moyen de réformer le monde est de faire de bons prêtres. Quelle responsabilité pour les supérieurs ! — ».

La réponse de monseigneur Mathieu à la demande de lumière et de direction que lui avait faite l'abbé Bernard sur le conseil de M. Mollevaut, est d'un autre accent quoique du même esprit, qui est l'esprit de Jésus-Christ. Mais il parle en évêque et en homme de gouvernement qui sent l'importance et sait les conditions de l'autorité.

« Monsieur et très-cher, c'est de tout mon cœur que je suis et serai toujours à votre service pour tout ce en quoi vous aurez besoin de moi. — Un grand vicaire qui n'a pas de théologie, pas d'aptitude aux affaires et encore moins de goût pour elles (c'est ainsi que l'abbé Bernard s'était représenté) peut être un très bon grand-vicaire, s'il est humble, patient, ami de la paix et remplissant auprès de son évêque, pour tous ceux qui s'adressent à lui, les fonctions de bon ange, adoucissant, conseillant, éclairant. Il ne doit s'adresser ni viser de préférence à rien, mais se tenir, comme l'ouvrier de saint Paul, prêt à tout bien : *ad omne opus bonum paratus...* Je ne conseillerais pas à un grand-vicaire de s'attacher de lui-même à aucune œuvre ni communauté, mais de faire tout ce que son évêque lui dira. — Un grand-vicaire qui ne serait jamais que passif dans ses relations avec son évêque serait fort maussade. Il peut et doit lui ouvrir ses vues avec discrétion, avec soumission. Seulement, lorsqu'on arrive auprès d'un évêque, il est de la modestie de ne pas commencer par faire des plans. Il faut se donner le temps de connaître l'administration. Quand on communique ses idées à son évêque, il faut toujours être dans la disposition de céder. — Un grand-vicaire doit éviter d'avoir un confessionnal dans une église, parce qu'il est bien difficile d'être à la fois administrateur et confesseur. On négligerait le principal pour une œuvre très-bonne, mais que d'autres peuvent faire, tandis que personne ne peut être grand-vicaire pour vous. Rien de plus absurde que les maximes de certains ecclésiastiques sur la nécessité de se rehausser par son état de maison. Soyez décent ; n'affectez ni une sévérité excessive ni un luxe inconvenant. Que l'état de votre personne, de votre maison soit propre, modeste, et rien de plus... Regardez-moi comme votre *très-acquis*.

CÉSAIRE, arch. de Besançon. »

La plupart de ces règles furent suivies et appliquées par l'abbé Bernard, et contribuèrent à faire de lui un bon vicaire-général, comme il avait été un bon curé, un bon vicaire de village, un bon aumônier de petits enfants et de sourds-muets. Sa vie, sa table furent telles que le lui conseillaient et le directeur de Saint-Sulpice et le Prélat. Sa correspondance, sa prédication furent brèves, allant droit au but sans temps perdu à des phrases et à des détails inutiles. L'amour du peuple et des pauvres resta la note dominante de sa piété et de son ministère. La préoccupation de l'éducation des jeunes clercs, de la bonne direction des petits et grands séminaires, de tout ce qui peut contribuer à faire de bons prêtres, tint toujours la place principale dans son cœur sacerdotal. Il sema à pleines mains dans le vaste champ du diocèse de Cambrai les dévotions populaires et, par-dessus toutes, celles de la Sainte-Vierge et du Sacré-Cœur. Comme nous le verrons plus tard, il réalisa pleinement en ce qui le concernait le vœu de M. Mollevaut *de rendre son diocèse à la Vierge-Marie* et consomma la grande œuvre de Notre-Dame de la Treille. Il demeura par désir et par état ce qu'il était déjà par nature, le plus discret et le plus réservé des hommes, et l'on peut dire que, de tous les secrets qu'il garda, le secret de ses bonnes œuvres est celui qu'il garda le mieux. Enfin, vis-à-vis des deux archevêques sous lesquels il remplit les fonctions de vicaire-général, il sut conserver, suivant le caractère de chacun, l'attitude respectueuse et réservée d'un inférieur, en même temps que le zèle d'un vrai prêtre et l'esprit d'initiative qui le caractérisa jusqu'à la fin. Nous devons dire cependant que s'il pécha quelquefois, ce fut plutôt par excès de zèle, sans que jamais ce pieux excès lui ait attiré un reproche, ni même une observation.

Par suite de ses fonctions de Vicaire-général, sa vie se trouva partagée entre les occupations actives et les occupations sédentaires ; à Cambrai, une partie de son temps appartenait aux audiences, à l'étude et à l'expédition des affaires, à la correspondance ; le reste était consacré au ministère proprement dit dont son âme sacerdotale ne pouvait se passer. Il prêchait dans les paroisses, dans les séminaires, sous forme d'instructions rapides et familières ; il confessait ordinairement après sa messe toutes les personnes qui s'adressaient à lui, et s'il n'eut point, conformément à l'avis de l'archevêque de Besançon, un confessionnal dans une église paroissiale, il en eut un dans une chapelle, ce qui revenait à peu près au même. Il continua aussi à diriger les âmes pieuses qui cherchaient et trouvaient en lui un véritable père spirituel, et il apporta à Cambrai, comme il l'avait fait à Lille, jusque dans ses relations de société, l'idée fixe, principe et fin de toutes ses actions, de travailler au salut des âmes et à l'extension du règne de Jésus-Christ. Quoiqu'il fît, quoiqu'il dît, visites, conversations, enjouement, plaisanterie même, tout tendait à un seul but, la conversion, l'édification, la sanctification du prochain.

Hors de Cambrai, son existence, tout en restant sacerdotale et apostolique, était plus active et plus variée. Archidiacre de Lille, il inspectait les paroisses, les œuvres, les communautés, spécialement celles dont il était le supérieur ou le confesseur extraordinaire, comme les maisons des sœurs de la Sagesse, des Filles de l'Enfant-Jésus, des sœurs de la Treille et des dames Bernardines d'Esquermes. Il recevait les prêtres et les religieux, écoutait leurs réclamations, les soutenait de ses conseils et de son inépuisable charité : il accueillait aussi, comme c'était son devoir de promoteur, les plaintes que les fidèles ou les autorités pouvaient avoir à formuler contre le caractère ou la conduite des ecclésiastiques, et procédait avec prudence et fermeté aux enquêtes nécessaires. Ce côté douloureux de son ministère était heureusement tout à fait secondaire dans cet excellent diocèse de Cambrai, où la pureté de la vie et de la doctrine est presque universelle au sein du clergé, où les scandales sont pour ainsi dire inconnus, où bien des fidèles arrivent à la vieillesse sans savoir, même par oui-dire, ce que c'est qu'un mauvais prêtre. Si, par exception, un prêtre avait encouru quelque disgrâce, il cherchait par tous les moyens à le consoler, à le remettre dans le droit chemin, et il lui ouvrait sa bourse en même temps que son cœur. Dans les propositions qu'il avait à faire à l'archevêché pour les nominations aux différents emplois ecclésiastiques, il apportait un grand esprit de justice et de discrétion et poussait la crainte du népotisme jusqu'à faire du népotisme à rebours. « Il croyait, nous écrit un vieux prêtre qui le connut beaucoup, que tous ses confrères avaient son abnégation, et il pensait leur donner une marque de grande estime en les faisant nommer dans les paroisses les plus négligées. L'un d'eux qui, pour la troisième fois, avait reçu de lui une faveur de cette espèce, répondait au bon évêque d'Arras qui s'étonnait des postes ingrats où on l'envoyait : « On n'accusera pas M. Bernard de népotisme envers moi ». Le pieux vicaire général se souvenait sans doute, en agissant ainsi, des sentiments de gratitude avec lesquels il avait autrefois accueilli sa nomination de vicaire à Bavai, et des consolations sacerdotales qu'il y avait trouvées.

Il avait le don de relever la confiance des pauvres curés de campagne souvent tentés de découragement devant des églises délabrées, des dépenses nécessaires, et le défaut de ressources. — Visitant un jour une de ces églises de village à moitié construite, il dit plaisamment au prêtre qui la desservait : « Votre église est borgne. — Comment faire, répondit le bon curé, pour y ajouter la nef qui manque ? — Elle sortira de la bourse de Madame ***, reprit l'abbé Bernard ». — Le curé, confiant dans cette parole, alla trouver cette dame et lui dit avec une simplicité tout évangélique. «Madame, l'abbé Bernard aurait-il prophétisé en me disant que la nef qui manque à mon église pourrait bien sortir de votre bourse ? » Pour toute réponse, la généreuse catholique remit immédiatement au curé une somme de quinze cents francs : « Quêtez bien, lui dit-elle ensuite, et mettez-vous à l'œuvre : je vous aiderai encore ». Elle l'aida si bien que non-seulement la nef, mais l'église tout entière fut achevée, et que l'œuvre s'accomplit avec des marques de bénédiction toute providentielle.

La variété de cette existence en tempéra sans doute la fatigue pour l'organisation nerveuse de l'abbé Bernard ; car, malgré la multiplicité et le poids accablant de ses travaux, sa santé s'y raffermit sensiblement. Il éprouvait bien de loin en loin quelques ressentiments de ses anciennes souffrances, et son estomac avait toujours besoin de grands ménagements. Mais ces atteintes rapides et légères ne l'obligeaient point de suspendre son ministère. Il reprit le régime de l'Église au point de vue de l'abstinence, mais ses directeurs spirituels d'accord avec les médecins lui interdirent absolument le jeûne dont les conséquences eussent été redoutables pour sa santé, peut-être fatales pour sa vie. Dans ces conditions, il put exercer ses fonctions de vicaire-général pendant 32 ans, sans être interrompu d'une façon sérieuse, sinon deux fois, la première durant quelques semaines, en 1855, la seconde durant quelques mois en 1870. Sauf ces deux atteintes sur lesquelles nous reviendrons, il travailla sans relâche à la vigne du Seigneur jusqu'au jour où l'âge et les infirmités le conduisirent à la retraite, cinq ans avant sa mort.

Plus d'une fois dans les moments où sa fatigue était plus grande et sa tâche plus accablante, il se sentit tenter de découragement et songea à donner sa démission pour se livrer à un ministère plus libre, plus conforme à ses forces et à ses goûts. Mais il repoussa toujours ces tentations sur le conseil de ses supérieurs, et il trouvait dans leur estime et leur bonté une puissante compensation à ses épreuves de l'âme et du corps. Monseigneur Giraud lui témoignait en toutes circonstances une affection vraiment paternelle. Atteint d'une maladie de cœur qui devait l'enlever à l'amour de ses diocésains après neuf ans à peine d'épiscopat et qui répandit sur ses dernières années une teinte de mélancolie sereine et tendre, il s'appuyait sur l'abbé Bernard jeune encore, et aussi tendre que lui, comme sur un fils de prédilection. Parfois, il le faisait asseoir près de lui, et, lui prenant la tête qu'il tenait serrée sur sa poitrine, il rappelait Notre-Seigneur avec le disciple bien-aimé, au jour de la Cène.

Quand Mgr Giraud fut élevé en 1847 à la dignité de cardinal, leurs liens semblèrent se resserrer encore. L'amour de l'abbé Bernard pour son archevêque s'accrut de la vénération que lui inspirait la pourpre romaine. Ce bon maître, cet illustre ami devenait un des princes de l'Église, un des collaborateurs intimes du Souverain-Pontife dans le gouvernement de la chrétienté. Il y avait un an à peine que le pape Pie IX était assis sur la chaire de Saint-Pierre, et le monde catholique retentissait encore des acclamations qui avaient accueilli son avénement. Malgré l'affection mutuelle qui devait porter le cardinal Giraud à emmener avec lui à Rome, où il allait recevoir le chapeau, son jeune vicaire-général, et l'abbé Bernard à désirer ce bonheur, ils renoncèrent d'un commun accord à ce voyage triomphal. On eut dit qu'ils pressentaient les catastrophes prochaines de la France et de l'Italie et cet autre voyage qu'ils devaient faire ensemble dix-huit mois plus tard pour aller non plus à Rome, mais à Gaëte, vénérer et consoler Pie IX exilé et malheureux. En quittant Cambrai au mois de juillet 1847, le cardinal Giraud y laissa l'abbé Bernard et deux autres grands-vicaires, avec la charge et le pouvoir de gouverner le diocèse pendant sa courte absence. Il lui écrivit plusieurs fois de Rome des lettres pleines d'admiration et d'enthousiasme pour Pie IX, pleines de confiance et de tendresse pour l'abbé Bernard lui-même. C'est pendant ce séjour que le Pape accorda au cardinal Giraud, en signe de sa particulière affection et de sa bienveillance pour le diocèse de Cambrai, le privilège pour tous les chanoines titulaires et honoraires, de porter sur leur habit de chœur une croix en argent, suspendue à un ruban rouge, et représentant d'un côté l'Assomption de la Sainte Vierge, de l'autre l'image de Pie IX. Le bref est daté du 28 décembre 1847.

Quelques mois après le retour du cardinal Giraud à Cambrai, la Révolution de février 1848 mettait la France en République et l'Europe en feu. L'incendie allumé à Paris manqua d'embraser en même temps Berlin, Vienne et Rome. Pie IX récompensé de ses bienfaits et des libertés politiques qu'il avait octroyées à son peuple par l'ingratitude et la trahison, fut réduit, pour éviter la mort, à s'enfuir de Rome occupée par une bande de sectaires et d'assassins de tous les pays du monde, et à demander un asile au roi de Naples. C'est dans la citadelle de Gaëte, refuge du Souverain-Pontife, que l'abbé Bernard allait pour la première fois vénérer Pie IX et recevoir du Vicaire de Jésus-Christ une bénédiction d'autant plus efficace qu'elle était donnée dans la persécution et dans les larmes.

CHAPITRE X

Quand on apprit en France le triomphe complet de la Révolution à Rome, à la fin de 1848, et la fuite du Souverain-Pontife, le cœur resté catholique de la fille aînée de l'Église tressaillit et malgré les progrès de l'anarchie démagogique, l'opinion presque unanime du peuple français réclama une intervention en faveur du Pape-Roi indignement chassé de ses États par la fureur de l'impiété et la complicité de toutes les faiblesses. Le Président de l'Assemblée constituante écrivit à Pie IX pour lui offrir en France une hospitalité digne de lui et le général Cavaignac s'associa noblement à cet acte de foi nationale et de vénération publique. Devant cette proposition, la situation du Pape devenait délicate : accepter, c'était suivre le penchant de son cœur et de sa reconnaissance ; c'était resserrer les liens si douloureusement relâchés, depuis la Révolution, entre la France catholique et le Saint-Siège ; mais en même temps, c'était se livrer avec une confiance peut-être téméraire à l'instabilité et aux tendances presque fatales du gouvernement républicain. C'était aussi éveiller les susceptibilités des autres gouvernements de l'Europe que le contre-coup de la Révolution de février avait ébranlés et qui peut-être ne pardonneraient point au Père commun de tous les fidèles cette marque de prédilection pour la plus puissante, mais la moins sûre des nations catholiques.

L'élection triomphante du prince Louis-Napoléon, le 10 décembre 1848, c'est-à-dire au lendemain même des événements accomplis à Rome, la présidence de la République passant des mains du général Cavaignac dans celles de l'héritier de Napoléon et lui livrant le commandement de l'armée et la direction des affaires, l'avènement d'un cabinet conservateur qui comptait parmi ses membres M. de Falloux, catholique déclaré, n'étaient point faits pour diminuer les hésitations du Souverain-Pontife qui avait trouvé dans le royaume de Naples un asile provisoire. Malgré les souvenirs fâcheux de la jeunesse du prince Louis-Napoléon en Italie et l'incertitude qui planait sur ses sentiments intimes, son avènement au pouvoir était incontestablement une force nouvelle pour la France et un gage de sécurité relative pour l'Europe conservatrice. Les catholiques français désiraient ardemment et presque unanimement voir Pie IX accepter l'hospitalité offerte par le général Cavaignac, et le prince Napoléon eût été heureux de donner cette satisfaction facile au sentiment de l'immense majorité de ses électeurs.

Le gouvernement, pour activer les négociations entamées avec le Pape au sujet de son voyage en France, et de l'intervention à Rome qui pourrait en être la conséquence, résolut donc d'envoyer à Gaëte un ambassadeur officieux et secret, assez connu et aimé de Pie IX pour que le Pontife ne put douter ni de son dévouement à sa personne, ni de son dévouement à l'Église. Le cardinal Giraud, que son récent voyage à Rome avait mis en relation intime avec le Pape, fut choisi pour cette mission toute confidentielle, et l'accepta comme un double devoir envers la France et envers le Saint-Siège. Il emmena avec lui à Gaëte l'abbé Bernard dont la capacité, l'attachement et la discrétion lui étaient connus : et tous deux partirent dans les premiers jours de janvier 1849, accompagnés de l'abbé Desrousseaux, ami particulier de l'abbé Bernard et supérieur du petit séminaire de Cambrai. Les détails de la mission du cardinal Giraud et de son séjour à Gaëte sont peu connus, et nous sommes heureux d'avoir trouvé, soit dans les lettres de l'abbé Bernard, soit dans les notes et documents qu'il a laissés sur cette affaire, des renseignements précieux, parfois considérables, qui feront de ce chapitre de sa vie une page curieuse de l'histoire de l'Église en 1849.

Nous commencerons par les lettres privées où dominent les impressions plus personnelles et qui auront l'avantage que nous recherchons et que nous apprécions entre tous, de montrer au lecteur l'abbé Bernard raconté et peint par lui-même dans l'abandon d'une correspondance intime.

« Gaëte, 21 janvier 1849. — Ma chère Mère, je ne sais par où commencer mes écrits. Je passe tout ce qui concerne le site et le climat, ce sont des merveilles. Mais la merveille des merveilles, c'est le Pape, avec sa sérénité, sa gaîté, son amour pour la France. Il est bien décidé à mettre le pied sur notre territoire, aussitôt que les affaires le lui permettront. Cela pourrait bien ne pas tarder. Son

Éminence de Cambrai va à la promenade et passe sa soirée
chez le Saint-Père qui a pour Elle les plus grandes bontés... Hier, nous avons vu toute la famille royale de Naples
qui allait dîner avec le Saint-Père. Le roi et la reine sont
fort bien. Le roi a failli périr avant-hier en retournant à
Naples sur son vapeur. On a heurté la nuit contre un
autre bâtiment, le choc a été terrible ; le secrétaire de
l'ambassade de Russie a disparu du coup ; le lendemain la
reine disait du roi : « Il est si chrétien ! Dieu et la Vierge
l'ont protégé. » Tout à l'heure, il entrait chez le Pape
qui a été fort ému de ce danger et lui tendit les bras. Le
roi s'est jeté à ses pieds et les a baisés. Il est parfait avec
le Saint-Père, lui laisse une entière liberté, se loge lui-
même dans un méchant casino pour loger le Pape dans
une sorte de palais qu'il a ici. Tous les cardinaux ont
l'hospitalité aux frais de S. M. Il y a une table chez le
cardinal Antonelli, ouverte aux cardinaux et aux officiers ;
nous avons eu l'honneur de nous y asseoir deux fois.
Nous sommes logés au compte du roi ; notre délicatesse
commence à s'en alarmer ; car il retire peu de chose de la
Sicile en ce moment. Une autre fois nous avons dîné avec
les ambassadeurs. M. Bouténieff ambasseur de Russie et
tous les autres font maigre, comme le prince de Ligne et
le brave comte de Spaur. C'est lui qui a sauvé Sa Sainteté.
Sa femme, originaire d'Auvergne, née comtesse Giraud,
a conduit toute l'affaire. Elle se dit parente de Monseigneur, et je le crois. Bref, elle avait pris de l'or, deux
pistolets qu'elle avait chargés elle-même, une chaise de
poste, sa femme de chambre, son fils et le précepteur du
fils, et elle est partie, allant retrouver à deux postes de

Rome, le Saint-Père que M. de Spaur y avait amené. La foi, la présence d'esprit, le courage, la piété de cette jeune comtesse sont incroyables. Avant de quitter Rome, craignant pour Sa Sainteté et pour son mari un sort pareil à celui de M. Rossi, elle est allée dans les églises demander des messes, puis elle s'est abandonnée à la Providence et a amené le Saint-Père à Gaëte, au milieu d'une foule d'incidents et de dangers. Une fois la frontière passée, le Pape a récité un *Te Deum*. Il est resté ici tout un jour *incognito*, riant de toutes les investigations et erreurs de la police. Il a été découvert, quand le roi de Naples est accouru, après avoir reçu avis de son arrivée. Alors, ce n'a été qu'une larme universelle, avec des transports de dévouement excités par l'admiration et la plus généreuse sympathie... Nous allons fort bien. Nous avons commencé aujourd'hui à dîner chez nous. Nous mangeons du macaroni, de la verdure et des poissons des espèces les plus insolites, le tout assaisonné d'huile d'olive et de bonne humeur. Adieu, ma chère mère, continuez à vous ménager ; c'est le conseil que donnent les pauvres de province auxquels on fait l'aumône... »

« Naples, 30 janvier. — Nous sommes ici depuis samedi, et jeudi matin, nous repartons pour Gaëte. Je n'ai reçu aucune lettre du Nord en Italie. J'espère en trouver à mon retour dans notre petite ville d'exil... On nous assure que la question romaine fait des progrès en France dans les conseils du gouvernement. S'il en est ainsi, il est probable que nous ne ferons plus un long séjour en Italie. Le cardinal Orioli qui est ici nous apprend qu'on a informé à Rome sur un miracle tout nouveau et bien propre

10.

à frapper. Le Pape avait ordonné qu'on exposât la Sainte-Face depuis Noël jusqu'à l'Épiphanie (c'est le véritable voile de la Passion sur lequel l'image de Notre-Seigneur est restée empreinte). Or, comme on se disposait à rentrer la relique, le 6 janvier, on vit que la Sainte Face avait pris une expression de tristesse extraordinaire, et que les traits habituellement à peine visibles étaient devenus des plus sensibles. On appela d'autres témoins, et d'autres encore, tant on craignait l'illusion : tous virent de même la figure très distincte et plongée dans une profonde tristesse. On resta deux heures en prières devant l'image, puis on la replaça dans le reliquaire. Le lendemain, on l'examina : elle était terni et avait l'expression ordinaire. Le Pape s'est décidé à quitter Rome après avoir reçu de l'Évêque de Valence la custode qui servait au pape Pie VI à porter le Saint-Sacrement sur lui dans ses voyages. Jusque-là Pie IX ne songeait pas à fuir ; mais cet envoi avec une lettre touchante dont j'ai la copie, lui parut un avertissement du Ciel, et quelques jours après il prit la route de Gaëte. — Tout l'équipage du *Vauban* (vaisseau français) a voulu faire ses dévotions à Gaëte. Commandant et officiers voulaient se confesser au cardinal Antonelli, ministre du Saint-Père. Le cardinal leur dit : « Messieurs, je ne puis vous entendre, je ne suis que diacre. » Il leur procura son collègue, le cardinal Altieri, qui les entendit tous, puis ils allèrent communier de la main du Pape »

.« Gaëte, 12 février. — Les correspondances sont fort lentes. Nous n'avons encore rien reçu qui soit la réponse à nos premières dépêches de Gaëte, mais nous avons vu des journaux français allant jusqu'au 31 janvier, et nous connaissons vos faits et gestes, comme vous connaîtrez bientôt les nouveaux désordres de Rome. C'est samedi 10 courant que la nouvelle de la proclamation de la République à Rome est arrivée ici. Le bon Saint-Père était allé satisfaire sa dévotion en faisant un pèlerinage à Notre-Dame de la Cîme, à trois heures et demi de Gaëte. C'est une Vierge miraculeuse très fréquentée, même par les peuples des États Pontificaux Le roi de Naples accompagnait le Pape en voiture ; mais les derniers cinq quarts de lieue ont été faits à cheval par les illustres et pieux pèlerins. Cette excursion avait procuré au Pape un petit *allegiamento,* comme il l'a dit depuis à Monseigneur. Mais voilà qu'après son dîner, on lui annonça brusquement que la déchéance de la papauté avait été proclamée à Rome. Le sang s'est porté d'abord à la tête ; mais il a suffi d'un instant pour qu'il se remît de cette première émotion et qu'il reprît sa douce sérénité ordinaire. Le lendemain il en riait agréablement avec son Éminence, tout en plaignant l'aveuglement d'une portion de ses sujets, pour lesquels il ne cesse de prier avec ferveur et tendresse. Nous avons assisté dans sa petite chapelle à une de ses messes. Il est admirable, ravissant, il est comme ravi lui-même. Souvent il pleure ; après la messe, on le voit levant au ciel ses beaux grands yeux si expressifs, et en même temps ses mains jointes. Il semble qu'il voit le grand et divin Maître dont il est le Vicaire. Dieu sûrement le tirera de l'exil : les intérêts de l'Église le demandent et empêchent d'en douter. Mais quel sera le peuple sauveur ? La France aura-t-elle cet honneur ? On commence à n'y plus compter, à voir les lenteurs dont nous sommes témoins...

« Vendredi, 23 février. — Hier est arrivé ici le grand duc de Toscane, venant demander un asile au roi de Naples. Il s'est fort bien conduit, dès qu'il a eu connaissance de l'excommunication qu'il pouvait encourir ; il a renoncé à demeurer mêlé à des négociations compromettantes, aimant mieux perdre ses États que de s'exposer aux censures de l'Église. Espérons qu'ayant cherché avant tout le royaume de Dieu, son duché lui sera rendu par surcroît. L'abbé Desrousseaux est parti pour Rome où il passera une petite huitaine. Jamais peut-être il n'aurait eu l'occasion de voir les sanctuaires et les monuments de cette ville, et il s'est muni de bons papiers afin de circuler sain et sauf dans cette cité coupable, évitant tout ce qui pourrait attirer sur lui l'excommunication. — Il faut venir ici pour entendre de bonne musique : les dimanches et jeudis dans la rue, puis sur le Champs de Mars, aux exercices, excellentes symphonies militaires. On passe sous notre balcon, nous témoignons apprécier le mérite des exécutants ; cela flatte le Napolitain... En outre, le paquebot à vapeur du roi, qui stationne sous nos fenêtres, nous donne de temps en temps des aubades ou sérénades. Le bâtiment qui porte sur le pont cette musique marine fait l'effet d'un grand violon ou violoncelle sonore, très favorable à l'exécution. Ce sont là, avec nos promenades, les délassements de notre exil. Heureusement que nous avons toujours beau temps. Nos santés continuent à être parfaites. Nous attendons chaque jour le cardinal Dupont, archevêque de Bourges, retenu par la goutte à Naples. Ce serait une compagnie agréable. Il sait parfaitement l'italien, il est sarde de naissance. Nous l'avons vu à Cambrai avec son grand-vicaire, il y a un an. Nous ferions ménage commun, c'est-à-dire que nous ferions pénitence ensemble. Heureusement que le Saint-Père a envoyé à Son Eminence des douceurs, chocolats, confitures de tout genre, lui disant qu'il y avait assez d'amertume à Gaëte, qu'il fallait bien adoucir un peu notre existence... Il est temps de fermer mon paquet; le paquebot part ce soir pour la France. Ménagez-vous bien dans ce carême; mieux vaut l'obéissance au médecin que toutes les privations... »

« Gaëte, 3 mars. — Cette semaine s'est passée sans événements. Seulement nous avons vu arriver Son Éminence de Bourges avec un chevalier et un grand-vicaire tous trois fort aimables; puis notre abbé Desrousseaux est revenu de Rome quarante-huit heures plus tard que nous ne l'attendions. Nous l'avons cru en prison *au moins*. Il a fini par rentrer à Gaëte escorté de deux carabiniers; c'était une escorte de sûreté qui, par la bévue d'un caporal, s'était convertie en escorte de prévention. Nous en avons ri, et nous nous sommes remis aisément de nos émotions. Si vous voulez faire un vrai carême, prenez du macaroni à l'eau, une poule que Noé a omis de faire entrer dans l'arche, des œufs sur le plat au beurre de buffle, du fromage de jument et du fenouille pour dessert; mais pour votre *lœtare* vous aurez le droit de manger des bécassines, de la merluche, des rougets et du cédrat confit.

« Dimanche 4 mars. — Nous sortons de l'audience du Saint-Père. Il est très affecté des impiétés de Rome. Il apprécie Lille; il nous a parlé d'une dame Valois de notre ville, religieuse du Bon-Pasteur à Imola. J'ai recommandé madame la Présidente de Saint-Vincent de Paul (c'était sa mère elle-même), M. le Secrétaire fondateur de Saint-François-Régis à Lille, toute la famille et tous les amis dans le sens le plus large : tout Sainte-Catherine est là, et presque toute la ville. Le Saint-Père a été charmant. Nous étions seuls, Desrousseaux et moi. Il venait de pleurer beaucoup avec Son Éminence des péchés horribles et sacrilèges de Rome. Il consent à être ruiné, à aller à pied pourvu que Dieu ne soit pas offensé. Monseigneur le consolait en lui disant : « Mais d'autres Églises, la France en particulier, donnent des consolations à votre cœur paternel. — Oui, mais Rome qui devait donner l'exemple me cause un chagrin mortel ». A la fin de notre Audience, le Pape, après avoir signé nos suppliques, écouté nos récits, nos demandes, béni nos crucifix, nous dit avec un sourire céleste : « Mes enfants, vous m'avez donné bien de l'ouvrage, et cependant je vais vous payer ». Puis il nous donna à chacun une belle médaille d'argent, représentant la Sainte-Vierge et les traits chéris de Pie IX, du module d'un petit écu, dans une custode de maroquin rouge, et nous souhaita la bénédiction du Ciel pour toujours. Heureuse la France, si elle pouvait voir, entendre un si grand et si saint Pontife. »

Nous arrêterons là nos citations de cette aimable correspondance qu'on ne nous reprochera certainement pas de n'avoir point davantage résumée, et qui trace un tableau si simple et si vivant des souffrances, des vertus et des grandeurs rassemblées à Gaëte en ces jours d'orage. Pour ne pas nous écarter de notre sujet, et par un sentiment de réserve qui s'explique de lui-même, nous ne ferons que, résumer brièvement les dépêches adressées au cardinal Giraud par les personnages officiels avec lesquels il correspondait. Quant aux notes de l'abbé Bernard et aux brouillons de lettres écrites de sa main et probablement composées par lui, puis soumises à son Cardinal qui les corrigeait, les faisait recopier et les signait, elles offrent trop d'intérêt et appartiennent trop à notre récit pour que nous ne les citions point, au moins en partie. Elles compléteront et rendront claires ce qui n'était que souligné et comme sous entendu dans les lettres intimes que nous venons de reproduire.

La première lettre et la première note envoyées à Paris par le cardinal Giraud le 20 janvier 1849 posent et développent la question avec une si parfaite netteté que nous les citerons tout entières. Le prélat s'adressait à M. de Falloux, ministre des cultes et principal représentant des intérêts religieux dans le cabinet.

Gaëte, 20 janvier 1849.

Monsieur le Vicomte, j'ai l'honneur de vous transmettre un duplicata de notes que j'adresse par le même courrier à M. le ministre des affaires étrangères. Si l'on tient à ce que le Saint-Père vienne en France, il est absolument nécessaire que le gouvernement se prononce pour sa cause autrement que par des formules de pure sympathie. La lettre de M. le Président de la République est parfaite de forme, mais elle n'engage à rien. Une promesse de secours ou de concours est urgente. Cette promesse faite, le Saint-Père est disposé à se rendre immédiatement à Marseille. Sa Sainteté m'a déjà parlé du mois de février, comme l'époque où elle pourrait entreprendre ce voyage. Il me semble qu'il est très facile au gouvernement de se poser noblement devant l'assemblée de la nation, en présentant notre participation comme une question d'honneur et de jalousie nationale. J'ai remis moi-même la lettre de Votre Excellence au Saint-Père. Sa Sainteté m'a exprimé combien elle était heureuse de voir les affaires ecclésiastiques et de l'instruction publique remises en des mains aussi dignes que les vôtres. Le Saint-Père aime la France, il désire ardemment la voir et la bénir. Grâce à Dieu, malgré ses épreuves, sa santé se soutient ainsi que son courage ; la paix du ciel est dans son cœur et reluit sur ses traits vénérables. — P. S. Les malheureux Romains, opprimés par la faction, écrivaient au Saint-Père, il y a quelques jours : « Si vous ne pouvez obtenir que les chrétiens viennent à notre secours, appelez les Turcs ». Je cite ce fait pour donner une idée exacte de la situation. »

Voici la note jointe à cette lettre :

« Le Saint-Père a daigné m'accueillir avec une extrême bonté ; il a témoigné de la joie de me voir et m'a accordé déjà plusieurs audiences particulières. Sa Sainteté persiste dans un désir sincère, dans la ferme volonté de se montrer sur le rivage de France. J'ai reçu de sa bouche à plusieurs reprises l'expression formelle de ses intentions. Il n'attend pour réaliser ce vœu de son cœur qu'une promesse de secours donnée par le gouvernement français, en réponse à la lettre par laquelle le Saint-Père la sollicite. Fort de cet engagement pris par la France de concourir officiellement au rétablissement de Pie IX à Rome, le Saint-Père ayant ainsi pourvu au bien de la grande majorité de ses sujets qui gémissent sous l'oppression, pourra quitter l'Italie sans manquer à ce qu'il regarde comme un devoir de père et de Souverain. En l'absence de cet acte, malgré l'attrait puissant qui le porte vers la France, le Saint-Père ne croit pas pouvoir venir recueillir des hommages, tandis que la partie saine de la population romaine souffre sans entrevoir un terme prochain à ses maux... Au reste, Sa Sainteté ne met pas pour condition de son voyage en France l'exécution préalable des promesses que pourrait lui faire notre Gouvernement, mais la promesse d'un concours. Il est à remarquer que la question romaine n'est plus ce qu'elle était précédemment. Le Saint-Père a épuisé tous ses moyens d'action personnelle. La faction qui domine à Rome a brûlé ses vaisseaux. Le mal empire chaque jour, et se précipite vers les derniers excès de violence et de profanation. La religion seule n'est plus en cause avec l'autorité du Souverain, mais l'humanité elle-même. Les affaires de Rome pourraient être sous quelques rapports un épisode de celles de l'Italie ; mais elles en diffèrent sur plusieurs points, et il y aurait erreur, ce me semble, à les regarder comme inséparablement liées. — Rome ne s'appartient pas à elle-même et ne peut disposer d'elle-même. Elle appartient à toutes les nations chrétiennes, à tout le monde catholique, comme siège du chef visible de l'Église universelle. — Et puis, ce ne sont pas même les Romains qui l'agitent et la

11

dominent en ce moment, mais un ramas de tout ce qu'il y
de plus violent et de plus impur en Italie et même en Europe. On ne peut plus invoquer ici des principes d'af-
franchissement, de liberté, d'indépendance : tout est usur-
pation, anarchie, terreur : quant à une intervention ou une
expédition isolée de l'Autriche, le Saint-Père a déclaré
formellement qu'il ne la demandait pas, qu'il ne l'accep-
terait même pas si elle lui était proposée. Mais, quant à la
désavouer dans le cas où elle aurait lieu sans sa participation, le Saint-Père ne le pourrait qu'autant que la France
lui aurait donné le droit de compter sur elle. Car il faut
bien que, d'une manière ou d'une autre, l'état présent des
choses ait un terme. L'honneur national de la France est
trop intéressé à ce que le Pape ne soit pas restauré par
l'Autriche ou par Naples, pour qu'il soit difficile au gouvernement d'en réveiller le sentiment et la juste suscepti-
bilité, en faisant entrevoir la possibilité d'une pareille
éventualité. Si le gouvernement de la République ne
croyait pas pouvoir intervenir lui-même directement
par une coopération active, il suffirait qu'il donnât
son assentiment à une expédition de tout autre puissance, de celle en particulier de l'Espagne, qui paraît
ne devoir soulever aucune objection. En résumé, promesse de concours au Saint-Père en réponse à sa lettre,
concert avec les puissances de l'Europe et, par suite de
ce concert, intervention armée de la France ou de l'Espagne, telle est, d'après les données que j'ai pu recueillir,
la solution la plus désirée par le Saint-Père et la plus dé-
sirable. Mais le temps presse. J'ai eu un long entretien avec
M. l'ambassadeur qui partage toutes mes appréciations »

Deux jours après, la proposition de l'Autriche, indiquée comme possible par le cardinal Giraud, devenait imminente, presque certaine :

« Le Saint-Père, écrit-il le 23 janvier, m'a informé que l'ambassadeur d'Autriche allait arriver ici au premier jour. Des offres de secours seront faites très probablement par ce cabinet, en réponse à la demande de Sa Sainteté adressée à toutes les puissances. Cette circonstance me paraît rendre plus urgente une prompte décision du gouvernement français. Le Saint-Père l'attend avec impatience pour sa gouverne dans la réponse qu'il aurait à faire aux propositions de l'Autriche. »

Si l'impatience du Saint-Siège était grande et légitime, la perplexité du gouvernement français n'était pas moindre et trouvait son explication et son excuse dans la situation politique du pays et du prince Napoléon. Les liens de jeunesse contractés par le prince avec les chefs de la Révolution italienne et des sociétés secrètes pesaient sur le Président de la République, comme ils devaient peser plus tard sur l'Empereur qu'ils perdirent. Il voulait et ne voulait pas ou ne pouvait pas, et la lutte qui se passait dans son âme se traduisait par des atermoiements continuels et déplorables. L'état des partis dans l'Assemblée n'était pas un moindre obstacle à une solution nette, prompte et énergique, et il fallut, pour décider l'intervention armée à Rome, les excès inouïs de la République romaine et la crainte du rétablissement du Pape par les armes de l'Autriche. Dans cette situation, le vif désir du Prince-Président était d'amener Pie IX à venir en France, sans prendre vis-à-vis de lui l'engagement formel et préalable de secours que le Pape réclamait avec raison. Les membres du cabinet franchement dévoués à l'Église poussaient à cette démarche du Souverain-Pontife, dans la pensée que le Pape présent à Paris ou du moins sur le territoire français obtiendrait tout du chef de l'État, de l'Assemblée et du pays toujours prêt à s'enthousiasmer pour les grandes choses. En cela, ils étaient certainement l'écho de l'immense majorité des catholiques, et c'est ce qu'exprimait avec une vraie éloquence M. de Falloux dans ce passage d'une de ses lettres au cardinal Giraud, le seul que nous croyons pouvoir citer sans indiscrétion.

« Je regrette profondément, écrivait-il le 25 février, que Sa Sainteté ajourne d'une manière indéterminée l'espérance conçue par la France de sa présence sur notre sol. J'ai les plus graves raisons de croire que l'effet en eût été immense, non seulement pour les intérêts immédiats de la Restauration Romaine, mais pour les intérêts permanents de la Religion dans notre pays, digne encore de reprendre son titre et son rang de fils aîné de l'Église. J'ose donc supplier Votre Éminence de ne point cesser de faire entendre au Saint-Père ce cri de notre amour, de notre respect et des véritables intérêts de la foi. L'assistance exclusive de l'Autriche, de la Russie, ne peut servir qu'à un seul point de vue. Les acclamations et les hommages de la France rétabliraient au point de vue opposé l'équilibre qui lui manque sans cela et qui est pourtant indispensable à la solidité, à la durée de l'œuvre commune. »

Cette lettre répondait à deux notes importantes du 7 et du 16 février envoyées à Paris par le cardinal Giraud et qui faisaient connaître la marche rapide des évènements, et les résolutions du souverain Pontife.

« L'Autriche, écrivait-il le 7, vient par son ambassadeur de se mettre à la disposition du Saint-Père pour toute nature d'intervention que sa Sainteté jugera opportune dans l'intérêt du prompt rétablissement de son pouvoir temporel, déclarant, du reste, qu'elle n'entend en aucune manière toucher de près ou de loin à la pleine et entière liberté du Saint-Père, quant au gouvernement et à l'administration intérieure des États-Romains. Avant de répondre à ces avances généreuses, et à ces offres désintéressées, le Pape, de l'avis unanime du Sacré-Collége conforme en cela à son propre mouvement, va immédiatement adresser une invitation de concours aux trois puissances catholiques, la France, l'Espagne et Naples, comme les plus voisines de ses États, en ayant soin néanmoins d'informer en même temps les autres de cette démarche et du motif qui justifie cette exception. La raison qui détermine le Pape à appeler la coopération simultanée de plusieurs puissances et spécialement les susmentionnées, c'est qu'il s'agit, dans le cas présent, non d'une question politique, mais d'une question purement religieuse et catholique qui intéresse tous les enfants de l'Église, à quelques nations qu'ils appartiennent. On peut même ajouter qu'il s'agit d'une question d'ordre social qui intéresse tous les États régulièrement constitués ; car, sous couleur de nationalité, sous prétexte de liberté et d'indépendance, le but que poursuivent à Rome les usurpateurs du Pouvoir Pontifical n'est autre que le triomphe des doctrines du socialisme et du communisme. La nécessité de mettre un terme à l'anarchie qui règne à Rome paraît si urgente à tous les yeux qu'il est de la plus haute importance que le gouvernement français se décide promptement à promettre et à donner son concours dans le même sens et dans les mêmes termes que l'Autriche. D'une part la situation qui s'aggrave à Rome, de l'autre l'impatience d'en finir qui entraîne tous les esprits, ne permettraient pas au Saint-Père d'attendre plus longtemps, malgré son désir bien prononcé de s'appuyer sur la France. Voilà pourquoi l'idée de soumettre à un congrès la solution des affaires de Rome a été repoussée à l'unanimité. On a craint les lenteurs, les dissidences, les protocoles sans fin, et, par suite de ces lenteurs, des maux que de longues années ne pourraient guérir. Le projet d'un congrès ne serait admis que sur un point, à savoir sur les mesures que les puissances croiraient devoir adopter pour mettre désormais le Saint-Siège à l'abri de toute violence exté-rieure, en déclarant sa neutralité et en plaçant cette neu-tralité sous la protection de toutes les nations chrétiennes. »

« — J'ai reçu, écrivait le cardinal à M. de Falloux le 16 février, la lettre si désirée de votre Excellence. J'ai cru devoir la placer sous les yeux de sa Sainteté dans la per-suasion qu'elle lui apporterait une douce consolation au milieu de ses épreuves. Cet espoir n'a pas été trompé. Sa Sainteté a daigné me remercier de cette communication dans des termes pleins de sensibilité pour le zèle que met votre Excellence à soutenir la sainte cause qui est celle de toute l'Église. Sous trois jours, le Cardinal Secrétaire d'Etat doit communiquer aux membres du corps diplomatique l'acte dont il était question dans ma dernière lettre, et par lequel le Saint-Père fait appel à l'intervention des quatre puissances catholiques, la France, l'Autriche, l'Espagne et Naples... Dans cet état de choses, aggravé par la proclamation de la République à Rome, il n'est pas possible au Saint-Père de réaliser pour le moment son projet de visiter la France. Je dois donc renoncer à l'espoir de l'accompagner dans ce pèlerinage catholique. Comme d'un autre côté, mon diocèse peut souffrir, surtout à cette époque de l'année, de la prolongation de mon absence, je prie votre Excellence de me dire s'il n'est pas temps de mettre un terme à mon séjour qui ne paraît plus avoir d'utilité réelle depuis les derniers actes du Saint-Père, actes définitifs, puisque les puissances sont disposées à y donner leur acquiescement. »

Le moment approchait en effet où l'Archevêque de Cambrai et l'abbé Bernard allaient quitter Gaëte et l'Italie pour la France. L'heure des négociations était passée, et celle de l'action préparée par tant d'efforts, retardée par tant de complications, mais nécessitée par les horreurs de la Révolution à Rome et par les offres pressantes de l'Autriche, allait sonner. Le 3 mars, le ministre des affaires étrangères, M. Drouyn de Lhuys, écrivait au cardinal Giraud que la résolution de son gouvernement était prise et qu'il pouvait considérer sa mission comme terminée. Dans cette lettre, il le remerciait « du langage si parfaitement sage qu'il avait fait entendre en toute occasion au Saint-Père et à ses conseillers. »

La dépêche de M. Drouyn de Lhuys se croisa avec une note du Cardinal de Cambrai, datée du même jour, 3 mars 1849, et qui devait être la dernière. Nous la citerons parce qu'elle précise très-nettement l'état de la question arrivée à son terme, comme sa première note du 20 janvier la précisait au point de départ. Ce qu'écrivait Mgr Giraud le 3 mars concorde absolument avec ce qui eut lieu quelques semaines plus tard, lors du siège de Rome et de la restauration du Pouvoir Pontifical par les armes de la France.

— « Si le Saint-Père a fait un appel à l'intervention armée, c'est qu'il ne lui reste plus d'autre moyen, de rentrer dans Rome. On avait espéré une réaction qui n'est plus possible. Sa Sainteté ne peut pas compter non plus sur les troupes pontificales. Le Saint-Père avait donné des ordres pour que les trois mille suisses en garnison à Bologne se rendissent à Gaëte ; le général Latour a refusé d'obéir, et les deux régiments suisses sont maintenant dissous. Les Romains fidèles ne prendront point en eux-mêmes leur point d'appui. Il leur faut un appui extérieur pour qu'ils se prononcent. Reste donc l'intervention des puissances catholiques, mais des puissances catholiques de premier ordre, telles que la France et l'Autriche. Voici pourquoi : le roi de Naples menacé chaque jour d'une insurrection dans ses États pourra à peine disposer de 3 à 4000 hommes ; encore craindra-t-il que la Révolution n'éclate sur ses derrières, tandis qu'il se portera sur la frontière des États-Romains. L'Espagne promet beaucoup, mais on voit peu l'effet de ses promesses. Elle a besoin de ses forces pour se garantir elle-même. Elle pourrait occuper tout au plus Civita-Vecchia. Ce n'est pas avec des moyens si disproportionnés au bien à obtenir que l'on peut à présent éteindre le foyer révolutionnaire de Rome. On n'aurait eu dans le principe qu'à souffler sur une étincelle, mais aujourd'hui elle est devenue un vaste incendie, et plus on tarde à l'étouffer, plus il acquiert d'intensité. Sans se priver du concours de Naples et de l'Espagne, la coopération de la France et de l'Autriche est donc nécessaire et sera seule efficace. Je dis la coopération de la France et de l'Autriche, puisque l'une ne peut agir sans l'autre. Y aurait-il donc obstacle insurmontable à ce qu'elles agissent de concert pour une cause dont il est si facile d'écarter toute idée politique? La part que le Saint-Père ferait à la France serait la plus belle. Notre armée d'expédition occuperait le cœur des États-Romains. C'est le vœu de Sa Sainteté. Les Autrichiens concentreraient leur action ferme dans les Marches. On n'aurait pas à craindre les rivalités et les dissentiments de deux drapeaux en présence l'un de l'autre. Voilà quelle est la situation. J'ai cru devoir la faire connaître par cette note qui sera probablement la dernière, parce qu'une solution ne peut se faire attendre longtemps et que je ne puis guère différer mon retour dans mon diocèse au-delà de ce mois. »

Cette lettre du cardinal Giraud est datée du 3 Mars, et précéda de peu de temps son départ de Gaëte, où désormais il n'avait plus rien à faire, l'intervention armée et le siège de Rome par les troupes françaises ayant été résolus vers cette époque par le gouvernement et l'Assemblée nationale. Le séjour de l'archevêque de Cambrai à Gaëte avait eu pour résultat de faciliter les relations entre le Saint-Siège et la France, de renseigner exactement le gouvernement du prince Napoléon sur les dispositions intimes du Saint-Père, dispositions toutes favorables à notre égard.

11.

et que les hésitations seules de l'Élysée avaient empêché de se manifester par le voyage du Pape aussi désiré de Pie IX que de la France. Mais cette mission avait eu un autre résultat considérable, inconnu jusqu'ici, et qui nous a été révélé par une note *confidentielle* trouvée dans les papiers de l'abbé Bernard et conservée par lui comme tous les documents que nous venons de citer, dans la pensée qu'ils pourraient servir un jour à l'histoire de l'Église. Cette note écrite de sa main n'est pas datée ; mais en la rapprochant de la lettre citée ci-dessus, du 4 mars 1849, dans laquelle il racontait à sa mère l'audience d'adieu qu'il avait obtenue de Pie IX, on voit que le fait qu'elle rapporte a dû certainement se passer le même jour et que la note a été rédigée peu de jours après.

« Au mois de mars 1849, écrit l'abbé Bernard, Son Éminence le cardinal Giraud, présent à Gaëte où il s'était rendu à la demande de M. le comte de Falloux, ministre de l'instruction publique et des cultes, était à l'audience du Souverain-Pontife. Sa Sainteté l'avait autorisée à passer avec elle une demi-heure de la soirée trois fois par semaine. La correspondance venue de Rome avait été ce jour-là fort alarmante ; le Saint-Père en était profondément affecté, et son cœur débordant de tristesse, il dit au cardinal de Cambrai : « J'ai fait des concessions ; on ne cesse d'en abuser pour tout bouleverser. Je ne puis, moi, leur auteur, les retirer. Mais mon successeur le pourrait et le ferait. Je songe à déposer la tiare : mon parti en est pris. »

« Alors, Monseigneur Giraud, qui avait la permission de s'asseoir dans ses tête-à-tête avec le Saint-Père, se lève, s'agenouille devant Pie IX, et lui dit : « Très-

Saint Père, ce n'est pas l'Esprit de Dieu qui vous inspire en ce moment, permettez au dernier de vos frères de vous le dire. Sans doute Rome est coupable et ingrate ; Rome est votre fille aînée, mais Rome n'est pas votre fille unique. »

« Et alors, passant en revue toutes les contrées du monde où brillaient encore des œuvres de foi et restaient des germes de résurrection religieuse, il calma les alarmes de Sa Sainteté, la fit renoncer à ses projets et prit congé d'Elle. Il trouva dans l'antichambre les deux prêtres qui chaque soir venaient l'y attendre, et retournant à pied dans son logement en leur compagnie, il manifestait une émotion et une joie extraordinaires, ayant conscience du service inappréciable qu'il venait de rendre à l'Église. C'est probablement à cette soirée que Pie IX fait allusion lorsqu'il dit que le cardinal Giraud a été son consolateur à Gaëte. »

Certes, le service fut grand, en effet, puisque c'est à cette intervention du cardinal de Cambrai que l'Église et le monde sont redevables du long et admirable pontificat de Pie IX. Cette scène que l'abbé Bernard ne put tenir d'une autre bouche que de celle du cardinal lui-même et dont il fut le seul confident, honore le grand Pape qui voulait déposer la tiare par dévouement à l'Église et celui qui l'empêcha de réaliser ce projet. En décidant Pie IX à rester sur le trône de Saint-Pierre, Monseigneur Giraud ajouta un nouveau et admirable fleuron à la couronne de gloire du diocèse de Cambrai, et l'abbé Bernard, en transmettant à la postérité ce secret d'humilité, de grandeur et de sainteté, dont il était le seul dépositaire et que, de son vivant, il ne révéla à personne, l'abbé Bernard, lui aussi, a bien mérité de l'Église universelle et de ce beau diocèse dont il faisait partie et auquel il était si fier d'appartenir.

Pour terminer ce chapitre par une dernière citation, voici le programme du retour du cardinal et de ses compagnons en France, tel que l'abbé Bernard l'écrivait à sa mère et tel qu'il fut exécuté. On y verra comment les évêques et les vicaires généraux se reposent d'une mission et d'un travail par des fatigues et des œuvres nouvelles : « Gaëte, 22 mars 1849. — Ma chère mère, nous comptons nous embarquer par le premier vapeur qui passera, allant en France. A notre arrivée à Marseille, je jetterai cette lettre à la boîte ; probablement j'irai pour trois jours à Fréjus (chez monseigneur Wicart son prédécesseur à Sainte Catherine). Puis, je m'arrêterai huit jours à Paris au séminaire des Missions Étrangères, rue du Bac. — Quinze jours après notre rentrée à Cambrai, nous serons à Lille. Nous y arriverons le dernier dimanche d'avril. Toute la semaine suivante se passera en confirmations à Lille même. Le premier jeudi de mai, sermon à Saint-Étienne. — Le samedi, vous pourrez avoir Son Éminence à dîner. La journée n'aura pas été fatigante ; vous aurez toute facilité de jouir de la conversation de Monseigneur. Cette tournée dans l'arrondissement de Lille exigera bien des préparatifs. J'aurai hâte en quittant Paris d'arriver à Cambrai par Saint-Quentin. Ce sera un grand sacrifice pour moi de ne pouvoir pas vous embrasser tout de suite. Mais vous aimez que j'aime mon devoir. Nous trouverons bien à nous dédommager. »

Vous aimez que j'aime mon devoir. Quelle belle parole dans sa simplicité, et combien elle honore la mère

qui l'a inspirée et le fils qui l'a réalisée ! Elle est
bien digne de clore ce chapitre de la vie de l'abbé
Bernard, écrit presqu'en entier par lui-même, et c'est
en la livrant aux méditations de nos lecteurs que nous le
terminons.

CHAPITRE XI

Maladie et mort du cardinal Giraud. — Mandement des vicaires
capitulaires. — Nomination de Mgr Régnier, évêque d'Angou-
lême, au siége de Cambrai. — Sa prise de possession. — Il maintient l'abbé Bernard dans ses fonctions antérieures. — Son affection et sa bonté pour l'abbé Bernard. — L'abbé Bernard est proposé pour l'épiscopat, à Blois, à Langres et à d'autres sièges. —
Lettres et démarches de Mgr Mathieu, archevêque de Besançon,
à ce sujet. — L'abbé Bernard refuse la dignité épiscopale. — Son
voyage à la Salette et à Saint-Laurent-sur-Sèvre. — Conversation
avec Mgr Rousselot au sujet des enfants de la Salette. — 1850
et 1851.

L'abbé Bernard, de retour de Gaëte, fit avec le cardinal,
Giraud, la visite pastorale de l'arrondissement de Lille
dont il était l'archidiacre. C'était la dernière fois que le
pieux archevêque se montrait à ces chères populations qui
l'aimaient comme un père. Déjà atteint de la maladie de
cœur qui devait l'emporter, il rentra à Cambrai très-fati-
gué, et les derniers mois de sa vie ne furent plus qu'une
suite de longues souffrances chrétiennement supportées.
L'hydropisie, causée par la mauvaise circulation du sang,
lui causait des étouffements cruels auxquels les ponctions
qu'on multipliait n'apportaient qu'un soulagement momen-
tané. — Dès le 25 février 1850, l'état du malade laissait
peu d'espoir : voici ce qu'écrivait ce jour-là à l'abbé Bernard Monseigneur Wicart, évêque de Fréjus, son prédécesseur à Sainte-Catherine et à Cambrai; « Je voudrais

me réjouir des nouvelles moins mauvaises que je viens de lire dans votre bonne lettre ; mais je crois bien que le soulagement annoncé n'est pas la délivrance et que ces ponctions seront suivies d'autres ponctions qui épuiseront les forces du cardinal. Hélas ! Dieu vienne en aide au cher malade, à son diocèse et à l'Église ! Toutes les lettres que je reçois du nord sont tristes. Les illusions dont vous me parliez il y a quelques jours ne me paraissent pas se propager loin du palais archiépiscopal... Continuons de prier beaucoup, et veuillez ne pas cesser de me tenir au courant de ce qui se passe. Je sens plus que jamais combien j'étais attaché à monseigneur Giraud. »

Si les angoisses étaient universelles dans le clergé et le peuple catholique du diocèse de Cambrai, celles de l'abbé Bernard étaient particulièrement poignantes. Il voyait souffrir et mourir lentement cet illustre prélat qui était son père et son ami en même temps que son évêque, et dont le nom se confondait avec celui de Pie IX dans sa vénération et son amour. Les derniers mois du cardinal Giraud furent donc pour l'abbé Bernard des mois d'épreuve et de profonde tristesse. Il eut du moins la consolation de voir, à mesure que la mort approchait, la terreur qu'elle inspirait au malade se changer en une confiance bien justifiée par ses vertus. Malgré les souffrances du corps, la pensée de la miséricorde divine versait tant de consolations dans l'âme du prélat mourant que sa fin fut sereine comme le soir d'un beau jour. « Je ne savais pas qu'il fût si doux de mourir, » disait-il à son clergé assemblé autour de son lit pour recevoir son dernier soupir. Il expira dans la nuit du 16 au 17 avril 1850, et dès le jour même, les vicaires capitulaires, au nombre desquels était l'abbé Bernard, exhalaient publiquement leur douleur dans le mandement qui annonçait à l'église de Cambrai son veuvage et le départ pour le ciel de son bien-aimé pasteur. Voici les premières lignes de ce mandement où les sentiments de l'abbé Bernard et de ses collègues s'épanchaient en accents d'une véritable éloquence :

« Hélas ! Nos très-chers frères, quelle nouvelle lamentable ! Cette fois, ce ne sont plus des alarmes, mais c'est la consternation que nous portons dans vos cœurs. Voici que vous êtes orphelins, et nous le sommes avec vous. Monseigneur n'est plus. Aujourd'hui, 17 avril, à deux heures du matin, Son Éminence a rendu à Dieu son âme d'apôtre, cette âme, qui, vous le savez, ne respirait que la gloire de son divin Maître, le triomphe de l'Église, la paix, le bonheur et la sanctification de ses ouailles ; cette âme à la fois si élevée et si humble, si sensible et si ferme, si religieuse et si aimable. C'en est fait, nous ne marcherons plus sous la houlette de cet admirable Pontife... Nous ne serons plus bénis par ce père tendre et affectueux. Notre France ne peut plus saintement s'enorgueillir de compter, parmi ses Pontifes, ce dévoué consolateur, ce digne confident de l'immortel Pie IX. Quelle perte ! Les églises de Clermont et de Rodez pleurent avec celle de Cambrai, ou plutôt toutes les églises de France et de Belgique seront désolées d'apprendre qu'une si brillante et pure lumière vient de s'éteindre ; nous osons même dire, que, dans toute la chrétienté, dans le sacré collège et jusque dans la résidence du Saint-Père, il y aura des regrets, des gémissements et des larmes ! »

Deux jours avant la mort du cardinal Giraud, monseigneur Mathieu, archevêque de Besançon, qui devait lui succéder dans le sacré-collége, écrivait à l'abbé Bernard ces brèves mais solides paroles qui résumaient en trois mots la vie et l'éloge de l'éminent prélat : » Tous mes vœux tendent à le conserver ; mais, je le sens, sa résignation et l'état parfait où Dieu l'établit sont un indice qu'il veut l'attirer en haut. Ce sera une perte et une grande perte : tête, cœur et plume, tout était en lui. Mais le bon Dieu n'a besoin de personne et jamais cette vérité ne paraît plus éclatante que quand le mérite et la vertu nous sont enlevés. »

La nomination de monseigneur Régnier, évêque d'Angoulème, au siège archiépiscopal de Cambrai ne tarda pas à montrer une fois de plus, comme l'écrivait monseigneur Mathieu, que Dieu n'a besoin de personne, parce que tout est entre ses mains. Le 16 mai 1850, un mois à peine après la mort du cardinal Giraud, la vacance de son siège cessait, et le nouvel élu, que Pie IX avait caractérisé en deux mots, *bon* et *saint* évêque, était désigné pour lui succéder. Mais le consistoire où il fut préconisé ne put avoir lieu à Rome que le 30 septembre ; divers obstacles retardèrent encore son installation ; il fallut, pour lever les difficultés puériles soulevées par le conseil d'État sur la rédaction des bulles pontificales, l'arrivée de monseigneur Régnier et les réclamations du clergé et du peuple catholique de l'église de Cambrai, apportées par l'abbé Bernard. Le 3 décembre, le Pontife et le vicaire capitulaire du diocèse se rencontraient pour la première fois à Paris et l'accueil du nouvel archevêque de Cambrai fut aussi bienveillant et paternel que celui de son prédécesseur. Le jeudi, 19 décembre, monseigneur Régnier fit son entrée solennelle dans sa ville archiépiscopale, et l'un de ses premiers actes après son installation fut le maintien de l'abbé Bernard dans ses fonctions de vicaire général et d'archidiacre de Lille. Cette bienveillance poussée jusqu'à la plus vive affection ne se démentit jamais. Avec un caractère différent de celui du cardinal Giraud, des formes plus brèves et impératives, un esprit d'autorité et de gouvernement plus accentué, monseigneur Régnier avait la même bonté, et dans ses rapports avec l'abbé Bernard, dont il connaissait la vertu, le mérite et les épreuves, il poussa cette bonté jusqu'à la plus exquise délicatesse. Si ce n'était plus la même tendresse maternelle, ce fut toujours l'estime la plus affectueuse, manifestée par des égards particuliers. Il se prêta à toutes les exigences de la santé de son grand-vicaire, et résista à ses scrupules et à ses désirs de retraite, jusqu'au jour où la paralysie eût rendu sa démission nécessaire et légitime. C'est grâce à cette action permanente de son archevêque que l'abbé Bernard conserva ses fonctions de 1851 à 1877, et accomplit en cette qualité toutes les œuvres que nous avons encore à raconter.

Si l'abbé Bernard chercha souvent, par humilité et par défiance de ses forces, à résigner ses fonctions de grand-vicaire, il refusa énergiquement d'en sortir par la porte de l'épiscopat. Plus d'une fois, de 1850 à 1856, il fut sollicité d'accepter la dignité épiscopale avec ses honneurs et ses responsabilités; jamais il n'y consentit. La première tentative eut lieu à l'époque même de la mort du cardinal

Giraud, et nous en trouvons une preuve certaine émanée de l'abbé Bernard lui-même, dans la lettre suivante écrite par lui le 20 avril 1850, trois jours après le départ pour le ciel de son archevêque : « Je conjure, disait-il, monsieur de Saint-Aignan, (ancien préfet du nord) de retirer ses paroles au ministre des cultes. Je n'ai ni la tête, ni la santé voulue pour être autre chose qu'un second. En me dévouant au sacerdoce j'ai voulu être utile *spécialement aux miens*, sous le rapport spirituel, et la Providence qui le savait, m'a fait curé de Lille et archidiacre de Lille. C'est là mon bâton de maréchal, et mes vrais amis doivent m'aider à demeurer dans cette position. »

Nous avons lieu de croire qu'il s'agissait alors de l'évêché de Blois, car l'année suivante en 1851, l'abbé Bernard voyageant avec un ecclésiastique de Lille de qui nous tenons cette anecdote, et recevant l'hospitalité de l'évêque de Blois, nouvellement nommé, reçut de lui ce compliment qu'il accueillit en rougissant : « C'est à cause de vous que je suis évêque ici, car c'est sur votre refus qu'on m'y a nommé. »

L'année suivante, l'abbé Bernard fut proposé pour l'évêché de Langres, vacant par la nomination de monseigneur Parisis à Arras. Cette fois, l'assaut fut plus long, plus violent, et nous en trouvons la preuve dans le témoignage du P. Ravenez et dans les lettres de monseigneur Mathieu, devenu cardinal, qui avait été évêque de Langres avant d'être archevêque de Besançon.

« Un jour, dit le P. Ravenez qui ne pouvait tenir ce qu'il raconte que de l'abbé Bernard lui-même, il traversait Paris et s'était couché plus tôt que de coutume, en un

hôtel de voyageurs, lorsqu'il entend frapper à sa porte. Qui
entre ? C'était en personne le cardinal Mathieu, qui ayant
appris que l'abbé Bernard se trouvait à Paris, était chargé
par le nonce de lui annoncer que bon gré mal gré il devait
remplacer l'évêque de Langres. — M. Bernard se rejeta
sur l'obstacle que présentait sa mauvaise santé : « On n'y
pense pas ; je me vois obligé d'interrompre mes travaux
de vicaire-général de Cambrai, et on me propose pour un
évêché ! Il m'est impossible d'accepter. Je refuse. » Monseigneur Mathieu insiste, insiste encore. C'est grave,
puisqu'il vient en personne avertir son successeur, et
la santé de l'abbé Bernard ne pourrait que se rétablir à un
poste « apostolique ». Décidément l'abbé Bernard était pris,
ou du moins il allait l'être, s'il n'eut pas immédiatement
sonné la grosse cloche en annonçant son aversion pour
tout ce qui était libéralisme, pour tout ce qui était gallicanisme, pour tout ce qui n'était pas purement romain.
Grâce à cette nouvelle et énergique profession de foi, il
n'y avait plus à penser à lui au ministère des cultes, et il
lui fut même conseillé de quitter Paris au plus vite. Il était
sauvé dans son humilité. »

Les lettres du cardinal Mathieu confirment en partie le
récit du P. Ravenez, mais elles prouvent que si le cardinal
dut faire connaître l'opposition absolue de l'abbé Bernard
et les motifs donnés par lui à son refus, il n'y attacha point
une grande importance et qu'il n'insista pas moins près du
gouvernement pour qu'on le nommât évêque malgré lui.
Ces lettres honorent tellement l'abbé Bernard et monseigneur Mathieu lui-même que nous les citerons dans tout ce
qui touche à la question de l'épiscopat.

« Paris, 26 sept. 1851. — Monsieur et très-cher, je pense que s'il vous est fait une proposition pour Langres, vous devez accepter. Votre santé ne me paraît point irrémédiablement attaquée, de manière à vous rendre impropre aux fonctions épiscopales. Ce que vous éprouvez est nerveux et tient moins au travail qu'au travail fait dans la position forcée où vous étiez. Après cela, en fait de siège, il n'en est point qui puisse vous convenir mieux que celui de Langres : piété dans une grande partie du peuple, dans le clergé excellent esprit, caractère facile à gagner ; les dix-huit mois que j'ai passés à Langres ont été pour moi remplis de consolations. J'ai été arraché de Langres, plutôt que je ne l'ai quitté. L'obéissance que je devais au Saint-Siège a été la seule hache qui pouvait couper ces liens. L'amertume de la séparation n'a point disparu depuis tant d'années. — De plus, vous serez là plus aidé que partout ailleurs. Vous avez à Langres deux hommes tels que vous ne les trouveriez pas dans beaucoup de diocèses... A Langres, il ne faut à l'évêque qu'assiduité à ses devoirs, simplicité dans ses manières et ses discours, affabilité avec les séculiers, cordialité avec ses prêtres. Telle a été la marche de nos prédécesseurs depuis des siècles, et c'est là ce qui a rendu ce diocèse si bon. Avec les mêmes moyens, vous produirez les mêmes effets sous l'influence de la grâce de Dieu... »

« 17 octobre... Vous avez gagné votre procès et j'ai perdu le mien. J'ai fait toutes les démarches convenables ; vous avez été présenté et défendu avec zèle. Mais les deux motifs que je vous ai dits ont apporté obstacle. Vous pouvez donc dire : *Laqueus contritus est, et nos liberati sumus.* Le

lourd fardeau est tombé sur les épaules d'un de mes grands-
vicaires, M. Guerrin, qui n'en voulait pas plus que vous.
Vous êtes donc le plus heureux, lui le plus malheureux,
et moi aussi. Priez pour tous les deux et croyez-moi très-
affectueusement votre..... » Et trois jours après, le 28 octobre : « vos sentiments sont ce qu'ils doivent être ; ils
me touchent, ils m'attendrissent, ils me font louer Dieu.
Nous voici dans un grand embarras. M. Guerrin qui partage votre opinion refuse Langres très sérieusement et
opiniâtrement. Ce serait un grand malheur et un plus
grand danger d'agiter de nouveau la question, surtout en
ce moment de crise. Je recommande cette affaire à vos
prières. » Enfin, le 11 novembre : « Le pauvre M. Guerrin
a été écrasé de sa nomination. Il a résisté tant qu'il a pu et
il a fallu lui faire une espèce de violence pour le porter à
accepter. En considérant la triste situation où nous sommes
et la presque impossibilité où nous nous trouvons de pratiquer la parole apostolique : *Nos autem oratione et minis-
terio verbi instantes erimus*, je m'afflige et je m'inquiète. Je
ne me console que par cette pensée de saint Paul qu'il se
faisait tout à tous : *Omnia omnibus factus sum,* où je crois
voir renfermée en germe l'obligation d'être bureaucrate
avec des bureaucrates. Mais je vous avoue que je loue
encore plus ceux qui meurent à l'épiscopat que ceux qui
y naissent : *Magis laudare mortuos quam viventes.* —
Veuillez prier le Seigneur pour moi afin que je ne me perde
pas, au milieu de ce tracas. Quoique j'aie fait tout ce que
j'ai pu pour vous y lancer, je n'en bénis pas moins le Seigneur de ce que vous y avez échappé. »

Ce qui nous frappe de respect et d'admiration dans cette

correspondance intime, où rien n'était écrit pour la publicité, c'est la simplicité, l'humilité, l'amour du rang secondaire, la crainte du premier rang qui animaient toutes ces
âmes sacerdotales, depuis le prince de l'Eglise, le cardinal
archevêque qui écrivait, jusqu'à l'évêque qui acceptait en
tremblant et par force la dignité, et au vicaire-général qui
la refusait. Quand on accepte, quand on refuse ainsi les
honneurs, c'est qu'on en est digne ; la solution est diffé-
rente, la vertu est semblable, et la récompense sera la
même un jour dans le ciel.

D'autres évêchés furent encore proposés à l'abbé Bernard les années suivantes, notamment celui de Carcassonne.
Un de ses amis nous a affirmé qu'après un triduum de
prières faites avec lui pour connaître la volonté de Dieu,
l'humble vicaire-général écrivit directement au Pape pour
le supplier d'écarter définitivement de ses épaules le fardeau
de l'épiscopat : « Je n'ai, disait-il, ni la science, ni la
vertu, ni la santé nécessaires pour faire un bon évêque. »
— Une lettre du cardinal Mathieu datée du 11 mai 1856,
fait allusion à une nouvelle et sans doute dernière tentative au
sujet de l'évêché d'Amiens : « C'est de tout mon cœur,
écrivait-il à l'abbé Bernard, que je vous félicite encore
d'avoir échappé au fardeau de l'épiscopat, qui devient de
plus en plus pénible et difficile à porter à cause de l'indépendance des esprits. Oh ! qu'il fait bon de dire, et de
dire efficacement : *Elegi abjectus esse in domo Dei mei!*
Puissiez-vous le dire toujours et entrer avec cette parole
dans le lieu de votre repos ! »

Il n'est pas douteux que le sentiment de son insuffisance
physique ait été pour beaucoup dans la détermination de

l'abbé Bernard de repousser toute ouverture de ce genre. Mais son amour de l'ombre, son humilité profonde y eurent aussi une grande part, et nous le verrons plus tard refuser la dignité purement honorifique de prélat romain aussi généreusement que la dignité d'évêque. Ce n'était pas le travail qui l'effrayait, c'était l'honneur et l'éclat du premier rang.

En cette même année 1851 où l'évêché de Langres lui fut si obstinément proposé, il dut prendre quelques semaines de repos pour se remettre des fatigues et des émotions, résultat de la maladie et de la mort du cardinal Giraud, du gouvernement du diocèse pendant la vacance du siège, et de l'installation de monseigneur Régnier. Accompagné d'un de ses anciens vicaires de Sainte-Catherine et d'un autre ecclésiastique de Cambrai, il avait résolu d'aller prendre les bains de mer aux Sables d'Olonnes; mais en traversant Paris, il s'arrêta à Notre-Dame des Victoires, entendit prêcher sur les grâces obtenues à la Salette, et proposa à ses compagnons de diriger de ce côté leur excursion. Ils y consentirent avec joie, et ce pèlerinage fut pour l'abbé Bernard une source d'émotions religieuses et de touchants souvenirs. L'église monumentale de la Salette n'existait pas encore, une petite chapelle provisoire servait seule à la célébration des Saints Mystères. Mais la foule des pèlerins, leur piété naïve et profonde, les grâces de conversion et de guérison, l'air même qu'on respirait dans ces montagnes sanctifiées par l'apparition de la Mère de Dieu, remuaient tous les cœurs et laissaient dans les âmes une impression vraiment céleste. L'abbé Bernard, toujours généreux, donna 500 francs à l'aumônier qui desservait l'humble sanctuaire, pour la construction de l'église projetée. Il paya

12

largement l'hospitalité offerte dans une auberge misérable par une vieille femme si noire qu'il fallut faire acte de courage et de charité pour accepter son repas ; puis il partit avec ses compagnons pour visiter la grande Chartreuse, où ils eurent la bonne fortune de trouver le jeune berger de la Salette, Maximin, qui leur raconta tous les détails de l'apparition et l'envoi qu'il avait fait à Rome sous pli cacheté du secret de la Vierge. Ils furent vivement frappés de la simplicité, de la fermeté et de l'accent de conviction de cet enfant.

A Grenoble, ils virent Mélanie, la compagne de Maximin, et monseigneur Rousselot, alors grand-vicaire, qui revenait de Rome où il avait été porter les lettres cachetées, écrites séparément au souverain-pontife par les deux enfants de la Salette. Les détails qu'il raconta aux voyageurs les impressionnèrent vivement et l'abbé Bernard n'en parlait jamais qu'avec émotion. — « Pie IX, leur dit-il, venait de rentrer à Rome après son exil de Gaëte ; il prit les lettres, les ouvrit lui-même et les lut dans l'embrasure d'une fenêtre. D'abord son visage s'illumina, puis s'assombrit tout-à-coup, et quand il eut achevé la lecture, il était inondé de larmes. — Le cardinal Lambruschini, témoin de cette scène, se hasarda à l'interroger sur la cause de ses pleurs. Le pape se contenta de lui répondre brièvement que de grands malheurs menaçaient la France et l'Italie. »

Quant au rayon de joie qui avait un moment illuminé son visage, n'était-il pas causé par quelque parole de la Sainte Vierge au sujet de la proclamation de l'Immaculée Conception ou du dogme de l'Infaillibilité Pontificale ? L'abbé Rousselot se souvenait en effet que Mélanie, en écrivant péniblement sa lettre au Saint-Père, lui avait demandé comment s'écrivait le mot *infaillible*, terme bien étrange dans la bouche de cette petite gardeuse de troupeaux. De ces révélations et de ces indices, on pourrait conclure que la Mère de Dieu avait prédit aux deux petits bergers les grandeurs de Pie IX et les désastres sans nom qui, en 1870, fondirent simultanément sur la France et sur l'Italie, et qui, le même jour, 19 septembre, anniversaire de l'apparition de la Salette, livrèrent Rome aux Piémontais et Paris à l'investissement des armées allemandes.

En quittant la Salette et Grenoble, l'abbé Bernard emmena ses compagnons à Saint-Laurent-sur-Sèvre, en Vendée, pour venir prier sur le tombeau du vénérable Grignon de Montfort, et visiter les maisons-mères des Filles de la Sagesse et des Frères de Saint-Gabriel. Il puisa dans cette visite, dans ses entretiens avec les supérieurs de ces saintes communautés, un zèle plus ardent encore pour les appeler et les propager dans le diocèse de Cambrai, où il les avait introduits depuis douze ans, et parmi ses nombreux pèlerinages, il en est peu qui lui aient laissé de plus doux souvenirs que ce rapide séjour près du tombeau de leur fondateur et au milieu de ses enfants.

C'est ainsi que l'abbé Bernard utilisait ses vacances et le repos forcé que lui imposait sa santé. Quand il revint à Cambrai, fortifié de corps et d'âme, il était prêt à se remettre au travail et à profiter, pour l'accomplissement de sa mission et le développement de ses œuvres, des années de calme et de prospérité que la politique conservatrice des premiers temps de l'Empire promettait à l'Église et à la France. On touchait à la fin de 1851 ; Pie IX était de retour au Vatican, rétabli sur son trône par les troupes françaises ; Napoléon III, à la veille de changer le titre de Président de la République contre celui d'Empereur, avait résumé son programme de gouvernement en cette belle et énergique parole : Il est temps que les méchants tremblent et que les bons se rassurent. On semblait entrer dans une de ces époques rares et bienfaisantes où la barque de Pierre voit succéder à la tempête une grande tranquillité ; où les pasteurs de l'église peuvent travailler en paix à la gloire de Dieu et au salut des âmes ; où la liberté du bien succède au déchaînement du mal. Ce ne devait être hélas ! qu'un rayon de soleil entre deux orages.

CHAPITRE XII

Les années qui suivirent l'établissement de l'empire en 1852 peuvent compter au nombre des plus fécondes et des plus heureuses de l'Église de France, par la floraison des communautés religieuses d'hommes et de femmes, la multiplication des collèges et des écoles libres, les splendeurs des processions publiques rétablies et encouragées par l'autorité civile et l'épanouissement des œuvres de foi et de charité. Les fautes si justement et si terriblement punies de la seconde partie du gouvernement de Napoléon III ne doivent pas faire oublier aux catholiques les bienfaits de ses commencements. L'abbé Bernard, dans la sphère de de son influence et dans la portion du champ du père de famille confiée à ses soins, travailla activement et utilement à cette œuvre générale de résurrection religieuse. Son

12.

action s'exerça sur trois objets principaux : le développement des congrégations religieuses, la restauration de la collégiale de Saint-Pierre et du culte de Notre-Dame de la Treille, la création d'un évêché à Lille et de nouvelles églises dans le diocèse. Nous rappellerons d'abord ce qu'il fit pour les communautés religieuses d'hommes et de femmes, objet constant de son zèle et de ses travaux depuis le premier jour de son sacerdoce jusqu'au dernier.

Les Filles de la Sagesse, introduites par lui dans le diocèse de Cambrai pour l'éducation des sourdes-muettes et des jeunes aveugles, eurent toujours la première place dans son estime et dans son affection. Il cherchait tous les moyens d'accroître le nombre de leurs établissements, et contribua personnellement de sa bourse et par ses démarches à les établir à Warlaing, à Haubourdin et à Cambrai, comme il l'avait fait à Lille avant d'être vicaire général. A Warlaing, il mit à leur disposition la maison de campagne qu'il tenait de ses parents et où s'étaient écoulées joyeusement les vacances des enfants de deux générations. On peut dire qu'assisté par la charité de sa famille, il fut le véritable fondateur, le soutien et la providence visible de cette maison. L'établissement d'Haubourdin le revendique aussi comme son bienfaiteur insigne : « M. l'abbé Bernard, écrit la supérieure, fut le fondateur de notre maison d'Haubourdin et de presque toutes nos maisons du nord, et pour ces fondations, aucun sacrifice ne lui semblait trop lourd. Il donnait sans compter et se privait même du nécessaire lorsqu'il s'agissait de créer ou de soutenir une œuvre pour la gloire du Bon Dieu et le salut des âmes. »

Il prêta aux sœurs pour la fondation d'Haubourdin une

somme de 40,000 francs sans intérêt et l'on peut affirmer que, si le remboursement en fut effectué, ce fut par la seule volonté de la congrégation. — Il contribua aussi plus que tout autre à les faire admettre comme infirmières à l'hôpital militaire de Lille, et le succès de ses démarches le remplit de joie.

Une communauté qu'il affectionna presque à l'égal des Filles de la Sagesse est celle des Dames Bernardines d'Esquermes qui tiennent dans ce quartier de Lille une des maisons d'éducation de jeunes filles les plus estimées de la province. Il comptait, parmi les religieuses de ce vaste établissement, des âmes étroitement unies à la sienne par les liens de la charité; il aimait à s'arrêter chez elles, quand il le pouvait, dans ses séjours à Lille, les dirigeait par ses conseils, par une correspondance suivie, et, par elles, exerçait une action salutaire sur ce peuple de jeunes filles de la classe élevée qui grandissaient et se formaient sous leur direction. Dans cette communauté, comme dans toutes celles également consacrées à l'éducation de la jeunesse, il remplissait un ministère important, en sa qualité d'inspecteur officiel de toutes les écoles du diocèse tenues par des religieuses cloîtrées ou non cloîtrées. Un arrêté du ministre de l'Instruction publique l'avait investi en 1855 de ces graves fonctions, qui, jointes à celles de confesseur extraordinaire, lui donnaient autorité pour surveiller, diriger, réformer, et le mettaient à même de rendre aux religieuses des services considérables comme intermédiaire autorisé entre elles et le gouvernement. Il résulte de lettres adressées à l'abbé Bernard en juin 1854 par monseigneur Régnier, qu'il présida à cette époque à l'élection de la supérieure et des assistantes de la maison d'Esquermes, et il est probable qu'il en fut de même aux élections suivantes. Dans ces mêmes lettres, l'archevêque lui recommande de sauver à tout prix la fondation des Dames de Saint-Maur à Armentières, « c'est là, ajoute le prélat, une œuvre capitale pour l'avenir de cette importante localité. » Cette brève prescription, donnée sans commentaires et sans moyens d'exécution, indique la confiance du Pontife dans son vicaire-général et la part que prit celui-ci à cette importante fondation.

L'abbé Bernard prit aussi une part directe à l'établissement des religieuses de Sainte-Claire et des Carmélites à Lille. Les Clarisses, filles de Saint-François d'Assise et de Sainte-Claire, son illustre amie, avaient été autrefois envoyées à Lille du monastère de Bruges, et étaient retournées dans cette ville quand la Révolution de 1789 les eut chassées et proscrites avec tous les ordres religieux. Quand, après 1851, on songea à introduire à Lille un ordre consacré à la prière et à la pénitence, on demanda des Clarisses à Bruges ; l'abbé Bernard, qu'on retrouve toujours à l'origine des œuvres de restauration religieuse, fit faire les premières démarches par un prêtre influent de ses amis, et quand il fut assuré du succès, leur indiqua pour aumônier un autre excellent prêtre, membre du tiers-ordre de Saint-François, qui avait été son vicaire à Sainte-Catherine. Il continua à s'intéresser à leur maison, et on le voit, dans une lettre de 1862, se préoccuper de leur trouver un nouveau chapelain et de pourvoir ainsi à leurs besoins spirituels.

Quant à la fondation du couvent des Carmélites à Lille,

la lettre suivante écrite par une religieuse de cette sainte communauté, fait connaître avec une simplicité plus éloquente que l'éloquence même, la part qui revient à l'abbé Bernard dans cette œuvre de réparation et de salut. « Nous devons notre existence, après Dieu, à M. l'abbé Bernard. On se trompe, en me donnant le titre de fondatrice ; c'est au saint archidiacre de Lille qu'il appartient. Si j'ai contribué de tout mon pouvoir à la fondation du Carmel, ce pouvoir était si petit qu'il n'aurait abouti à rien, sans le puissant secours, la bienveillante protection, l'appui moral de M. le vicaire-général. Lorsque j'entrai au Carmel de Paris en 1855, presque un an après les fêtes de la proclamation du dogme de l'Immaculée-Conception, une lettre toute paternelle de M. Bernard m'y avait devancée : « Nous vous prêtons une Lilloise, disait-il ; formez-la, et nous la réclamerons bientôt pour fonder un Carmel à Lille. » Le bon Dieu ayant permis que ma santé ne pût s'accommoder de Paris, lorsque je revins mourante chez mes parents, M. le vicaire-général ne crut jamais à la déclaration des médecins qui me donnaient huit jours de vie, me jugeant au dernier degré de phthisie. « L'air natal, me dit-il dans la première visite qu'il eut la bonté de me faire dès mon retour de Paris, l'air de Lille, ou plutôt le bon Dieu vous remettra sur pied. Il nous faut une maison de prières ici, dans cette ville livrée au tumulte des affaires. Je vois, en ce qui vous attriste aujourd'hui (car, je puis vous le dire, je me pris à pleurer en me trouvant loin du Carmel) une disposition miséricordieuse de Notre-Seigneur pour notre ville. On ne vous aurait peut-être pas rendue à Lille ; le bon Dieu s'en mêle. » De fait, les Carmélites de la rue de

Messine où j'étais novice firent une fondation à Strasbourg, puis à Dijon, et il aurait pu arriver que l'on m'eût envoyée de ce côté, plutôt qu'en ma ville natale. Quoiqu'il en soit, l'abbé Bernard souriait à mes larmes, et ensemble nous projetions l'établissement du Carmel. A ce sujet, le vénérable archidiacre me racontait que, toute sa vie, il avait aimé le Carmel, qu'étant enfant, il avait servi la m.sse chez nos devancières, les carmélites de 1827 établies rue de Béthune. Il m'exprimait son vif désir de voir refleurir le Carmel à Lille. Dans les difficultés qui accompagnent les œuvres du bon Dieu, M. Bernard fut toujours pour moi le meilleur soutien, un conseiller et un guide sûr. Comme les épreuves furent un moment excessives, j'ai lieu de croire que si M. le vicaire-général ne s'était pas fait le pére du Carmel en le défendant toujours avec autant de prudence que de sagesse, notre fondation aurait été anéantie presque à sa naissance. Jamais nous n'avons reçu de lui d'aumônes matérielles : il avait tant donné ailleurs qu'il ne pouvait nous secourir de cette manière ; mais ce n'est pas le désir qui lui a manqué. Lorsqu'il me voyait parfois embarrassée, ne sachant comment faire face à tout, il soupirait et ajoutait d'un ton paternel et affectueux qui lui était ordinaire : « Je ne peux vous faire qu'une promesse pour l'avenir, quand je n'y serai plus. » A ces mots je me récriais, je lui souhaitais la plus longue vie, et nous finissions par rire de notre pauvreté. »

L'abbé Bernard est là tout entier, avec sa foi qui ne connaissait pas d'obstacles, avec sa souriante charité; et ce simple récit, écrit dans la cellule d'une humble fille de Sainte-Thérèse, me paraît une des pages les plus touchantes de la vie de l'homme de Dieu que nous cherchons à raconter.

Ses rapports avec les Filles de l'Enfant-Jésus furent très suivis, pendant toute la durée de ses fonctions de vicaire-général. Il aimait depuis les débuts de son sacerdoce cette congrégation fondée à Lille par la sœur Nathalie et dont la maison mère se trouve rue de Gand à deux pas de la maison de la rue de Courtrai où il avait passé sa jeunesse et les huit premières années de son ministère ecclésiastique. Cette bonne sœur, ancienne servante, devenue fondatrice et mère d'une nombreuse communauté, était d'une simplicité joyeuse, égale à sa vertu et à ses qualités éminentes de gouvernement. Quand Napoléon III vint à Lille, et qu'il la vit à la tête de ses innombrables religieuses, il lui dit en souriant : « Eh bien, ma Mère, vous voilà en bien peu de temps à la tête d'un bien grand nombre d'enfants. — C'est vrai, mon Empereur, répondit-elle du même ton, mais vous en avez acquis un bien plus grand nombre encore, en bien moins de temps que moi. » — L'abbé Bernard descendait habituellement chez les Sœurs de l'Enfant-Jésus quand il venait à Lille. Il y avait son appartement, et les religieuses ont gardé de lui le plus aimable et le plus respectueux souvenir.

Une autre communauté bien modeste, mais qui rend des services inappréciables aux classes populaires, celle des *Sœurs de la Divine Maternité*, le compte au nombre de ses insignes bienfaiteurs. Le but de cette institution est de se consacrer aux soins, à la surveillance des enfants nouveaux-nés et de leurs mères. Elle sauve ainsi bien des enfants de la mort et préserve les pauvres mères des maladies causées

par l'absenc de soins et par les fatigues. Dès leur établissement à Lille, dans une petite maison située place du
Concert, les sœurs attirèrent l'attention de l'abbé Bernard,
par leur pauvreté et leurs services. La mère Alexis, leur
supérieure, s'étant rendue à Cambrai en 1872, pour solliciter de l'archevêque l'autorisation d'avoir la messe dans
leur chapelle, reçut de l'abbé Bernard un accueil tout
paternel. Il l'encouragea, l'accompagna jusqu'à la porte de
l'Archevêché, où il l'attendit pour connaître le résultat de
l'audience, et quand il apprit que le prélat trouvait bon
d'ajourner cette faveur, il la consola et lui fit accepter courageusement ce retard. Il voulut l'emmener déjeûner avec
lui, l'assura de tout son dévouement à l'œuvre qu'elle venait
de fonder à Lille et la reconduisit lui-même jusqu'à la voiture. Quelques jours après, le 1er décembre, il vint visiter
la communauté et adressa aux sœurs des paroles d'encouragement. « Le juste vit de la foi », leur dit-il, et voyant
leur petit nombre, il ajouta : « Les œuvres petites dans
leurs commencements sont toujours selon Dieu. » Puis i
bénit avec une pieuse et paternelle émotion la Mère et les
Filles. Aussitôt que la permission de célébrer le culte dans
leur chapelle fut accordée, il y vint dire la messe, et leur
promit de le faire à chacun de ses passages à Lille. Il voulut présider la première prise d'habit qui eut lieu dans la
communauté le 15 décembre 1874. Enfin il ne négligeait aucune occasion de leur témoigner sa vive et religieuse affection. En 1877, étant déjà souffrant des suites de sa première
congestion cérébrale, il exprima à la mère Alexis qui était
venue le voir à Cambrai son désir de contribuer à la prospérité de leur œuvre et son regret de n'en pas voir le

développement avant sa mort prochaine. Il demanda à la pieuse supérieure de faire avec lui le sacrifice de cette satisfaction qui lui était refusée, et se tournant vers le grand Christ qui se trouvait dans sa chambre : « Seigneur, dit-il avec un accent qui alla jusqu'au cœur de la Mère Alexis, veuillez agréer l'abandon que nous vous faisons de la jouissance que pourrait nous procurer le succès d'une œuvre qui nous intéresse si vivement, parce qu'elle doit contribuer à votre gloire. Nous vous en offrons le sacrifice pour son développement. » Et en 1881, l'année qui précéda sa mort, il écrivait cette lettre touchante, qui semble le testament de son affection sacerdotale. « Ma Révérende Mère et chère sœur, ma plus récente attaque m'a causé plus d'avaries que les précédentes. Je marche peu et mal ; de plus j'ai la tête assez souvent congestionnée. Je suis plongé dans une mélancolie presque continuelle et sans aucune raison particulière. Je célèbre chez moi tous les jours la messe, ce qui me console. A quoi en sont nos chères œuvres? J'espère que vos affaires vous conduiront de Lille à Cambrai. Vous avez un don de consolatrice. Combien je voudrais vous rendre une partie du bien que vous me faites par votre bon esprit qui est l'esprit de Notre-Seigneur ! —

Je vous bénis, ma Révérende mère et suis avec respect votre frère dévoué en Notre-Seigneur Jésus-Christ. »

Diverses lettres écrites par Mgr Smith, évêque de Pœrium et coadjuteur de Glascow, adressées à l'abbé Bernard, témoignent de la part prise par l'infatigable ami des congrégations religieuses, à l'établissement et à la propagation en Écosse des *franciscaines* de l'Immaculée-Conception, envoyées de Cambrai. Le prélat rend compte au

13

vicaire-général des progrès de la communauté, de ses
œuvres, de ses fondations, du nombre de ses religieuses ;
il lui demande ses conseils et lui adresse ses remerciements.
Mais nous ne pouvons tout citer et nous avons hâte d'arriver aux Petites-Sœurs des Pauvres, une des plus touchantes
merveilles de notre siècle, dont l'abbé Bernard fut le grand
ami, et qu'il aida de tout son pouvoir à s'établir dans le
diocèse de Cambrai et en Angleterre.

On sait que la communauté des Petites-Sœurs des
Pauvres, fondée par deux pieuses filles de la campagne et
par un curé de village à l'époque où l'abbé Bernard commençait son ministère apostolique, reçut, des vertus admirables de ses fondateurs et de ses membres et de la bénédiction de Dieu, un accroissement prodigieux. Un prêtre
du diocèse de Cambrai, parent de l'abbé Bernard, fut
entre les mains de Dieu et du Père le Pailleur, l'instrument
de cette rapide et merveilleuse propagation. Les pays protestants accueillirent la nouvelle congrégation avec plus
d'empressement encore et d'enthousiasme reconnaissant
que les pays catholiques habitués à ces prodiges de charité.
En Angleterre, aux États-Unis, les maisons des Petites-
Sœurs des Pauvres naissaient comme par enchantement,
malgré les immenses difficultés, financières et autres, de
l'entreprise, et quand l'abbé Bernard mourut, le nombre
de leurs établissements, soit en France, soit à l'étranger
atteignait deux cents, et celui de leurs pauvres vieillards
trente mille. L'abbé Bernard, témoin émerveillé de cette
floraison, ne se contentait pas de l'admirer ; il contribuait
au succès de l'œuvre de toute la puissance de ses prières
et de son zèle.

Il s'occupa d'abord de l'introduction des *Petites-Sœurs* dans le diocèse de Cambrai, et spécialement dans Lille, sa ville natale, que son titre d'archidiacre lui faisait un devoir de faire passer la première en toutes choses. Après la fondation de la maison de Lille, il eût voulu en établir une autre destinée à une communauté de prêtres qui se consacreraient à la direction des Petites-Sœurs et de leurs vieillards ; et la lettre suivante du Père le Pailleur, en date du 12 septembre 1855, prouve qu'il n'avait rien négligé pour amener ce résultat. « Si Notre-Seigneur nous donne de former une petite famille de religieux spécialement dévoués au bien spirituel des pauvres et s'il donne à cette famille accroissement et bénédiction, très volontiers nous consentons à la demande que vous nous faites pour la ville de Lille, où nous serions heureux d'aller prendre la place que vous voulez bien nous tenir en réserve. Je ne puis, toutefois, rien promettre d'une manière positive, ni vous fixer une époque; tout étant subordonné à la Divine volonté sur nous. Je saisis avec empressement l'occasion de vous remercier de vos bontés pour nos Petites-Sœurs de Lille et de l'intérêt que vous portez déjà à notre autre famille naissante. Je suis très heureux de la vocation que nous a donnée votre vénérable Prélat. Si le bon Dieu nous faisait plusieurs dons de ce genre, la réalisation de votre pieux dessein, serait plus prompte et plus facile. »

Cette pensée de la création d'une communauté de religieux annexée à celle des Petites-Sœurs des Pauvres, ne semble pas s'être réalisée, jusqu'ici du moins, sur une grande échelle ; mais la vocation du jeune ecclésiastique à laquelle le Père le Pailleur fait allusion à la fin de sa lettre, mit l'abbé Bernard, son parent, au courant des progrès et des besoins de la congrégation en dehors de la France et spécialement en Angleterre. L'intérêt qu'il portait à la conversion de ce grand pays protestant, auquel il avait déjà procuré le bienfait de l'apostolat des Passionistes, s'ajoutant à sa charité pour les malheureux, tenait ses regards fixés sur les fondations des Petites-Sœurs des Pauvres, et sa bourse ouverte pour venir à leur secours. Rien n'est plus significatif et plus touchant à cet égard que les lettres du coadjuteur du Père le Pailleur, adressées à l'abbé Bernard. Elles se résument toutes en trois points, exposer les besoins immenses des fondations nouvelles, demander de l'argent et remercier des secours obtenus. On en pourra juger par les deux ou trois citations suivantes qui appartiennent vraiment à l'histoire de l'abbé Bernard.

« Londres, 30 octobre 1863. — J'écris au milieu de tout le désordre d'un emménagement ; et quand la famille se compose de huit aveugles, dix paralysés, dix boiteux, vingt têtes folles, vingt asthmatiques, et un vieux marchand de bric-à-brac complètement sourd, cela ne laisse pas d'être pittoresque. Trente ouvriers occupent encore la maison ; le vent et la pluie tiennent le dehors ; un pied de boue sert de circonvallation. On essaie alternativement la grosse cloche et la sonnette. Sonnez ! — Les pauvres sont de bonne humeur. Ils admirent leur nouveau local, et j'y contemple le plus grand miracle dont j'aie encore été témoin : trente cheminées neuves dont pas une ne fume ! Ce sont les vieilles femmes qui fument, et j'ai oublié leur fumoir ! Voilà le plus grave. — Je ne sais pas si c'est ce qui empêche les cheminées de fumer ; car on ne sait jamais pourquoi elles fument ou ne fument pas. Qui me donnera quelque argent pour acheter des couvertures? Oh! que j'ai besoin que la divine Providence me vienne en aide! Prie pour nous tous les saints, car je crois que nous avons besoin de tous. Mes respects aux saints vivants de la terre. »

« — Londres, 20 février 1869. Rien n'est beau que le vrai, le vrai seul est aimable…. j'en reviens à ce fait trop peu aimable, quoiqu'il soit vrai, qu'il me faut payer à Londres, 1er mai, 22,500 francs. Tu m'as promis ton écot, et avant de partir pour l'ouest, avant de me rapprocher de ces peuples pour qui scalper les blancs est une opération favorite, moi qui ne suis pas chauve et dont la chevelure figurerait avec avantage au pommeau d'une selle, je tiens à rappeler l'extrême besoin où je suis de cette assistance…. Ces maisons de Londres sont restées pour moi un sujet de sollicitude non pareil, et quand je m'asseois dans le wagon on peut dire de moi : *le souci monte en croupe et voyage avec lui.* Oui, en croupe de la locomotive, ou dans la voiture des bagages, il est sûr qu'il est logé dans le train et que je le retrouverai à Saint-Louis, puisque c'est là que je vais.

« — New-York 4 octobre 1871. — Cher et vénéré cousin, on ne saurait dire ce que m'a fait éprouver la dernière lettre de M***. Cette nouvelle marque de ta charité en faveur des Petites-Sœurs d'Angleterre m'est allée jusqu'au fond du cœur. Je ne savais même plus que tu eusses du bien dont tu pusses faire un tel usage. En ces jours-ci me rappelant ce mendiant d'Assise dont nous allâmes ensemble toucher le tombeau, j'ose te féliciter ouvertement d'un tel

emploi et me faire gloire à moi-même d'être une des cent
occasions qui ont contribué à t'appauvrir. Ce François
aussi était fils de famille. Il avait quelque chose dans sa
maison qui rappelle de très près la tienne. Heureux ceux,
en petit nombre, qui ont reçu de lui quelque communication de son esprit! Je te remercie de nouveau, l'ingratitude
n'étant pas du nombre des vertus que je cultive. »

« — Boston, décembre 1871. — Je fais des vœux bien
sincères pour que la santé soit conservée au confesseur
extraordinaire des Petites-Sœurs du Nord, à leur ami,
au bienfaiteur de celles de Londres. »

« — La Tour Saint-Joseph, 10 mai 1873. — Notre
banquier d'Amiens m'a causé une surprise très douce et
dont je tiens à remercier l'auteur. Ma dernière lettre avait
donc bien l'air d'un appel à la charité? Je ne voulais pas
lui donner ce caractère ; mais il se fait que malgré moi, à
mon insu, par le fait d'une habitude invétérée, ma plume
fait de la prose mendiante ; et sans m'en douter, je manque
à toutes mes résolutions. Je ne pouvais le faire plus à
propos que cette fois-ci, et les circonstances sont telles,
qu'elles me justifient pleinement. Notre construction de
Waterford coûtera 4,900 livres sterlings, près de 120,000 fr.;
les marchés sont passés pour ce prix, et la bonne Mère n'a
que 1,600 livres sterlings en caisse. Toute âme chrétienne
comprendra que faire le bien aux pauvres Irlandais, c'est
le faire doublement.

« — Plymouth, février 1874. — C'est tout pénétré de
reconnaissance que je prends tardivement la plume pour
te remercier. Si ma main, à demi glacée par la bise, ne trace
ici que des caractères mal formés, je te prie de lire jusqu'au

fond de mon cœur, la gratitude dont il est rempli... La maison de Waterford sera bientôt ouverte, et j'invite tous ceux qui ont contribué à l'élever à aller la visiter. L'invitation s'étend à plus de douze *** : ils seront contents. Je tiens à leurs encouragements, car je les connais pour gens d'un jugement exquis, et les sentiments que j'ai pour eux, font que je ne recherche rien tant que leur faveur. »

Pour ne pas courir risque de me répéter et de fatiguer le lecteur par mes redites, je glisserai plus rapidement sur les œuvres de l'abbé Bernard relativement aux congrégations d'hommes. Je ne puis cependant les passer entièrement sous silence et m'exposer à être incomplet dans la crainte d'être monotone. Il me semble d'ailleurs que chacune des communautés dont je parle ayant son caractère particulier, ces diversités se retrouvent un peu dans le récit et n'y laissent pas trop de place à l'ennui. — Nous en avons déjà dit assez sur les rapports de l'abbé Bernard avec les Frères des écoles chrétiennes et les Frères de Saint-Gabriel pour n'avoir pas à y revenir. Nous avons également raconté son action décisive et prépondérante dans l'établissement à Lille d'une résidence de Pères Jésuites, pendant qu'il était curé-doyen de Sainte-Catherine. En 1853, voulant consolider cette fondation à laquelle il attachait une importance capitale, et persuadé que les R. Pères ne pourraient faire tout le bien auxquels ils étaient appelés s'ils n'avaient point une chapelle spacieuse, consacrée au culte public, centre et foyer de toutes leurs œuvres, il leur donna une somme de soixante mille francs qui leur permit de réaliser cette amélioration nécessaire. C'était le couronnement de l'œuvre, et l'abbé Bernard s'applaudissait

d'y avoir mis ainsi la dernière pierre, après en avoir posé
la première. L'expulsion des Pères, la violation et la fermeture de leur chapelle en 1880, furent une des plus
douloureuses épreuves de sa vieillesse déjà si tourmentée.
Mais tout le bien qui se fit en ce sanctuaire béni, toutes
les grâces qui en sortirent pour se répandre sur le peuple
de Lille depuis 1853 jusqu'en 1880, ne furent perdues, ni
pour la sanctification des âmes, ni pour la gloire et le
mérite devant Dieu du prêtre généreux qui avait si largement contribué à son édification. — C'est en pensant à ce
bienfait, ajouté à tant d'autres, que le Père Félix rendait à
l'abbé Bernard, dont il venait d'apprendre la mort, l'hommage suivant digne de tous les deux : « Quant aux
bienfaits dont il a marqué son passage sur la terre, ils
demeureront gravés dans beaucoup de cœurs vivants, prêts
à rendre témoignage de son inépuisable charité. Sous ce
rapport notre petite compagnie reconnaît en lui l'un de
ses insignes bienfaiteurs, et lui voue une reconnaissance
dont nous ne saurons jamais acquitter toute la dette. Heureux serons-nous, du moins, d'en acquitter une partie
en priant pour le repos de l'âme de ce saint prêtre, si
méritant devant Dieu et devant les hommes, et qui à
l'exemple de son divin Maître a passé en faisant le bien,
transiit benefaciendo. »

C'est également à l'abbé Bernard que le diocèse de
Cambrai est redevable, en partie du moins, de l'introduction des Pères Franciscains-Récollets à Roubaix, puis à
Lille pour l'évangélisation des innombrables ouvriers flamands établis dans ces deux villes. Son zèle fut éveillé
sur ce point par une lettre de l'évêque de Gand trop inté-

ressante pour n'être pas citée et qui fut l'origine de toutes les démarches de l'abbé Bernard et des œuvres de salut qui en résultèrent. « Monsieur l'archidiacre, lui écrivait le Prélat le 22 février 1856, je prends la confiance de réclamer un service important de l'archidiacre, de l'*oculus archiepiscopi* de l'arrondissement de Lille, en faveur de plusieurs milliers de mes pauvres diocésains qui habitent momentanément le diocèse de Cambrai. M. le Président de la Société de Saint-François Régis de Gand, qui a de fréquents rapports avec les ouvriers flamands de Roubaix, m'a arraché des larmes en venant m'exposer l'état d'abandon religieux dans lequel se trouvaient plus de 15,000 individus des diocèses de Gand et de Bruges, qui travaillent dans les manufactures de cette ville industrielle. Il n'y a, m'a-t-il dit, qu'un prêtre qui parle le flamand, et ce flamand est si différent de celui de Gand que les ouvriers ne le comprennent presque pas. Il s'en suit qu'un grand nombre de ces malheureux ne reçoivent aucune instruction religieuse et ne fréquentent pas les sacrements. On remarque cependant que plusieurs reviennent dans leur paroisse natale au temps pascal pour se confesser... Pour remédier à ce mal le seul moyen efficace serait, à mon avis, d'appeler à Roubaix les Pères Franciscains-Récollets qui rendent d'immenses services à la population ouvrière de Gand. Leur église est toujours remplie, leurs confessionnaux sont assiégés, surtout par les ouvriers, et au temps pascal ils entendent jusqu'à douze mille confessions. Ils rendent aussi de grands services à la campagne pour les missions. — Ils ne font pas la quête, ils vivent au jour le jour, des dons que les fidèles leur envoient, en nature ou en argent. Beaucoup de familles

13.

leur donnent un pain par jour, d'autres par semaine, au point que, pendant les deux derniers hivers, les Pères ont pu distribuer eux-mêmes du pain aux pauvres. Si Mgr l'archevêque de Cambrai les invitait à commencer une petite résidence à Roubaix, je pense qu'ils répondraient à son appel, pourvu qu'on les autorisât à prêcher et à confesser dans une chapelle, par exemple celle des Carmélites, jusqu'à ce que la charité chrétienne leur permette de construire un couvent avec chapelle. Entre temps, ils loueraient une maison pour l'habitation de quatre ou cinq religieux. Après m'être acquitté d'un devoir de conscience en appelant votre attention sur mes pauvres diocésains, il me reste à vous prier, monsieur l'archidiacre, de plaider leur cause auprès de Mgr votre vénérable archevêque, etc. »

L'abbé Bernard répondit à cet appel avec la chaleur accoutumée de son zèle et de sa charité. Les lettres de l'évêque de Gand prouvent à la fois l'activité de ses démarches et les difficultés d'exécution qu'il rencontra. Il finit cependant par en triompher, et le 26 janvier 1857, moins d'un an après sa première lettre, l'évêque de Gand lui annonçait que deux Pères Récollets iraient prêcher le carême en flamand à Roubaix. « Ils croient, ajoutait le Prélat, qu'un troisième ne sera pas nécessaire, au commencement du moins. Comme l'érection d'un nouveau couvent doit être soumise au chapitre provincial de l'Ordre, les supérieurs veulent s'assurer des résultats des prédications, avant de convoquer ledit chapitre qui doit être présidé par le visiteur apostolique, Son Excellence le nonce de Bruxelles. »

Le succès des Pères Récollets fut telle à Roubaix qu'on

songea à les appeler à Lille où la population flamande principalement groupée à Wazemmes, était plus nombreuse encore et aussi dénuée de secours religieux. L'abbé Bernard s'occupa de cette fondation comme de la précédente, et une généreuse chrétienne de ce quartier de Lille qui consacrait toute sa fortune à des œuvres de foi et de charité, fit à elle seule presque tous les frais du nouvel établissement des fils de saint François.

Enfin, l'abbé Bernard, comme auteur principal de la restauration du culte de Notre-Dame de la Treille et membre de la commission de l'œuvre, contribua à l'introduction à Lille des Rédemptoristes, qui desservirent pendant quelque temps la chapelle provisoire établie près de la future Basilique, et à celle des Dominicains, que des souvenirs séculaires rattachaient à la collégiale de Saint-Pierre, et que la proscription seule avait chassés en 1792.

Tel est l'ensemble des actes qui font de l'abbé Bernard un des plus zélés et des plus féconds propagateurs des congrégations religieuses dans le diocèse de Cambrai, et qui forment un des plus beaux fleurons de sa couronne sacerdotale.

CHAPITRE XII

Nous avons raconté, à l'occasion de la restauration du
culte de Notre–Dame de la Treille dans l'église Sainte-Catherine en 1842, les origines de cette dévotion inséparablement liée aux souvenirs de l'antique collégiale de
Saint-Pierre, l'oubli où elle était tombée depuis la Révolution française, et la part qu'avait prise l'abbé Bernard à
son rétablissement. Quand il quitta Sainte-Catherine en
1845 pour aller remplir à Cambrai les fonctions de vicaire-
général, la chaîne de la tradition était renouée, le peuple
de Lille avait retrouvé sa patronne, et l'entourait d'honneurs, les fidèles du diocèse commençaient à reprendre
l'habitude perdue des anciens pèlerinages à ses pieds, et
le culte de Notre-Dame de la Treille avait déjà recouvré
quelque chose de son ancien caractère général et universel,
attesté pendant tant de siècles par le concours des pèlerins

et les hommages du monde catholique tout entier. C'était déjà beaucoup, mais il restait encore beaucoup plus à faire, et l'abbé Bernard n'était qu'au début de sa mission providentielle à ·cet égard. Il le savait, et pas un jour, depuis son arrivée à Cambrai et sa participation au gouvernement du diocèse, il ne perdit de vue cette œuvre à laquelle se rattachait pour lui le développement de la vie catholique dans sa ville natale et dans toute la province ecclésiastique de Cambrai. Dès les prémisses de son épiscopat, Mgr Giraud, initié par son cher vicaire-général à cette grande dévotion, allait à Sainte-Catherine prier aux pieds de l'image miraculeuse de Marie et lui consacrait son diocèse et sa ·personne. En 1847, se rendant à Rome pour recevoir le chapeau de cardinal, il écrivait à l'abbé Bernard resté à Cambrai pour administrer le diocèse : « Je seconderai vos pieux désirs pour l'obtention d'un corps saint. Il attendra l'église de Saint-Pierre qui pourra s'élever quand vous aurez converti le conseil municipal. » Dès cette époque donc, l'archevêque de Cambrai avait accepté et adopté la pensée de la restauration d'un sanctuaire consacré à Saint–Pierre et à Notre-Dame de la Treille. En 1849, l'abbé Bernard se trouvant à Gaëte avec le cardinal Giraud, obtint de lui qu'il entretînt le Pape de cette œuvre et de son importance générale, et c'est à sa patience et à ses démarches qu'est dû principalement le bref Pontifical qui fut comme la pierre fondamentale de la future basilique : « A notre cher fils Pierre Giraud, etc. Pie IX pape, Bien cher fils, parmi les consolations qu'est venue nous apporter votre visite à Gaëte, nous aimons à compter ce que vous nous avez dit du projet si plein de foi et si digne de toute louange que

les habitants de la grande et importante cité de Lille, ont
de réédifier le temple mémorable consacré autrefois au
Prince des apôtres (aujourd'hui Notre-Dame de la Treille
et Saint-Pierre). Nous avons éprouvé un véritable bonheur
à entendre parler du zèle ardent des habitants de cette cité,
qui non-seulement veulent relever de ses ruines un sanctuaire insigne et cher à leurs aïeux, renversé pendant les
jours lamentables de la Révolution du siècle dernier, mais
qui travaillent aussi, et avec ardeur à réparer et à faire
oublier les maux sans nom dont fut inondée leur patrie à
la suite de cette déplorable destruction. Nous voulons vous
mettre en main la présente lettre, en signe de l'approbation que nous donnons au projet de ces bons habitants de
Lille, et comme le gage de l'affection particulière que leur
porte notre cœur paternel. Ayez-en la certitude, la Bienheureuse Vierge Marie sera avec ce peuple qui lui est si dévoué, et lui prêtera son concours le plus efficace pour que
ce monument impérissable de sa piété filiale et de sa foi,
s'élève sans retard, selon les vœux de tous, au milieu de
l'attente générale, et, ce qui est l'essentiel, qu'il obtienne
lui-même de la divine Bonté des grâces de plus en plus
abondantes... Donné à Gaëte, le 19 du mois de mars 1849,
la troisième année de notre Pontificat. Pie IX, Pape. »

On peut dire que de ce jour, la restauration de la Basilique Saint-Pierre et de Notre-Dame de la Treille était dé-
crétée. A l'action du jeune prêtre inconnu, du curé de
Sainte-Catherine, du vicaire-général de Cambrai, du cardinal Giraud lui-même, s'était ajoutée ou plutôt substituée
celle du chef de l'Église. L'exécution du décret n'était
plus qu'une affaire de circonstances et de temps. L'abbé

Bernard, très partisan de la maxime : « Aide-toi, le ciel t'aidera », redoubla d'activité à la suite du bref Pontifical ; dès son retour de Gaëte, il s'occupa de populariser sa pensée, moins répandue que les termes du bref pouvaient le faire supposer, et à cet effet, il pria un des écrivains les plus chers à ses compatriotes de la faire connaître par une brochure historique. Cet écrit, qui répondit pleinement à son attente, parut à Lille à la fin de 1849. Voici en quels termes l'auteur, Madame Bourdon si aimée de tous les lecteurs chrétiens, nous rappelait la part qu'y eut l'abbé Bernard : « J'avais eu l'honneur de connaître M. l'abbé Bernard en 1846, à la fin d'une retraite chez les Filles de la Sagesse : on chantait un cantique dont j'avais fait les paroles ; cette circonstance attira son attention. Il avait, vous le savez, le désir ardent de voir se relever de ses ruines, l'antique collégiale de Saint-Pierre à Lille ; il avait déjà établi le culte de Notre-Dame de la Treille, honorée jadis dans cette collégiale. Il pensa qu'il me serait possible d'appeler l'attention du public sur ces anciens et religieux souvenirs, et il me pria d'écrire un essai sur la collégiale de Saint-Pierre. Je le fis, j'écrivis, aidée par M. Le Glay, alors gardien des archives du Nord et par quelques autres personnes, et je produisis ainsi une forte brochure, bien incomplète, bien imparfaite, mais dont M. l'abbé Bernard voulut bien se montrer satisfait. Il la paya de ses propres deniers, et la répandit parmi ceux qui paraissaient s'intéresser à l'œuvre... »

Parmi ces zélateurs dont l'intérêt à l'œuvre était le plus utile et le plus actif, l'abbé Bernard avait la joie de compter son nouvel archevêque, Mgr Régnier, qui lui écrivait le

7 août 1851, peu de mois après son intronisation : « Il me semble qu'il ne peut y avoir de circonstance plus favorable que l'approche du jubilé (c'était le jubilé séculaire de Notre-Dame de la Treille qui devait avoir lieu en 1854) pour répandre dans le public la lettre du Saint-Père, au sujet de la réédification de votre ancienne église de Saint-Pierre. Bien volontiers, je mettrai, comme vous le souhaitez, mon attache à cette publication. Seulement avant de passer outre, je désire savoir à quel point les Lillois sont déjà préparés à cette pieuse entreprise. Est-ce un projet qui ait quelque popularité ? Trouve-t-il faveur auprès du clergé local ? A-t-il l'appui de quelques laïques influents ? Et peut-on sans trop de témérité, en espérer la réalisation ? »

Grâce à ses efforts antérieurs, l'abbé Bernard put répondre affirmativement à ces questions de son archevêque, et quand en 1853, le moment de Dieu fut venu, les cœurs étaient prêts. Une parole tombée de la bouche d'un grand serviteur de Marie, M. l'abbé Combalot, fut comme la petite pierre qui, détachée du haut des monts, entraîne les avalanches. C'était à la fin de la station du carême, qu'il avait prêchée à Sainte-Catherine ; le lundi de Pâques 28 avril 1853 ; dans la chaire où l'abbé Bernard avait tant de fois parlé à ses paroissiens de la patronne de Lille, en face de l'image miraculeuse. L'éminent prédicateur dans un élan d'inspiration proclama comme un devoir de reconnaissance et de foi la nécessité d'élever un sanctuaire splendide à Notre-Dame de la Treille. « Heureux, s'écriat-il, ceux qui mettront leur pierre à l'église de Notre-Dame de la Treille, patronne de Lille ! » Ce mot, cet appel suffirent, comme une étincelle suffit en un temps de sécheresse à allumer un grand incendie. Une souscription fut immédiatement ouverte dans l'église même de Sainte-Catherine. En quelques jours, la commission constituée pour la développer, sous la présidence de M. Kolb-Bernard, réunit les noms et les généreuses offrandes de l'archevêque de Cambrai et du clergé de Lille, du préfet du Nord, du maire et des plus honorables habitants de la cité. L'Empereur, visitant Lille quelques mois plus tard, accueillit la pensée de l'œuvre, et promit son concours dès qu'un plan définitif serait exécuté, promesse qui se réalisa bientôt par un don de 10,000 francs.

Restait une grave question préliminaire celle du terrain à choisir et à acquérir. Un emplacement était marqué entre tous par sa situation centrale et par la tradition historique ; c'était le terrain du cirque, ancien monticule où s'élevait, avant 1793, le couvent des Dominicains, contigu à la collégiale de Saint-Pierre. La Providence s'était chargée de le préparer pour la construction proposée. Après la révolution de 1848, on avait créé des ateliers nationaux à Lille comme à Paris, pour occuper les ouvriers sans travail. Ne sachant que faire de cette armée de travailleurs inexpérimentés, on les employa à niveler cette butte ; le terrain fut déblayé lentement, à grand frais, et les déblais, charriés à bras, furent versés dans des bateaux qui stationnaient sur la Deule. La foi des âmes dévouées à Notre-Dame de la Treille avait mis en mouvement la Providence et *transporté les montagnes* par les mains des ouvriers républicains de l'État. Le terrain était prêt ; il n'y avait plus qu'à l'acquérir. Les fonds recueillis par la souscription suffisaient à en payer une partie ; mais il fallait obtenir le consentement des propriétaires et trouver un homme assez dévoué pour servir de prête-nom et supporter les risques de l'acquisition.

L'homme se trouva sans peine : l'abbé Bernard se déclara prêt à tout risquer et à tout prendre sous sa responsabilité ; mais les propriétaires de cet immense emplacement étaient très-nombreux et dispersés sur divers points de la France et de la Belgique. Leur réunion avant le jour de la procession jubilaire fixé au 2 juillet 1854 semblait impossible ; elle se fit d'elle-même et comme par miracle cinq ou six jours avant le terme fatal. Le prix qu'ils demandaient dépassait trop le chiffre des souscriptions pour qu'on pût raisonnablement l'accepter. D'un commun accord, ils l'abaissèrent de 60,000 francs, et par deux actes signés, l'un le 29 juin 1854, jour de la Saint-Pierre, et l'autre postérieurement, l'abbé Bernard, au nom de la commission, devenait propriétaire de l'emplacement destiné à la réalisation de son œuvre, moyennant un prix de 280,000 francs. Le lendemain, premier juillet, la première pierre de la future Basilique fut posée avec une grande solennité par l'archevêque de Cambrai, au milieu de ses illustres collègues de l'épiscopat, venus pour assister à la procession jubilaire, en présence de M. Besson, préfet du Nord, de M. Auguste Richebé, maire de Lille, des membres de la commission et d'une foule innombrable de spectateurs.

Pour donner une idée de l'enthousiasme religieux qui remplissait alors toutes les âmes, nous ne citerons que les derniers mots du discours du préfet : « Des temps meilleurs sont arrivés, et selon les éloquentes paroles de Bossuet, nous pouvons dire : « L'autel se redresse, le temple se rebâtit, les murailles de Jérusalem sont relevées ! » L'abbé

Bernard était là, rayonnant de joie, rendant grâce à Dieu dans son cœur, mais effacé, comme le désirait son humilité, et comme le voulait la présence de son évêque, devant lequel un vicaire-général doit rester dans l'ombre. Sur le procès-verbal de la cérémonie déposé dans une boîte de plomb scellée dans la pierre, étaient inscrits les noms de l'archevêque de Cambrai et de ses collègues, des membres de la commission, des autorités civiles ; celui de l'abbé Bernard n'y était pas et ne devait pas y être. Il était écrit autre part, dans ce procès-verbal de toutes les œuvres humaines, dressé par la main des Anges et tenu en réserve jusqu'au jugement dernier dans les archives de l'Eternel Juge.

La fête du 2 juillet 1854 fut digne de celle de la veille, ou plutôt, elle dépassa tout ce que l'imagination pouvait rêver. C'était la fête de la Visitation de la Bienheureuse Vierge Marie en même temps que l'anniversaire de la grande procession de 1254. Ce jour-là la patronne de Lille vit toute la ville à ses pieds. Les préparatifs de la fête avaient été d'une somptuosité inimaginable ; malgré un temps déplorable qui durait depuis plusieurs semaines, toutes les maisons étaient décorées avec une magnificence sans égale ; les plus pauvres habitations avaient leurs banderolles, et leurs guirlandes de fleurs. La richesse des costumes représentant les siècles, les visites royales, les pélerinages du passé, ne se peut décrire. Il y avait des troupes nombreuses de jeunes filles et de jeunes garçons des classes riches, vêtus de drap d'argent et d'étoffes de grand prix. De loin en loin des arcs de triomphe ajoutaient leur masse imposante à toute cette pompe. Malgré la pluie qui semblait imminente et tous les symptômes d'une journée dilu-

vienne, tout le monde se mit bravement à l'œuvre dès l'au-
rore pour achever la toilette triomphale de la cité. Personne ne voulait douter de la protection de la Vierge en
l'honneur de laquelle tous ces apprêts avaient lieu. Le
moment où l'image miraculeuse devait quitter Sainte-Catherine était fixé à trois heures. A trois heures moins cinq
minutes le ciel était sombre comme un jour de tempête, les
nuages amoncelés couvraient toute la ville, pas un seul point
bleu, la pluie semblait n'attendre qu'un signal pour tomber à
torrents. Nous étions là, et nous n'oublierons jamais notre
désolation, partagée, à l'exception de quelques esprits forts
qui ricanaient, par la population tout entière. Chacun
croyait et se disait : « C'est impossible que la procession
sorte par un temps pareil. » Tout-à-coup, comme si un
voile se déchirait et laissait apercevoir l'azur qu'il cachait
à tous les yeux, les nuages disparurent, le soleil brilla ; en
un clin d'œil le ciel fut nettoyé, et jusqu'à minuit, pas un
nuage ne vint en altérer la splendeur. C'était l'instant
précis où la statue de Notre-Dame de la Treille fran-
chissait le seuil de l'Eglise : à cette même seconde, le
premier rayon de soleil avait brillé, et l'avait inondé de
lumière. A ce coup de théâtre, ou plutôt à ce coup de
Providence, l'émotion universelle ne connut plus de
bornes. On aurait vu ressusciter un mort, que le doigt de
Dieu n'eût point paru plus visible. Après trente ans, je
m'en souviens encore comme au premier jour. Le peuple
ne s'y trompa point. Avec sa bonne foi d'enfant qui ne dis-
cute point contre l'évidence, il éclata en transports d'enthousiasme, et partout dans les quartiers populaires, on
entendit ce cri de triomphe sortant de tous les cœurs :

« La bonne Vierge a fait son miracle ! » Le miracle dura jusqu'au soir, jusqu'au moment où se prolongea l'illumination, et l'immense procession put dérouler sous un soleil radieux, à travers les rues de la cité, ses chaînes de jeunes gens et de jeunes filles, de religieux et de religieuses de tous les costumes et de toutes les charités, de représentants de toutes les bonnes œuvres, de reliques de toutes les paroisses dans leurs splendides reliquaires, de statues qui faisaient cortège à celle de la Vierge miraculeuse, comme les bienheureux dont elles étaient l'image l'entourent dans le paradis ; enfin des nombreux évêques, archevêques et cardinaux, qui passaient la mitre en tête et la crosse à la main et répandaient sur leur passage d'incessantes bénédictions. A minuit, la pluie, qui d'après le dire des voyageurs accourus de loin, n'avait pas cessé de tomber à quelque distance de Lille, recommença à verser sur l'heureuse cité, ses flots désormais inoffensifs. Ce jour-là, la Vierge Marie fut bien la Reine de Lille, comme elle est la Reine du ciel, et elle montra la toute-puissance de sa prière à ce peuple qui s'était confié et donné à elle avec une admirable unanimité.

Le doigt de Dieu, qui s'était montré si clairement dans toute la conduite de l'entreprise, continua à se faire voir dans le développement de l'œuvre désormais fondée. Le concours solennel, ouvert pour la construction de l'église, fit naître de nombreux projets présentés par les premiers architectes de l'Europe. Le plan adopté entre tous les autres fut l'œuvre d'un Anglais protestant. L'étonnement douloureux causé par cette anomalie fit place à l'action de grâces quand on vit, peu de mois après, l'auteur couronné quitter l'hérésie pour rentrer dans la barque de Pierre et dans la grande famille dont Marie est la mère virginale. Le projet adopté par le jury ne satisfaisait pas pleinement le public des souscripteurs, juges en dernier ressort de l'emploi de leurs offrandes. Un Français célèbre, versé dans l'architecture sacrée, le Père Arthur Martin, de la compagnie de Jésus, consentit à retoucher le plan de l'architecte anglais, de manière à contenter l'opinion générale, sans porter atteinte à la décision du jury et aux droits du lauréat. Ce fut sa dernière œuvre ; il mourut peu de temps après, en se rendant à Rome, ayant eu comme un pressentiment qu'il n'entreprendrait plus rien, après avoir travaillé pour Notre-Dame de la Treille. Ainsi les deux auteurs du plan de la future Basilique reçurent leur récompense immédiate, l'un entra dans l'Église, l'autre entra dans le ciel.

Le 2 juillet 1856, deux ans après la pose de la première pierre, on se mit résolûment à l'œuvre. Mais pour donner satisfaction à l'impatience universelle, une chapelle provisoire fut élevée à côté des fondations de l'église, et bientôt les P. Rédemptoristes furent appelés à la desservir: première des bénédictions que Notre-Dame de la Treille devait appeler sur la ville et sur le diocèse.

En 1859, la crypte des cinq chapelles, de l'abside et d'une partie du chœur était entièrement achevée, non seulement dans les constructions principales, mais dans les agencements de détail. Toute cette partie de l'édifice, couvrant une étendue de plus de cinq cent cinquante mètres carrés, était close par une fermeture provisoire. Le 4 juin, l'archevêque de Cambrai en fit la consécration solennelle, et de ce jour le saint sacrifice fut offert sans interruption en ce lieu béni, jusqu'au moment où le culte put être célébré dans la partie supérieure de l'église. Les cérémonies pieuses, les pélerinages, les processions s'y succédaient avec un grand concours de fidèles. Chaque année la fête de saint Pierre y était célébrée solennellement par un triduum de messes et de sermons : en 1861 et 1863, ce fut l'abbé Bernard qui y officia.

La basilique naissante fut comblée dès l'origine des faveurs spirituelles du Saint-Siège et d'autres dons non moins précieux. Parmi les reliques dont elle s'enrichit, citons celle de la vraie croix que l'abbé Bernard fit enchasser dans un riche reliquaire avec une parcelle de la couronne d'épines qui avait appartenu à Mgr de Quelen ; et celles qu'il rapporta de Rome en 1862, reliques d'autant plus précieuses pour la piété des Lillois, qu'elles rappelaient à leur culte les quatre plus grands pélerins de N. D. de la Treille, saint Thomas de Cantorbéry, saint Louis, roi de France, saint Vincent-Ferrier et saint Bernard.

Une autre relique du passé, qui orne la crypte et la Basilique, y fut placée dès 1858 par les soins de l'abbé Bernard toujours préoccupé de relier les temps nouveaux aux temps anciens : c'est la pierre sépulcrale de Mr Jean le Vasseur, maire de Lille en 1634, qui consacra la ville de Lille à Notre-Dame de la Treille et y mourut en odeur de sainteté en 1644. Ce grand chrétien qui édifia à ses frais l'admirable chartreuse de Notre-Dame des Sept Douleurs à la Boutillerie, qui pendant plus de dix ans dépensa son temps, sa patience et sa vie au service de ses concitoyens comme premier magistrat de la cité, qui se levait de table pour recevoir les artisans et les pauvres de la ville et qui répondait à ses serviteurs scandalisés : « Si je fais attendre ces pauvres gens après moi, je serai cause qu'ils perdront leur temps dont ils ont besoin pour gagner leur vie ; » ce grand serviteur de Notre-Dame de la Treille qui, en consacrant la ville à la Vierge Marie, préluda à la consécration que Louis XIII fit à la mère de Dieu de la France entière en 1638, mourut le 16 avril 1644, au milieu des larmes de toute la cité, et fut enseveli selon sa volonté dans l'église de la chartreuse qu'il avait fondée Un siècle et demi plus tard, en 1793, la chartreuse fut pillée et détruite, comme la plupart des maisons religieuses. La tombe de M. le Vasseur fut violée; on ouvrit son cercueil, pour en prendre le plomb, et l'on trouva son corps dans un état de conservation si parfaite que les dévastateurs ayant fait apporter son portrait qui se trouvait encore à la chartreuse purent constater l'identité du cadavre par la ressemblance des traits du visage. Les membres avaient conservé leur souplesse et le corps tout entier offrait les apparences de la vie. Un nommé Joseph Coisne de la Boutillerie lui ayant coupé un doigt, le sang sortit en jaillissant. On emporta le plomb du cercueil, et on rejeta le corps dans le caveau en le couvrant à moitié de décombres. Le bruit de cet évènement attira beaucoup de monde, et de nombreux fidèles vinrent vénérer les restes du fondateur de la chartreuse. La municipalité s'en émut, et huit jours après, elle se rendit à la Boutillerie; le corps fut tiré des décombres et trouvé en parfait état de conservation Au lieu de le faire inhumer, elle le laissa sur le sol de eglise dévastée, espérant que la chaleur de l'été (on était en juin) finirait par

14

le corrompre. Un médecin, le docteur Degland, appelé de Lille pour procéder à l'autopsie, fit l'ouverture du corps et le sang jaillit avec abondance. Dans son rapport écrit, il constata ce parfait état de conservation qu'il ne pouvait comprendre. Pendant dix jours encore ce prodige se continua au milieu du concours toujours croissant des populations environnantes. Alors pour faire cesser le scandale de la foi et de la vénération populaires, l'autorité révolutionnaire de Lille, d'accord avec celle de Béthune, envoya à la Boutillerie un détachement de soldats qui prirent les restes de M. le Vasseur et les ramenèrent à Lille où ils furent inhumés dans un coin du cimetière de Sainte-Catherine, comme pour y attendre l'image miraculeuse de la vierge qu'il avait tant aimée.

L'abbé Bernard, en restaurant le culte de Notre-Dame de la Treille, ne pouvait laisser dans l'oubli la mémoire de son grand serviteur. Il retrouva sa biographie dans les écrits de Dom Cuvelier, prieur de la chartreuse de la Boutillerie, et finit par retrouver, à défaut du corps de M. le Vasseur, sa pierre sépulcrale, devenue la propriété de Madame Mahieu-Vasseur, sa parente, et obtint qu'elle la lui abandonnât pour être transportée dans la future église de Saint-Pierre et de Notre-Dame de la Treille. En attendant la construction de cette église qui n'était pas encore décidée, il la fit placer sous le porche de l'église Sainte-Catherine. Le 20 mai 1854, six semaines avant les grandes fêtes du Jubilé que nous venons de raconter, il fit célébrer un service solennel devant l'image de Notre-Dame de la Treille et prononça l'oraison funèbre de l'illustre et pieux défunt. Le 18 avril 1858, la pierre sépulcrale de M. le Vasseur, magnifiquement restaurée avec son inscription fut apportée dans la crypte de la basilique qui n'était pas encore consacrée, en présence de l'archevêque de Cambrai et, le 25 novembre suivant, elle fut placée définitivement dans l'endroit le plus honorable de la crypte exactement au dessous de l'autel du chœur de l'Église haute où se trouve exposée l'image de Notre-Dame de la Treille. Là comme partout en ce récit, la main de l'abbé Bernard apparait en pleine évidence, malgré tous les efforts qu'il fit pour la dissimuler.

Nous ne pouvons que rappeler sommairement les faits les plus considérables de l'œuvre de Notre-Dame de la Treille auxquels l'abbé Bernard ne prit point une part aussi directe.

Le 26 juin 1869, une notable partie de l'église haute, assez avancée pour être livrée au culte, couverte et close par une toiture et une muraille provisoires, fut consacrée avec une pompe et un enthousiasme extraordinaires en présence de plusieurs évêques et de Monseigneur Chigi, nonce du Pape, depuis cardinal. C'était vraiment la réalisation du vœu de l'abbé Bernard si longtemps regardé comme un rêve ; l'église de Notre-Dame de la Treille et de Saint-Pierre était fondée, ouverte ; dût-elle rester longtemps encore dans le même état, elle existait foyer de lumière et de chaleur, source de bénédictions n'attendant que l'image insigne de la patronne de Lille pour redevenir le centre religieux de la cité. Les évènements pouvaient retarder comme ils le firent en effet, l'achèvement de la Basilique : parmi nos antique cathédrales, n'en est-il pas plus d'une qui resta inachevée pendant des siècles ? Mais une cathédrale inachevée est une cathédrale, et l'église de Notre-

Dame de la Treille et de Saint-Pierre demeurerait-elle incomplète, qu'elle n'en serait pas moins l'église cathédrale
de l'évêché de Lille, si jamais Lille devient une ville
épiscopale. Dès le principe, du jour même de la consécration, elle prit ce caractère et ne le perdit jamais, comme
Marie est la reine du Ciel, son église est la reine des églises
de Lille, non par ses dimensions encore restreintes et ses
splendeurs à peine ébauchées, mais comme demeure et
résidence royale de Marie, patronne de la cité. Là, viennent
prier et se consacrer à Marie, les prélats de passage à Lille
ou accourus en pélerinage dans ce but spécial. Là, toutes
les œuvres catholiques, conférences de saint-Vincent de
Paul, cercles et congrès catholiques, adoration nocturne
ont leurs assemblées générales, leurs retraites annuelles, se
retrempent dans l'amour de Jésus pour Marie. C'est la maison de tous les enfants de Dieu, parce que c'est la maison
de la sainte mère de Dieu.

Cependant en 1869, au moment où elle fut livrée au culte
public, l'église de Notre-Dame de la Treille et de saint-
Pierre, ne possédait encore ni l'image miraculeuse de la
patronne de Lille, ni la statue du prince des apôtres. Dès
1869, une partie de cette lacune fut comblée. Grâce à
l'abbé Bernard, qui inspira à sa sœur la pensée de faire don
à la nouvelle basilique d'une statue de saint-Pierre, repro-
duisant exactement dans sa forme, sa matière et ses dimensions, la statue monumentale qu'on vénère à Saint-Pierre
du Vatican, l'image du chef de l'Église vint y occuper une
place d'honneur et les fidèles ont pris l'habitude romaine
de baiser le pied de bronze de l'apôtre chaque fois qu'ils
entrent à Notre-Dame de la Treille.

Quant à la statue de la vierge elle-même, sa translation n'eut lieu que plus tard et non sans grande difficulté. Malgré tous les efforts de l'abbé Bernard, qui, l'ayant remise en honneur à Sainte-Catherine, avait autorité pour la faire passer de cette demeure provisoire à son sanctuaire définitif, le curé et les fidèles de sainte-Catherine ne pouvaient se résigner à laisser partir la sainte image, la gloire, la bénédiction et le plus beau joyau de la paroisse. Ils semblaient résolus à ne céder qu'à l'ordre positif de l'archevêque de Cambrai et le prélat répugnait à recourir à cette sorte de violence morale. Les choses traînaient en longueur, et au mois d'août 1872, trois ans après l'inauguration de la Basilique, la statue de Notre-Dame de la Treille était encore à Sainte-Catherine. Il fallut que Dieu s'en mêlat directement et ce fut Notre-Dame de Lourdes qui vint en aide à Notre-Dame de la Treille en montrant manifestement qu'elle voulait recevoir à sainte-Catherine, sous cette forme nouvelle, les hommages et le culte qu'elle y recevait jusqu'alors sous un autre vocable. Dans l'orphelinat de la sœur Sophie dont nous avons longuement parlé, à deux pas de l'église Sainte-Catherine, une jeune fille de 26 ans, paralysée depuis 15 ans, était l'objet de la compassion universelle. Les bras et les jambes sans force et sans chaleur, étaient contournés en forme d'arc; la jambe droite, plus courte que l'autre de dix centimètres, était entrelacée autour de la gauche; ses compagnes la portaient de salle en salle comme une masse inerte. Toute la ville la voyait, dans les sorties des orphelines, suivre leur longue file, traînée dans une petite voiture à bras. Or, le 8 septembre 1872, fête de la nativité de la vierge, dernier jour d'une neuvaine à Notre-Dame de

14.

Lourdes, après avoir communié elle demanda un peu d'eau de la fontaine de Lourdes. Elle en but et pria une de ses compagnes de réciter avec elle l'*ave maria*. A peine avait-elle terminé cette prière qu'une violente commotion se produisit dans ses membres. Ses jambes se raidirent, elle se leva, retomba sur elle même ; mais sa compagne l'ayant prise par la main, elle se leva de nouveau et marcha. Bientôt on entendit retentir dans toute la salle et dans toute la maison ce cri d'étonnement et de joie: « Sophie marche!» Elle marchait en effet pour la première fois depuis 15 ans. Ses jambes, devenues en un instant droites, raides et fortes, pouvaient la porter et se mouvoir. Elle traversa la cour, gravit sans difficulté l'escalier et monta à la chapelle afin de rendre grâces à celle qui lui avait obtenu une si grande faveur du tout-puissant. Toutes les religieuses, toutes ses compagnes l'avaient suivie et, avec elle, chantèrent le *magnificat*. Lorsqu'une heure après Sophie Druon se rendit à l'église de Sainte-Catherine pour assister à la messe paroissiale, chacun s'étonna de la voir marcher ; à la sortie de l'église, une foule compacte se rangea sur son passage, afin de contempler celle qui venait d'être l'objet de ce qu'on n'hésitait pas à appeler un miracle.

La signification de cette manifestation d'en haut fut si bien comprise que toutes les oppositions à la translation de l'image miraculeuse tombèrent à l'instant même, et moins de quinze jours après, le 21 septembre 1872, la statue de Notre-Dame de la Treille allait occuper, au milieu d'un concours de prêtres et de fidèles qui bénissaient Dieu, la place d'honneur qui l'attendait depuis trois ans, au dessus du maître autel de la Basilique.

Une consécration suprême manquait à la gloire de Notre-Dame de la Treille, c'était son couronnement par le souverain pontife. Avant même que ce vœu fut exprimé officiellement à Rome par l'autorité épiscopale, Pie IX y répondit par avance, *motu proprio.* L'abbé Bernard avait déjà reçu au mois d'août 1872 un bref du Pape, adressé « à notre bien aimé fils, Charles Bernard, vicaire général de Cambrai, archidiacre de Lille, » commençant en ces termes : « Pie IX, pape. Bien-aimé fils, salut et bénédiction apostolique. Nous avons été heureux d'apprendre avec quel zèle, vous et d'autres personnes, travaillez à relever de ses ruines ou plutôt à réédifier cette antique basilique de Lille, dans laquelle devra être transférée un jour la vénérable image de Notre-Dame de la Treille, » continuant par les plus précieux encouragements et se terminant par la bénédiction apostolique pour l'abbé Bernard et tous ceux qui s'occuperaient de l'œuvre. Quelques mois plus tard, le 24 avril 1873, l'abbé Bernard recevait de Rome la dépêche suivante : « Le Saint-Père couronne l'image de Notre-Dame de la Treille. » C'est ainsi que le diocèse de Cambrai eut la première nouvelle de cette insigne faveur du Souverain-Pontife. Le bref pontifical réalisant cette annonce fut signé le 5 août suivant, un an jour pour jour après celui qu'avait reçu l'abbé Bernard. Le 19 avril 1874 les couronnes richement ciselées, ornées de pierreries et offertes à Notre-Dame de la Treille par la piété des dames de Lille, parvenues à Rome, reçurent la bénédiction des mains de Pie IX dans une des salles du vatican en présence du cardinal Régnier, appelé près du Saint-Père pour recevoir le chapeau cardinalice et le titre de la Sainte-Trinité du Mont.

Sur la prière de l'abbé Bernard qui accompagnait son archevêque, le Pape consentit à ajouter au titre de Notre-Dame de la Treille celui de *mère de grâce, mater gratiæ*. Il décida également que le couronnement aurait lieu le 21 juin suivant, jour anniversaire de son propre couronnement. Pie IX montrait ainsi une fois de plus sa dévotion envers la patronne de Lille et son désir de multiplier les liens qui l'attachaient à elle. C'est par ce même motif qu'il consentit à donner son nom de *Maria Pia* à la cloche principale de la Basilique.

La fête du 21 juin 1874 égala en splendeur et en enthousiasme populaire, celle de la procession jubilaire du 2 juillet 1854. Vingt ans s'étaient écoulés depuis lors ; Notre-Dame de la Treille était devenue la mère et la maîtresse incontestée de la cité Lilloise et son renom s'étendait comme autrefois d'un bout à l'autre du monde catholique. Aussi le nombre des pèlerins accourus de toutes parts dépassait-il tout ce qu'on avait jamais vu. Voici comment l'abbé Bernard racontait cette journée du paradis, dans une lettre adressée à sa sœur le 29 juin : « La fête du couronnement à Lille a été un triomphe complet pour notre sainte et tendre patronne; couronnée par Pie IX, surnommée mère par Sa Sainteté, triomphante pendant six heures, sous un soleil brillant dont la chaleur était tempérée par un frais zéphyr; pas un accident, pas un délit connu, malgré la présence de trois cent mille étrangers ; toute la ville sympathique et décorée ; les plus tièdes d'ordinaire devenus heureux d'avoir à prendre part dans les deux millions de francs versés dans le petit commerce de la ville; toutes les autorités bienveillantes, les généraux se prononçant en faveur du cortège, le maire s'exécutant sans respect humain ; le préfet logeant deux évêques ; le saint-Pierre sur la *sedia gestatoria* porté par vingt hommes en robe de la couleur du martyre, entre deux grands éventails orientaux et à cette occasion des bénédictions versées au loin sur la donatrice présente à la pensée : voilà quelques points à noter dans cette incomparable fête qui assure à Lille, je l'espère, jusqu'à la fin des temps, la persévérance dans la foi romaine et dans l'amour de la vierge puissante. »

A ce rapide tableau tracé par celui qui avait plus que tout autre le droit de jouir et de rendre grâce à Dieu de ce triomphe de Notre-Dame de la Treille et de saint-Pierre, nous n'ajouterons qu'un seul trait ; c'est le souvenir du moment même du couronnement. Quand sur l'immense place de la Préfecture, le cardinal Régnier eut gravi les degrés de la vaste estrade et qu'entouré d'un nombre considérable d'évêques et de prélats venus de Rome, de la Belgique, de la Suisse et de divers points de la France, il se leva de son trône, dans cette foule immence et tumultueuse comme la mer, il se fit un profond et solennel silence. Le maître des cérémonies du Vatican lut le bref du Souverain Pontife, qui déléguait l'archevêque de Cambrai pour le couronnement de la statue miraculeuse. Au nom du Souverain Pontife, le cardinal prononça les paroles du cérémonial, et déposa sur la tête de l'Enfant-Jésus et sur celle de Notre-Dame de la Treille, les couronnes que le Saint-Père avait voulu bénir lui-même. Alors il s'éleva comme une tempête d'enthousiasme ; les acclamations, les cris de: « *Vive Notre-Dame de la Treille !* et *vive Pie IX!* » éclatèrent comme la voix de cette multitude enivrée de l'esprit religieux, et remerciant le ciel du bonheur que lui apportait un si grand et si majestueux spectacle.

La mission de l'abbé Bernard comme restaurateur de Notre-Dame de la Treille était terminée, et le couronnement de la patronne de Lille, qui était en même temps le couronnement de ses efforts et de son zèle, s'accomplissait au moment où sa santé épuisée allait l'obliger à quitter ses fonctions officielles et à prendre sa retraite. Néanmoins un point grave restait à régler. L'œuvre de Notre-Dame de la Treille n'avait point encore d'existence légale, et la propriété du terrain et de tout ce qu'il le recouvrait, reposait en droit sur la tête de l'abbé Bernard. Usant des bénéfices de la loi, l'œuvre accomplit sa transformation et se constitua régulièremeet en société civile sous le titre de *société anonyme de l'œuvre de Notre-Dame de la Treille et de saint-Pierre*. Le 17 mars 1875, les statuts préparés avec soin, sous la direction de M. le comte de Madre, furent adoptés par les membres de l'ancienne commission avec l'adjonction de 25 autres catholiques considérables de Lille, et les droits de l'abbé Bernard sur les immeubles acquis en son nom furent transférés à la nouvelle société. De ce moment la responsabilité, que l'abbé Bernard avait généreusement acceptée et gardée pendant vingt ans, prit fin, et le lendemain de ce jour mémorable, il put, à genoux devant la patronne de Lille, rendre grâce à Dieu de l'avoir laissé vivre jusque là, et dire comme le vieillard Siméon, en présence du divin enfant et de sa mère : *nunc dimittis servum tuum, domine, in pace*, maintenant, seigneur, vous pouvez laisser votre serviteur mourir en paix. » L'œuvre la plus considérable de sa vie était accomplie.

CHAPITRE XIV

La restauration du culte de la patronne de Lille et la reconstruction de l'église de la collégiale de Saint-Pierre où elle était jadis vénérée ne constituaient pas toute l'œuvre de Notre-Dame de la Treille, dont le but était de faire revivre, autant que le comportaient les temps nouveaux, la collégiale de Saint-Pierre tout entière. Cette collégiale, par ses écoles et ses maîtres, était un foyer de lumière et d'enseignement dans tout le nord de la France, et rivalisait, au moyen-âge, avec les plus célèbres universités. Le nom d'un de ses disciples, Alain de Lille, poète, orateur, mathématicien, philosophe consommé, justement surnommé le *docteur universel*, suffirait seul à sa gloire. Sous le rapport religieux, avec ses quarante chanoines et les nom-

breux desservants attachés aux églises et aux chapelles de
sa dépendance, elle satisfaisait aux nécessités du culte, aux
fonctions du ministère sacerdotal. Son chapitre, soustrait
par une bulle d'Alexandre II à la juridiction de l'ordinaire,
multipliait les églises, les fondations hospitalières, les
œuvres de foi et de charité, appelait les congrégations religieuses pour mieux servir le peuple confié à sa juridiction, entretenait la foi dans les masses, la discipline au sein
du clergé, et compensait ainsi les inconvénients qui résul-
taient de l'absence d'un évêché à Lille. En deux mots, la
collégiale de Saint-Pierre, sous le rapport littéraire, artis-
tique et scientifique était une université; sous le rapport
ecclésiastique, elle remplaçait un évêché. En poursuivant
son rétablissement, c'était donc un siége épiscopal et une
université catholique que l'abbé Bernard avait entrevus,
rêvés dès l'origine, et c'est aussi ce que l'œuvre de Notre-
Dame de la Treille et de Saint-Pierre, héritière de son
esprit et de son zèle, poursuivit avec énergie, et réalisa
dans la mesure du possible.

De l'université catholique, nous ne dirons qu'un mot ;
l'ambition de l'abbé Bernard ne pouvait s'étendre, avant
la loi de 1873 qui créa la liberté de l'enseignement supérieur, qu'à l'instruction primaire et secondaire, et c'est
par son dévouement aux frères et aux sœurs des écoles
d'une part, et de l'autre aux colléges ecclésiastiques, spécialement aux établissements des Jésuites, qu'il coopéra
activement à la propagation de l'enseignement et de l'éducation catholiques. Après la loi de 1873, déjà vieilli et fa-
tigué, il ne put guère participer aux efforts admirables
d'où est sortie l'université libre de Lille, que par ses

prières, ses aumônes et ses encouragements. Mais les rapports intimes entre l'œuvre de l'université et l'œuvre de la Treille et de Saint-Pierre font remonter jusqu'à lui une partie des mérites et de l'honneur de cette fondation merveilleuse, et ce fut avec une grande joie spirituelle que, le 18 novembre 1875, il fut témoin de l'inauguration solennelle de l'université catholique dans la basilique de la Treille. On célébra la messe du Saint-Esprit, en présence du recteur et des professeurs de la nouvelle université. Mgr Lequette, évêque d'Arras, y assistait, et ce fut Mgr de Lydda, évêque auxiliaire du cardinal Régnier, qui officia pontificalement. « Il appartenait à Notre-Dame de la Treille, dit le rapport décennal de l'œuvre, de recevoir les prémices de cette salutaire et insigne fondation qui relie en quelque sorte la chaîne des temps, et qui a pour mission traditionnelle de continuer, sous un autre nom et dans les conditions nouvelles que comportent les changements et les besoins du temps, la collégiale de Saint-Pierre. Il y a là des liens d'une nature particulière qui rattachent intimement la nouvelle université à la Basilique. »

Quant à la division du diocèse de Cambrai et à la création d'un évêché à Lille, on peut dire que ce fut une des idées dominantes et permanentes de la vie sacerdotale de l'abbé Bernard. Sa correspondance en porte des traces dès le temps où il était prêtre libre à Lille ; et, dès que sa situation officielle et ses relations personnelles avec des personnages politiques influents le lui permirent, il employa tous les moyens en son pouvoir pour atteindre ou du moins préparer cette grande mesure, indispensable selon lui, au maintien et au développement de la vie catholique à Lille

15

et dans tout l'arrondissement qui l'environne. Les motifs de cette conviction sont trop évidents pour qu'il soit utile de les développer longuement. « Si, dit le dernier compte-rendu de l'œuvre de la Treille, dès l'origine de la cité, les besoins de la population et de celle des environs appelaient une si haute création ; si le fondateur de notre ville, pour y suppléer, avait réalisé l'établissement de la collégiale de Saint-Pierre ; si, à diverses époques postérieures, l'importance de la capitale de la Flandre et l'étendue de ses besoins religieux avaient suscité cette question de l'évêché de Lille et provoqué des démarches actives pour la faire aboutir, combien, dans ces derniers temps, une solution n'a-t-elle pas paru plus pressante et plus indispensable par suite des développements inattendus qui se sont produits dans la ville elle-même, dans son arrondissement, dans le département du Nord tout entier, où le chiffre de la population qui, en 1801, était de sept cent quatre-vingt quatorze mille habitants, s'élevait en 1876 à un million cinq cent dix mille ! La population de l'arrondissement de Lille seul représente environ six cent mille âmes, c'est-à-dire un nombre qui dépasse la population de soixante-dix départements, soixante-dix diocèses de France. »

La création d'un évêché à Lille était désirée par Mgr Belmas en 1821 ; le cardinal Giraud ne cessait d'en proclamer la nécessité, et, pour le proclamer encore après sa mort, il légua à Notre-Dame de la Treille son chapeau cardinalice. Quant au cardinal Régnier, malgré sa vigueur exceptionnelle d'esprit et de corps, il ne put supporter le fardeau de son immense diocèse que moyennant la nomination d'un évêque auxiliaire, demi-mesure

qui laissait subsister tous les inconvénients de l'absence
d'une autorité ecclésiastique centrale à Lille. Aussi le Pape
Pie IX désirait-il vivement la division du diocèse de Cambrai, et voici ce que nous lisons dans une lettre de l'abbé
Bernard, le 19 mars 1872 ; « Mgr Monnier, évêque de
Lydda, attend toujours ses bulles pour pouvoir être sacré.
Il me paraît clair que sa nomination, tout en apportant
un soulagement à l'Ordinaire actuel, ne va en rien contre le
mot de sa Sainteté qui, entendant dire que la population du
diocèse de Cambrai dépassait quatorze cent mille âmes,
s'écria devant Mgr Régnier : « Ah ! c'est trop, c'est trop ! »

Dans les premières années de l'épiscopat de Mgr Régnier, l'abbé Bernard continua à faire ou à susciter des
démarches en faveur de l'évêché de Lille. Nous en trouvons la preuve dans une lettre curieuse de Mgr Mathieu,
archevêque de Besançon, auquel l'abbé Bernard avait demandé de s'intéresser à cette grave affaire. Voici le passage très-remarquable de cette lettre qui y a trait. L'esprit
positif, hiérarchique et gouvernemental du cardinal Mathieu
s'y retrouve tout entier : « Besançon 11 mai 1856.
L'affaire dont vous me parlez est extrêmement grave, et en
elle-même, et par rapport à vous. On ne peut pas considérer une séparation de diocèse seulement sous le rapport
de la population, mais dans son ensemble. Or il est certain
que quand il existe, dans un pays, d'anciens liens ecclésiastiques, ce n'est pas impunément qu'on les rompt. Tout,
pour un diocèse, n'est pas dans le peuple. Les établissements ecclésiastiques, les œuvres, la direction à imprimer,
la facilité pour faire tout cela dans un grand diocèse,
les études, la prospérité des séminaires, ont aussi leur

poids. Il y a même quelque chose de fort extraordinaire, mais que la misère humaine explique, c'est que la division des diocèses qui semblerait, en rendant la besogne plus facile, devoir y faire donner plus de soins, n'opère pas toujours ce résultat, et qu'on fait d'autant moins qu'on a moins à faire. Sous le rapport temporel, les difficultés sont des plus grandes... C'est le budget des cultes qui doit suffire à tout, et il en est écrasé... Les créations des nouveaux siéges ne peuvent donc se flatter pour le présent d'aucune faveur auprès des corps législatifs et je suis tellement convaincu de ce que je viens de vous dire que je ne saurais me charger d'en porter aucune parole de près ni de loin. Quant à vous, permettez-moi de vous dire que votre position de grand vicaire ne souffre pas que vous vous occupiez de cette affaire, même indirectement, sans le consentement précis et formel de votre évêque. Il serait contre toutes les règles et toutes les convenances que vous, qui ne faites qu'une même personne avec lui, vous couriez le risque de prévenir ou de contrarier ses vues. Si donc vous êtes prudent, vous ne vous mêlerez en rien d'une chose qui ne pourrait que vous donner les plus grands désagréments. et vous conduire à des impossibilités devant lesquelles vous échoueriez. »

Ces conseils de prudence et d'opportunité, et les objections tirées de la mauvaise volonté du pouvoir civil étaient d'une gravité indiscutable. Aussi l'abbé Bernard, qui n'avait jamais songé à agir contre le sentiment de son archevêque, renonça-t-il pour un temps à s'occuper de la question en présence de l'attitude réservée de Mgr Régnier, quoi que les raisons de fond exposées par Mgr Mathieu lui parussent inapplicables dans l'espèce, tant au point de vue financier qu'à celui de la vitalité du futur évêché de Lille. Les habitants du nouveau diocèse auraient généreusement supporté tous les frais de son établissement ; le recrutement de son clergé et de ses séminaires se fût opéré sans difficulté, et la présence permanente d'un évêque à Lille eût donné à toutes les œuvres de cette grande ville, à son clergé et à la population catholique, un centre, un point d'appui et une direction de chaque jour que rien ne saurait remplacer.

Devant l'impossibilité de voir son rêve se réaliser de son vivant, l'abbé Bernard travailla avec les catholiques influents de Lille et spécialement avec les membres de l'œuvre de Notre-Dame de la Treille, à en préparer, au moins pour l'avenir, la réalisation, en obtenant du gouvernement que l'archevêque de Cambrai pût ajouter à ce titre celui d'évêque de Lille, comme l'évêque d'Arras avait été autorisé à prendre le nom d'évêque de Boulogne. Le consentement du Saint-Siège n'était pas douteux, et la pensée générale était que, le titre étant concédé, le fait suivrait plus facilement. Des négociations en ce sens furent engagées et suivies pendant plusieurs années, et M. de Corcelles, ambassadeur de France à Rome, en fut le principal et très-dévoué intermédiaire. En 1876, ces démarches parurent un moment sur le point d'aboutir, mais la crise politique qui fit sortir MM. Vallon et Buffet du ministère ajourna indéfiniment cette espérance.

Dans le but de rendre plus fréquents et plus convenables, les séjours de l'archevêque de Cambrai à Lille et d'assurer ainsi à l'ancienne capitale de la Flandre, à défaut d'un

évêque spécial, la résidence prolongée du premier pasteur
du diocèse, l'abbé Bernard décida un ecclésiastique originaire de Lille et possédant de la fortune à acheter et à
approprier un hôtel spacieux, de belle apparence, qui,
par une chance singulière, se trouvait occuper l'emplacement de l'ancienne église de la collégiale de Saint-Pierre,
aujourd'hui place du Concert. Pendant quelque temps, le
cardinal Régnier vint en effet habiter cette résidence et y
fit des séjours de la durée d'un mois. Il reprenait ainsi
les anciennes traditions des évêques de Tournai. Mais,
soit que cet arrangement ait soulevé des difficultés,
soit qu'il n'ait pas répondu à toutes les espérances de
l'abbé Bernard, il cessa au bout de quelques années;
l'hôtel de la place du Concert fut vendu et cet essai n'eut
pas d'autres suites.

Sur ce point donc, l'abbé Bernard vit échouer ses efforts
et ses espérances ; mais il garda ses convictions. Tout en
bénissant la nomination de Mgr Monnier, qu'il aimait et
respectait profondément, comme évêque auxiliaire de
Cambrai et en écrivant à cette occasion à un confident intime de ses pensées : « Le diocèse est bien sensiblement
béni pour le bien qu'il fait en faveur du Saint-Siège, » il
ajoutait cet exposé de principes qui resta jusqu'à la fin
immuable dans son esprit et dans son cœur : « Cette adjonction d'un auxiliaire n'est pas une solution radicale et durable pour le diocèse qui conserve ses quinze-cent mille
âmes. Le remède véritable est dans le fractionnement du
diocèse, chaque moitié ayant alors droit à un premier
pasteur valide ou aidé d'un auxiliaire : sept cent cinquante
mille âmes suffisent pour absorber et user vite un évêque

vigilant. Du reste, leurs Saintetés Pie VII et Pie IX l'ont désiré ainsi, et les besoins de Lille en particulier ne font que croître. Outre nos six paroisses anciennes, la Basilique, les quatre églises du nouveau Lille, deux églises de faubourg, Saint-Michel en construction, le Sacré-Cœur commencé tout à l'heure, il y a des terrains qui vont être retenus pour quatre églises provisoires, en tout dix-neuf, sans compter les Jésuites-résidence, les Jésuites-collège, les Dominicains, les Récollets, les Rédemptoristes, et peut-être bientôt les capucins, total vingt-cinq. Ajoutez les couvents de femmes ; et que l'on dise ce que réclament à Lille et l'esprit du Saint-Siège et le besoin du clergé et des âmes ! »

Ce dénombrement des églises paroissiales de Lille en 1872 rapproché des six paroisses entre lesquelles la ville se partageait trente ans auparavant, montre les efforts qui avaient été faits, et les progrès réalisés depuis l'époque où l'abbé Bernard était curé-doyen de Sainte-Catherine. Cette question de la division des paroisses l'avait toujours préoccupé comme celle de la division du diocèse, et nul ne prit une part plus active à son heureuse réalisation. Alors qu'il n'était encore que prêtre libre à Lille, il s'en inquiétait déjà ; car jamais, à aucune époque de sa vie, il ne renferma son zèle dans les limites d'une œuvre, d'une paroisse, ni même d'un diocèse : il avait l'esprit catholique, c'est-à-dire universel dans le sens le plus étendu du mot. Dans un discours qu'il adressait le 11 avril 1841 à la conférence de Saint-Vincent-de-Paul de Sainte-Catherine, alors qu'il n'était question ni de l'agrandissement de Lille, ni de la construction de nouvelles églises, il s'écriait après avoir

adressé à son auditoire le salut de paix de Notre-Seigneur
à ses disciples : « *Pax vobis* » la paix soit avec vous :

« Cette paix, hélas ! Vous ne la rencontrez guère chez
les malheureux que vous visitez. Le plus souvent vous ne
voyez chez eux que brisement de cœur et détresse, et vous
dites : Ils ne connaissent pas le chemin de la paix : *Viam
pacis non cognoverunt.* Et pourquoi ? L'une des causes
c'est l'éloignement des églises. Dans certains quartiers, le
son des cloches ne peut se faire entendre : la seule cloche
qui retentisse aux oreilles est celle qui annonce le commencement et la fin des travaux matériels ; rien, si ce n'est
le crucifix des convois, ne frappe extérieurement les yeux
pour rappeler le Sauveur et l'éternité. Avec notre population compacte, nous ne possédons que six églises dont
plusieurs sont très-petites et quatre sont reléguées aux extrémités de la ville. Rien n'a remplacé chez nous la vaste
église de Saint-Étienne, située jadis sur la grand'place, ni
la vénérable église de Saint-Pierre, dont le terrain est occupé par la salle du concert. Cependant, ne serait-il pas à
désirer qu'il y eût quelque part à Lille au moins un cénacle
de plus où Notre-Seigneur pût souhaiter et donner la paix
à ses enfants ? Nous ne demandons pas une église monumentale, mais nous ne voulons plus cesser de solliciter un
local quelconque pour y établir l'autel du Seigneur : *Donec
inveniam locum Domino,* et nous croyons que la charité ne
fera pas défaut. » Cette église que demandait avec tant
d'instances l'abbé Bernard en 1841, c'était la future Basilique de Notre-Dame de la Treille et de Saint-Pierre ; mais
on voit que sa pensée allait déjà plus loin, et que ce qu'il
réclamait au nom de la population ouvrière et souffrante,

c'était la multiplication des lieux de culte, où le Seigneur se donne aux âmes et les invite à se donner à lui. Une première amélioration qu'il accueillit avec joie fut l'agrandissement de l'église Saint-Maurice, qui suivit de près la constitution de l'Œuvre de Notre-Dame de la Treille en 1854. L'ouverture des chapelles des Rédemptoristes, des Dominicains, des Récollets, de celle de Jésuites, rue Négrier, à laquelle il contribua tout spécialement par une magnifique offrande, répondit également à ses vœux, en attendant l'établissement officiel et légal de nouvelles paroisses. Cette dernière mesure, depuis si longtemps nécessaire, s'imposa à la ville et au gouvernement avec une puissance irrésistible, à la suite du décret impérial qui prescrivait l'agrandissement de Lille par la destruction des fortifications et leur reconstruction avec un périmètre beaucoup plus étendu. L'abbé Bernard, dans une brochure qu'il publia après le couronnement de Notre-Dame de la Treille, rapporte à ce sujet une anecdote curieuse et touchante. Après avoir dit que le décret impérial servait à sa manière la cause de la Très-Sainte-Vierge en démontrant la nécessité de multiplier les églises, dans une ville et dans une population tellement accrues, il ajoute : « Mais il y a plus ; c'est que la Très-Sainte Vierge a été pour le moins l'*occasion* déterminante de l'agrandissement de Lille. Beaucoup de nos compatriotes savent que, lors de la construction des ouvrages de Vauban et notamment de la citadelle de Lille, la chapelle de Notre-Dame de consolation fut supprimée pour faire place aux fortifications. Cette chapelle a été remplacée en ces dernières années par l'église Notre-Dame de consolation du faubourg de la Barre. Or

15.

cette église à peine terminée, il fut constaté que le perron
était compris dans la zône militaire, et l'administration
municipale reçut l'ordre de le reculer. Le reculer, c'était
sacrifier l'église. M. le maire de Wazemmes consulta un
maréchal de France dévoué de tout cœur à la religion et
aux grands intérêts du département du Nord. Le maréchal
répondit : *Jetez bas vos fortifications*, et ce fut là le point
de départ des partisans actifs de l'agrandissement de Lille.
Ce fait de l'intervention de Marie dans les nouvelles destinées de Lille ne surprendra pas ceux qui comprennent le
mot : *Lille, cité de la Vierge, Insula, civitas Virginis.* »

A la suite du décret d'agrandissement et de la destruction des fortifications, la création de nouvelles paroisses
fut mise à l'étude, et l'abbé Bernard, archidiacre de Lille,
chargé par l'archevêque de Cambrai de le représenter et
d'agir en son nom vis-à-vis de l'autorité civile, se servit de
ses relations personnelles avec des membres influents de
l'administration municipale, pour hâter les travaux préli-
minaires et faire prévaloir les résolutions les plus conformes
à l'intérêt religieux des populations. Nous avons eu communication d'un dossier composé de lettres écrites par
l'abbé Bernard ou reçues par lui, de notes, de projets de
circonscriptions de paroisses nouvelles, écrits de sa main
et qui prouvent toute la part qu'il prit à l'étude et à la solution de cette grave question. Ces projets ont presque
tous fini par être adoptés par l'administration, ce qui prouve
à la fois, la sagesse et l'influence de leur auteur. La sus-
cription du dossier, écrite également de sa main, prouve
de plus la gaieté naturelle de son esprit : en voici les
termes : « Les documents ci-joints sont destinés à M. B.

seul. Il en extraira ce qu'il jugera utile et brûlera les originaux. Si on brûlait tous les originaux de ce monde, quel incendie ! »

Outre les églises des paroisses nouvelles de Lille, l'abbé Bernard travailla aussi à la création d'églises dans les faubourgs. Il s'occupa tout particulièrement de la construction de l'église de Notre-Dame de Fives et de celle de Saint Vital dans la commune de la Madeleine. Sa correspondance à ce sujet avec le fondateur de cette succursale est très-volumineuse et fait toucher du doigt toutes les difficultés d'une entreprise de ce genre, si simple en apparence, toutes les précautions à prendre, les écueils à éviter, pour ne pas faire un certain mal en faisant un très-grand bien. Ce fut l'abbé Bernard, toujours curieux des vieilles dévotions, qui demanda pour cette église le titre de Saint-Vital, anciennement vénéré dans le diocèse de Cambrai et patron d'une chapelle rurale desservie par les Recollets et située dans le territoire de la Madeleine. Il obtint une relique de ce saint d'une paroisse qui possédait un de ses bras, publia, lors de la construction de l'Église, une notice très-savante, qui suppose des recherches longues et patientes sur toutes les circonstances du culte de Saint-Vital dans le nord avant la Révolution ; « Je suis heureux, écrivait l'abbé Bernard au pieux fondateur, à la fin de sa correspondance en septembre 1870, d'apprendre que le culte de Saint-Vital se propage avec fruit à la Madeleine. Nous avons besoin en ce moment des soldats qui ont su allier la bravoure à la sainteté. Je prie Saint-Vital d'obtenir les plus grandes bénédictions au fondateur de son église et au pasteur de la paroisse. »

A côté de ces œuvres caractéristiques de sa vie, l'abbé Bernard, prêta son concours à d'autres œuvres d'un intérêt général ou d'une nature tout-à-fait intime. Parmi les premières, citons le Denier de Saint-Pierre, si florissant dans le diocèse de Cambrai et qu'il recommandait à tous comme la mise en pratique du quatrième commandement de Dieu : Tes père et mère honoreras. Citons encore l'association catholique de Saint-François de Sales, cette grande œuvre née du cœur de Pie IX qui la nommait lui-même la propagation de la foi à l'intérieur, et dont, après Pie IX, Mgr de Ségur fut le fondateur et l'infatigable apôtre. Sur sa demande, l'abbé Bernard consentit à en être le directeur diocésain à Cambrai, avec la mission de chercher à l'établir dans toutes les villes et paroisses du diocèse, et d'entretenir une correspondance suivie avec le conseil central établi à Paris d'une part, et de l'autre avec les curés, prêtres ou religieux, qui sollicitaient des secours de l'œuvre par son intermédiaire obligé. Il remplit ces importantes fonctions avec son zèle et son humilité accoutumées de 1857 à 1877, époque à laquelle il envoya sa démission à Mgr de Ségur. On nous permettra de citer la réponse du prélat aveugle à ce douloureux envoi.

« Paris, 12 décembre 1877. Très cher M. Bernard, je ne saurais vous dire la peine que m'a faite la triste nouvelle du délabrement de vos nerfs et de la crise qui vient de vous obliger d'abandonner le combat. Le conseil central de Saint-François de Sales me charge d'être son interprête auprès de vous dans cette douloureuse circonstance et de vous remercier une fois encore des immenses services que votre dévouement n'a cessé de rendre à l'œuvre depuis

plus de vingt ans. Saint François de Sales vous prépare au
ciel un bon accueil, cher et excellent monsieur ; n'ayez
pas peur ; vos craintes ne sont que des impressions nerveuses et physiques. Vous êtes tout au bon Dieu ; et
Notre-Seigneur Jésus-Christ, qui est la vie de ses fidèles et
leur gloire éternelle, repose dans votre cher cœur, comme
dans un sanctuaire où il a toujours été adoré, aimé et reçu
amoureusement. Dans sa sainte charité, j'ai l'honneur d'être
votre serviteur et ami très fidèle, L. G. de Ségur, chanoine
évêque de Saint-Denys, président général de l'œuvre. »

L'abbé Bernard ne se contentait point de servir l'Eglise
par son dévouement aux œuvres catholiques dont nous ve-
nous de parler. Il était trop prêtre, trop apôtre, pour pouvoir se passer d'un ministère personnel qui le mît en
contact direct avec les âmes. A Cambrai comme à Lille,
vicaire-général comme prêtre libre ou doyen de Sainte-Catherine, il aimait à confesser, à diriger les fidèles qui s'a-
dressaient à lui, et, à l'exemple du Divin Pasteur, il courait
avec un zèle infatigable à la suite des âmes égarées dans
l'hérésie, dans l'inconduite, ou dans l'indifférence religieuse. Dieu lui permit en plus d'une circonstance de travailler à la conversion de familles protestantes, et il ne
laissa jamais passer l'occasion de rendre à la vraie foi des
âmes nées dans l'hérésie, ou de les y maintenir après leur
conversion. Un jour qu'il avait prêché dans la chapelle des
Dames Bernardines d'Esquermes et que, contrairement à
son habitude, il avait traité quelque question de contro-
verse, il apprit après son sermon qu'une dame protestante
se trouvait dans son auditoire. Aussitôt il la fit prier de
venir le trouver au parloir, lui demanda pardon de l'avoir

peut être blessée dans ce qu'il avait dit, affirmant qu'il croyait ne parler que devant des catholiques. Il partit de là pour entrer en discussion courtoise et réservée avec cette personne, pour lui offrir le secours de ses lumières et de son affection, et il la quitta si touchée de sa charité et de son esprit, qu'elle voulut le revoir, s'entretenir sérieusement avec lui de la doctrine catholique, et qu'elle finit par abjurer l'hérésie pour rentrer dans le giron de l'Église Romaine.

Il eut le même bonheur à Cambrai dans des circonstances touchantes que nous tenons de la personne qu'il eut la joie de ramener à Dieu : « Fille de protestants, protestante elle-même, ma mère épousa en secondes noces M***. Après de grands revers de fortune, nous arrivâmes pleins d'espérance à Cambrai, mais au bout de quelque temps, nouveaux revers, nouvelle déception. A la veille de nous voir plongés dans la misère, Dieu envoya vers nous un de ses anges, et cet ange fut l'abbé Bernard. Il secourut les corps et essaya de sauver les âmes. Par une grande aménité et des paroles dites à propos, il sut, du premier abord, gagner la confiance du chef de famille, et nous inspirer à tous, parents et enfants, une respectueuse affection: au seul désir qu'il en exprima, on nous fit tous baptiser. Ce fut alors que, couronnant son œuvre par un acte de sublime charité, il nous fit élever, mes sœurs et moi, dans un pensionnat religieux, payant de sa propre bourse pendant des années le prix de ces pensions. Ce que j'ai remarqué de plus frappant en lui, c'était son admirable simplicité, et son zèle à poursuivre, sans jamais se lasser, les bonnes œuvres par lui commencées. Pour parler de sa simplicité,

je dirai qu'elle le rendait accessible à tous, il paraissait
oublier son titre de grand vicaire pour vous recevoir en
père, je dirai plus, pour vous traiter en égal. Quant à sa
persévérance, je n'en citerai qu'un exemple dont je fus
l'objet et le témoin. Lorsque la guerre vint à éclater,
j'étais à Paris, seule, loin de ma mère et de mes sœurs,
reparties pour l'Angleterre. Je me sentais à la veille de
subir toutes les souffrances que devait amener le siège de
Paris, lorsque je reçus une lettre qui m'ouvrait, par les
bons soins de M. l'abbé Bernard, les portes d'un couvent
où je fus à l'abri des nécessités de la vie et des vexations
qu'entraîne une vie isolée au milieu de gens inconnus.
Restée seule aujourd'hui pour rendre témoignage à tant de
bonté, je bénis encore chaque jour celui qui fut mon père
par le titre qu'il contracta en 1855, lorsqu'il versa lui-
même sur mon front d'enfant et de catéchumène l'eau
sainte du baptême... Me souvenant de ce qu'il avait daigné
faire pour moi, il y a deux ans je lui recommandai une
jeune orpheline. Je n'eus pas le temps d'exposer la situation, que déjà le plan était formé dans ce cœur dévoué entièrement aux bonnes œuvres. Il choisit une bonne pension,
paya la moitié du prix et plaça la jeune fille. »

Quelques phrases d'une correspondance de l'abbé Bernard avec une de ses plus dévouées pénitentes montrent sa
longue et admirable sollicitude pour une autre jeune fille
protestante, convertie par lui dans des circonstances à peu
près semblables : « Cambrai 1856.... Je ne sais comment j'ai pu oublier de vous parler de votre filleule. Vous
m'y faites penser de la manière la plus agréable, en me
parlant de la disposition où vous êtes de faire des sacrifices

à son égard. Je n'ai pu vous consulter il y a quinze jours.
Il y avait urgence, quand la mère a voulu me parler. J'espérais sauver deux âmes ; nous n'en tenons qu'une jusqu'à
présent. L'autre est bien bas dans le vice et dans le danger
de la damnation. Quelle dure chaîne que celle de l'habitude !
Et comme les démons s'entendent pour la serrer ! Si on
savait qu'avec la prière et l'humble aveu, on sort de tout
et on reprend une vie nouvelle ! Mais au moins, heureusement pour la fille, la mère a signé l'engagement de la
laisser à la *Sagesse* jusqu'à vingt-et-un ans. J'ai averti la
supérieure, qui n'est pas riche. Elle ne pourra guère faire
de sacrifices. Mais je ferai ce que vous ne pourrez pas faire
ou trouver, et je ne veux pas que personnellement vous
vous saigniez à blanc. La Providence est là et la terre est
à elle avec tous ses trésors. » — « Cambrai, 1859 : mademoiselle X. a été retirée du pensionnat par sa mère qui nous
a trompés. La pauvre fille est chez cette femme dont la
conduite est scandaleuse. J'ai tout tenté pour l'amener à
rentrer au couvent, mais elle est dominée par sa mère. Je
vous engage, comme marraine, à écrire une lettre affectueuse à votre filleule, afin de la maintenir dans la profession de la religion catholique, s'il n'est pas possible de
sauver une vocation religieuse dont elle avait parlé : elle
voulait entrer à la Sagesse. Il est à espérer que l'intérêt,
de la part de la mère, fera que votre lettre sera remise à
la pauvre enfant. »

Ces espérances se réalisèrent en partie. La jeune fille
resta catholique et ne suivit point les mauvais exemples de
son intérieur. Cinq ans plus tard, en 1864, l'abbé Bernard
écrivait : « Je suis chargé par votre filleule de vous annon-

cer son prochain mariage avec un catholique. Les dispositions de la jeune personne semblent excellentes au point de
vue de la foi. »

D'autres lettres, venues notamment d'Angleterre, et
trouvées dans les papiers de l'abbé Bernard, nous le
montrent dans l'exercice de sa charité vis-à-vis d'autres
jeunes filles et d'autres familles protestantes qu'il secourait
de sa bourse, de ses démarches, de son affection, et qu'il
arracha de l'hérésie ou confirma dans leur conversion. Il
contribua également à la vocation sacerdotale ou religieuse
de jeunes gens qu'on lui adressait d'Outre-Manche et qu'il
faisait admettre dans des séminaires ou des communautés du
continent. Nul ne se préoccupa plus, jusqu'à la fin, de la
conversion de l'Angleterre.

Son zèle s'exerçait à Cambrai, comme à Lille ou à
Londres ; et, dans les familles qu'il fréquentait, l'influence
de sa vertu et de sa piété produisait des fruits nombreux
de bénédiction et de salut. Il faisait avancer les chrétiens
dans la voie de la perfection et y ramenait ceux qui s'en
étaient écartés. Nous pourrions citer telle famille dont il
fut la consolation et l'édification pendant de longues
années, préparant les vieillards à paraître devant Dieu,
apprenant aux personnes déjà pieuses à étendre autour
d'elles le règne de Jésus-Christ et poursuivant les pécheurs
jusqu'à ce qu'il les eût atteints et rendus à la vie de la
grâce Il est un de ces enfants prodigues qu'il ne perdit
point de vue pendant plus de dix ans, qu'il accabla de ses
conseils, de ses exemples, de sa tendresse sacerdotale jusqu'à l'importunité, et qui, de guerre lasse, vaincu par tant
de persévérance et de charité, finit par aimer Jésus-Christ

à force d'aimer son ministre, et se donna à Dieu avec la
même ardeur qu'il s'était donné au monde.

Un autre pêcheur, dans la force de l'âge et dont la jeunesse avait été orageuse, se trouvant gravement malade,
répondit au désir que sa famille lui exprimait de faire venir
un prêtre, qu'il recevrait volontiers l'abbé Bernard dont il
avait remarqué l'attitude et l'air de dignité sacerdotale en
le voyant passer devant sa porte. L'abbé Bernard s'empressa
de l'aller voir, le consola, continua durant une année entière que se prolongea la maladie, à lui faire des visites
assidues et le décida enfin à remplir ses devoirs de chrétien. Ce pêcheur endurci se confessa le jour de Noël 1861
avec de grands sentiments de repentir, et il mourut
quelques mois après, d'une façon tout-à-fait édifiante.

Dans une autre famille encore, il remplit pendant bien
des années le rôle d'Ange Gardien et de Providence visible.
Depuis le père et la mère jusqu'aux plus jeunes enfants,
tous le vénéraient et se confiaient à lui avec un entier
abandon. Après un échec dans un de ses examens à
Douai, un d'entre eux, jeune homme de dix-huit ans,
écrivit à sa mère, alors à Paris, une lettre désespérée, et
ne sachant où chercher un refuge contre les tentations du
désespoir, il courut à Cambrai se jeter dans les bras de
l'abbé Bernard et pleurer sur son cœur. Le saint prêtre
averti de ce que le pauvre enfant avait écrit, et devinant
l'inquiétude où sa lettre avait dû plonger ses parents, leur
écrivit le jour même pour les rassurer, ajoutant que le
jeune désolé était près de lui, qu'il le gardait jusqu'au lendemain et que toute menace de désespoir avait disparu.

La sœur aînée de ce jeune homme, fille spirituelle de

l'abbé Bernard, se sentait une vocation religieuse et désirait entrer dans la communauté de Saint-Vincent-de-Paul.
La veille du jour où elle devait prévenir sa famille de sa
détermination, son père mourut subitement, foudroyé par
une rupture au cœur. L'abbé Bernard, averti de ce malheur
au moment où il allait se mettre à table dans une maison
voisine, se leva précipitamment sans même songer à s'excuser, accourut chez ses amis désolés et leur apporta les
consolations qu'il savait si bien trouver dans toutes les
douleurs. De ce jour il devint le protecteur, l'appui de la
pauvre veuve, le second père de ses enfants. L'aînée des
filles persistait dans le désir de suivre sa vocation, l'abbé
Bernard, jugeant, d'après la nouvelle situation de la famille, que son devoir était ailleurs, sollicita pour elle, à
son insu, mais d'accord avec la mère, un bureau de poste,
qu'il obtint presque immédiatement, et sur les observations
de la jeune fille qu'elle·eût mieux aimé entrer au couvent,
il lui répondit avec une sévérité tout-à-fait en dehors de
ses habitudes : « Que cherchiez-vous ? était-ce votre satisfaction personnelle, votre goût, ou la volonté du Bon
Dieu ?... Dieu vous montre lui-même la voie que vous devez
suivre. Vous voulez, dites-vous soigner les pauvres, les
malades et les enfants ? Votre mère reste sans fortune,
souffrante, vous avez un frère et une sœur du salut desquels
vous répondez désormais ; il n'y a pas à hésiter, vous serez
receveuse des postes, telle est la volonté de Dieu. » La
pauvre enfant ne put répondre que par des larmes, et
comme il sentit que le sacrifice devait être cruel, il revint
le soir même lui apporter quelques mots consolateurs et
s'excuser, disait-il, d'avoir été dur le matin. Jusqu'à sa

mort, il entoura cette famille de la plus tendre sollicitude.

Les personnes qu'il honora de son intimité pendant son long séjour à Cambrai admiraient les délicatesses de sa charité qu'il poussait jusqu'au scrupule. Il lui arriva plus d'une fois, après s'être plaint, dans l'épanchement de la conversation, d'un fournisseur qui l'avait trompé, de retourner le lendemain chez son interlocuteur, d'exiger de lui le serment de garder secrète sa confidence de la veille, avec promesse de ne pas retirer sa clientèle au marchand indélicat. Il allait même jusqu'à faire à ce dernier une nouvelle commande, pour lui montrer et faire savoir à tous qu'il n'avait rien de sérieux à lui reprocher. Ces charmantes simplicités d'une âme débordante de tendresse et de pardon prenaient chez lui plus d'une forme. C'est ainsi qu'il fit faire de lui-même un grand nombre de portraits, presque tous plus affreux les uns que les autres. Comment s'en étonner ? Il choisissait les peintres, non à leur talent, mais à leur dénûment. Il allait à ceux dont personne ne voulait, et posait devant eux pour couvrir ses secours d'un prétexte honorable. Un des portraits résultant de ces pieuses manœuvres était si semblable à une enseigne de dernier ordre, qu'une fois la toile achetée et largement payée, le charitable modèle se demanda ce qu'il en pourrait faire. Enfin il lui vint une inspiration de génie : il l'envoya en cadeau à une institution de jeunes aveugles qu'il protégeait. Heureusement il consentit quelquefois à poser devant de vrais peintres, et il reste de lui un portrait d'un artiste de grand talent et de grande foi, M. Pierre Lebrun, que l'abbé Bernard honorait de son affectueuse estime et qui lui-même honore par ses œuvres Cambrai sa ville natale (1).

Avant de terminer ce chapitre déjà si long, il nous faut encore parler d'une invention touchante de l'abbé Bernard, appelée à Cambrai l'œuvre des blanchisseuses. En face de de l'établissement des filles de la Sagesse, et tout près de la maison qu'il habitait, se trouve une vaste esplanade fréquentée chaque jour par un grand nombre de blanchisseuses qui peuplent le quartier. L'abbé Bernard dirigeait souvent ses promenades de ce côté, et, tout en se promenant, il saluait ces braves ouvrières et leur adressait quelques bonnes paroles, tandis qu'elles étalaient leur linge sur l'herbe de la prairie. Enhardies par son air de bonté et par sa réputation de charité, quelques-unes venaient le trouver, lui confier leurs peines, et réclamer ses secours temporels ou spirituels. Cette confiance lui suggéra la pensée d'une œuvre nouvelle. Il résolut de les réunir de temps en temps pour s'occuper avec elles des intérêts de leur âme. « S'étant assuré, nous écrivent les Filles de la Sagesse, du concours de celles dont ses secours généreux et sa douceur évangélique avaient gagné le cœur, il fit bientôt par le moyen de celles-ci appel aux autres, et au bout de quelque temps, il se vit à la tête d'une association assez nombreuse pour remplir chaque mois, au jour désigné par lui, notre petite chapelle. Il avait imaginé pour les réunir d'adresser à toutes des imprimés dont il faisait les frais, lesquels portaient le jour et l'heure de la messe de réunion. Ordinairement, il en manquait peu à

(1) Note de l'auteur. Voir à la fin du volume le sonnet de M. Lebrun sur le couronnement de Notre-Dame de la Treille, adressé à l'abbé Bernard.

l'appel du saint prêtre ; toutes semblaient accueillir avec empressement le discours qu'il leur adressait. Sa parole simple et grave allait au cœur de ces pauvres femmes, et plus d'une a dû à son efficacité d'éviter bien des fautes. Il est étonnant à quel point il savait, lui dont l'esprit ne planait que dans les hautes régions de l'intelligence, se faire petit avec les petits, simple avec les simples, pour leur rendre accessible la parole destinée à sauver leurs âmes. Bon nombre de ces femmes existent encore et toutes gardent le meilleur souvenir de cette association et de ces réunions pieuses où les paroles du saint prêtre et le beau cantique de la croix chanté par les sœurs venaient leur rappeler la nécessité d'une vie sainte et leur en inspirer le désir. » La tendre reconnaissance de ces humbles créatures pour leur bienfaiteur se manifestait d'une façon touchante quand il passait près d'elles : elles couraient sur son passage, le saluaient respectueusement, lui présentaient leurs enfants et le priaient de les bénir. Cette œuvre, sortie du cœur de l'abbé Bernard, finit avec lui, après avoir duré près de vingt ans, de 1860 à 1879. Après lui, on chercha à la continuer, mais on n'y put réussir, faute d'un prêtre ayant assez de loisir pour s'en occuper d'une façon suivie.

C'est ainsi que, mêlant les petites œuvres aux grandes et se faisant tout à tous, l'abbé Bernard travailla à la gloire de Dieu et au salut des âmes pendant les trente-deux années qu'il passa à Cambrai comme vicaire-général du diocèse.

CHAPITRE XV

Épreuves de santé. — Nature de son mal. — Première crise grave depuis Bavai, en 1854. — Voyage à Rome et en Italie. — Seconde crise plus grave encore et plus longue en 1869 et 1870. — Ses souffrances normales et physiques. — Sa résignation. — Lettres de Mgr Régnier. — Pèlerinage à Annecy, au tombeau de saint François de Sales. — Guérison. — Voyages à Rome. — Ses rapports avec le Pape Pie IX. — Lettre de M. Gennevoise. — Témoignage du P. Ravenez. — Les armoiries de sa famille. — Amitiés de l'abbé Bernard. — L'abé Desrousseaux. — L'abbé Leleu — Le cardinal Mathieu. — Mgr Haffreingue. — Mgr de Ségur.

La souffrance tient une si grande place dans la vie de l'abbé Bernard, qu'elle doit figurer dans notre récit, pour qu'il soit exact, autrement que dans les premières et les dernières pages. L'épreuve est le caractère spécial des élus, et tous ceux que Dieu appelle à lui par une vocation particulière sont marqués du signe de la croix, qui est le signe du salut et de la rédemption. Son épreuve, à lui, fut à la fois physique et morale, et s'il souffrit beaucoup dans son corps, il souffrit beaucoup plus encore dans son âme. Nous avons dit que, dès sa jeunesse, il avait éprouvé les symptômes de la maladie d'estomac qui devait crucifier sa vie, et qu'en 1834, étant vicaire à Bavai, âgé de 27 ans, il en avait subi une si cruelle atteinte qu'il fut sur le point d'y succomber. Ces sortes de maladies nerveuses de l'estomac ont presque toujours un retentissement dou-

loureux dans la tête par l'insomnie qu'elles amènent et
les tortures de tout genre qui suivent l'insomnie prolongée. Or, pour l'abbé Bernard, l'absence de sommeil
dura, dans une de ses crises, pendant cinq mois de suite.
On peut juger par là de l'intensité de sa souffrance! A la
douleur nerveuse qui torturait son corps, se joignait une
tentation de tristesse et de désolation spirituelle, accrue par
son épuisement physique, qui rappelait d'une manière frappante celle dont saint François de Sales faillit mourir à
Paris quand il était étudiant en théologie. A l'instar du
saint jeune homme qui devint une des gloires de l'Église,
l'abbé Bernard, comme lui rempli d'une tendre dévotion
pour la Vierge Marie, était poursuivi par l'affreuse pensée
de la damnation. Il repoussait cette tentation de désespoir
et jamais il ne s'y abandonna volontairement, mais elle
l'obsédait jour et nuit et ne cessait guères qu'avec la crise
physique qui la provoquait. Dans ces moments d'agonie
spirituelle, sa volonté demeurait ferme, son intelligence
entière, et tous ceux qui vécurent près de lui dans ces
douloureuses circonstances sont unanimes à affirmer qu'il
suffisait d'appeler son attention sur une pensée de foi ou de
dévotion pour le retrouver avec toute la netteté, la précision
et la vigueur de son esprit. Parfois même pour calmer son
angoisse, c'était assez de prononcer le nom de Marie. Un
jour, un de ses anciens vicaires de sainte Catherine, resté
son ami, l'entendant s'écrier avec un accent indicible de
désolation : « Je serai damné toute l'éternité ! » lui dit :
« Damné, vous! un enfant de Marie, qui avez tant fait pour
elle ! Y pensez-vous ! » Aussitôt le malade sourit, la tentation de désespoir s'enfuit ; la crise était passée.

On comprend que si un tel état physique et moral eût
été permanent, le patient n'eût pu vivre longtemps. Six
semaines de cette épreuve avaient suffi pour conduire saint
François de Sales aux portes du tombeau, et il fallut pour
le ramener à la santé et à la vie un miracle de la Vierge
Marie. Aussi les crises de l'abbé Bernard ne revenaient-
elles qu'à de longs intervalles. Les seules qui aient marqué
dans sa vie, depuis Bavai en 1834, jusqu'à sa première
congestion cérébrale en 1877, se produisirent en 1854 et
en 1869. A part ces deux grandes épreuves, dans lesquelles
sa désolation spirituelle s'unit à la souffrance du corps, il
n'eut que de légères atteintes où l'estomac seul était en
cause et qu'un peu de repos suffisait à combattre et à
vaincre. Mais toute sa vie, il dut apporter un soin scrupuleux à son régime, et ce fut à ce prix qu'il put travailler
presque sans interruption pendant plus de quarante ans à
la gloire de son divin maître et au salut de son cher prochain. Pour tout homme de cœur, et à plus forte raison
pour un chrétien et pour un prêtre, c'est une pénible et
humiliante nécessité que cette préoccupation quotidienne
de sa nourriture. Elle peut donner lieu à des interprétations
ironiques, à des accusations de recherche de soi-même, et
avec le sentiment profond qu'avait l'abbé Bernard de sa
dignité sacerdotale, il n'est pas douteux qu'il dût bien
souvent en souffrir. Mais comme c'était pour lui la condition de sa santé, c'est-à-dire de son ministère et du
service de Dieu, il n'hésita jamais devant l'accomplissement
de ce pénible devoir. C'était d'ailleurs dans ce sens que
le prêtre éminent qui forma sa conscience ecclésiastique,
M. Mollevaut, l'avait dirigé avec une constance, et une

16

energie extraordinaires. Les lettres du vénérable Sulpicien lui prêchent le soin de sa santé et de son régime avec autant de force que la sanctification spirituelle. Il lui cite l'exemple de séminaristes qu'il a connus et qui, faute d'avoir compris ce devoir, ont perdu l'heureuse faculté de pouvoir se dévouer au salut des âmes. Il y revient sans cesse, qu'il s'adresse au jeune prêtre, au curé de Sainte Catherine ou au vicaire-général. Il le prémunit contre le respect humain, et ses conseils pourraient se résumer en ces mots : « Ayez la vertu de vous résigner à passer pour sensuel ou pour maniaque, s'il le faut, plutôt que de sacrifier votre ministère. » On voit, à l'insistance du sage directeur, les scrupules du malade et la répugnance qu'il éprouvait à suivre ses conseils sur ce point. Il les suivit cependant et en fut récompensé par toutes les œuvres sensiblement bénies de Dieu que nous avons racontées. Son régime d'ailleurs n'avait rien de contraire à la sobriété, mais le jeûne et assez souvent même l'abstinence lui étaient interdits.

Dans ses grandes crises, le changement de lieu, la fatigue du corps qui rappelle le sommeil étaient les meilleurs remèdes. Il voyageait, et ses voyages avaient toujours un caractère et un but religieux. Dans ces moments-là, il cherchait à servir Dieu en pèlerin, ne pouvant travailler autrement à sa gloire. C'est ainsi qu'il était allé une première fois à Rome en 1834 après sa crise de Bavai, et qu'il avait fait en 1851 le pélerinage de la Salette. En 1854, l'atteinte du mal, ayant été plus forte, il eut besoin d'un plus long voyage ; il partit pour l'Italie au mois de janvier 1855, avec un jeune ecclésiastique de sa famille, et ne revint qu'à Pâques. Nous avons retrouvé le récit de ce voyage dans deux lettres de son compagnon de route, adressées à l'abbé Bernard quinze ans après. Elles sont trop aimables pour que nous en privions le lecteur : « Te souviens-tu de nos compagnons de voyage dans ce pélerinage d'Assise? L'abbé de C. le plus taciturne de la troupe ; M. E. avec une barbe de cheik arabe, qui parlait avec tant d'enthousiasme de son voyage en terre sainte et au désert ; Achille du Clézieux qui se coucha tout le premier dans le tombeau de Sainte Claire, fraîchement découvert ; monseigneur Laroque, enfin, alors vicaire-général, aujourd'hui un des évêques du Canada, qui n'eut pas à tirer une seule fois son passe-port de sa malle, parce que nous persuadâmes à MM. les employés de la douane italienne que Canada était une ville des états du Pape. Notre voiturin perdit un cheval à Foligno. Mais de quelle cuisine digne des estomacs les plus réformés, fumes-nous régalés à Assise! Quels capucins, quels enfants de Saint François, passés, présents ou à venir, mangeront jamais des choses plus hostiles à l'estomac? Je m'en souviens; Dieu sait pourtant ce que j'ai vu depuis ! Nous aurions certainement gagné bien des mérites dans ces pèlerinages de Notre-Dame de lumière, de la Madone del horto, de Rome, du sacro specco, de Saint François et de Sainte Claire, de Saint Nicolas de Tolentino, de Lorette, de Bologne, du Puy, si seulement nous avions su profiter des circonstances. Et nos deux neiges dans les Apennins, et notre marche de nuit au bord des précipices, et la trombe en revenant à ce Capo di Bertha, et ces gens d'Onéglia qui nous croyaient morts ! Il m'en souvient, il m'en souvient ! *Ma, ecco finito, la ringrazia tanto, tanto !* A jamais je bénirai cette fièvre typhoïde qui me chassa du séminaire.... Sans cette heureuse peste, pas de voyage en Italie avec votre excellence. Quelle bonne fortune n'eûmes-nous pas de trouver en revenant la charrette des Petites Sœurs, vieillards, sœur et âne avec, juste à la porte de notre hôtel de Dijon ! Adieu, on ne refera plus un voyage comme celui-là. Les chemins de fer ne permettent plus rien qui y ressemble... »

La seconde lettre précise davantage l'itinéraire des voyageurs : « Ce carême me rappelle celui que nous avons fait ensemble, partie en voiturin, partie en poste, partie en chemin de fer, de Rome à Lorette, de Lorette à Bologne, de Bologne à Gênes, de Gênes à Marseille, de Marseille à Valence, de Valence au Puy, non sans danger de nous casser le cou en passant les Cévennes ; puis à Lyon, puis à Paris, où nous arrivâmes le vendredi saint ; enfin de Paris *à Casa.* »

Toutes ces pérégrinations, tous ces pèlerinages semblèrent faits en pure perte pour la santé de l'abbé Bernard : « J'y vis, écrivait son compagnon de route, tout ce que pouvait être les souffrances d'une âme éprouvée. Mais au retour, le calme se fit et il dura plusieurs années. Pie IX l'avait dit à l'abbé : « Retournez dans votre diocèse, reprenez vos occupations. Vous retrouverez la santé. » Nous revînmes sur cet oracle, et les choses se passèrent comme le Pape l'avait dit. »

Le calme et la santé se rétablirent, en effet, et si complètement que, pendant quatorze ans, l'abbé Bernard put remplir sans interruption et sans fatigue ses travaux multiples et tous les devoirs de son ministère. Mais, en 1869, après la consécration de la Basilique de Notre-Dame de la Treille, de même qu'en 1854 après la procession jubilaire et la constitution de l'œuvre, il retomba malade et plus malade que jamais, comme si Dieu voulait marquer du sceau de la croix les joies mêmes les plus légitimes de son apostolat. La crise commencée au printemps de 1869, interrompue vers l'automne, reprit à la fin de l'année avec une violence nouvelle et ne cessa qu'au mois de mai 1870. Au mois de janvier, un voyage à Rome avait été décidé, mais au moment de partir, le malade se sentit dans l'impossibilité de le faire, à cause, disait-il, de son estomac, de ses nuits et de sa faiblesse. Comme toujours l'estomac était le siège du mal physique, la pensée de la damnation le fond et la cause de sa désolation. On le transporta de Cambrai à la campagne de Lambersart près de Lille, et pour l'empêcher de s'abandonner à la tristesse qui l'envahissait de toutes parts, on lui chercha des compagnons, prêtres, frères ou religieux, qui se succédaient auprès de lui et l'entouraient de soins les plus affectueux. C'est ainsi que le frère Eubert, ami du saint frère Adrien, resta à ses côtés pendant quatre semaines. Le malade au plus fort de l'épreuve disait la messe tous les jours. Quand l'excitation, résultat de l'insomnie, augmentait, il suffisait pour le calmer de le consulter sur une question de conscience, de culte, de direction. Immédiatement, nous disait le frère Eubert, il redevenait le prêtre, le conseiller, le directeur éminent, précis, large et toujours consolant. Mais ce consolateur était inconsolable. Les assurances les plus saintes, les plus autorisées, ne le tiraient que momen-

16.

tanément de sa mélancolie. Parmi les lettres qu'il reçut alors nous n'en citerons qu'une de M. Desrousseaux, son ami d'enfance, et deux de Mgr Régnier qui, témoignent à la fois de la lourdeur de sa croix et de la sainteté de sa vie « 19 février 1870. Mon très digne et vénérable ami, je me réjouis de vous savoir si près de la *sancta casa*, si près de Notre-Dame de la Treille ; et dans les chapelles des R. P. Jésuites et des Sœurs de la Sagesse, que de ferventes prières se font pour vous ! Je viens de célébrer la sainte messe à votre chapelle de la Mère de Grâces, et j'ai bien demandé pour vous une confiance toute filiale en la bonté de Dieu et un abandon complet à sa sainte volonté, aussi longtemps que par des vues de miséricorde sur vous, il trouvera bon de prolonger une épreuve qui doit faire de vous un grand saint. » — « Prions beaucoup, écrivait-il en même temps au prêtre qui tenait alors compagnie à l'abbé Bernard ; faisons violence au cœur de Notre-Seigneur en faveur d'un saint prêtre, qui au lieu de se décourager, aurait plutôt à craindre de se complaire dans tout ce qu'il a fait pour la gloire de Dieu, pour l'Église et l'honneur de la Sainte Vierge, pour la sanctification de sa famille et de sa chère ville natale ».

« Mon cher abbé, écrivait de son côté le 29 janvier 1870 l'archevêque de Cambrai alors à Rome, dans l'audience que le Saint-Père a daigné m'accorder mardi dernier, j'ai fait mention toute spéciale de vous, j'ai rappelé votre voyage de Gaëte, et j'ai dit dans quel état de trouble, de crainte, de désolation de conscience, vous vous trouviez quelquefois. J'ai dit combien cette épreuve est douloureuse pour vous, et quelle part j'y prends, ainsi que tous vos bons et dignes confrères. Le Saint-Père, joignant les mains avec attendrissement et levant les yeux au ciel, m'a chargé de vous dire avec quelle affection il vous bénit et combien il vous recommande de tenir votre âme en paix et de vous jeter avec une confiance sans bornes entre les bras de notre miséricordieux sauveur Jésus-Christ. — Courage donc! Confiance, mon cher abbé. — Je prie particulièrement aujourd'hui pour vous saint François de Sales. Il a passé par la voie douloureuse où vous marchez maintenant. Pour vous comme pour lui, la lumière reviendra après ces ténèbres. Adieu, cher abbé. *Pax tecum.* »

Trois mois après, quand la crise approchait de son terme, monseigneur Régnier lui écrivait encore de Rome où il était retenu par le concile: « Mon cher abbé j'ai vu par votre lettre que votre santé se rétablit *poco a poco.* Ce que vous écrivez ne laisse rien à désirer et ne sent en rien le malade. Allons! courage, cher frère! Je ne sais quand je pourrai voir le Saint-Père et lui parler encore de vous, mais en attendant, nous vous recommandons à tous les saints dont nous avons occasion ici de visiter les sanctuaires. Souvenez-vous bien de ce que je vous ai dit, *mio carissimo;* vos terreurs de conscience, vos désolations intérieures n'ont rien de fondé, *rien absolument*, grâces à Dieu. Quand vous êtes saisi par ces troubles et ces tristesses-là, dites-vous bien que c'est un mauvais rêve que vous faites, un mauvais cauchemar qui vous oppresse. Dans la réalité ce n'est que cela. J'ai beaucoup à travailler et ma santé se maintient. *Vale et nos ama.* »

Cette bonté paternelle, cet accent de tendresse peu habituel dans la bouche de monseigneur Régnier, montrent

son affectueux intérêt pour l'abbé Bernard, en même temps
que sa profonde compassion pour son épreuve. Dans leurs
rapports quotidiens comme dans ses lettres, il apportait la
même condescendance. Ceux qui l'entouraient s'étonnaient
de la longanimité avec laquelle, au milieu de ses plus
grands travaux, il accueillait toujours les confidences de son
vicaire-général ; ils s'émerveillaient de son inaltérable patience à le consoler, à le rassurer, et ils se demandaient
quelquefois s'il n'avait pas connu personnellement cette
cruelle maladie du scrupule qu'il semblait si bien comprendre et combattre chez les autres.

Quoi qu'il en soit, quand l'abbé Bernard reçut la lettre
de son archevêque, il touchait à la fin de son épreuve.
« C'est à la suite d'un de ces combats affreux et désolants
du pieux et cher malade, nous écrit le prêtre qui ne le
quittait guères depuis le mois de février 1870, que le vœu
d'aller à Annecy célébrer trois fois le saint sacrifice de la
messe sur le tombeau de saint François de Sales, a été fait
entre lui et moi, tous deux à genoux, au fond du jardin
de ses frères à Lille. Nous partîmes dès le lendemain,
emmenant avec nous un ancien zouave pontifical alors au
service de l'abbé Bernard. Notre pélerinage s'accomplit,
et de là date la guérison qu'on demandait depuis si longtemps. »

Nous aurons à revenir sur ce douloureux sujet en racontant les dernières années de l'abbé Bernard après sa
démission de vicaire-général. De 1870 à 1877, sa santé se
soutint sans défaillance, et il poursuivit avec une joyeuse
activité ses grandes œuvres un moment interrompues. —
A l'occasion de ses épreuves, nous avons parlé de ses

voyages à Rome en 1834 et en 1855. Nous avons raconté aussi son voyage à Gaëte et son séjour près du Pape Pie IX. Il eut d'autres occasions d'aller satisfaire sa dévotion au tombeau des apôtres et aux pieds du successeur de Saint-Pierre. Il y accompagna son archevêque à deux reprises différentes, une première fois en 1862 lors des grandes fêtes de la canonisation des martyrs japonais, puis en 1874, quand monseigneur Régnier alla recevoir à Rome le chapeau de cardinal. C'était toujours avec une joie indicible qu'il se retrouvait au foyer de la vie catholique, dans la ville éternelle, près du vicaire de Jésus-Christ. Outre sa vénération pour le chef de l'Église, il éprouvait une indicible tendresse personnelle pour le saint et bon Pie IX, qui l'avait trois fois accueilli avec une si parfaite bonté et lui avait annoncé, en 1855, la cessation prochaine de ses souffrances et la reprise de son ministère. De son côté Pie IX ressentait pour ce prêtre si humble, si éprouvé, dont il connaissait les souffrances et les œuvres, une particulière affection. Dans son séjour à Rome en 1874, qui devait être le dernier, l'abbé Bernard goûta toutes les joies, toutes les douceurs de cette auguste et paternelle bonté. Voici ce qu'écrivait à ce sujet M. Gennevoise, ancien missionnaire en Chine, puis attaché pendant 5 ans à la Propagande à Rome et enfin religieux à la Chartreuse de Montreuil-sur-Mer, qui se trouvait à Rome en 1874, pendant le séjour qu'y fit l'abbé Bernard. Nous nous reprocherions de changer un seul mot à ce témoignage si autorisé et qui dépasse dans sa sincérité religieuse tout ce que nous pourrions ajouter :

« Chartreuse de Montreuil, 8 octobre 1882.

Vous désirez quelques notes sur le séjour de M. l'abbé Bernard à Rome. Voici brièvement ce que mes souvenirs me fournissent. M. l'abbé Bernard aimait Rome ; il l'appelait sa ville natale ; il énumérait avec joie les sanctuaires où il avait eu le bonheur d'offrir le Saint-Sacrifice de la messe. C'était dans ce centre de la catholicité qu'il aurait voulu recevoir le sacerdoce si les circonstances le lui avaient permis. Il y alla pour la première fois en 1834, à l'époque où sa santé exigeait de lui un repos absolu ; il y fit plusieurs voyages, et c'est en 1874, c'est-à-dire quarante ans après sa première visite, que j'eus l'occasion de le voir, de vivre entièrement avec lui pendant plusieurs semaines. Il accompagnait alors son Éminence le Cardinal Régnier, venu à Rome pour recevoir le chapeau cardinalice des mains de Pie IX. M. de Corcelles, député du Nord et ambassadeur de la France auprès du Saint-Siège, leur avait offert gracieusement l'hospitalité. Il connaissait de longue date l'abbé Bernard et avait pour lui un véritable respect. Chaque matin, M. l'abbé Bernard célébrait la sainte messe à l'église voisine de l'ambassade, celle des douze Apôtres, où l'on venait récemment de découvrir les reliques de Saint-Philippe et de Saint-Jacques. Sa piété y fut remarquée des Romains qui ont l'instinct du vrai et qui ne se gênent point pour exprimer publiquement leur sentiment. En le voyant passer au retour de la Messe, quand il se rendait à la sacristie, la foule disait à haute voix : *il santo prete!* le saint prêtre ! — La sainteté était en effet le caractère distinctif de M. l'abbé Bernard, et les Romains ne se trompaient pas en lui donnant ce nom. — Pendant ce séjour du mois de mars de 1874, il eut plusieurs audiences du Souverain-Pontife, en compagnie de son Éminence le Cardinal Régnier. Une fois entre autres, il eut l'insigne faveur de suivre le Saint-Père dans sa promenade à la bibliothèque et dans les loges de Raphaël. Dans un détour, j'avais eu, je ne sais comment, l'honneur de porter la canne et le chapeau du Saint-Père : un camérier me les avait remis pour mieux aider Sa Sainteté à descendre quelques marches. M. l'abbé Bernard m'envia cette faveur, et fut tout heureux quand je lui cédai un de ces deux objets.

Ce n'était pas de sa part une puérilité, mais une sorte de culte pour la personne sacrée du Souverain-Pontife. Il le suivait le plus près possible pour ne rien perdre de sa conversation et racontait avec joie les moindres détails de ces audiences privilégiées. Voici un trait certainement inconnu que je crois de mon devoir de vous faire connaître, parce qu'il vous dévoilera la modestie de ce saint prêtre. Il est presque d'usage à Rome, qu'un vicaire-général qui accompagne un cardinal lors de la remise du chapeau, soit nommé camérier du Saint-Père, ce qui donne droit au titre de monseigneur. M. Bernard devait être nommé et j'étais chargé de lui faire part de ce projet. Il me répondit aussitôt, comme il l'avait fait autrefois pour le refus d'un évêché en France : « Non, non, je désire rester ce que je suis. » L'humilité était en effet sa vertu fondamentale : il s'effrayait à la pensée qu'on lui accordât un titre quelconque. On raconte qu'au dix-septième siècle, un homo-

nyme de M. Bernard était appelé à Paris le *pauvre Prêtre*,
à cause de son insigne charité. On peut dire de notre ami
vénéré qu'il était, comme l'appelaient les Romains à
l'Église des douze Apôtres, le *saint Prêtre*. C'est le nom
qui le caractérise mieux que tout ce que je pourrais
ajouter. — Aussi, je vous avoue franchement qu'en recevant la nouvelle de sa mort, j'étais porté à me recommander
à lui, à l'invoquer comme on invoque un saint... »

Félix GENNEVOISE.

Le témoignage du Père Ravenez, de la compagnie de
Jésus, confirme et complète celui du fils de saint Bruno.
Visiteur assidu de l'abbé Bernard dans les dernières
années de sa vie, il avait gagné toute sa confiance, et le
vénérable vieillard épanchait dans ce cœur de religieux et
d'ami ses plus intimes souvenirs. Voici ce que le Père
Ravenez rapporte au sujet de Rome et des relations de
l'abbé Bernard avec Pie IX. « Rome, nous disait-il, c'est
ma patrie. C'est là, près du Pape, près de Pierre que je
respire à l'aise. » Il avait donné de droite et de gauche
ses beaux tableaux, mais il garda toujours en son salon
les gravures de Rome et de Saint-Pierre au Vatican. Il y
gardait aussi une grande statue de saint Pierre assis en sa
Cathedrâ. C'était là qu'il allait se consoler. « Ah ! nous
disait-il, si je pouvais aller à Rome ! C'est comme ma ville
natale. Notre Saint-Père ! Sa présence me ferait tant de
bien ! Une prière de sa bouche me guérirait. » On sait
avec quel empressement, il était allé jadis visiter et consoler Pie IX à Gaëte avec le cardinal Giraud. Or, une fois

rentré au Vatican, Pie IX chercha souvent à témoigner à l'abbé Bernard sa paternelle affection. Puisqu'il reculait si fort devant l'épiscopat, Pie IX le voulut voir du moins prélat romain. M. Bernard refusa toujours. Un jour, les instances du Pape furent très vives. Le Souverain-Pontife se promenait familièrement avec lui et les intimes de sa suite, lorsqu'il lui demanda d'accepter la dignité et le violet de la prélature : « C'est fait, n'est-ce pas, monsieur Bernard, lui disait-il, vous acceptez, et demain matin, j'aurai fait en sorte que les pièces vous soient remises en règle. » Mais le Saint-Père dut céder devant les prières instantes de l'humble vicaire général. C'est dans cette même entrevue toute intime, que Pie IX lui demandant avec grande affection des détails sur sa famille. « Votre famille est ancienne, quelle est donc sa devise ? — Elle n'en a pas, très Saint-Père. — Comment ! Elle n'en a pas ? Il lui en faut une. Voyons. Puisque pour venir en aide plus largement à l'Église, vos parents raffinent le sucre, votre devise de famille sera celle-ci : *Mellificamus Domino.* »

Cette tendresse dont le cœur de l'abbé Bernard était rempli pour Rome, le Pape et les choses de l'Église universelle, comme pour Lille, ses œuvres et ses habitants, était non moins vive et inépuisable pour sa famille et ses amis. Avant de rappeler ce qu'il fut, comme prêtre, pour ses parents, disons quelques mots de ses amitiés. — Ses deux plus chers amis ecclésiastiques furent M. Desrousseaux et M. Leleu, qui, tous deux, le précédèrent dans la tombe. — Nous avons déjà plus d'une fois dans ce récit parlé de M. Desrousseaux son compagnon de droit à Paris, le premier confident de sa vocation, qui, revenant

17

avec lui à Lille, passa comme lui par Cambrai pour demander au supérieur du grand séminaire de le recevoir à la rentrée d'octobre 1828. Ce ne fut qu'au bout de deux ans qu'il put suivre sa vocation retardée par des difficultés de famille. A cette époque, mourut à Lille, en odeur de sainteté, un prêtre que M. Desrousseaux chérissait comme un père, M. l'abbé Rouzé. Le jeune homme se recommanda aux prières du mourant, le suppliant d'obtenir de Dieu que les obstacles qui le retenaient dans le monde fussent levés. Quelques jours après, M. Desrousseaux père, qui était avoué et qui avait désiré de tout temps laisser son étude à son fils, le fit venir dans son cabinet et lui dit : « Auguste, penses-tu toujours au séminaire ? — Oui, mon père. — Eh bien ! ta mère et moi, nous te donnons l'autorisation que tu sollicites. » On était au mois d'avril. M. Desrousseaux revêtit immédiatement la soutane, sans attendre l'époque où, d'ordinaire, commencent les cours dans les séminaires.

Son père, homme de foi et chrétien généreux, tomba malade pendant que l'abbé Desrousseaux était à Gaëte avec le cardinal Giraud et l'abbé Bernard. Se sentant mourir, il écrivit de son lit de mort, une lettre où se lisaient ces mots : « Mon cher et bien-aimé fils, puisque vous êtes absent, je ne puis vous demander votre bénédiction de prêtre ; mais tout au moins, je ne veux pas mourir sans vous avoir donné ma bénédiction de père.... Soyez dans l'avenir pour ma famille, le lien de l'union chrétienne. »

Successivement supérieur du petit séminaire et curé-doyen de l'importante paroisse de Saint-Géry à Cambrai, le chanoine Desrousseaux, après avoir pendant plus de vingt ans édifié ses paroissiens et donné l'exemple de toutes les vertus, mourut le 23 mars 1875, emporté par une rapide maladie. L'abbé Bernard qui, depuis son installation à Cambrai en 1845, ne l'avait pour ainsi dire pas quitté, le pleura comme on pleure un ami de jeunesse, devenu le compagnon de ses œuvres et le témoin de son sacerdoce.

Il pleura, avec un sentiment peut-être plus profond encore de deuil personnel, M. l'abbé Leleu, son hôte et son commensal pendant plus de dix ans. Leurs rapports dataient de 1831, époque où l'abbé Bernard, chassé de Paris par la révolution de Juillet 1830, entra après Pâques au séminaire de Cambrai pour terminer ses études théologiques. Il prit en arrivant pour directeur de sa conscience M. Leleu, alors professeur de théologie. Leur intimité, commencée dès cette époque et basée sur une grande estime réciproque, dura jusqu'à la mort de M. Leleu en 1868. De 1833 à 1845, l'absence de l'abbé Bernard diminua leurs relations sans diminuer leur affection mutuelle. Elles reprirent dès son retour à Cambrai comme vicaire général, et quand, au mois d'août 1857, époque où Mgr Régnier appela les Lazaristes à la direction du grand séminaire, M. Leleu qui était supérieur de cet établissement dut se retirer, il accepta l'hospitalité chez l'abbé Bernard qui lui offrait le vivre et le couvert dans sa maison de la rue Saint-Georges. Depuis ce jour, les deux amis ne se quittèrent pour ainsi dire plus, et, jusqu'à la fin, ils se rendirent mutuellement de grands services. Grâce au dévouement fraternel de l'abbé Bernard, M. Leleu jouit constamment du calme et de la tranquillité d'esprit et de corps, des soins délicats et tendres dont il avait besoin, surtout pendant les longues et cruelles infirmités de ses dernières années. De son côté l'abbé Bernard trouva toujours en M. Leleu un ami de cœur, une société aimable, pleine de charme et de gaieté, un directeur qui depuis longtemps avait toute sa confiance et exerçait sur lui une telle autorité morale que d'un mot il dissipait ses peines, ses inquiétudes et les troubles si souvent renaissants de sa conscience délicate jusqu'à l'excès. Aussi quand ce cher commensal, frère et père à la fois, directeur de sa jeunesse sacerdotale, soutien et lumière de son âme vieillissante, vint à lui manquer, le 4 octobre 1868, il lui sembla que le soleil de sa maison se voilait, et que le vide laissé à son foyer par ce départ, ne se comblerait jamais.

Parmi ses amis ecclésiastiques, nous avons déjà, nommé M. Mollevaut, de Saint-Sulpice, qui lui fut enlevé en 1849, le cardinal Mathieu, archevêque de Besançon, ses deux archevêques de Cambrai, le cardinal Giraud et le cardinal Régnier; Mgr Haffreingue, de Boulogne, et Mgr de Ségur. Mentionnons encore Mgr Bastide et Mgr de Mérode, à la mort duquel l'abbé Gennevoise écrivait à l'abbé Bernard : « Le prélat le plus dévoué que vous eussiez au Vatican était cet excellent Mgr de Mérode. A Rome, qui est une petite ville, tout se sait. » Suivant la règle que nous nous sommes imposée dans cet écrit, nous ne parlons que des morts, ne voulant pas blesser la modestie des vivants. Cependant, parmi ses amis laïques, après tous ceux que nous avons nommés dans ce récit, et qui le précédèr nt dans la tombe, nous oserons prononcer deux noms

peuvent être absolument absents de ce récit, celui de M.
Édouard Lefort, son ami de jeunesse et de toute la vie, et
celui de M. Kolb-Bernard, son cousin germain par alliance,
qu'il aimait et respectait indiciblement. Un mot résume ce
qu'il pensait de lui. On lui demandait si M. Kolb-Bernard
n'était pas son parent. L'abbé Bernard répondit : « Il me
fait l'honneur de m'appeler son ami. »

CHAPITRE XVI

Ministère de famille. — Premières Communions. — Vocations religieuses. — Mariages. — Mort de son père, de sa mère, de ses
frères Alexandre et Benjamin, de ses belles-sœurs, de plusieurs
de ses neveux et nièces.

A mesure que l'abbé Bernard avançait dans la vie et
que ses œuvres se multipliaient, son ministère de famille
croissait avec le nombre de ses années et celui de ses
proches. Sa sœur, ses cinq frères voyaient leurs enfants
grandir et se multiplier, et quand il quitta, pour les fonctions de vicaire général, celles de doyen de Sainte-
Catherine, une nouvelle génération de petits neveux et de
petites nièces était déjà venue élargir le cercle de ses affections et de ses pieuses sollicitudes. Père, mère, frères
et sœurs, neveux et nièces, il les aimait tous d'une tendresse profonde, mais où la foi dominait la nature sans
l'étouffer. Dans cette âme toute pénétrée de l'amour de
Jésus-Christ, la nature et la grâce étaient inséparables. Il
suivait les siens dans toutes les grandes circonstances de
leur vie, depuis leur baptême et leur première communion
jusqu'à leur mariage ou leur vocation religieuse, jusqu'à
leur paternité, leurs souffrances et leur mort. Il s'intéressait
à tout, et, autant qu'il le pouvait, il participait à tout, par
ses prières, par ses conseils et par ses démarches. Cet in-

térêt, ce dévouement sacerdotal d'un ordre supérieur ne le quittaient jamais, et nous en trouvons une preuve singulièrement touchante dans le trait suivant raconté par un témoin de sa vieillesse, le R. P. Ravenez, de la compagnie de Jésus. C'était au mois de mai 1882, la dernière année de sa vie. On eût pu croire que ses facultés d'aimer, de se souvenir, de se donner étaient noyées et comme anéanties dans l'océan de ses douleurs et de son agonie spirituelle. Loin de là, elles subsistaient tout entières et se manifestaient par des paroles et des actes touchants jusqu'au sublime.

« Un de mes plus chers souvenirs, écrit le Père Ravenez, est celui d'un fait qui se passa au mois de mai dernier. Une de ses petites nièces, Jeanne Bernard, allait faire à Santes sa première communion. Depuis quelques jours, il priait déjà à cette intention avec une ferveur très grande, lorsqu'arriva la veille de la cérémonie : c'était un samedi. Eh quoi ! Dans vingt-quatre heures, notre Seigneur aura pris possession du cœur de cette enfant ! — La pensée d'une telle grâce l'envahit tellement qu'il ne put retenir ses larmes. Il ne voulut pas se contenter de prier assis : bien que, même assis, il fût déjà très faible, il exigea absolument qu'on le mît à genoux, et, nous demandant de nous joindre à lui, prosterné devant une statue de la sainte Vierge, il se mit à prier tout haut. Bientôt les larmes lui coupèrent complètement la voix. Quand je me rappelle cette belle tête blanche se cachant humblement dans ses mains, ce corps brisé par la souffrance s'inclinant profondément sous le regard de Marie, et cette voix suppliante qui faisait appel à toute la charité de la mère de Dieu en faveur d'une enfant qui, le lendemain, allait recevoir son Sauveur, je puis me dire que j'ai vu un saint. »

C'était bien un saint, en effet, et un saint qui, aimant les siens en Dieu, les aimait d'une charité toute-puissante. Après leur première communion, il se préoccupait de leurs études, puis de leur vocation. Quand un de ses neveux demanda et obtint de son père la permission de s'engager, avant dix-sept ans, dans les zouaves pontificaux, qui, sous les ordres de Charette, défendaient le patrimoine de Saint-Pierre et la liberté de l'Église, il suivit cet enfant de prédilection d'un souvenir constant, qui se retrouve dans toutes ses lettres de cette époque et qu'il portait surtout au pied des autels. Et, quand, plus tard, des vocations ecclésiastiques ou religieuses se manifestèrent autour de lui, quels élans de joie, de reconnaissance envers Dieu qui envoyait de semblables bénédictions à sa famille ! Lui si scrupuleux, si défiant quand il s'agissait de lui-même, n'hésitait jamais quand il avait reconnu les signes d'une vocation véritable. Il ne provoquait aucune confidence, même de ses neveux et de ses nièces ; mais quand il les avait reçues, il en remerciait Dieu avec effusion, les encourageait à suivre l'appel du Divin maître, et leur disait ces deux mots qui renfermaient et résumaient tout : « Soyez fidèles à la grâce, et généreux au service de notre Seigneur. »

Il n'était pas d'avis de laisser les jeunes gens, qui se sentaient un attrait sérieux et éprouvé par leur directeur, vers le sacerdoce, compromettre leur vocation par des lectures ou des sociétés profanes, quoique innocentes. Un religieux, qui vécut quelque temps dans son intimité, nous

17.

a fait connaître, à l'appui de cette opinion très nette de
l'abbé Bernard, un exemple décisif et curieux. « Un séminariste, écrit ce bon Père, m'avait fait part de ses lectures
de piété et spécialement du livre de Mgr Dupanloup sur
l'éducation. Certaines pages sur l'amour, bien qu'écrites
avec une extrême délicatesse, avaient éveillé son attention
et ses scrupules. Ma réponse à sa consultation ne pouvait
être douteuse, mais je crus bon d'en référer à M. Bernard.
Son avis très ferme fut que le livre de l'*éducation* de l'illustre prélat, fait pour les parents et les maîtres, pouvait
être dangereux pour les jeunes gens et que les chapitres
sur l'amour ne devaient, sous aucun prétexte, être mis aux
mains des jeunes clercs. Quoique de son avis, je hazardai
une objection : « Ne faut-il pas, lui dis-je, qu'on éprouve
sa vocation, pour apprécier le sacrifice qu'on fait en vouant
à Dieu sa chasteté ? — Mon père, reprit-il, on a tort ; il
faut être loyal avec le bon Dieu. La vocation est une grâce
de choix, par laquelle Dieu nous retire du monde dès la
jeunesse, précisément pour que nous ne soyons point touchés par son poison : *raptus est ne malitia mutaret intel-
lectum. Fascinatio nugacitatis obscurat bona.* (Il a été séparé,
de peur que la malice ne pervertît son intelligence. La
fascination de la bagatelle obscurcit les dons de Dieu). Il
faut garder sa vocation, ajouta-t-il ; l'exposer aux lectures
amollissantes est une faute, une indélicatesse, un manque
d'honnêteté envers Dieu. »

C'est dans ce sens qu'il agissait toujours vis-à-vis des
siens, quand il était consulté au sujet d'une vocation ecclésiastique ou religieuse, et parmi ses dernières recommandations, écrites peu de temps avant sa mort, nous en trouvons

une qui confirme et résume ce que nous venons de rappeler : « Je recommande à mes parents de toujours laisser la plus grande liberté pour les vocations religieuses ou ecclésiastiques : ne point forcer à rester dans le monde, pour éprouver les vocations qui se perdent parfois de cette façon. »

Ce n'est pas qu'il poussât au cloître ou au séminaire toute personne qui venait lui demander conseil à cet égard. Autant il y mettait de décision quand une vocation lui paraissait certaine, autant il apportait de soin et de réserve à étudier les vocations indécises ou douteuses. Plus d'une fois même, il éloigna de la vie religieuse des personnes qu'il dirigeait et qui s'y croyaient appelées; et nous en connaissons une qui, aprés deux retraites de plusieurs mois, dans une communauté où elle s'était trouvée très-heureuse, en sortit néanmoins malgré son impression personnelle, sur l'avis formel, nous pourrions dire sur l'ordre de l'abbé Bernard, qui avait reconnu à des signes certains que sa vocation était de rester dans le monde.

Cette bénédiction du sacerdoce et de la vie religieuse que l'abbé Bernard avait le premier apportée à sa famille, n'en est pas sortie depuis et s'est reposée sur des têtes nombreuses et privilégiées. Du jour de sa consécration à Dieu jusqu'au jour de sa mort, il eut la joie de voir naître et mûrir parmi les siens sept vocations de prêtres ou de re-religieux, et six vocations de religieuses.

Il s'occupait du mariage de ses proches avec la même sollicitude, avec le même souci de leur intérêt spirituel. « Que les alliances soient avant tout chrétiennes ! » Telle était la première règle, formulée comme nous venons de la reproduire, dans l'écrit renfermant ses dernières volontés. Il n'y admettait pas d'exception, et il voulait que tous ceux qui entraient dans sa famille, non-seulement les jeunes filles, mais les jeunes gens, fussent chrétiens et chrétiennes pratiquants. Une fois cette condition remplie, il s'occupait volontiers de faciliter les unions où son intervention pouvait être efficace, et nous ne croyons pas qu'il ait jamais eu lieu de s'en repentir.

Une autre règle à laquelle il tenait presque autant qu'à la première, c'est qu'on devait éviter les mariages entre parents, dans les limites où ils sont prohibés sauf dispense, c'est-à-dire déconseillés par l'Église. Dans sa jeunesse il avait pu reconnaître, par des exemples douloureux, la sagesse des lois ecclésiastiques, et sans contester qu'à ces règles comme à toutes, il peut y avoir des exceptions légitimes, il avait pour ces sortes d'unions une répugnance presque invincible. Lors du mariage d'un de ses neveux les plus chers, parce qu'avec ses frères et sœurs il était resté orphelin de bonne heure, mariage qu'il lui avait conseillé, il eut bien soin de lui faire remarquer que la jeune fille n'était sa parente qu'à un degré éloigné et qui ne nécessitait aucune dispense. Ce mariage de Paul Bernard fut marqué par une circonstance touchante. Après le repas de noces, au moment de se retirer, Paul prit sa jeune femme par la main, suivit l'abbé Bernard hors du salon, et se mettant à genoux devant lui, il lui demanda sa bénédiction. Cette bénédiction sacerdotale et paternelle que tous deux reçurent ainsi de leur saint oncle à la fin de cette grande journée, ils devaient la recevoir une autre fois encore et la dernière, dix ans plus tard, quand la mort venait de rompre ou plutôt d'interrompre leur union. Cette fois, Paul était étendu sur son lit, mort depuis deux heures, quand l'abbé Bernard arriva près de lui. Ce fut sa femme seule qui se mit à genoux et qui demanda pour tous deux cette bénédiction suprême, que le prêtre de Jésus-Christ leur donna avec une grande effusion de larmes.

Quand les mariages de ses neveux et nièces étaient arrangés, l'abbé Bernard se faisait un devoir bien doux de les bénir, et les discours qu'il prononçait en ces occasions étaient des modèles de précision et de simplicité, de foi, de tendresse virile et de charité. Il était sobre d'éloges, et ceux qu'il donnait aux jeunes époux et à leur entourage n'étaient jamais qu'une forme aimable d'encouragement à la vertu et de leçons chrétiennes. Nous en citerons deux ou trois exemples où son esprit, son cœur, sa manière de penser et de dire se montrent avec cette sobriété et cette émotion contenue qui étaient une des grâces de son humilité.

Consacre-t-il l'union de son neveu Georges Bernard, orphelin dès son adolescence, comme son frère Paul, son cœur s'émeut au souvenir de cette jeunesse demeurée pure malgré l'absence de ses protecteurs naturels : « Vous avez mille raisons, dit-il, mon cher Georges, de vous écrier : Qu'il est bon, le Dieu d'Israël pour ceux qui ont le cœur droit. » En effet, orphelin dès votre bas âge, dans un temps de dévergondage de doctrines autant que de licence de mœurs, vous sembliez comme dévoué à perdre votre foi, puis à faiblir dans la pratique du devoir : mais, vous n'aurez point de peine à le reconnaître, si votre père et votre mère vous ont quitté pour une vie meilleure, le Seigneur vous a adopté, se tenant caché sous les mille soins intelligents et

affectueux dont vous avez été entouré. Jésus-Christ et sa
sainte mère ont veillé sur le trésor de vos croyances et sur
votre fidélité au plan de vie que vous vous étiez tracé, en
la bénie institution de Marcq. C'est donc avec des dispositions pures et méritoires devant Dieu que vous vous êtes
cherché une compagne. Le Seigneur, qui vous était favorable, vous l'avait préparée et vous la tenait en réserve,
digne de vous, comme je ne crains pas de le dire vous êtes
digne d'elle. La voici, vous apportant le suave parfum de
gracieuses et solides vertus. Soyez donc la bienvenue, vous
que je serai tout à l'heure heureux d'appeler ma nièce et
de confondre dans une même affection avec tant de nièces
chéries. La bénédiction de tant de protecteurs du ciel, que
notre nouveau lévite, bientôt votre frère (Charles Bernard,
alors séminariste à Rome) invoque en ce moment dans un
des sanctuaires de Rome, et surtout la grâce du sacrement
vous aideront à justifier le nom que vous reçûtes au baptême,
et à vous montrer toujours imitatrice de sainte Paule, sans
frivolité, sans mollesse, sans égoïsme, joyeusement esclave
de tous vos devoirs, agréable à Dieu, aimable à votre époux,
secourable à ceux qui souffrent, et prête à seconder en proportion de vos forces, les desseins qui tendent à la gloire
de Jésus-Christ, notre maître et dès lors au bien de la société. »

Va-t-il bénir l'union d'un autre de ses neveux bien aimés
avec une jeune chrétienne qui se dispose à suivre son mari
loin de sa famille et de sa ville natale, il trouve des accents
aussi élevés que délicats pour tracer aux jeunes gens leur
devoir, pour bénir les parents de l'épouse de leur généreux
sacrifice. « Que Marie, le modèle et le secours puissant

des épouses, obtienne de son époux céleste, de l'esprit de
vérité, que ces deux fidèles enfants de l'Église me comprennent bien en ce moment. Une communauté de biens
temporels et caducs n'est rien en comparaison de la communauté des trésors de la foi, de la pureté des mœurs, de
l'intelligence du pauvre, de tout ce qui est membre souffrant
de Jésus-Christ, des besoins surtout de la société présente,
plus digne de compassion que tous les nécessiteux, étant
comme elle est, aveugle sans le savoir et, sans le savoir aussi,
demeurant dans le dénuement le plus extrême. Oui, mes
frères, c'est notre société malade qui est le grand pauvre du
moment. Heureux et bénis seront ceux qui le comprennent
et qui connaissent l'obligation de lui venir en aide, soit par la
prière et l'exemple, soit par une sage et suffisante contribu-
tion aux œuvres de sauvetages tentés pour conjurer les ri-
gueurs de la justice divine ! L'exemple, il est facile à donner après l'avoir reçu soi-même, et à un degré éminent
dans la maison paternelle. Reste la nécessité de combattre
l'amour naturel de ses aises et de sa tranquillité, c'est-à-dire
de l'égoïsme, ordinairement caché sous un monceau de pré-
textes. Mais quand on a été baptisé sous le nom et le patronage
de deux illustres chrétiens dévoués à la cause du Sauveur
jusqu'à mourir pour cette cause sacrée, on doit être prêt à
se poser comme des rocs devant la mollesse et les concessions illicites du monde. On doit être prêt à vivre de la vie
saintement virile des premiers fidèles, ne regardant l'existence que comme le point d'appui qui fait monter au ciel
et conquérir le royaume de la paix et de la gloire sans fin ;
et quand des parents judicieux goûtent ces principes de la
foi, ils font généreusement le sacrifice de la présence habi-

tuelle d'une fille chérie, laissant leur Rébecca suivre l'é-
poux que lui a choisi la Providence ; et ils trouvent un
adoucissement à leur séparation dans la perspective de l'é-
dification et du bonheur que cette enfant bien aimée va
procurer ailleurs, là, où, dès le premier jour, elle sera vue
comme une envoyée de Dieu et un don de sa miséricorde.»

Enfin, car il faut nous borner, en célébrant le mariage
d'un autre de ses nombreux neveux, ancien zouave pontifical et destiné par son mariage même à devenir le chef
d'une importante usine et le patron de tout un peuple d'ouvriers, après une bénédiction spéciale et touchante donnée
au soldat volontaire de Pie IX, il profite de cette belle fête
nuptiale pour faire entendre des paroles tout apostoliques
sur les devoirs trop souvent oubliés des grands industriels
chrétiens : « Je ne crains pas d'appeler votre attention sur
un devoir que vous voudrez toujours remplir comme lieu-
tenants de Dieu auprès des ouvriers qui vous donnent leur
temps et leurs sueurs en échange de l'équitable salaire qui
les fait vivre. Ces ouvriers, vous le savez bien, ce sont nos
frères en Dieu et nos frères en Jésus-Christ. Nous, chrétiens,
nous ne faisons pas acception de personnes, nous aimons les
âmes des petits et des pauvres sans nous faire de leur obscurité
un prétexte d'égoïsme. Aimez donc les âmes de vos ouvriers,
soyez leur providence visible ; qu'ils aient toute facilité de
rendre à Dieu ce qu'ils doivent à Dieu ; que votre exemple les
entraîne toujours à bien faire et que vos conseils affectueux
essaient de les remettre dans la droite voie, s'ils venaient à
s'en écarter. Aidez-nous, dans les limites de votre action et
dans la mesure de votre crédit, à dissiper le malentendu et
à diminuer le désaccord qui, trop souvent aujourd'hui, sé-

parent de leurs patrons la classe des travailleurs, et la tiennent dans un état habituel de suspicion, d'aigreur, même d'antagonisme. Que le rapprochement se fasse par la charité ; que de plus en plus chez vous, les deshérités de la fortune se sachent, se sentent considérés par leur double dignité d'hommes et de membres de Jésus-Christ : et il n'y aura plus de barrières entre eux et nous, et vous attirerez les bénédictions du ciel sur vous, sur votre maison, sur les descendants qu'il plaira à Dieu de vous donner. »

C'est ainsi que l'abbé Bernard, prêtre toujours et avant tout, mêlait à tous ses discours, à toutes les cérémonies auxquelles il présidait, aux souhaits de bonheur qu'il adressait aux jeunes époux dont il bénissait l'union, les graves enseignements de la foi et les effusions de sa brûlante charité. Quand la maladie ou la mort s'approchait de quelqu'un des siens, il était là, comme au jour des fêtes joyeuses, pour aider ces chères âmes à souffrir chrétiennement et à quitter saintement ce monde. Combien en vit-il partir, pendant les vingts premières années de son ministère, alors que la jeunesse de ses frères et sœurs faisait de toutes ces morts des départs prématurés ! Le premier qu'il assista dans le douloureux passage du temps à l'éternité était un enfant de douze ans, le jeune Henri Cuvelier, fils unique de l'unique sœur de l'abbé Bernard, le premier né, le premier mort de sa génération, qui expira sous sa bénédiction, presque sur son cœur, au collége de Vaugirard, le 23 mars 1839. Écoutons le prêtre de Jésus-Christ raconter à sa mère avec sa tendresse chrétienne, avec sa foi profonde et consolante, les derniers moments de cet aimable enfant. « Samedi 23 mars. « Ma chère mère, les nouvelles que j'ai à vous donner sont des plus alarmantes. Notre malade a encore perdu énormément depuis hier soir : la vue paraît déjà se couvrir. Il est d'une vertu qui nous étonne tous. Pas une plainte, obéissant à tout le monde, prévenant envers tout le monde. Mais ce qu'il y a de plus touchant, c'est sa piété ! Il a mal aux deux mains et aux deux pieds, comme Notre-Seigneur, dit-il; et il ajoute: «J'ai aussi mal au cœur et au côté, et j'ai une couronne d'épines» (il avait eu la veille des sangsues à la tête.) Comme je lui faisais observer qu'il y avait une différence entre Notre-Seigneur et lui, vu que notre bon maître était cloué à une croix bien dure, tandis que lui est couché sur un lit bien mou, « Et elle est bonne, la différence ! » reprit-il avec foi. »

Et le soir du même jour : «Hélas, ma chère mère, vous n'aurez que trop pressenti par ma lettre de ce matin ce que j'ai à vous apprendre. Notre Henri n'est plus, ou plutôt il vient de commencer d'être entièrement à son Dieu à qui il a rendu son âme aujourd'hui samedi à quatre heures et demie du soir. J'avais accompagné son père et sa mère à Paris dans la journée, je n'étais de retour à Vaugirard qu'à trois heures et demie, déjà il avait eu une faiblesse. Je commence mon bréviaire près de lui, son confesseur qui ne le quittait pas, s'absente un instant ; une seconde faiblesse apparente le prend, c'était la fin. C'est moi qui lui ai donné la dernière absolution, et qui lui ai fermé les yeux. Il s'est endormi pour l'éternité, ayant une main dans la mienne. Le moment de sa mort nous a échappé, tant il s'est éteint doucement ; ni convulsions, ni cris, ni douleurs aiguës, ni inquiétudes sur lui ou sur ses parents ; mais présence d'esprit jusqu'aux avant-dernières minutes, entendant, compre-

nant, goûtant tout ce qu'on lui disait. Il a acquiescé au
sacrifice que je lui ai fait faire de sa vie dans les derniers
moments, ce qui fait que sa mort a tous les caractères d'une
mort des plus méritoires. Bon courage! il y a bien quelques
douceurs au milieu de tant d'amertumes. La famille a gagné
un intercesseur de plus. »

Le nombre de ces intercesseurs, jeunes ou vieux, s'accrut
rapidement et toujours dans des conditions aussi saintement
consolantes. Ce furent, d'abord M. Alexandre Bernard et sa
femme, les aînés de la famille, qui passèrent de la terre au
ciel, à trois mois de distance en 1846, laissant sept enfants
dont six moururent avant l'abbé Bernard. Le seul qui resta
ici-bas, fut celui d'entre eux qui avait renoncé au monde
pour se consacrer tout entier au service de Dieu. Puis le
père et la mère de famille, M. et Madame Bernard-Serret,
partirent pour le paradis pleins de jours et de mérites, l'un
en 1848, l'autre en 1852, bénissant leur saint fils, bénis par
lui, dans des sentiments de piété et de sérénité que nous
n'avons pas à rappeler, les ayant rapportés au commencement de ce récit, d'après l'abbé Bernard lui-même.

De 1852 à 1870, il vit encore disparaître ses deux plus
jeunes belles-sœurs, épousées successivement par son plus
jeune frère Benjamin, qui lui-même mourut presque subitement à Vichy en 1862 ; son beau-frère, M. Henri Cuvelier,
qui expira doucement à Paris le 6 janvier 1861, en répétant
la grande parole de saint Paul : *Cupio dissolvi et esse cum
Christo*: Je désire ma dissolution pour être avec Jésus-
Christ: » et deux autres de ses belles-sœurs, Mesdames
Henri et Félix Bernard, qui partirent, sereines et résignées
de ce monde, où elles laissaient cependant des maris désolés

et de nombreux enfants. Qu'il nous soit permis à la suite de cette longue liste nécrologique et pour terminer ce chapitre intime de la vie de l'abbé Bernard, de citer quelques passages d'un écrit, conservé précieusement dans sa famille, où l'une de ses proches parentes avait déposé, comme dans un testament, les pensées les plus hautes, les sentiments les plus purs de son âme maternelle. Cette mère chrétienne ne pensait point au moment où elle traçait ces lignes comme pour elle-même, qu'elle fût destinée à sitôt quitter ses enfants. Dieu, en la rappelant à lui, permit qu'elle leur laissât, comme un enseignement de chaque jour, ce témoignage subsistant de son amour et de sa piété. Ne pouvant tout citer ici, nous renvoyons à la fin du volume les lecteurs qui désireraient ne perdre aucune parcelle de ce véritable trésor.

« Ma mission près de mes enfants est celle d'un ange visible ,placé par Dieu lui-même au milieu d'eux, pour les aider à traverser la vie. Je suis l'auxiliaire de leur ange gardien, pour disposer leur âme à recevoir et à comprendre les bonnes pensées qu'il leur suggère, les fixer dans leur imagination mobile, et pour les aider à les mettre en pratique. Le but de ma mission est leur introduction dans le ciel. Après les avoir enfantés à la vie, je dois les enfanter à la grâce, travail plus noble, mais plus long, plus laborieux et parfois plus pénible. Sans négliger les soins plus matériels que réclament leur corps et leur santé, ma sollicitude doit surtout s'attacher à l'éducation de leur cœur et de leur intelligence au moment où leurs facultés morales commencent à se développer. Ma tâche devient alors chaque jour plus importante. Afin d'être avec mes enfants à leur retour de classe, je m'occuperai autant que possible de mes arrangements de ménage pendant leur absence. J'éviterai aussi tout travail sérieux, lorsque je me trouverai au milieu d'eux, afin de conserver la douceur et la patience que je veux avoir avec eux. Les conseils sur les défauts se donneront en particulier, ils sont plus efficaces de cette manière, et blessent moins le petit amour-propre. J'ai une crainte horrible de toutes louanges qui, données comme encouragement, deviennent parfois le mobile de bonnes actions et par suite les empoisonnent. Je voudrais conserver à mes enfants une si grande simplicité qu'ils ne fussent jamais préoccupés de ce que les autres pensent ou disent d'eux, qu'ils n'eussent même pas la pensée que l'on peut s'occuper d'eux. Je veux les prémunir contre le luxe, véritable plaie de notre siècle, qui fait chaque jour des progrès effrayants, et contre la vanité. Tout l'ensemble de leur éducation consiste à leur faire connaître, aimer et pratiquer leurs devoirs envers Dieu, envers leurs semblables, envers eux-mêmes. Je profiterai de toutes les circonstances qui se présenteront pour exciter soit leur confiance, soit leur reconnaissance, soit leur amour pour Dieu. Je leur dirai que, non-seulement ils doivent avoir pour leurs frères et sœurs une vive affection, beaucoup de douceur et de complaisance, mais que ces sentiments doivent s'étendre encore (d'une manière plus générale sans doute) à tous les autres hommes, parcequ'en Jésus-Christ nous sommes tous frères; que, parmi ces frères, il en est qui sont les enfants de prédilection de Dieu et qui ont la première place dans son cœur, à cause de leurs souffrances; que pour ces motifs, les pauvres doivent avoir aussi leur première sollicitude, leur première sympathie ; que leur intérêt y est engagé, puisqu'ils ne peuvent entrer au ciel que par eux. Je leur ferai comprendre que la mort de Jésus-Christ ne les introduit pas indubitablement dans le paradis, mais que, par ses souffrances, il nous a rendu notre titre d'enfants de Dieu, et que, dès lors nous pouvons et devons conquérir notre héritage par nos bonnes actions. Mon travail, qui est un travail de tous les jours, de tous les instants, ne sera achevé que le jour où, avec la grâce de Dieu, tous mes enfants seront devenus des chrétiens selon son cœur. Je ne leur devrai plus alors que les douceurs de mon affection et l'appui de ma vieille expérience de la vie. »

C'est ainsi que sous le regard, sous l'influence et la bénédiction de l'abbé Bernard, on naissait, on se consacrait à Dieu, on se mariait, on élevait ses enfants, on souffrait et on mourait autour de lui. Il fut pendant les longues années de son sacerdoce, non-seulement le témoin mais le guide et l'âme de tant de bonnes œuvres et de vertus, et quand son ministère, si vaste, si fécond, si catholique dans le sens universel du mot, eût été renfermé dans ce cercle de la famille, quand il se fût borné à éclairer, diriger et sanctifier les trois générations qui passèrent sous sa main sacerdotale, il eût mérité d'entendre à son dernier jour la grande parole du divin maître : «*Euge, serve bone et fidelis quia super pauca fuisti fidelis, super multa te constituam, intra in gaudium Domini tui.* »

CHAPITRE XVII

Prédication de l'abbé Bernard. — Ses écrits. — Son amour et ses recherches des antiquités chrétiennes et ecclésiastiques. — Sa correspondance.

L'abbé Bernard n'était point prédicateur de profession. Dans son ministère universel de vicaire général, l'administration du diocèse à laquelle il était associé absorbait la plus grande partie de son temps, et, comme c'était son devoir d'état, il le faisait passer avant tout autre. Néanmoins, de même que nous l'avons vu, dans les chapitres précédents, s'occuper activement et incessamment des œuvres de foi et de charité qui sont la vie même de la piété ; de la construction de nouvelles églises ; de la diffusion des congrégations d'hommes ou de femmes et de la direction spirituelle de beaucoup d'entre elles, les compagnons de sa vie apostolique rendent également témoignage de son zèle à prêcher la parole de Dieu et à se livrer dans une large mesure à toutes les œuvres du ministère sacerdotal proprement dit. On ne l'entendait presque jamais faire de grands sermons, prêcher dans les grandes solennités ; il laissait aux illustres orateurs de la chaire chrétienne, la peine et l'honneur d'annoncer les vérités de la foi dans les assemblées nombreuses, et d'ajouter aux pompes des cérémonies catholiques l'ornement et l'éclat de l'éloquence humaine et divine. Il n'avait ni la force physique ni la vocation de ce beau ministère. Son amour de l'ombre, sa crainte scrupuleuse d'attirer l'attention, l'ébranlement facile de sa santé, lui interdisaient absolument les longs discours dans les brillantes réunions. Mais il aimait à prêcher petitement devant les petits, et il se plaisait particulièrement à donner des retraites ou des instructions, soit dans les villes, soit dans les campagnes, à des religieuses, à des mères chrétiennes, à des enfants de la première communion. Sa parole était simple et grave, mais toujours parfaitement correcte, élégante même; elle respirait et inspirait la plus pure dévotion. Montrer le devoir et les moyens de le remplir, c'était le but où tendaient tous ses discours; en sorte qu'on peut dire de lui, sans restriction et sans réserve, que dans sa bouche, la parole servait uniquement à faire connaître et aimer Dieu, c'est-à-dire la vérité et la justice substantielles.

La nature intime de ses prédications n'a permis d'en conserver que de bien rares reproductions. En voici cependant deux courts fragments que nous trouvons dans les comptes-rendus des conférences de saint Vincent de Paul de Lille, et qui suffisent à faire connaître et apprécier sa manière.

Il s'exprime ainsi à propos de l'esprit de foi qui doit animer toutes nos œuvres : « Un saint docteur a dit, en parlant de la science: Il y en a qui l'étudient pour elle, et c'est une vaine curiosité; il y en a qui l'étudient pour en faire un trafic, et c'est une basse cupidité ; d'autres, pour faire les savants, et c'est une vanité ridicule ; d'autres enfin pour s'améliorer et faire du bien au prochain, et c'est la

véritable charité. De même, on est poussé aux bonnes
œuvres par différents motifs. Quelques-uns en font, parce
que le goût du jour le veut ainsi, ne réfléchissant pas que
ce goût est inconstant et passager. D'autres en font par
sensibilité; charité stérile et incomplète, qui ne sera en jeu
qu'en présence de la misère qui l'excite ; charité qui s'ar-
rêtera même souvent, pour éviter à la sensibilité des spec-
tacles qui pourraient la blesser. Ce n'est pas assez d'admirer dans les livres les traits de dévouement et de piété ;
il faut se mettre à l'œuvre, dépenser sa santé et sa fortune.
Mais le fera-t-on, si l'on n'a que la sensibilité pour mobile ? Saint Paul, dans son épître aux Romains, dit que le
Juge donnera une récompense éternelle à ceux qui l'auront méritée par la pratique des bonnes œuvres et par la
patience, c'est-à-dire la souffrance que l'on rencontre en
les accomplissant. Laissons donc les intentions mondaines,
et agissons par esprit de foi. Alors nous ne connaîtrons ni
infirmités, ni maladies, ni obstacles. Le pauvre nous repré-
sentera Jésus-Christ ; nous saurons que si nous éclairons,
si nous fortifions les malheureux, Jésus-Christ sera notre
récompense. Pour mériter une récompense si grande, trop
grande en comparaison du peu de bien que nous aurons
fait, il faut nous sacrifier, ne tenir à rien, vivre d'abnégation, ne donner aux affaires que le temps qu'elles méritent,
et donner à Dieu et à nos frères la part qui leur revient. »

Dans une autre allocution adressée au même auditoire,
il termine son discours par ces paroles éloquentes, où la
force de la pensée et la chaleur du sentiment s'unissent à
la pureté du langage et à la grave précision de la forme :

« Vous vous rappellerez que vous avez reçu du Seigneur

18

un don qui renferme tous les autres, et, plus que jamais, vous voudrez le faire fructifier. C'est le pape saint Grégoire qui nous recommande l'emploi de ce talent, qu'il appelle la *familiarité*, ou le crédit d'un ami auprès d'un ami opulent. Or, messieurs, vous êtes les amis du Dieu de charité; vous avez donc un grand pouvoir sur son cœur, et vous saurez vous en servir. Soyez hommes de foi et de prières ; demandez à celui qui tient entre ses mains les cœurs des riches et des puissants et qui les fait pencher selon son bon plaisir, demandez-lui qu'il incline à l'aumône tous ceux qui possèdent ; qu'il les éclaire sur les heureux fruits de leurs largesses, sur la noblesse et l'excellence de ces libéralités, dont Jésus-Christ, le pauvre royal et divin, se tient pour obligé; qu'il dissipe les illusions qui, chez plusieurs, exagèrent le prétendu nécessaire ; qu'il augmente autour de vous la mesure du superflu où vous pourrez puiser ; qu'il fasse retentir aux oreilles, et surtout au cœur de ceux qui ont, le mot de saint Augustin, « refuser de nourrir son frère, c'est parfois être homicide, » et le Seigneur multipliera les lumières et les touches de sa grâce auprès des riches ; et vos ressources seront par eux entretenues ; et votre société ressemblera à la veuve de Sarepta, après qu'elle eût cru à Dieu lui parlant par son prophète. Sa farine et l'huile de son vase ne diminuèrent pas, jusqu'au jour où le Seigneur désarmé accorda le pardon et rendit la fécondité à la terre. »

L'abbé Bernard ne se contentait pas de parler et de confesser, moins en vicaire général qu'en simple vicaire de paroisse. Il consacrait une autre partie de ses loisirs à la composition d'écrits de circonstance, de rapides brochures, et surtout à une correspondance très étendue, où comme toujours, Dieu tenait la première ou plutôt l'unique place. Ses écrits offrent deux particularités ; ils sont tous anonymes, et ils ont trait à l'explication ou au rétablissement de quelque dévotion, de quelque institution ecclésiastique dans le diocèse de Cambrai. Nous ne pensons pas que jamais une brochure sortie de sa plume ait été imprimée, livrée à la publicité avec sa signature. Il aimait l'ombre avec une sorte de pieux excès, et son humilité répugnait absolument à tout ce qui tendait à l'en faire sortir. Il résulte de cette habitude invincible une grande difficulté à reconnaître avec exactitude les écrits composés par lui de ceux qu'il se contenta d'inspirer et de corriger. Un hommage d'auteur discret adressé à quelques rares amis, tel était le seul signe apparent de sa paternité ou de sa collaboration. Mais en dehors de sa signature, on pouvait le reconnaître à son style, à ses habitudes d'esprit et de langage, et spécialement à la nature des sujets traités.

Cet attrait de l'abbé Bernard pour les antiquités ecclésiastiques, pour les vieilles traditions, les dévotions oubliées de la province de Cambrai, joint au désir ardent et apostolique de les ressusciter et de faire revivre un passé à la fois glorieux et sanctifiant, se manifesta chez lui dès le début de son ministère et se perpétua jusqu'à son dernier jour. Il cherchait en tout et partout à rattacher le présent au passé, à renouer des liens sacrés, détendus ou brisés par le temps, et il y réussit souvent. Le rétablissement du culte de Notre-Dame-de-la-Treille, dont nous avons longuement parlé, est dû à cette disposition de son esprit et de sa piété ; mais combien d'autres restaurations

moins importantes il entreprit, soit à Lille, soit dans d'au-
tres cités du diocèse, et combien même il mena à bonne fin!
Tous les écrits qui lui sont attribués procèdent de cette
constante préoccupation, et leurs titres seuls en sont la
preuve évidente. La plupart ont trait à Notre-Dame-de-la-
Treille et à la collégiale de Saint-Pierre; *ce qu'était saint
Pierre de Lille,* — *Notre-Dame de la Treille, patronne de
Lille,* couronnée et surnommée Mère 1   grâce par Sa Sainteté
le pape Pie IX. *Notice sur M. Jean   e Vasseur, mayeur de
Lille.* — *La Madeleine de Lille,* fille de la collégiale de Saint-
Pierre. — *Ce que le pays de Lille doit au Saint-Siège.* —
*Dévotion de la paroisse Saint-Maurice de Lille à Jésus fla-
gellé; — Des principales fêtes et dévotions en usage dans les
paroisses de Lille avant la Révolution française; — Collège
de la Compagnie de Jésus,* etc. On le voit, au fond de tous
ces écrits, se retrouve la pensée de ressusciter une dévotion, une institution ecclésiastique autrefois florissante, et
de mettre les œuvres actuelles, les fondations nouvelles
sous le patronage de quelque grand et saint souvenir. Cette
pensée se retrouve dans ses lettres, comme dans ses brochures; elle se représentait continuellement dans ses conversations, et si le courant de son ministère ne l'eût em-
traîné vers d'autres devoirs et d'autres œuvres, il eût été
un grand antiquaire en matière ecclésiastique. Dans ses
voyages à Rome, il avait soin de rechercher et de se procurer des reliques des premiers apôtres ou des patrons
oubliés des villes et des paroisses du diocèse de Cambrai,
et il profitait de la réception solennelle de ces reliques
pour relever le culte des saints qui avaient animé cette
poussière. Il faisait servir à tout cette pieuse érudition,

et nous en avons une preuve originale et touchante dans une lettre écrite en 1876 à une personne avide et privée de consolations spirituelles, qui lui demandait chaque jour de nouveaux conseils et ne les suivait pas toujours. A bout d'arguments, il imagina de lui envoyer pour toute réponse ce passage de la vie d'une sainte religieuse, Jeanne de Cambry, dont le corps, écrit-il, repose dans le terrain de Notre-Dame de la Treille à Lille. Voici cette lettre de consolation archéologique où la charité de l'abbé Bernard s'unit à son amour des antiquités chrétiennes :

« Des choses miraculeusement connues, prédites ou opérées par la sœur Marie de la Présentation, Jeanne de Cambry, dont le corps exhumé de l'ancienne église paroissiale de Saint-André, fut transporté en 1784 dans le couvent des Dominicains de Lille, là où l'on bâtit en ce moment la basiliqne de Notre-Dame de la Treille et Saint-Pierre (manuscrit de Tournay, 1785). En 1622, une personne qui avait de grands désirs de perfection, conjura Jeanne de prier Dieu que, s'il y allait de sa gloire, il voulût bien lui accorder quelque consolation divine, vu qu'elle était toujours aride et sans goût dans ses exercices de piété. Jeanne pria Dieu à cette intention, et Dieu lui fit connaître que cette personne ne devait pas avoir les consolations qu'elle demandait parce qu'elle n'avait point passé par les afflictions. Quelques jours après, Jeanne demanda à cette personne si, depuis qu'elle était au monde, elle avait eu beaucoup d'afflictions. — Jamais, répondit-elle, et partout où je me suis trouvée, j'ai toujours été aimée et caressée. — Eh bien, répliqua Jeanne, pour avoir des consolations divines, il convient de passer par les tribulations. »

18.

N'est-ce pas charmant, et cette leçon, exhumée d'un vieux manuscrit, ne vaut-elle pas une longue lettre d'exhortations directes et de conseils personnels?

Cette citation nous amène à parler de la correspondance de l'abbé Bernard. Elle était immense, et tenait une grande place dans son ministère. Nous ne parlons pas des lettres en quelque sorte officielles, qui avaient trait à l'administration du diocèse et qui faisaient partie de ses devoirs d'état, mais de ses lettres de famille, d'amitié, de dévotion et de direction. Ce qui concerne la direction des âmes a une telle importance que nous y consacrerons un chapitre spécial ; nous ne parlerons donc ici que de ses autres correspondances. Les lettres de l'abbé Bernard, quel que fût leur objet, à quelques personnes qu'elles fussent adressées, étaient toujours des lettres sacerdotales, c'est-à-dire sortant d'un cœur tout plein de Dieu et revenant par tous les chemins à ce terme suprême de ses pensées et de ses affections. Mais la piété y était toujours revêtue de formes gracieuses, aimables, et la gaieté y tenait sa place et y jetait ses notes joyeuses comme dans sa conversation. Le caractère de son style épistolaire était une élégante précision. Il allait droit au but, disait beaucoup de choses en peu de mots, sans que jamais cette concision ressemblât à de la sécheresse. Il était bien obligé d'ailleurs d'être court, en présence du nombre incommensurable de lettres qu'il avait à écrire. Nous avons sous les yeux plusieurs de ces correspondances, dont chacune formerait un volume d'impression. Elles s'adressaient à des parents, des amis comme M. Edouard Lefort, des religieuses, des personnes du monde, des chefs de communauté ou des prêtres de paroisse, auxquels l'attachaient des liens particuliers d'affection, d'intérêt apostolique ou de bonnes œuvres. Un de ces bons curés, celui de Warlaing, dont la paroisse renfermait une terre de famille, a eu l'heureuse idée de réunir et de faire relier les lettres de l'abbé Bernard, reçues de 1856 à 1878. — C'est un vrai livre, par la dimension et le nombre des pages. On pourrait l'intituler : *la Monographie d'une paroisse par un vicaire général.*

Pour faire juger du style épistolaire de l'abbé Bernard, voici quelques extraits de ses lettres empruntées à ses diverses correspondances :

« Monsieur et bien cher curé, écrit-il au curé de Warlaing, ne vous effrayez pas d'un crachement de sang accidentel. Quand vous serez un peu reposé, vous verrez si vous ne ferez pas bien de quitter quelque temps l'air humide de Warlaing : une chambre chauffée demeure ici à votre disposition. Les voies de Dieu ne sont pas nos voies; la Providence arrive à ses fins *fortiter et suaviter.* Laissons-nous conduire ; ne tenons à rien et nous serons en paix. — Tout vôtre en J.-C.

« J'espère avoir l'honneur de recevoir Monseigneur chez les sœurs de Warlaing le 8 juin 1866, après-midi. J'ai donc invité mes huit ou dix nièces à venir ce jour-là en votre bénie paroisse. C'est la fête de dévotion du Sacré Cœur de Jésus. On ne partira de Lille qu'à neuf heures cinquante minutes du matin. A midi et demi nous dînerions chez les sœurs, en maigre bien entendu ; c'est un vendredi. Par vos soins obligeants, on aurait recueilli dans le pays des œufs à cuire durs, mollets, en omelettes, etc. On aurait battu à l'avance les fossés pour en tirer tout ce qu'ils contiennent de brochets au blanc, d'anguilles à l'oseille et de friture de fretin. Les sœurs voudraient bien s'approvisionner de pain. J'enverrai à l'avance ou j'apporterai le vin. Mon regret est de ne pouvoir compter sur votre présence à table, à cause de la confirmation. Nous vous verrons au moins quand vous accompagnerez sa Grandeur. Je vous demande pardon à l'avance des soucis que je vous occasionne ; je m'encourage par le souvenir de l'homélie que nous avons lue dernièrement sur l'hospitalité. Tout vôtre en Notre-Seigneur. » — « Autant de remerciements à monsieur le Curé et à mesdemoiselles Watelier, qu'il est tombé de gouttes de pluie le jour de la Saint-Médard — 9 juin 1867.

— « Je désire bien qu'on soutienne le moral des sœurs. Nous sommes sous un nuage qui passera. — Les sœurs du Câteau et de Paillencourt ont été autrement éprouvées ; *item* celles de Mons. L'orage est fini, et partout on chante *Alleluia*. Que les bonnes sœurs de Warlaing méditent quelque temps sur le grain de froment de l'Evangile: *Nisi gramen frumenti etc.* — *Si autem mortuum fuerit, multum fructum affert.* Il faut qu'elles produisent les établissements à venir de Marchiennes et d'Hasnon, par leur déréliction apparente. Personne ne songe à vous déplacer, croyez-le bien et soyez en paix. M. Leleu tousse beaucoup, et néanmoins vous dit : bon jour, bon an, de sa plus belle voix. Tout vôtre affectueusement en Notre-Seigneur. »

— « Priez pour les Clarisses qui perdent la messe, écrit-il agréablement à madame Eugénie, religieuse aux Bernardines d'Esquermes, il faut que le bon Père saint François d'Assises fasse un petit miracle pour tout arranger. Lui qui avait juridiction sur les oiseaux, les poissons, et les loups, en aura bien un peu, je pense, sur les prêtres de N.-S. Jésus-Christ. »

« Ma fille, lui écrit-il encore en réponse à une invitation pressante de loger à Esquermes, soyons raisonnables. J'arrive mercredi soir pour dire jeudi une messe à six heures et demie chez les Rédemptoristes, sortir de la crypte de Notre-Dame de la Treille le même jour à neuf heures du soir, dire une messe de sept heures le lendemain chez sœur Sophie, et rentrer à Cambrai. Puis-je convenablement me loger à distance et être toujours sous la dépendance d'un carrosse ? Que dirait-on à Esquermes si Monseigneur n'y descendait plus ? que penserait-on à l'Enfant-Jésus, si j'étais infidèle à l'hospitalité qui m'y est offerte ? Mes respectueux hommages et remerciements à mes honorables invitants. »

Et encore, le 24 juin 1862, en revenant de Rome : « Je suis déjà à peu près reposé. Aidez-moi à remercier Dieu d'avoir vu de mes yeux tant d'attachement pour le Saint-Père, et de la part des prélats de nations si distantes, et de la part d'un si prodigieux nombre de prêtres Français qui vont courir partout, comme les renards de la Bible, mettant le feu aux moissons. Seulement, au lieu d'un dégât, ce sera un incendie salutaire, mettant à néant les restes du gallicanisme. »

« Vous avez voulu une vie d'immolation, écrit-il à une personne éprouvée par des revers de fortune qui rendaient impossible ou difficile son entrée en religion ; vous l'avez trouvée. Isaac eût peut-être préféré être crucifié. Il faut laisser faire Dieu et lui dire : « Brûlez, taillez dans le vif

ici-bas, pourvu que vous m'épargniez dans l'éternité. Trai-
tez-vous comme vous dirigeriez votre jeune sœur. Une considération qui vous rendra douce, c'est le bien que vous
ferez par le *miel*. Et puis, encore une fois, ne prenez pas
un pli qui un jour fasse passer votre cornette pour hautaine
ou trop casque de soldat. On sert Dieu partout et sous
tous les costumes. — En entendant tous les jours ces gens
qui crient dans la rue pour gagner péniblement leur vie,
élevons notre cœur vers Dieu et rappelons-nous que nous
aussi, nous avons une vie éternelle à gagner. Soyons aussi
soigneux d'une minute qu'un marchand l'est d'un centime sur un mètre d'étoffe. Si ce centime répété fait une
somme considérable, ces minutes épargnées pour Dieu et
en vue de lui plaire nous feront un trésor pour le Ciel. »

— « En attendant un livre de prières en gros caractères, écrit-il à une personne souffrante, vous pouvez, avec
une vue faible lire bien des choses en contemplant le ciel
dans la soirée, les fleurs et les fruits dans vos promenades
et la seule porte du tabernacle dans vos visites au Saint-
Sacrement. Le cœur suffit alors pour lire les bontés de
Dieu sur sa créature. »

— « Vous avez le choléra à Rome, écrit-il en 1873 à un
prêtre de ses amis. C'est un fléau de miséricorde qui
laisse la tête libre et la facilité de se repentir. » — « Et
en 1881, il écrit encore avec la même grâce de langage :
« Je ne suis plus vicaire-général ; je n'en conserve guère
que la réputation de riche et la visite des quêteurs de tout
genre qui ne jugent de ma position que par ma porte cochère.
Ayez pitié d'un paralytique. »

Ecoutons maintenant l'abbé Bernard donnant des conseils

de condescendance et d'humilité, et admirons son ingénieuse charité. Jamais un miel plus fin n'adoucit pour le
faire passer un breuvage amer.

« Je voudrais, écrit-il à une âme un peu fière, vous
égayer par quelques souvenirs, tout en vous parlant
raison. Vous rappelez-vous une image de votre enfance
représentant *la méchante Reine*, qui a été l'occasion de
quelques taquineries innocentes à votre endroit? Cette
Reine, outre qu'elle grimaçait, avait fièrement les deux
coudes sur la table du repas ; un couteau d'une main, la
fourchette de l'autre, elle semblait braver tout l'univers et
exiger que tout le monde fléchît le genou devant elle.
Mais vous aurez oublié cette petite aventure. La donatrice
était probablement la cuisinière de la maison qui avait
acheté la feuille, et pas cher, un sou... L'humilité, entre
autres choses, consiste à ne pas prendre des airs supérieurs, nous rappelant que nous-mêmes sommes cendre,
poussière, vers de terre, balayure du monde et fumier :
ainsi parle la Sainte Ecriture. Elle consiste, en s'approchant
d'un salon, à ne pas s'annoncer dès le vestibule en haus-
sant la voix, de manière à ce que toute l'assemblée s'inter-
rompe pour nous faire accueil, au lieu de mettre notre
bonheur à prévenir chacun et à aller le saluer à sa
place. »

— L'autre jour, écrit-il à la même personne, quand je
montai un instant dans votre voiture, à la porte de Monsieur votre frère, Mademoiselle X ayant eu la bonté de me
céder sa place, j'ai pensé que jadis c'était la famille de
cette demoiselle qui habitait cette maison. Combien les
personnes déchues de leur ancienne position sont dignes

d'égards et de respect ! Le Fils de Dieu les estimait gran-
dement, il a voulu pour sa mère une princesse *déchue*, la
Vierge Marie. »

Cette dernière pensée nous semble d'un charme, d'une
charité et d'une délicatesse infinis. Quoi de plus aimable
encore et de plus saintement ingénieux que cette lettre
adressée à une personne de grande piété sur la manière
d'unir le devoir d'édifier le prochain au devoir de garder
son humilité :

« Ma chère fille, je n'ai que des actions de grâces à
rendre à Dieu pour le succès de votre petite retraite.

« Il faut maintenant comprendre que Notre-Seigneur ne
nous accorde pas ses lumières pour nous seuls. Le bon
Maître nous a chargés du prochain, et chacun à cet égard
a sa part de zèle à exercer, d'édification à donner. Or,
pour réussir, la première condition est d'inspirer confiance ;
c'est pourquoi le Saint-Esprit recommande *d'avoir soin de
jouir d'une bonne réputation*. Ce qui n'empêche pas de
s'enfoncer et de se complaire dans son néant, le côté lucide pour les yeux du prochain ne nous étant que prêté et
n'appartenant pas à notre fond. Une humilité mal comprise pourrait entraver les desseins de Dieu sur le prochain par nous. Voyez les apôtres et les premiers missionnaires de chaque contrée ; ils faisaient et font des miracles ;
c'est Dieu qui les fait par eux ; cela suffit pour que des
infidèles émerveillés aient confiance et demandent à connaître la doctrine de ces envoyés d'en haut. Les apôtres et
les missionnaires en baptisant et en catéchisant disaient et
disent : *Non nobis, Domine, non nobis*. La gloire est à
Dieu seul.

Ainsi, sans vous complaire dans l'estime qu'on vous témoigne, passez au-dessus, et allez droit au résultat qui est de mettre dans la lumière une âme qui vient la chercher auprès de vous. On dit que le paon faisant la roue, s'il vient à regarder ses pieds qui sont laids, cesse immédiatement de se complaire dans son plumage. Regardons nos pieds, c'est-à-dire notre base, notre point de départ en Adam, c'est le péché ; puis, comme David, les péchés de notre jeunesse et nos ignorances ; de la sorte on mène de front sa propre sanctification par le mépris habituel de soi-même, et l'amour de la conversion ou de la grande sanctification des autres. »

Mais c'est dans la consolation des affligés, dans ces lettres dites de condoléance, si difficiles à écrire et à lire quand elles sont l'accomplissement forcé d'un devoir de politesse, que l'abbé Bernard excellait. Il parlait, il écrivait de l'abondance de son cœur et de sa foi, et ses consolations étaient efficaces, parce qu'il les puisait dans le sein de l'éternelle bonté et de l'éternel amour.

« Je vous remercie, écrit-il à une de ses pénitentes, de m'annoncer sans retard cette fatale nouvelle, à laquelle je m'attendais, il est vrai, mais qui n'en est pas moins douloureuse Ce que je puis faire, c'est de prier. Demain, ma messe sera pour la pieuse défunte. Je demanderai à Dieu qu'il fortifie tous ses proches. Combien cette longue maladie et cette mort prématurée nous donnent d'enseignements ! Qu'il faut donc être pur pour être admis dans la société des élus, puisqu'une vie si belle a dû s'éteindre au milieu de si cruelles douleurs ! Mais aussi, quelle espérance n'avons-nous pas que cette âme sanctifiée est déjà dans la gloire, veillant sur ceux qu'elle a laissés et priant utilement pour eux ! »

« Je m'unis à toutes les prières de votre famille alarmée et affligée, écrit-il à la même personne le 25 novembre 1864. Dieu est puissant. Il sait ce qui nous convient le mieux. Quoiqu'il arrive, tout sera dirigé par une providence souverainement intelligente et bonne. Tâchez de bien conserver votre aplomb, en vous appuyant sur la foi et sur l'espérance chrétiennes. Ayez l'obligeance de dire à votre excellente tante que j'offre à notre Seigneur ses douleurs, sa patience et son *école*. En faisant des sacrifices pour faire connaître Jésus-Christ aux simples, et cela pendant des siècles, elle a envoyé au ciel avant elle une quantité de mérites, sur laquelle sera mesurée sa gloire. — Décembre 1864. — Je sais combien la très chère malade est édifiante. Je la recommande de toutes mes forces au Dieu de miséricorde, qui soutiendra et ceux qui sont mûrs pour partir, et ceux qui restent pour faire du bien ici-bas. — 21 décembre. Je ne veux pas tarder à vous dire toute la part que je prends à votre douleur qui doit être presque une douleur de tendre et reconnaissante fille. Je professais pour votre pieuse tante la plus respectueuse estime. Je la mets dans mon *memento* des morts pour le reste de ma vie, et demain à sept heures j'offrirai le saint-sacrifice pour le repos de son âme et la consolation de ses proches. Ne songez pas à venir, je vous en prie. Vous vous devez à votre famille et aux pénibles exigences de la situation ; sans parler de votre santé, que vous ne devez pas compromettre après tant de veilles. Il y a, j'en ai l'espérance, dans ce départ et cette séparation pénibles à la nature, une bien grande source de bénédictions. Les âmes des justes qui sont dans le sein de Dieu ne sont pas perdues pour nous. Elles sont mieux placées pour nous faire du bien. »

On nous permettra, pour achever cette partie de nos citations, de reproduire presque intégralement trois admirables lettres écrites par l'abbé Bernard à sa sœur, à l'occasion de son veuvage. Il nous semble que jamais le cœur et la foi, la sensibilité naturelle et la charité, ne lui ont inspiré un langage plus élevé, plus touchant, plus saintement consolateur ; et nous avons la confiance que cette lecture laissera comme un baume céleste dans le cœur de bien des femmes chrétiennes qui pleurent un époux justement regretté.

« Lille, 8 janvier 1861. — C'est donc un sacrifice consommé, ma chère sœur. Mais quelles douces espérances et quelle édification nous restent ! Comme la providence maternelle de notre Dieu a été bonne pour nous dans cette décadence graduée de force, et dans toutes les circonstances qui ont précédé cette douloureuse séparation ! On se sent plus préparé à partir soi-même, quand on a vu des départs aussi résignés, aussi paisibles, aussi chrétiens. Nul faste, et nulle terreur. Simplicité continuelle dans les choses de Dieu et de la famille. Quel trésor qu'un fonds d'éducation solidement catholique avec des traditions conformes dans les deux familles ! Partout où j'annonce votre perte, on me répond par une louange fondée de notre cher défunt. « Heureux, me disait hier, monseigneur de Cambrai, ceux qui meurent dans le Seigneur ! » Il en est de même de tous les amis de notre Henri ; tous le regardent comme sauvé. — 11 mars 1861. J'avais toujours

pensé ma chère sœur, que vous feriez bien de ne rien pré-
cipiter et qu'il vous fallait six mois avant de rien décider
d'important. Peut-être avez-vous besoin de retourner chez
vous à la campagne pour y faire l'essai d'un séjour dans
les conditions nouvelles où vous place la main toute maternelle, quoique voilée, de la bonne Providence. Que par-
lez-vous de diminution de foi ? Ne sentez-vous pas que
votre foi est simplement couverte d'un crêpe ? Qu'y a-t-il
dans la croix qui soit contraire à l'amour que Dieu nous
porte ? Nous aime-t-il pour un temps, ou pour nos vrais et
durables intérêts *du toujours ?* Comment a-t-il traité la
plus pure et la plus aimable des femmes, Marie, veuve et
privée de son fils méconnu, répudié, torturé par toute sa
nation ? Je sais bien que l'illusion vous fait penser
qu'Henri aurait servi à votre sanctification. Dieu a plusieurs
voies ; en nous retirant pour quelque temps une créature,
il veut trouver notre cœur plus vide, pour y entrer lui-
même. Notre Seigneur est volontiers l'époux des veuves,
et quand les premiers ébranlements seront calmés, et que
vous aurez goûté Dieu de nouveau dans la prière et dans
la lecture de *l'imitation*, vous verrez quelles admirables
compensations la tendresse de notre bon maître vous
accordera. Madame d'H. vous dit que la plaie chez elle
est comme d'hier ; c'est-à-dire qu'avec cet attachement
vrai et cette estime profonde qu'elle avait pour son mari,
elle sent, quand elle en parle, qu'elle est pour lui ce
qu'elle était il y a trois ans. Mais je l'ai vue à l'œuvre :
elle nous a reçue avec Monseigneur, elle était sereine,
quoique affligée. Elle avait la paix, et l'on voyait qu'elle
avait pris son point d'appui sur Dieu, qui donne des

ꞩecours proportionnés aux positions difficiles. Combien je voudrais que vous eussiez les litanies de la Providence, et que vous fussiez dans l'habitude de répéter : *Providence de Dieu, qui tirez le bien du mal, ayez pitié de moi !* »

29 décembre. 1863 — Je reçois votre bonne lettre à laquelle je m'empresse de répondre pour vous dire que vous ne devez pas vous alarmer, mais établir au fond de votre cœur, une grande confiance en la maternelle Providence, qui vous a toujours aimée et qui vous aimera jusqu'à la fin. Votre veuvage a humainement un côté très douloureux ; vous étiez deux ne faisant qu'un, et vous êtes privée pour un temps de la moitié de vous-même. Pensez à Marie, qui a été veuve, et veuve d'un époux très aimable dont toutes les belles et bonnes qualités se résument en la qualification de *Juste*. Outre qu'elle était veuve, elle a perdu son fils unique, le plus beau des enfants des hommes, sans parler du charme de sa divinité ; on l'appelait la *suavité* dans la ville de Nazareth. Et elle s'est supportée, dans cette double et douloureuse privation, depuis les horreurs de la Passion jusqu'à ce qu'elle eut 72 ans. Cette considération vous aidera à comprendre le mystère de la conduite de Dieu sur vous, et vous la comprendrez d'autant plus aisément aujourd'hui, que vous avez fait plusieurs essais. Or, la chose capitale à savoir et le point de départ pour tous nos projets, c'est que notre cœur est fait pour Dieu, et, quoiqu'on y mette, hors de lui, notre cœur n'est pas apaisé. C'est le grand saint. Augustin qui nous le dit, d'après son expérience. Et puisque vous appelez Dieu, Dieu viendra ; et puisque Dieu

est le créateur des maris chrétiens et dévoués, il a en lui de quoi suppléer ces absents, et il suppléera le vôtre. Plus vous étiez heureuse quand ce cher mari s'occupait de vous, plus vous aurez désormais le désir de vous occuper des autres et de vous désoccuper de vous-même. En cherchant à obliger, vous trouverez le bonheur, qui ne réside absolument ni dans une ville, une rue, un appartement déterminés, mais dans le cœur, quand tout ce cœur est dans l'ordre. C'est ainsi que la santé et le bien-être physique ne se rencontrent qu'à la condition que tout dans le corps sera en équilibre. Ce petit travail sur nous-même sera si court ! Et d'ailleurs, il sera accompagné de beaucoup de douceur. Notre oncle et notre tante Carlos ont lu pendant bien des années le petit livre, pas effrayant du tout, intitulé : préparation à la mort, par saint Alphonse de Liguori. C'est le moyen de se faire une pente douce et d'arriver sans secousse, sans crise et sans effroi, au moment et à la porte de la sortie de ce monde. Je vois souvent de ces départs, qui ressemblent à des passages de la salle à manger au salon de compagnie. Vous avez reçu de Dieu un mari chrétien, et qui est sauvé ; de sorte que vous avez la douce perspective de le revoir et de ne plus le quitter. Ainsi donc, paix et confiance, voilà mes vœux : je continuerai d'y joindre mes prières de tous les jours, qui ne vous ont jamais manqué ; monseigneur y ajoutera les siennes, et vous bénit dès à présent avec effusion. »

Voilà comment l'abbé Bernard savait consoler ; voilà comment il savait écrire, et mettre sa foi, son esprit, sa douceur pénétrante, dans ses lettres comme dans ses entretiens. Voyons maintenant comment il savait diriger

les âmes, et achevons cette étude sur sa correspondance
en cherchant dans le témoignage toujours vivant de ses
lettres, les règles, les habitudes et la forme de sa
direction.

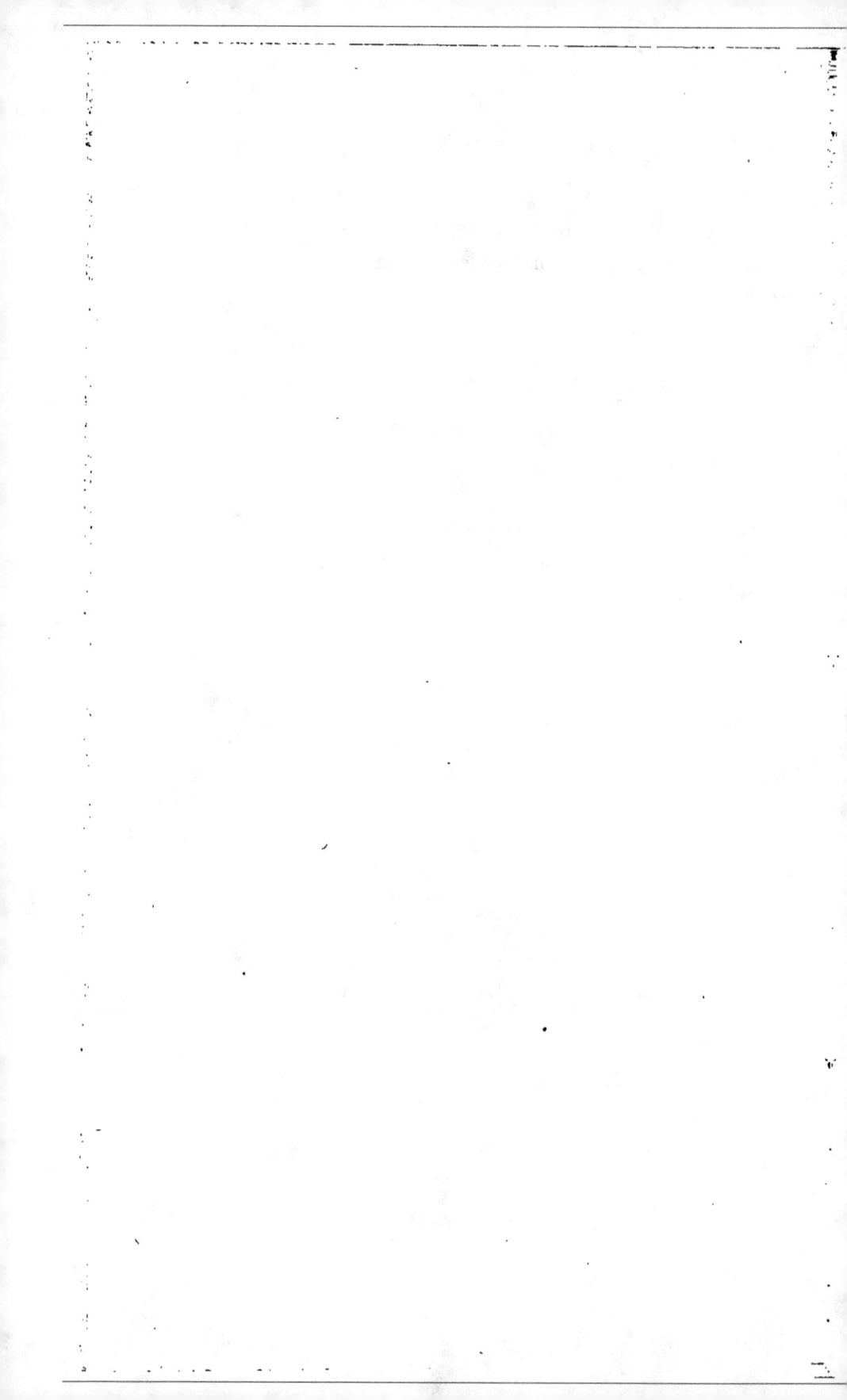

CHAPITRE XVIII

La direction de l'abbé Bernard au confessionnal et dans sa correspondance. — Netteté, largeur et suavité. — Lumières extraordinaires. — Don spécial pour la consolation des âmes troublées.

La direction de l'abbé Bernard dans la conduite des âmes qui se confièrent à lui peut se résumer en quelques mots : netteté dans la décision, largeur et suavité dans le conseil, don tout particulier pour rendre la paix aux âmes troublées de scrupules ou de peines intérieures. Ces divers caractères de sa direction se retrouvent dans les témoignages des personnes qui en furent l'objet et dans les lettres très nombreuses que nous avons entre les mains. Par une grâce spéciale de Dieu, cet homme si timoré pour lui-même, troublé de scrupules et d'inquiétudes de conscience inexplicables en une vie aussi pure et aussi pleine d'œuvres, avait un coup d'œil sûr et rapide pour lire dans la conscience des autres, et une fermeté de décision remarquable pour répondre à leurs doutes et prendre à son compte des responsabilités qui ne lui pesèrent jamais. Il ne faut pas s'étonner de ce contraste, qui se retrouve si souvent dans le cœur humain qu'on pourrait presque l'ériger en loi psychologique. Ne voit-on pas, la plupart du temps, les hommes avoir deux mesures pour se juger et juger les autres, dire blanc ou noir,

19.

suivant que leur propre intérêt ou celui du prochain est en jeu? Ne voit-on pas les plus égoïstes se montrer en même temps les plus exigeants en fait de dévouement et d'égards; les plus faciles pour eux-mêmes se montrer les moins indulgents pour les autres? Pourquoi donc s'étonner que les saints les plus sévères, les plus scrupuleux pour eux-mêmes, soient les plus doux, les plus charitables pour les infirmités de leurs frères, et qu'à l'inverse du monde, mais par application de la même règle, ils apportent dans le jugement de leurs propres actes la rigueur excessive que mettent les mondains à juger et condamner tout ce qui les entoure? C'est parce que l'abbé Bernard sentait au fond de son cœur l'inanité et le danger de ses troubles spirituels qu'ils les combattait énergiquement chez les autres. C'est parce qu'il souffrit indiciblement une grande partie de sa vie qu'il reçut de Dieu le privilège d'apaiser les orages et les souffrances autour de lui. Le consolateur par excellence, Jésus-Christ Notre Seigneur, s'est fait homme de douleurs, et c'est en prenant sur lui nos langueurs qu'il nous en a délivrés. Pour participer à cette œuvre presque divine de consoler les âmes, il faut participer aux souffrances du Sauveur.

Conformément à la règle que nous avons adoptée, comme donnant le plus de vie au récit et le plus de force aux affirmations, nous citerons successivement les témoignages personnels que nous avons pu recueillir sur l'abbé Bernard considéré comme directeur des âmes, et le témoignage permanent qu'il s'est donné à lui-même dans les lettres où il a mis en pratique et en écrit les règles de sa direction.

« J'ai eu, écrit une pieuse dame, le bonheur d'être la fille spirituelle de M. l'abbé Bernard pendant 32 ans. Dans la direction, il avait la fermeté de saint François de Sales, et comme lui également une douceur angélique qui faisait exécuter avec une vraie joie les choses les plus dures et les plus difficiles. Il désirait surtout faire comprendre que la piété ne consiste pas à se rendre trop souvent à l'Eglise; qu'il faut, au contraire, savoir se priver d'un sermon pour mieux remplir ses devoirs d'état, pour retenir un père, un frère au foyer domestique. Il voulait le dévouement partout, toujours, et avait en horreur le vilain égoïsme. « Ma chère fille en Notre Seigneur, m'écrivait-il un jour, le réglement que vous me communiquez me paraît sage ; avoir des heures marquées pour rentrer en vous-même, puis accorder à votre famille tout ce que la complaisance chrétienne exige, voilà deux points essentiels pour votre position, vous y avez songé. Je bénis vos résolutions ; que Dieu vous fasse la grâce d'y être toujours fidèle. »

Un prêtre savant et pieux de Cambrai qui connut beaucoup l'abbé Bernard nous transmet de son côté les notes suivantes résultant d'entretiens avec deux dames, également pénitentes du saint directeur. « Pour elles, nous écrit-il, M. l'abbé Bernard n'était pas un homme ordinaire ; ce n'était pas non plus un prêtre ordinaire, c'était un saint, et quiconque a eu le bonheur de l'avoir pour directeur spirituel doit en penser et en dire autant. Rien n'était plus facile de voir Jésus-Christ dans le prêtre que quand on l'approchait, surtout quand on se trouvait à ses pieds au confessionnal. Comme ses paroles portaient la lumière dans les esprits et remplissaient les cœurs de l'amour de

Dieu, de la sainte Eglise et du prochain ! Une exhortation qui, bien des fois, fut faite et réitérée à ses pénitentes par l'abbé Bernard, était celle-ci : « Dans vos relations de société, surtout quand vous avez occasion d'en former de nouvelles, ayez toujours soin de bien prendre la résolution de ne profiter de ces relations que pour tâcher d'étendre le règne de Jésus-Christ. » Il voulait par là faire dominer le zèle de la gloire de Dieu et du salut des âmes sur les plaisirs ou les charmes de l'amitié ; et, en cela, comme il savait prêcher d'exemple ! Mais non content du bien qu'il faisait si admirablement, autour de lui et au loin et partout, car son zèle était universel, il lui fallait à tout prix des auxiliaires, des intermédiaires, et il savait toujours les trouver, soit parmi ses pénitents et pénitentes ; soit parmi le clergé, de préférence le jeune clergé, les vicaires de paroisse, à qui il inspirait ainsi le goût de l'apostolat ; soit parmi les religieuses. Une de ses pénitentes crut un jour devoir lui parler de certaines inquiétudes qu'elle avait, à l'endroit d'une jeune ouvrière qu'elle avait employée à son service. Elle la savait atteinte d'une maladie grave, obligée de rester continuellement dans sa famille, dans un milieu peu chrétien, et malheureusement exposée, vu l'indifférence qu'elle manifestait pour la religion, à se ranger à l'avis de ses parents qui ne voulaient point voir de prêtre entrer chez eux. Cette sollicitude de la pénitente émut le cœur compatissant et zélé du confesseur, toujours impatient de rencontrer des occasions de faire du bien aux âmes. Il prit des informations et s'assura que les prêtres de la paroisse ne pouvaient effectivement pénétrer dans la famille de cette pauvre malade. Alors, il vint à son tour trouver la pénitente en question et lui dit : « Ma fille, c'est à vous de me faire entrer dans la famille dont vous m'avez parlé. On vous connaît pour avoir donné parfois du travail à la maison ; cela suffit. Allez, malgré vos craintes, frapper à cette porte ; ne vous inquiétez pas de ce que vous devez dire, le Saint-Esprit vous inspirera. » Et comme les apôtres, sur la parole de leur maître, jetèrent leurs filets et eurent à se réjouir d'avoir obéi, ainsi en fut-il de la timide pénitente. Les portes s'ouvrirent, non seulement pour elle, mais pour celui qui l'avait envoyée. Dieu ensuite y entra avec une grande abondance de consolations spirituelles et temporelles, et ceux de cette maison qui survivent bénissent encore le nom de l'abbé Bernard. »

Avant d'arriver aux lettres de direction du saint prêtre, nous devons citer un dernier témoignage, plus frappant encore que les précédents, par le trait extraordinaire et providentiel qu'il raconte. Il nous a été transmis par M. l'abbé M..., supérieur du petit séminaire de Cambrai, dans les termes suivants, que nous tenons à transcrire, parce qu'ils garantissent l'honorabilité du témoin. « Une personne de Cambrai, nous écrit-il qui a autrefois été dirigée par M. le grand-vicaire Bernard, me prie de lui servir d'intermédiaire pour vous faire parvenir les quelques notes ci-incluses. Je le fais bien volontiers, heureux de pouvoir ainsi donner un témoignage de reconnaissance au vénérable défunt dont j'ai plus d'une fois ressenti personnellement la bienveillance. »

Voici maintenant la note textuelle de la pieuse pénitente.

« Monsieur Bernard était un véritable apôtre, et ce qu'on doit le plus admirer en lui, c'est un zèle infatigable.

D'une bonté simple et ferme, il faisait aimer la vertu et la rendait facile à l'exemple du divin maître: on ne le dérangeait jamais dès qu'il s'agissait du bien d'une âme et les plus malheureuses avaient un plus grand droit à sa bienveillance paternelle. C'était souvent à votre insu qu'il travaillait au bien de votre âme et qu'il vous employait pour seconder son zèle par tous les moyens que sa sainteté lui suggérait. Pour arriver à cette fin, il ordonnait aux personnes qu'il dirigeait, même la communion, dans le but de porter notre Seigneur au milieu de leur famille, afin qu'il y devînt le maître et que son règne s'y établît, surtout si c'était une maison importante qui pût donner un bon exemple. En un mot, sa vie n'avait qu'un but, étendre le règne de Dieu. A toutes les personnes qui, par position, se trouvaient en contact avec un monde qui ne connaissait pas Notre Seigneur, il demandait une abnégation absolue d'elles-mêmes, leur faisant sacrifier toutes choses, même ce qui est l'aliment de la piété (la communion exceptée), à ce qui pouvait contribuer à rendre cette piété attrayante, aimable et ne gênant personne. Un fait qui m'est arrivé chez les Sœurs de la Sagesse, où M. Bernard recevait les personnes qui s'adressaient à lui, mérite d'être rapporté. Il confessait ordinairement le vendredi et le samedi de chaque semaine, et quand on avait besoin de le voir hors ces deux jours, on le trouvait tous les matins après sa messe, ou bien on le faisait demander. Un lundi soir, par suite d'un trouble de conscience qui eût empêché ma communion du lendemain, j'avais besoin de voir M. Bernard ; je comprenais l'impossibilité de le rencontrer, puisque ce n'était ni son jour ni son heure, et que, surtout, je ne voulais pas le faire demander. Je ne sais donc à quelle inspiration je cédai ; car, tout en étant certaine de ne pas le rencontrer, je me rendis quand même chez les sœurs et m'adressant à celle qui se trouvait à la porte : « M. Bernard n'y est pas ? lui dis-je. — Si, me répondit-elle ; il a recommandé de faire monter tout de suite la personne qui allait venir le demander. » Je me refusai à monter, disant que je n'étais pas la personne attendue, puisqu'il ne savait pas que je devais venir. « Montez tout de même, reprit la sœur, il saura bien vous dire s'il ne peut vous entendre. » En me voyant, M. Bernard, qui attendait dans la sacristie, sans me parler entra au confessionnal, et lorsque j'eus fini, il quitta la maison sans rien dire, montrant ainsi qu'il n'attendait plus personne. C'est alors que la sœur, encore plus frappée que moi de ce fait si simple et si singulier, me dit ces mots que je n'ai jamais oubliés: « Vous avez affaire à un saint. Il a su lui-même que vous deviez venir, il n'avait pas besoin d'être prévenu par vous. »

Ce fait n'est-il pas en effet bien étrange ? Ne semble-t-il pas indiquer que le pieux directeur avait parfois des lumières qui ne venaient pas de la terre ? Et ne rappelle-t-il pas les traits analogues qu'on rencontre dans la vie des saints ?

Ouvrons maintenant la correspondance de l'abbé Bernard et écoutons-le lui-même donner ses conseils de direction, de piété, ou de simple prudence humaine aux diverses classes de personnes avec lesquelles il était en rapports plus ou moins intimes. Voici d'abord ses conseils à un jeune homme de sa famille, conseils qui s'adressent à tous les jeunes gens près de quitter le collège pour le monde.

Ils datent de loin, car la lettre qui les renferme est du
25 avril 1841. « Je te crois trop préoccupé de ton retour
à Lille. Tu parais avoir une raison honorable de désirer
finir tes études, la crainte de ne pas jouir assez longtemps
de nos parents qui prennent de l'âge. Néanmoins tu t'exa-
gères les choses et cela te nuit. Tu dois savoir combien il
est important de bien finir ton éducation, et si tu veux
persévérer dans les principes de Brugelettes, il faut presque
que tu regrettes Brugelettes en le quittant. Ceux qui
quittent avec trop de plaisir leurs maîtres, la règle, les
exemples qui les ont sanctifiés, sont exposés à dégénérer
bien vite. Tâche donc, mon cher ami, de regarder tes
quatre derniers mois comme des mois de semailles, mois de
faveur, mois féconds, pour l'avenir, en conséquences salutaires. Mets beaucoup d'ouverture, de bonhomie et de
confiance dans tes rapports avec les Pères. Ce pli est important à prendre... il faut que tu consentes à te faire
diriger, et pour cela, que tu t'ouvres, que tu te commu-
niques. Si tu étais renfermé, qui est-ce qui aurait prise sur
toi pour te faire du bien ? Tu auras besoin d'écrire au
moins tous les quatre mois à ton père spirituel qui te connaît, et j'espère que, bravant les niaiseries des rieurs, tu
ne craindras pas d'aller faire un bout de retraite de temps
en temps auprès de tes anciens maîtres. Sache que beaucoup de jeunes gens, élevés dans l'université, pratiqueraient
la retraite, s'ils avaient reçu l'éducation que tu as eue ;
sache qu'il sera beaucoup demandé à celui qui a beaucoup
reçu ; sache aussi que toute cette lettre n'est qu'une preuve
de mon amitié sincère. » Quelques années plus tard
s'adressant à ce même jeune homme au moment de son

mariage, il lui traçait ce tableau vraiment admirable d'un
ménage chrétien : « C'est le secret de la foi et de la sagesse chrétiennes de vivre au milieu d'un peuple tout
charnel sans concentrer ses pensées, sur les choses d'ici-
bas ; de fréquenter par bienséance des cercles qui ne
rêvent que frivolités et plaisirs d'un jour, et néanmoins
d'aspirer sans cesse aux joies pures et éternelles de la patrie
céleste ; de respirer un air gâté et mortel pour plusieurs,
sans rien contracter de son venin ; d'entendre proclamer
les maximes les plus creuses et les plus séduisantes, comme
si les oreilles étaient toujours fermées par un buisson
d'épines ; bien plus, de paraître à propos dans ces réunions
où conduit le devoir, et de les étonner autant par la joie
inaltérable d'une bonne conscience que par une inflexible,
mais toujours gracieuse régularité : au point d'être comme
un phare lumineux pour plusieurs, qui, jusque-là, n'avaient
pas la connaissance de la vérité, et qui, de bonne foi, cherchaient la route du port, le chemin de la paix et du salut. »

Après le jeune homme quittant le collège ou prenant
possession définitive de la vie par le mariage, l'abbé Bernard s'adresse à un correspondant d'un âge plus mûr et
voici par quelles paroles pleines de sage mesure, de prudence charitable et chrétienne, il modère un zèle quelquefois un peu prompt à juger et à condamner. « J'ai trouvé
à mon retour à Cambrai la lettre confidentielle que vous
m'avez écrite au sujet de la paroisse de ***. La plupart de
vos appréciations avaient été déjà faites devant moi, et je
m'étais borné à répondre qu'il ne fallait pas s'attacher exclusivement à considérer le prêtre en chaire, mais le voir
dans ses rapports avec les paroissiens. Or, pour ce qui

est des relations pastorales avec les familles, il est certain
que ce bon et cordial doyen fera merveille, quand il sera
bien connu. Et je ne vois rien de plus à dire aujourd'hui,
si ce n'est que Monseigneur enverra désormais à *** des
vicaires doués d'une bonne voix et d'un certain talent. Je
vous remercie néanmoins de la confiance que vous avez
eue de me dire votre pensée sur une paroisse que je ne
saurais jamais cesser de chérir. »

« Je me suis servi de votre communication confidentielle, écrit-il à la même personne, pour éclairer le conseil
de Monseigneur, et sa Grandeur elle-même, en tournée de
confirmation. La question est délicate. Les griefs articulés
par le conseil municipal n'étaient pas fondés, outre que ce
conseil était incompétent. Il n'est pas dans l'ordre que le
père commun du diocèse exécute un de ses prêtres, à la
demande violente et nullement motivée d'un ennemi quand
même. Pour déplacer un innocent, fût-il maladroit, il faut
une ouverture de Providence qui permette de le déplacer
convenablement et honorablement. Tout ce que j'appren-
drais en détail des maladresses du personnage et de leurs
suites incontestables pourrait me servir à éclairer davantage
Monseigneur et son conseil. »

« J'ai donné à mes collègues, écrit-il encore, connaissance du contenu de la lettre par laquelle vous me faites
savoir qu'il circule dans le diocèse un paroissien à l'usage
des enfants, renfermant un examen de conscience rédigé
sans discernement, ou plutôt emprunté à un ouvrage destiné à une autre classe de personnes. Nous trouvons avec
vous que cet examen offre des dangers, et nous cherche-
rons à les prévenir, en avertissant les bons libraires sur

lesquels nous avons action et qui pourront cartonner le
passage signalé. Mais, en même temps, nous croyons pouvoir diminuer un peu vos alarmes, en vous attestant que
l'expérience du ministère nous prouve chaque jour que les
enfants innocents ne voient rien à ces indications générales
de vices, et que les seuls enfants vicieux y entendent malice, la Providence entourant d'un nuage spécial l'intelligence des petits anges de la terre, qui ne trouvent pas
plus de scandales dans ce grec en matière de mœurs que
dans certaines expressions de l'*Ave Maria*, du *Credo*, et du
Décalogue. Je vous remercie de votre communication bienveillante, et vous prie, à l'occasion, de ne pas nous épar-
gner la connaissance de tout ce que vous pourrez méditer
dans l'intérêt du bien, lorsque nous serons en position de
vous seconder. Je vous recommande de mon côté, et dans
l'intérêt des petits enfants, une pétition que vient d'adresser
au ministre de l'instruction publique la supérieure de l'asile
Sainte-Catherine... Plus la ville de Lille est marâtre à
l'égard de ces petits, qui souvent ne trouvent que scandale
auprès de leur père et mère, plus la religion doit les protéger avec affection. »

L'abbé Bernard n'est pas moins net, moins précis, moins
mesuré en même temps que zélé et charitable, dans les
conseils qu'il donne aux ecclésiastiques sur lesquels il a
quelque autorité, de situation et d'amitié. Au point de vue
du ministère paroissial, surtout dans les campagnes, les
lettres adressées par lui au curé de Warlaing sont de précieux modèles de direction, et tracent une ligne de conduite
pleine de sagesse et d'intelligente piété. Nous n'en donne-
rons, pour abréger notre récit, que de rapides extraits.

« Je bénis Dieu, lui écrit-il le 27 décembre 1859, des excellentes dispositions avec lesquelles vous entrez à War-luing. Modérez votre joie et ménagez-vous, pour faire feu qui dure. Il est certain que vous pouvez dire : « *Funes ceciderunt mihi in præclaris,* à cause de la simplicité de cet excellent peuple et de sa docilité religieuse. L'important est de l'instruire à fond. Le sexe féminin est sauvé par les sœurs. Il faudra l'été animer les jeux honnêtes des jeunes gens. Tâchez de faire tomber les préventions et les petites animosités qui règnent entre plusieurs familles. Vous saurez les noms propres par personnes graves, discrètes et charitables. Il y aura aussi à concilier la beauté du chant avec les conditions de moralité et de dignité requises dans les chantres, sauf à passer l'éponge sur de vieux méfaits, quand ils sont suffisamment réparés. Ici encore, consulter prudemment et discrètement sur place, et tenir compte de l'opinion publique, si on devait le scandaliser. Votre voisin est un honnête homme. Un mot d'amitié de votre part lui fera plaisir. Vous avez un étudiant à Auchy, P. H. ; il se conduit bien ; il est dans l'ordre qu'il soit honoré aux vacances, et admis au chœur. N'allez pas vite pour les dépenses de luxe. Rien ne presse pour la chaire. Il y aura à rendre le confessionnal provisoire plus commode. Warlaing est resté simple à cause de ses anciennes inondations. Mais le dessèchement, le pavé, les communications faciles, l'introduction du luxe, le voisinage des communes où les masses ne sont pas pieuses, tout cela est à redouter. Donc, il faut instruire à fond, et ne pas se contenter de beaux offices. M. le Maire vous secondera, et aussi M. B. ; honorez bien l'un et encouragez fortement l'autre.

« 11 Janvier 1854. — Plus que jamais, nous allons observer toutes les règles canoniques. Si vous croyez qu'une
aveugle organiste puisse vivre à Warlaing, mettez-la pendant les offices près du chœur, mais hors du chœur. Surtout, n'allez pas trop vite pour les dépenses, et surtout
pour des choses secondaires. Plus elles sont conformes à
vos goûts naturels, plus vous devez vous asseoir à l'avance
et compter *sumptus si habeas ad perficiendum*. Examinez,
calculez, consultez sur place, et prenez garde aussi aux
abus de la musique, principalement dans les familles où
ces connaissances sont en disproportion avec la condition.
Du reste, vous avez raison d'attirer le plus possible à
l'église par la beauté des offices. C'est un moyen d'avoir
vos paroissiens au pied de votre chaire. A votre place, je
profiterais du goût et de l'habitude des jeunes hommes
pour le plain-chant, et je viserais à avoir un jour une
vingtaine de belles et bonnes voix de chœur. C'est ce que
font les curés de Normandie, qui s'affranchissent ainsi de
l'omnipotence des clercs-laïcs. Tâchez d'avoir la bonne
méthode d'exécution du nouveau chant : le point capital,
est dans l'observation des *quantités ;* puis, il faut éviter la
sécheresse et arrondir moelleusement les phrases musicales.
Mais je parle à un musicien émérite. Bonne et sainte année
à vous et à vos ouailles. «

« 18 Janvier 1857. Point de dîner de noces, point de
charge de parrain, *non licet*, et il n'y a pas lieu de demander
dispense. Votre opinion sur le prône était et demeure la
vraie. Les sœurs pourront blanchir les linges bénits, après
que vous les aurez passés à l'eau. Soyez heureux d'exercer
vous-même les fonctions attachées aux ordres inférieurs.

J'ai oublié de vous parler de la fréquentation des cabarets
à interdire à quiconque porterait le rochet au chœur.
Monseigneur regarde comme impossible d'obtenir un pareil
sacrifice, et dès lors l'avis de Sa Grandeur est que le chœur
demeure, sauf le clerc, en habits de ville. »

« 1865. Gloire à Dieu et à saint Joseph pour le succès
de vos Pâques. Vous marchez avec le Saint-Père en pro-
pageant la dévotion au père nourricier du Sauveur. Le *via
crucis* (chemin de la croix) bien fait avec solennité, et avec
un peu de variété dans les considérations, touche beaucoup, dispose à l'amendement, et peut attirer bien des
grâces sur les retardataires. »

« 1867. Soyez tranquille ; il ne sera pas question pour
vous d'exil. L'important à Warlaing, aussi longtemps que
vous pourrez y tenir, est de vous réserver pour l'instruction et les sacrements. Votre conscience et votre directeur
vous diront à cet égard si quelque chose périclitait. Nous
sommes pour les âmes : *in omnibus respice finem.* J'espère
que moins vous chanterez, plus vous pourrez catéchiser,
instruire, exhorter. La souffrance est l'apanage du prêtre
qui travaille *sub capite spinato* (sous un chef couronné
d'épines) et qui par là *multum fructum affert* (porte beaucoup de fruits). Que Notre Seigneur soit votre consolateur et votre voie, en attendant qu'il soit votre vie. Tout
votre en son divin cœur. »

Il nous reste après avoir montré l'abbé Bernard dans ses
rapports de direction avec ces divers ordres et classes de
personnes, à le faire connaître au point de vue spécial de
directeur des âmes tristes ou troublées, soit par la nature
de leur esprit, soit par les regrets et les infirmités, cortège

accoutumé de la vieillesse. Comme nous l'avons dit, l'habitude de la souffrance chrétiennement acceptée l'avait prédisposé à ce ministère admirable de consolateur, et c'est dans les lettres où il éclaire, relève et console, qu'il nous paraît le plus visiblement animé de l'esprit du sauveur Jésus-Christ : compatissant à ce qu'il éprouve, d'une indulgence sans faiblesse, et d'une bonté sans limite comme sans défaillance, infatigable à se donner et à donner cette paix surnaturelle qui dépasse toute intelligence et qui transfigure toute souffrance. Ces dernières citations seront un peu plus développées que les précédentes, mais elles nous semblent si belles, si pratiques, si salutaires à tant d'âmes malades, que nous ne craignons pas qu'on les trouve trop longues.

« Quand on est jeune, on ne connaît guère que le monde visible, et on ne recherche guère que ce qui est *sensible*. Mais il faut finir par s'élever plus haut. L'ordre spirituel est mille fois plus excellent que l'ordre matériel, et les intérêts de la vie future sont sans comparaison au-dessus des choses du temps, c'est-à-dire au dessus de la santé, de la réputation, de la fortune, des aises de la vie. La raison et la foi nous portent à bien faire notre plan de vie d'après cette donnée incontestable. De là dépend le prix de notre existence ici-bas, sans parler du salut. La recette pour avoir la paix est indiquée au xxiiie chapitre du IIIe livre de l'*Imitation*. Le fond c'est le renoncement à sa volonté propre, pour se conformer à la volonté divine qui dirige ou permet au moins ce qui nous arrive.

— « Ma chère fille, si l'idée de revenir sur vos confessions d'autrefois se représente à votre esprit, chassez ce vilain scrupule en vous disant : on n'honore pas Dieu, notre père céleste, par la défiance et la désobéissance. Je dois obéir à mon juge ecclésiastique qui me dit : il n'y a pas lieu à suivre. Je dois obéir à mon médecin spirituel qui me dit : la plaie est fermée ; la maladie a disparu. Obéir au confesseur, c'est obéir à Notre Seigneur « qui vous écoute m'écoute » a-t-il dit. La tactique du tentateur qui n'agit que par tromperie, c'est d'entretenir de vaines inquiétudes sur le passé, pour nous faire perdre de vue les vertus de patience et d'espérance à pratiquer dans le présent. L'*Imitation* de Notre Seigneur est pleine de textes qui nous assurent que les épreuves purifiantes annoncent de futures consolations. Lisez dans le chapitre LIe du IIIe livre les passages les plus accommodés à vos besoins. Je suis tombé hier sur ce chapitre, à l'ouverture du livre, au reçu de votre lettre. Courage ! Demandez-le par de courtes invocations : « Seigneur, fortifiez-moi ; Marie, Vierge puissante, priez pour que je ne me laisse pas aller. »

— « Je crois avoir trouvé le remède principal à ce qui occasionne votre épreuve. L'Écriture Sainte ayant dit : « Humiliez-vous et vous trouverez grâce! » Je viens vous demander la permission de vous aider à entrer dans cette bonne voie. Vous savez que vous ne formerez rien d'utile au salut sans la grâce. La grâce est comparée à l'eau d'une source. L'eau d'une source ne s'écoule pas en montant, mais bien en descendant. Aussi, pour trouver grâce, il faut ôter toute enflure, tout esprit hautain et superbe de son cœur ; reconnaître que nous ne sommes rien de nous mêmes ; que ce que nous avons, nous l'avons reçu, et que dès lors nous ne devons pas nous en glorifier ; que nous

ne devons pas juger et condamner les autres, où être mé-
contents d'eux puisque, à la rigueur, ils ne nous doivent
rien ; que, quand ils veulent bien nous obliger, nous devons leur en tenir compte comme d'une faveur gratuite et
les en remercier ; en un mot, nous devons travailler à devenir humbles, et alors nous trouverons grâce, et de plus
le ciel sera à nous. C'est ce qui faisait dire à David :
« Seigneur, il m'a été bon d'être humilié, pour apprendre
à connaître vos volontés. »

— « Ma bien chère fille, vous avez donné la meilleure
marque de solide piété en obéissant. Il ne faut pas défaire
votre ouvrage, en doutant volontairement si vous avez bien
fait. Il est clair que vous avez bien fait. Vous avez montré
de la bonne volonté ; soyez donc en paix. Dieu peut per-
mettre que nos meilleurs amis, ayant leur point de vue,
ne touchent pas juste. Ils n'ont pas les lumières du directeur qui entre dans la conscience, tandis que les amis
restent à la porte et ne voient que les murailles en dehors. Tenez-vous le pour dit ; ne brûlez pas cette
lettre et relisez-la. Vous êtes dans le creuset de l'é-
preuve ; demandez à Dieu d'y vivre en patience, jusqu'à
la parfaite délivrance qui approche de plus en plus. Quel
soulagement pouvait chercher Notre Seigneur crucifié en
changeant son point d'appui ? Chère fille, croyez, sur la
parole du prêtre de Jésus-Christ, qu'à aucune époque le
Seigneur ne vous a traitée avec une aussi grande miséricorde. Le temps n'est qu'un point, et l'éternité joyeuse et
glorieuse, c'est la félicité sans fin. Plus vous donnerez
votre assentiment à votre purification, plus vite vous re-
viendrez à la paix. Je sais combien la tristesse est pénible.

Notre Seigneur a passé par là pour nous obtenir la force de supporter les nôtres. Il y a, à la fin des litanies du saint nom de Jésus, une invocation que je vous recommande. Par votre *agonie* (peur, ennui et tristesse) délivrez-nous, Jesus. Vous pourrez alterner avec l'autre invocation : *Jésus, doux et humble de cœur, rendez mon cœur semblable au vôtre.* »

— « Ma chère fille, je ne sais si jamais vous m'avez fait autant de plaisir qu'aujourd'hui. Votre lettre témoigne d'une entière bonne volonté. Vous aurez donc la paix : il n'est pas nécessaire que les taquineries de l'imagination cessent comme par enchantement. Vous avez besoin de distinguer les deux hommes qu'il y a en vous, l'enfant d'Adam, plein de pensées, de désirs, de rêves, de mouvements subits, spontanés, involontaires et à réprimer ; puis le chrétien baptisé, qui est greffé en Jésus-Christ, qui doit tirer sa sève et sa vie de l'Homme-Dieu en réprimant tout ce qui s'élève en lui de désordonné ; notez que je dis en *réprimant* ou combattant, mais non pas en *supprimant* ces mauvais instincts ou appétits, ce qui ne dépend pas de nous. Tout cela sera un jour radicalement extrait, et la paix alors régnera seule dans nos cœurs... Je tiens beaucoup à ce que vous vous rappeliez de temps en temps que vous avez été bénie affectueusement par le vicaire de Jésus-Christ, qui est un grand saint. Je connais quelqu'un qui a passé par votre épreuve, pour lequel le Saint-Père a prié, et qui s'est guéri, un peu à la fois ; inutile que ce soit par miracle. Il ne dépend pas de nous de n'avoir pas des pensées tristes : Notre Seigneur en a eu au Jardin des Olives ; mais il dépend de nous de nous forcer, pour faire bon accueil aux diversions qui se présentent. Ces diver-

sions réhabituent nos facultés à se bien exercer. Et puis
on crie : *au secours, Vierge Marie !* et, après avoir été
hors d'état de s'appliquer, on arrive à retrouver toute sa
lucidité. Mais il faut savoir attendre les retards apparents
du Seigneur. Il sait ce qui nous convient ; il nous aime
d'un amour plus intelligent que nous ne nous aimons nous-
mêmes. Secondons la grâce, en faisant quelques efforts,
en nous faisant violence, selon les occasions : Dieu fera le
reste. N'entrez pas volontiers dans les conversations des
personnes qui vous diraient des choses propres à vous faire
sortir de votre paix et de votre bienveillance : affectueusement tout votre. »

— « Je vois poindre dans ma famille chez les filles
quelques vocations religieuses. Il pourrait bien y en avoir
pour la *Sagesse,* et je ne le verrais pas avec peine. Celles
qui se donneront à Notre Seigneur, corps et âme, échap-
peront à bien des croix, et les autres se sanctifieront par
la croix. J'ai deux frères veufs, une belle-sœur veuve.
Après l'état de virginité, il n'y a pas d'état plus digne et
plus propre à la sanctification. Ils ont le bonheur de le
comprendre. »

— « Ma bien chère fille, le prêtre qui dispense, qui
confesse, qui commande, c'est Jésus-Christ qui dispense,
qui confesse, qui commande. Aussi longtemps que vous
pourrez user du ministère du R. P. X... ayez une pleine confiance en lui. C'est un directeur judicieux, instruit et très uni
à Dieu : il doit vous inspirer toute sécurité. A la rigueur,
on peut faire ses Pâques cette année jusqu'au 15 avril, et
pour arriver là, on doit passer par le mois de Saint-Joseph ;
ne permettez pas à l'imagination de dévorer d'une seule

bouchée un si grand espace de temps. Je suis très sûr que vous allez mieux ; il y a plus de paix dans votre âme, et vous comprenez mieux certaines choses de votre salut. Je ne doute pas que vous n'arriviez au contentement et à la sécurité. Plus vous aurez de contentement intérieur, moins vous aurez besoin des visites des créatures. Le Saint-Esprit vous parlera au cœur. Sainte Madeleine, dans la sainte Baume en Provence, toujours seule, était ravie de consolations. Les véritables viennent de Dieu et il les donne en temps opportun. Laissons-lui choisir les moments. La température molle agit sur nos nerfs, semblables à des cordes de violoncelles détendues, qui ne sont pas au ton. Bon carême par de fréquents actes d'abandon à la bonté maternelle de la Providence : *En vous, Seigneur, j'ai espéré, je ne serai pas confondue.* »

L'impression produite sur l'âme chrétienne par ces conseils ou l'expérience de la vie s'unit à la mansuétude et à la sérénité, devient de l'attendrissement quand on songe que celui qui les donnait avait éprouvé, à un degré inouï, les tristesses, les troubles, les souffrances qu'il cherchait à consoler, et qu'il les éprouvait encore en lui-même, au moment où il ne semblait occupé que de les combattre chez les autres. Les lettres que nous venons de citer datent, en effet, de 1876 et 1877, et alors qu'il les écrivait, il était déjà aux portes de ce Jardin des Oliviers où il passa, en partie, les dernières années de sa vie. En conseillant la prière, la patience, la soumission amoureuse à l'adorable volonté du Seigneur, il ne faisait autre chose que penser tout haut, ouvrir son cœur et raconter l'histoire de ses épreuves et de sa vertu.

CHAPITRE XIX

Ses qualités et ses vertus. — Goût littéraire. — Conversation. — Sa dignité sacerdotale et son respect pour la liturgie. — Conversion d'un officier. — Amour des pauvres. — Histoire d'une soutane. — Le pédicure. — Prêts charitables — Denier des chaises dans les églises. — Son dépouillement. — Son opinion sur les devoirs des riches.

La grâce chrétienne et sacerdotale était en l'abbé Bernard le couronnement d'une nature aimable, bonne, élevée, véritable nature d'élite par ses aspirations et ses délicatesses. Très gai par tempérament, il garda toujours, malgré ses souffrances physiques et morales, un fond de joie naturelle et spirituelle que l'épreuve éclipsait, mais qui reparaissait comme le soleil après l'orage. Son accueil était toujours gracieux, souriant, par vertu quand ce n'était point par tempérament. A quelque moment qu'on frappât à sa porte, on ne semblait jamais le déranger. Sans effort apparent, sans l'ombre d'une impatience visible, il se levait, vous prenait la main, interrompait joyeusement son occupation, et sans jamais demander la permission de continuer, ne fût-ce que quelques minutes, le travail commencé, sans chercher à abréger la visite par une de ces marques de contrariété imperceptibles, dont on s'aperçoit toujours, il se donnait tout entier au visiteur, et se laissait aller, si c'était un ami, aux longs épanchememts de l'amitié. « Il

20.

m'a souvent fait penser, nous écrivait un de ceux qui vécurent le plus dans son intimité, à saint François de Sales
remettant à plus tard son action de grâces après sa
messe, par égard pour son ami l'évêque de Belley qui
l'attendait pour se mettre à table. » La charité, dans les
petites comme dans les grandes choses, c'était pour lui la
loi première et dernière devant laquelle tout devait céder.

De ses études littéraires qu'il avait faites avec un grand
soin, il lui restait un goût très prononcé pour les choses
intellectuelles, spécialement pour les auteurs latins, et, en
parlant comme en écrivant, une pureté de langage et de style,
élégante sans recherche, parce qu'elle lui était naturelle.
C'était en lui la satisfaction de ce besoin de son esprit
d'observer exactement toutes les règles, celles de la gram-
maire, comme celles de la conscience et de la loi divine.

Il savait assaisonner la conversation de ces saillies que
saint François de Sales nomme si bien des *joyeusetés* et
possédait vraiment cette charmante bonhomie française,
pleine de distinction, soutenue chez lui par la réserve
sacerdotale et la dignité naturelle. Aimant beaucoup le
saint évêque de Genève, il l'imitait en plus d'un point et
reproduisait bien des traits de son caractère. Il riait volontiers d'un bon mot et ne manquait pas de le répéter à
ses visiteurs, sans omettre jamais d'en signaler loyalement
l'auteur, de peur qu'on ne le lui attribuât à lui-même.
Ayant reçu du ciel beaucoup d'esprit en partage, sa conversation était pleine de ressources charmantes. Mais la
charité n'en souffrit jamais la plus légère atteinte. Plusieurs
fois, il arriva que sa domestique, dont le dévouement égalait la spirituelle simplicité, commettait devant témoin des

bévues réjouissantes ; c'était toujours en latin qu'il les
racontait en les faisant remarquer. Il estimait non sans raison
que, parmi les jeux de mots, les plus mauvais sont souvent les
meilleurs ; mais il avait en mépris les pointes italiennes qui
sentaient l'affectation et la prétention, il ne pouvait souffrir
surtout qu'elles portassent sur les choses sacrées, et c'est
avec une sorte d'indignation qu'il racontait avoir lu sur le
socle d'une statue représentant la mère de saint Benoît ces
mots latins : *Benedictus fructus ventris tui.*

Son langage était et resta jusqu'à son dernier jour d'une
distinction et d'une sobriété rares. Jamais une expression
vulgaire ne sortait de sa bouche, même pour les choses
les plus communes. Ses maux de tête ne l'empêchaient point
d'avoir toujours une mémoire très fidèle. Il ne fallait point,
devant lui, manquer un mot dans quelque texte de l'Écriture sainte ou des Psaumes : avec une douceur et un tact
charmants, il reprenait le texte en le corrigeant. Quelle
fraîcheur de mémoire pour les auteurs classiques ! à propos
des faits les plus petits, les plus ordinaires de la vie, il
savait trouver un mot de ces auteurs et le citer. Virgile,
Horace venaient sur ses lèvres comme d'eux-mêmes; il aimait
beaucoup la poésie, les vers latins, les distiques surtout.
Dans la conversation, un distique nouveau, improvisé,
arrivait facilement, même dans les derniers mois de sa vie.
Non seulement dans ses conférences, mais dans la conversation, quand il voulait raconter un fait passé, qui ne fut
pas assez délicat pour la langue française ou que quelque
personne présente ne dût point comprendre, il usait de la
langue latine : chaque phrase était du pur Cicéron, et
quand, dans ses plus grandes fatigues de tête, on lui lisait,

pour le distraire, quelque strophe latine composée récemment par un élève du séminaire, il l'écoutait et la jugeait avec une extrême finesse.

Ce goût essentiellement catholique et romain pour la langue latine le portait à s'en servir dans ses lettres comme dans la conversation. En voici un exemple où son esprit et son cœur se retrouvent tout entiers. C'était en 1880 : M. Édouard Lefort, son vieil ami, voulant se rappeler à son souvenir sans le fatiguer, lui avait envoyé une carte avec ces seuls Mots de la Sainte Écriture : « *Cor unum et anima una :* un seul cœur et une seule âme. » L'abbé Bernard lui répondit aussitôt par cette autre citation de la bible : « *Amicus fidelis, protectio fortis : qui invenit eum invenit thesaurum :* un ami fidèle est une protection puissante : qui le trouve trouve un trésor. » Et il ajouta au-dessous, avec cette grâce rapide dont il avait le secret ce seul mot qui dit tout : « *inveni,* je l'ai trouvé. » Combien de lettres de quatre pages sont moins remplies, moins éloquentes, moins achevées que celle-là !

Il aimait la beauté en toute chose, comme un don de Dieu et un reflet de son infinie perfection. A l'exemple de saint François de Sales, il se servait des créatures comme d'un marche-pied pour s'élever au créateur. Il aimait particulièrement les fleurs, dont l'éclat charmant et fragile rappelle la brièveté de tout ce qui est créé, dont le parfum monte au ciel comme l'encens et la prière. Il se fondait en dévotion et en actions de grâce, à la pensée que, de toute éternité, Dieu avait songé à faire éclore cette fleur qui s'épanouissait dans son jardin, pour charmer ses regards et par amour pour son pauvre serviteur. Il ramenait tout à cette pensée du divin maître, et il y revenait par tous les chemins. Quand il sortait du conseil archiépiscopal par les jardins de l'archevêché qui touchaient à son propre jardin, il rentrait chez lui sans passer par la rue et sans avoir besoin de sonner. Pour avertir sa servante qu'il était de retour chez lui à la disposition des visiteurs, il se servait d'une clochette, et il en sonnait toujours trois coups très distincts, en l'honneur de la sainte Trinité. Plus tard, quand ne pouvant plus prendre part aux conseils de l'archevêque, il rentrait de sa courte et lente promenade dans son jardin, il demeura fidèle à cette pieuse coutume, et à défaut de sa main engourdie par la paralysie, il voulait qu'on sonnât pour lui les trois coups traditionnels.

Son amour de la règle et de la correction parfaite en toutes choses se faisait remarquer particulièrement dans la dignité de son maintien, dans son respect de son caractère de prêtre, dans l'observation exacte de toutes les prescriptions liturgiques. Nous en avons déjà donné plus d'un exemple dans le cours de notre récit. Ce fut jusqu'à la fin un des traits caractéristiques de sa piété. « Ce qui m'a toujours frappé dans M. Bernard, écrit le P. Ravenez, un des témoins assidus de ses dernières années, c'était d'abord un mélange incomparable d'aménité et de simplicité ravissantes, avec un grand sentiment de sa dignité sacerdotale, et jusqu'aux derniers jours, un *decorum* irréprochable. Malgré ses nombreuses et cruelles infirmités, dès le matin on le voyait en ceinture et en souliers à boucle, comme autrefois, prêt à recevoir et à obliger tout le monde. Son rabat le gênait beaucoup, et le serrant à la gorge, augmentait ses congestions. Jamais il ne voulut s'en défaire de peur de paraître tant soit peu négligé. Très souvent, il avait besoin de se servir de son mouchoir : pour rien au monde, il n'eût voulu le garder sur ses genoux ou près de lui. Chaque fois, il le rentrait dans sa poche, et souvent avec de pénibles efforts à cause de sa paralysie. C'était par respect pour les autres et pour lui-même afin que tout fût correct et décent en sa tenue. Petits détails, sans doute, ajoute le P. Ravenez, mais qui dénotent une âme toute apostolique et préoccupée de l'édification du prochain. Jusqu'à la mort, il fut le prêtre digne, noble, vénérable et beau par excellence. »

Au dehors, quand il pouvait encore sortir, il répondait au plus petit salut en se découvrant et abaissant son chapeau, malgré la difficulté croissante de ses mouvements : pour lui, la politesse était une des formes, trop oubliées de nos jours, de la charité.

Son amour *du decorum* se faisait surtout remarquer à l'église, au milieu des exercices du culte. Il avait une vraie passion pour la beauté du culte divin ; et lui, toujours si indulgent, ne permettait cependant aucune licence en pareille matière chez ses subordonnés. Ainsi, à Sainte-Catherine, comme doyen, quand, de sa stalle, il apercevait un ecclésiastique assis sans barrette, d'un signe du doigt il appelait le sacristain, et le priait d'aller chercher une barrette à la sacristie, pour la porter ensuite, *avec toute l'amabilité possible*, à celui qui avait négligé de prendre la sienne.

Cette grande dignité dans les cérémonies religieuses, ce respect profond et visible de son caractère sacerdotal, furent un jour récompensés d'une façon bien sensible dès ce monde. C'était à Lille, quand il était doyen de Sainte-Catherine. Il avait été faire la levée d'un corps, rue de la Barre ; le cercueil était exposé dans une chapelle ardente à un étage supérieur de la maison mortuaire ; après les premières prières d'usage, . l'abbé Bernard redescendit avec les officiers de l'église, et se tint à la porte de la maison, le visage tourné vers le public, jusqu'à ce que le corps fût descendu. Or par suite d'une complication survenue au dernier moment, il fallut attendre plus d'une demi-heure avant que le cortège fût formé. Le soleil dardait de brûlants rayons, et pendant cette longue attente, l'abbé Bernard, revêtu de son épaisse chappe, resta tellement immobile sous le regard de Dieu qu'il priait, que pas un geste d'impatience, pas un signe d'ennui, pas un mouvement de tête de côté ou en arrière ne furent remarqués. Un officier de la garnison, qui passait là et s'était arrêté pour contempler cette scène, en fut si profondément ému, que le lendemain, il vint trouver l'abbé Bernard, se jeta à ses pieds, comme à ceux d'un saint, et se confessa de tout son cœur. La conversion d'une âme d'élite avait été le prix de cet acte héroïque de patience et de vertu sacerdotales.

Rien ne paraissait minutieux à l'abbé Bernard dans la stricte observation des règles liturgiques, et il en donnait partout et toujours l'exemple jusque dans les plus petites choses. C'est ainsi qu'avant de monter à l'autel, il tenait essentiellement à préparer lui-même le missel, en marquant avec les signets les diverses oraisons de la messe du jour. Il n'eût jamais laissé ce soin à son assistant, ou au prêtre qui avait dit la messe avant lui. Pour mieux se conformer à l'esprit de la rubrique, il remplissait ce devoir à la sa-

cristie, avant de revêtir les ornements sacrés, de manière
à ne jamais hésiter ni chercher, quand il était à l'autel.
Lorsqu'il accompagnait son archevêque dans ses tournées
pastorales, il ne laissait passer sans observation aucun des
manquements aux règles les plus minimes de la liturgie.
Plusieurs, parmi les ecclésiastiques qu'il reprenait de la
sorte, s'étonnaient et souriaient tout bas de ce qui leur
semblait l'indice d'un esprit minutieux. L'abbé Bernard ne
l'ignorait pas ; mais sa piété envers le Saint-Sacrement, son
respect pour la maison et le service de Dieu, ne lui permettaient pas de taire des observations, qui d'ailleurs étaient
toujours faites avec une délicatesse et une grâce incompa-
rables. Il agissait en cela d'après les conseils d'un grand
archevêque qu'il avait connu à Saint-Sulpice et qui lui avait
dit qu'en ce point comme en tout, il fallait régler sa conduite suivant la simple et profonde maxime : « fais ce que
dois, advienne que pourra. »

Sa charité, large comme son cœur, reposait sur une bonté
naturelle qu'elle agrandissait encore en la sanctifiant. Sous
ce rapport, les témoignages abondent, et nous aurions plus
d'un chapitre à écrire sur ce seul sujet, si nous voulion
tout raconter. « Personne, écrivent les Filles de la Sagesse
de Cambrai, ne sait mieux que nous quelle fut l'étendue
de sa charité. Payé souvent de ses nombreux bienfaits par
l'ingratitude et l'oubli, il ne lui arriva jamais de s'en
plaindre. Toujours prodigue pour les pauvres, il trouvait
pour les soulager ce qu'il se refusait à lui-même, et il fallait
souvent user de stratagème pour lui procurer le plus indispensable. Il s'enquérait sans cesse des indigents qu'il avait
pris à tâche de secourir, payait leur logement et leur faisait

passer des secours de toute nature. Nous-mêmes, avons éprouvé plus d'une fois les effets de cette bonté. Une de nos sœurs ayant été atteinte d'une grave maladie, il la visitait habituellement chaque matin, et lui faisait porter tous les jours une part prise du meilleur plat de sa table. Une autre fois, étant allé aux bains de mer, il apprit que dans la ville où il se trouvait, habitait la mère d'une sœur qu'il avait connue. Il se fit conduire chez elle, pour lui donner des nouvelles de sa fille, et daigna ensuite écrire à la supérieure de celle-ci pour lui rendre compte de l'état de cette pauvre mère, alors atteinte d'un mal horrible.

« Les malheureux, de quelque part qu'ils vinssent, étaient sûrs de trouver accès dans ce cœur toujours incliné à la bienfaisance. Ils ne craignaient pas de le venir attendre à l'heure où il achevait d'ordinaire le saint sacrifice, et nul ne s'en retourna jamais avec un refus. Étranger à toutes les précautions de la prudence humaine et ne soupçonnant pas qu'on pût le tromper, il donnait largement, sans s'inquiéter de l'emploi ultérieur de ses dons et souvent même sans examiner à qui il avait affaire. Le pauvre pour lui était l'envoyé du Seigneur, cela suffisait. Lorsque la maladie ne lui permit plus de faire par lui-même aux indigents ses pieuses largesses, il sut se trouver des auxiliaires pour cet emploi de charité, et c'est alors qu'il nous fit l'honneur de nous choisir comme confidentes de sa générosité et de ses sacrifices pour ceux qu'à l'exemple du divin maître il aima toute sa vie. Leurs besoins le préoccupaient plus que les siens propres, et il se fût volontiers privé du nécessaire pour les secourir. Aussi plusieurs ne se sont pas montrés ingrats, et ont versé, à la mort de leur bienfaiteur, des larmes sincères. »

— « Sa charité fut toujours sans bornes, écrit de son côté le P. Ravenez; sa maison était le rendez-vous des nécessiteux. Que de malheureux dont il releva l'existence ! Et quand il était à bout d'argent, par lettres ou par visites, il travaillait encore pour eux. De sa grande fortune, il ne possédait plus qu'un hôtel, rue Saint-Georges à Cambrai (qu'il avait acheté à la demande du cardinal Régnier pour y établir un jour une œuvre diocésaine). Déjà les tableaux et les tapis en grand nombre avaient disparu ; et si on l'avait laissé faire, depuis longtemps il se serait vu obligé de chercher une autre demeure, car la sienne aurait servi, de son vivant, à payer des notes étrangères ou à soutenir des œuvres charitables. Il était radieux de joie quand il découvrait chez lui quelque chose à donner. Les promenades faites en voiture à la fin de sa vie lui étaient le plus souvent pénibles et nuisibles même, parce qu'il gémissait trop de ne pouvoir aller à pied adresser çà et là des paroles de consolation ou de sympathie aux ouvriers qu'il rencontrait, ou donner des aumônes aux malheureux. »

Un trait touchant et plaisant, comme il s'en rencontre dans la vie des saints, fera comprendre l'étendue de sa bonté et la peine qu'il avait à repousser toute supplique, quelle qu'elle fût. Un jour, dans les dernières années de sa vie, un pédicure étranger se présenta chez lui pour offrir ses services. La servante le remercie et le congédie, en lui assurant, non sans raison, que son maître n'a aucun besoin de ses instruments ni de ses remèdes. L'abbé Bernard, un peu assoupi dans la pièce voisine, avait vaguement entendu quelque chose de la discussion. Quelques instants plus tard, il se souvient du fait, appelle sa servante et lui demande des explications. Quand il apprit qu'un étranger, peut-être un malheureux, s'était adressé chez lui et n'avait pas été reçu, il fut dans la désolation.«Je vous en prie, dit-il, tâchez de le rappeler, il doit y avoir du bien à faire à cet homme. — Mais c'est un Juif, répond ingénuement la servante. — Raison de plus ; il mérite plus de charité encore. — Mais c'est un pédicure, vous n'avez que faire de ses soins. — Peu importe : il trouvera toujours quelque chose à faire à mes pieds ; et, si cela ne me fait pas de bien, cela lui fera du bien à lui.» Bref, il insista tellement qu'on dut courir à la recherche du pauvre pédicure, mais on ne put le retrouver, et le charitable prêtre eut grand peine à s'en consoler.

M. l'abbé Bourgeois qui fut pendant quelque temps le compagnon et le commensal de M. l'abbé Bernard à Cambrai, après avoir été l'ami de toute sa vie, lui rend le même témoignage. Bien des fois, il lui avait entendu dire qu'il dépenserait en bonnes œuvres tous ses revenus, mais qu'il laisserait le fond intact, ne voulant point que ses neveux murmurassent un jour contre leur oncle l'abbé. Mais outre que le saint homme ne craignait pas beaucoup que les enfants de ses frères reprochassent jamais à sa mémoire l'excès de ses aumônes, il aimait trop les pauvres, les œuvres de foi et de charité, pour pouvoir se tenir parole et mesurer ses largesses. M. Bourgeois ajoute que, bien loin de là, ce furent ses frères qui durent lui venir en aide dans les derniers temps de sa vie, pour qu'il ne changeât rien à sa manière de vivre et spécialement à ses habitudes charitables. Les personnes qui sont connues pour leur charité ont quelquefois affaire à des solliciteurs plus difficiles et plus embarrassants que les pauvres qui tendent la main, nous voulons parler des pauvres emprunteurs. Ceux-là ne voudraient point recevoir une aumône, mais ils demandent qu'on leur prête une somme qu'ils déterminent et qu'ils s'engagent à restituer, engagement pris peut-être avec bonne foi, mais qui n'est presque jamais tenu. L'abbé Bernard, dont la bonté et la libéralité étaient proverbiales, était souvent abordé par des solliciteurs de ce genre, et ne savait trop comment concilier son désir de ne point refuser avec l'impossibilité de satisfaire à des demandes excédant ses ressources. « Pour se tirer d'embarras, écrit M. l'abbé Bourgeois, témoin et confident de sa charité, voici le moyen qu'il imagina : il mit à part une somme de quatre mille francs, destinée exclusivement à ses prêts charitables. Il y puisait de quoi répondre aux emprunteurs qui lui semblaient dignes d'intérêt, et quand la somme était épuisée, il attendait, pour faire de nouveaux prêts, que des remboursements vinssent la remplir. Ces remboursements, bien que rares, venaient cependant le surprendre et le réjouir de temps en temps et fournissaient ainsi à sa charité un aliment sans cesse renouvelé. »

Épuisé par ses aumônes et par ses grandes libéralités, l'abbé Bernard se trouvait souvent la bourse vide et ne savait comment suffire à ses besoins personnels. Un trait, raconté par l'abbé Bourgeois et qui date des dernières années de la vie de la vénérable madame Bernard, prouve d'une manière frappante les délicatesses et les pieux excès de sa charité. Tous ceux qui l'ont connu savent qu'il tenait à ce que ses vêtements fussent d'une parfaite propreté, mais c'était tout, et il en prolongeait la durée au-delà des bornes accoutumées. Il était vicaire-général depuis quelques années, lorsqu'un jour, venu de Cambrai à Lille pour voir sa mère, elle s'aperçut que sa soutane n'était pas de la première fraîcheur. « Charles, lui dit-elle, pourquoi portez-vous une soutane usée jusqu'à la corde ? — Que voulez-vous, ma mère, répondit-il gaiement, je n'ai pas d'argent pour la remplacer. — Tenez, voilà cent francs pour en acheter une neuve. » Il prit l'argent, embrassa sa mère et se rendit au chemin de fer pour se rendre à son poste. A la gare il vit un prêtre de Cambrai, qui attendait comme lui l'heure du départ, et dont il remarqua la tenue presque misérable. Il prit immédiatement deux billets, en donna un au pauvre prêtre, le fit monter près de lui dans un compartiment, et l'apostrophant, comme sa mère l'avait apostrophé lui-même, il lui dit: « Mais, mon cher ami, vous avez là une soutane bien vieille et bien usée. — C'est vrai, Monsieur Bernard, répondit humblement l'ecclésiastique, mais je n'ai pas d'argent pour en acheter une autre. — Tenez, mon ami, voici cent francs, qu'on vient de me donner ; achetez-vous bien vite une soutane neuve. » Six semaines après l'abbé Bernard vint revoir sa mère qui lui dit aussitôt : « Eh bien ! vous voilà encore avec votre soutane usée? Qu'avez-vous fait de l'argent que je vous avais donné? ne craignez-vous pas de faire honte à votre famille? » Il lui raconta sa rencontre, sa compassion, et comment la soutane neuve n'avait fait que changer d'ecclésiastique. « Vous n'en ferez jamais d'autres ! s'écria la bonne mère moitié grondant, moitié pleurant » Et lui de répondre en souriant : « C'est votre faute. Pourquoi nous avez-vous élevés de la sorte ? » A une raison pareille, il n'y avait rien à répliquer. Madame Bernard serra son fils dans ses bras, et alla elle-même lui acheter une soutane.

Après des traits de ce genre, on comprend le sentiment de M. Leleu, supérieur du séminaire de Cambrai et commensal de notre saint abbé pendant des années, qui se plaisait à dire qu'il ne connaissait point d'homme aussi oublieux de soi-même que l'abbé Bernard.

Cet oubli de soi-même et cette préoccupation constante des autres se traduisaient souvent par des actes d'une bonté et d'une condescendance vraiment charmantes. La lettre suivante d'un honorable commerçant d'Haubourdin en donne une preuve qui mérite d'être rapportée. « C'était en juillet 1860, lors de la translation des reliques du bienheureux Benoît Labre. J'avais alors une sœur malade qui désirait vivement, faute de mieux, faire toucher un mouchoir aux reliques. Elle me pria de me rendre à Arras, afin d'assister à la procession et de lui rapporter ce souvenir désiré. Quand j'arrivai à la cathédrale, les pèlerins y étaient déjà en grand nombre, et je ne savais comment m'y prendre pour remplir ma mission. Dieu m'inspira de chercher à voir M. l'abbé Bernard, et je me rendis au petit séminaire où il était descendu. Introduit près de M. le vicaire-général, je lui expose le but de mon voyage, et m'ayant écouté avec sa bienveillance accoutumée, il me dit : « Monsieur Cambron, votre sœur désire que vous fassiez toucher ce mouchoir aux reliques du bienheureux : je vais vous donner mieux que cela. » Et ouvrant son porte-monnaie, il me remit une des deux reliques qu'il contenait : c'était un morceau de la chemise du bienheureux. Puis il ajouta : « Cette après-midi, pendant la procession, je prierai pour votre sœur. Dites-lui en rentrant ce soir, de prendre courage, que je ne l'oublierai pas dans mes prières. » Je quittai M. le vicaire-général, le remerciant avec effusion pour ma sœur et pour ma famille, et l'assurant de ma vive reconnaissance. » C'est ainsi qu'il savait donner à tout le monde, de son cœur quand ce n'était pas de sa bourse.

Une idée qui le désolait et le préoccupa jusqu'à la mort, c'était la nécessité dans laquelle la Révolution a mis les églises de faire payer les chaises, pour subvenir à l'insuffisance honteuse du budget des cultes. Lui qui avait pour les pauvres une véritable tendresse, qui aimait leurs âmes bien avant leurs corps, il gémissait de les voir rester debout, ou en dehors des églises par respect humain ou par nécessité. Cette inégalité jusqu'au pied des autels lui brisait le cœur. Il aurait voulu retrouver un peu de santé et de vie pour aller quêter et établir une caisse diocésaine du *denier* des chaises, œuvre que les riches auraient soutenue et continuée, afin que les chaises ne fussent payées que bénévolement et en dehors de l'église, par les plus aisés de chaque paroisse. Cette pensée digne de son âme apostolique mérite d'être étudiée par les vrais disciples, les vrais ministres de Jésus-Christ, et elle est trop conforme à l'esprit de l'Évangile pour n'avoir pas chance d'être réalisée quand l'Église de France aura retrouvé la paix et la liberté.

On comprend qu'aimant les pauvres comme il le faisait, l'abbé Bernard prêchât sans cesse aux riches le devoir de l'aumône, l'accomplissement de leur mission providentielle vis-à-vis des petits et des malheureux, la terrible responsabilité de la fortune et de la grandeur mal comprises et mal employées. Nous ne citerons à cet égard que deux courts passages de ses lettres, pour ne pas allonger indéfiniment ce chapitre déjà si long de sa vie. « Il est heureux, écrivait-il à une de ses pénitentes en 1867, que votre neveu prenne aussi bien chez les Pères. Il est probable que ce jeune homme sera appelé à exercer de l'influence dans la société ; et pour qu'il l'exerce au profit de la cause du bon Dieu, il faut qu'il sanctifie son nom et qu'il soit vainqueur de bien des ennemis secrets et de bien des tentations. Noble, il faut qu'il apprenne à voir surtout les âmes dans tous les rangs de la société ; riche, il faut qu'il apprenne de bonne heure à donner gaiement ; à même d'être satisfait dans ses goûts, il faut qu'il sache accepter et subir généreusement les privations. S'il comprend ce que c'est qu'être chrétien, il sera homme dans toute l'acceptation du mot, et il fera honneur à sa famille. — Vous me parlez, écrivait-il un peu plus tard, des infamies de plusieurs personnes de grand nom. Quelles leçons leur faut-il donc pour suppléer à l'insuffisance de la Révolution française ? Combien il est vrai que l'élévation expose les têtes à tourner, et que la surabondance du superflu amène aisément la corruption ! L'épître de la fête de ce jour (Ste Agathe) montre combien les petits ont plus de facilité pour entrer et se bien maintenir dans l'Église de Jésus-Christ. Quand le déluge vint, on s'occupait de plantations et de bâtisses, on allait aux noces, l'inconsidération était alors à son comble, et elle n'a pas empêché la justice de

Dieu de suivre son cours, et sa parole de se réaliser. »

Tels étaient les sentiments de l'abbé Bernard sur la pauvreté et la richesse, et après les avoir traduits toute sa vie dans ses actes, il les traduisit ainsi dans ses dernières recommandations écrites : « Je prie mes frères et sœurs, neveux et nièces de veiller à ce que la dévotion à la Sainte Vierge et la pratique généreuse de l'aumône soient héréditaires dans la famille. Notre grand-mère Serret nous en a donné l'exemple : mon père et ma mère l'ont imitée. » Cette prière suprême de ce grand ami des pauvres sera le résumé et comme la morale de ce chapitre.

CHAPITRE XX

L'abbé Bernard possédait à un degré éminent ces trois vertus surnaturelles que le père Lacordaire appelle les vertus réservées, celles que possède et donne seule dans leur plénitude la religion catholique, à savoir l'humilité, la chasteté et la charité. Nous venons de rendre témoignage à son admirable charité pour les pauvres, à celle qui, tout en s'inspirant d'un principe surnaturel et en demeurant étroitement unie à l'amour de Dieu, semble s'adresser plus particulièrement aux besoins du corps, et avoir pour mission principale le soulagement des misères matérielles. Dans les exemples que nous avons rapportés de cet amour des pauvres chez l'abbé Bernard, on a pu voir qu'il ne séparait jamais le temporel du spirituel, et qu'à l'aumône proprement dite, il ajoutait toujours le don de Dieu, dans la limite où il croyait possible de le faire. Cet amour des âmes était le mobile de son zèle, le principe inspirateur de toutes ses œuvres. Dans le prochain, riche ou pauvre, heureux ou malheureux, il voyait l'âme, il visait à l'âme et à l'âme seule. Tout le reste, bienveillant accueil, complaisances,

démarches, secours, don d'argent, de temps, don de soi-
même, n'étaient que des chemins divers qu'il prenait pour
arriver à cette chère âme du prochain que Dieu veut et
pour laquelle Jésus-Christ est mort sur la croix: Sa vie
tout entière, telle que nous l'avons racontée aussi complètement, aussi fidèlement que possible, est la traduction des
actes de cette vertu apostolique par excellence. Nous n'y
ajouterons ici qu'un petit fait qui n'a point pu prendre place
dans les pages précédentes et qui témoigne d'une grande
charité. L'abbé Bernard qui ne faisait point acception de
personnes et s'occupait des petites gens comme des grandes,
des village comme des villes, avait établi en 1859 la confrérie de enfants de Marie dans la paroisse rurale de
Paillencourt. Il s'intéressait beaucoup à ces jeunes filles,
venait souvent faire la clôture de leur retraite annuelle, et
quelquefois même, malgré ses graves occupations de vicaire
général, il leur prêchait cette retraite du commencement à
la fin. Un jour, il apprit qu'une de ces chères enfants de
Marie, oubliant son titre et ses engagements, négligeait ses
devoirs et semblait en voie de se perdre. Aussitôt, il quitte
Cambrai, il arrive à Paillencourt, par un temps si affreux
qu'en route il fut obligé d'ôter son chapeau et de le mettre
sous son bras, la tempête ne lui permettant pas de le garder
sur sa tête. Épuisé de fatigue, trempé par la pluie, il va
droit à la jeune fille, lui parle, touche son cœur, la confesse,
la remet dans la bonne voie, et ne repart que lorsque, à
l'exemple du bon pasteur, il a rapporté la brebis égarée
dans la bergerie. Tel était le prix d'une âme aux yeux de
ce saint prêtre, de ce vrai ministre de Jésus-Christ.

Que pourrions-nous dire de son humilité, après ce que

nous en avons déjà dit dans le cours de notre récit ? Partout et toujours, on le voit caché, recherchant l'ombre, n'en sortant que par devoir de position et comme à contre cœur ; aimant l'obscurité jusqu'à compromettre parfois l'efficacité de son apostolat ; anonyme en tout ; dans ses charités, dans ses œuvres, où il cherchait le plus possible à se dissimuler derrière les autres, dans ses écrits qu'il ne signa jamais ; véritable violette du bon Dieu qui ne se trahissait que par le parfum de ses vertus. Ici, encore comme plus haut, nous nous contenterons de compléter ce que nous avons dit de son humilité par la citation d'une lettre qui en apporte une preuve singulièrement touchante. Ce n'est presque rien, et c'est plus éloquent qu'un grand discours.

Cette lettre est de monsieur l'abbé L. alors vicaire d'une paroisse rurale du diocèse de Cambrai; nous la reproduisons dans son aimable simplicité. « Lorsque j'étais vicaire à B. ordonné prêtre depuis quelques semaines seulement, la domestique de monsieur le curé vint un jour, en l'absence de son maître, m'annoncer l'arrivée d'un visiteur. « Je ne connais pas cet ecclésiastique, me dit-elle ; ce doit-être un curé ou un doyen, il ne m'a pas dit qui il était. » Sans plus de réflexion, je me rends d'un pas rapide dans l'appartement où attendait l'étranger, et je le salue d'un « bonjour Monsieur le curé » bien accentué. Il reçoit ce salut avec une grâce charmante, m'adresse quelques mots très affectueux, et la conversation s'engage à peu près comme entre deux confrères, voués au même ministère, mais dont l'un avait vieilli au milieu de ces populations rurales que l'autre commençait à peine à connaître. Soit timidité, soit pour tout autre motif, j'évitai de lui demander quelle était sa paroisse, et on eût dit qu'il mettait encore plus de soin à ne pas décliner son titre. Au bout d'un moment, mon aimable visiteur, que je continuais d'appeler bravement «Monsieur le curé» me dit qu'il doit se rendre dans un endroit voisin et me demande si je voudrais bien l'accompagner jusqu'au sortir du village. J'accueille la proposition avec empressement et nous nous mettons en route sans plus de cérémonie, comme deux vieilles connaissances, presque comme deux camarades. Tous les sujets servaient de thème à la conversation, excetpté celui qu'il eût été le plus naturel d'aborder et sur lequel, plus on avançait, moins j'osais hazarder une observation. C'est qu'en effet des doutes s'étaient élevés dans mon esprit, et au lieu de provoquer une explication, je commmençais à la redouter. Nous touchâmes, enfin, au terme de la promenade, et, chose bizarre, la séparation se fit sans que le mot révélateur tombât des lèvres de mon compagnon. Je n'ai pas besoin d'ajouter que ce mystérieux personnage était Monsieur le vicaire général Bernard. Je ne dirai pas davantage quelle fut ensuite ma confusion. J'en demeurai interdit le reste de la journée. La domestique de mon curé faillit elle-même s'évanouir quand elle entendit le nom du visiteur auquel elle avait fait une réception si vulgaire. Mais un tel exemple me donna une haute idée de la vertu de M. Bernard et me laissa entrevoir à quel degré de perfecfection elle savait atteindre. Pour qui apprécie la distance que met la hiérachie ecclésiastique entre un vicaire général, l'homme le plus élevé en dignité du diocèse après son évêque, et l'humble suppléant d'un curé de campagne, et la distance bien plus grande encore que le mérite, la distinction, l'âge, établissaient entre ce vénérable prêtre et le dernier vicaire du diocèse, ce petit incident reste un merveilleux enseignement d'humilité et de simplicité sacerdotales. Un autre, moins parfait, eût dû se faire une certaine violence pour se contenir, même quelques intants, et n'eût pas manqué de témoigner son étonnement d'une aussi étrange méprise. Pour Monsieur Bernard, il ne trahit pas la moindre surprise et ne témoigna pas la moindre froideur. Sa physionomie, son attitude, son regard, sa voix, rien ne put laisser deviner chez lui le moindre froissement d'amour propre. Du moins il aurait pu se mettre à l'aise en me quittant ; il préféra rester humble jusqu'au bout que de m'humilier moi-même par un mot de plus. Il me paraît qu'une telle conduite rappelle la manière d'agir des saints et dénote plus de renoncement et de mort à la nature que les plus éloquentes protestations. » Cette appréciation de Monsieur l'abbé L. qui, d'après sa lettre, paraît s'entendre en humilité pratique, nous semble parfaitement juste, et nous admirons avec lui, dans cette petite aventure de l'abbé Bernard, la mise en œuvre de ces deux mots sublimes et terribles de *l'imitation de Jésus-Christ*, résumé de toute la vertu chrétienne : *ama nesciri*, aimez à être ignoré. »

Pour en finir avec ce qui regarde l'humilité, rappelons le témoignage de Monsieur l'abbé Delille, qui, tout jeune prêtre, demeura près de lui pendant six mois à Cambrai, et qui attribue à l'abbé Bernard la formation de son esprit et de son cœur sacerdotal. Quand le pieux vieillard, déjà bien infirme, croyait bien à tort l'avoir scandalisé dans les souffrances de quelque crise, il se mettait à genoux devant son jeune ami et lui demandait pardon de ses prétendues révoltes contre la volonté de Dieu. — Comme il était profondément humble, l'abbé Bernard était profondément chaste, chaste du corps à l'âme et de la tête aux pieds. Dès son enfance, la belle vertu de pureté semble l'avoir enveloppé d'un voile de modestie qu'il ne dépouilla jamais. Cette innocence intime rayonnait sur son visage, sortait de ses yeux, et se répandait sur toute sa personne. De là cet attrait étrange, irrésistible qu'il exerça dès sa jeunesse sur les âmes honnêtes, et cette impression de respect que, tout jeune prêtre encore, il inspirait à tout le monde. Pour conserver plus sûrement cette vertu si facile à altérer, si difficile à défendre contre toutes les atteintes du dehors, il la mettait sous la garde d'une modestie dont il ne se départit jamais. Sous ce rapport, comme sous celui de son humilité et de sa charité, les témoignages abondent. Quiconque l'approchait et l'observait de près était frappé de sa vigilance continuelle et de sa réserve, aussi attentive qu'exempte de toute pruderie. C'était la vraie modestie chrétienne et sacerdotale, celle dont Saint-François de Sales, le plus tendre des hommes, fut le modèle accompli. On peut dire que sous ce point de vue l'abbé Bernard égala presque son modèle. « L'homme, dit justement monsieur l'abbé Bourgeois qui vécut si longtemps dans son intimité, l'homme, vu de loin, peut paraître modeste, sans l'être en effet. Les intimes, les familiers peuvent seuls lui donner un témoignage selon la vérité. Ceux-là qui ont fréquenté l'abbé Bernard sont donc croyables, qui ont admiré en lui cette délicate vertu. Toujours et partout, il gardait une tenue aussi réservée que s'il eût été en présence de nombreux témoins ; et il l'était en effet, car il pratiquait le conseil de l'apôtre : « *Modestia vestra nota sit omnibus, dominus enim prope est* ; que votre modestie apparaisse à tous les hommes, car le Seigneur est proche. » Sa vie se passant sous l'œil de Dieu, est-il étonnant qu'on ne l'ait jamais surpris en dehors des règles de la plus sévère modestie? Dans son cabinet de travail, dans les visites faites ou reçues, dans les conversations publiques ou privées, il était toujours le même, inspirant la réserve par la réserve dont il était le modèle. »

A Lille, et à Cambrai, il fut le directeur spirituel de beaucoup de personnes. Toutes seraient unanimes à affirmer qu'il observait à la lettre la prescription de Saint-Jérôme : « que vos discours avec les femmes soient rares, courts, austères. » Guide éclairé et prudent, il leur rendait de grands services, mais il ne prolongeait point les entretiens. Quelques mots judicieux, décisifs, bien appliqués aux besoins de l'âme ou de la position, et c'était tout. Cette réserve, dont il donnait l'exemple, il l'appréciait chez les autres et la leur communiquait. Un jour la supérieure d'une communauté où il venait de dire la messe, lui ayant demandé la promesse de faire à ses sœurs une instruction à certaines époques déterminées, il lui répondit avec son amabilité mais son laconisme habituel : « après les devoirs d'état, si j'ai du temps, je verrai. » La supérieure s'inclina et n'ajouta rien. En sortant du couvent, l'abbé Bernard dit à son compagnon : « Voyez-vous, mon cher, ces religieuses ne sont point collantes à la soutane du prêtre. » C'était faire son propre éloge autant que celui de la bonne supérieure. Aussi la médisance n'eut-elle jamais de prise sur lui, et il fut toujours préservé de tout soupçon. Il aurait voulu que tout le clergé fût sur ce point à l'abri de la calomnie. Sa sollicitude ne datait pas de son entrée dans l'administration du diocèse. Dès son début dans le ministère il en donna des preuves. En voici une qui ne fut connue que d'un seul témoin, et ce témoin, monsieur l'abbé Bourgeois, nous l'a racontée comme il suit :

« L'abbé Bernard trouva à son arrivée à Bavai, en 1833, un séminariste que l'état de sa santé forçait d'interrompre ses études théologiques. Peu de temps après, ses parents résolurent de quitter la ville, et naturellement leur fils devait les suivre. Le vénérable monsieur Tilmant, doyen de Bavai, plein de bienveillance pour le jeune clerc, voulut le garder et s'empressa de lui offrir sa maison pour achever sa convalescence. Monsieur Bernard apprenant cette résolution en apprécia toutes les conséquences. Ce bon vieillard de quatre-vingts ans avait à son service une domestique jeune, honnête sans aucun doute, mais assez rieuse et vive, suivant l'habitude de la jeunesse. C'était assez pour éveiller les inquiétudes de l'abbé Bernard. Il dit donc à ce séminariste : « Mon très cher, ce n'est pas chez Monsieur le doyen, c'est chez moi que vous demeurerez. Il y a là une jeune domestique, et la malveillance pourrait vous atteindre.» Dès le jour même, le séminariste était constitué commensal du vicaire, et la pension des deux fut payée par un seul. Dès lors, ajoute l'abbé Bourgeois, l'abbé Bernard exprima le désir qu'ayant débuté ensemble, ils finissent ensemble leur carrière et que les deux amis ne fussent séparés que par la mort. Dieu a exaucé en partie son vœu, en permettant que la main de ce premier compagnon lui fermât les yeux, après lui avoir donné la dernière absolution. »

Le zèle de la maison de Dieu dévorait l'âme de l'abbé Bernard, et son amour prenait toutes les formes. Il s'étendait des œuvres particulières aux œuvres générales, des temples spirituels de Jésus-Christ, c'est-à-dire les chrétiens de tout âge, de tout sexe, de toute condition, à ses temples matériels où il réside dans le sacrement de l'autel. Bien que sa haute intelligence et sa foi éclairée lui fissent connaître et servir Dieu en esprit et en vérité, dans son essence une et indivisible, nul ne comprenait, ne goûtait plus que lui les dévotions particulières, et ne travaillait plus activement à les propager. Nous avons vu son infatigable dévouement aux œuvres de foi comme aux œuvres de charité, à la diffusion de l'association de Saint-François de Sales comme de la société de Saint-Vincent de Paul, à la multiplication des communautés religieuses comme à la création de nouvelles paroisses et à la fondation de nouvelles églises. Sa dévotion à la Sainte Vierge sous quelque vocable que ce fût, Notre-Dame de Lourdes, Notre-Dame des Sept Douleurs, Notre-Dame de la Treille, éclatait à chacun de ses pas dans le ministère sacerdotal et formait comme la respiration de son âme. Son amour du Saint-Sacrement, son zèle pour la communion fréquente, sa dévotion simple et profonde en célébrant le sacrifice de la messe, étaient connus et admirés de tous les témoins de sa vie, depuis le séminaire et le vicariat de Bavai jusqu'à la cure de Sainte-Catherine et à sa longue carrière de vicaire général. Mais parmi tant d'œuvres diverses, tant de dévotions particulières, il en est une qui occupa, comme elle le devait, la première place dans son cœur, c'était la dévotion au Sacré-Cœur de Jésus, foyer de tout amour et centre de toute espérance chrétienne. Cette dévotion aussi ancienne que l'Église, mais qui, par un dessein providentiel, prit une forme plus précise et un essor

vraiment merveilleux depuis deux siècles ; qui semble être
destinée à réchauffer et consoler le monde à son déclin,
à le soutenir dans ses épreuves suprêmes et ses derniers combats; cette dévotion si catholique et si française,
s'était emparée, dès le principe, de l'âme de l'abbé Bernard,
et lui avait inspiré un attrait singulier. Dans une des crises
douloureuses qui le visitaient et le crucifiaient si souvent,
il invoqua le Sacré-Cœur de Jésus, fut guéri et lui attribua
sa guérison. Dès lors, il fit vœu de propager ce culte consolant et sauveur, de ne laisser échapper aucune occasion de
le faire connaître et aimer, et il fut fidèle à cette promesse
jusqu'à son dernier soupir. Il travailla de tout son pouvoir
à faire consacrer le diocèse de Cambrai au Sacré-Cœur, et le
jour où cette consécration s'accomplit fut un des plus beaux
jours de sa vie. Ses lettres intimes portent la trace fréquente
de cette préoccupation, de ce désir, et, quand il fut réalisé,
de son immense joie. Voulant préparer cette consécration
totale du diocèse au Sacré-Cœur par une sorte de consécration particulière de chaque paroisse, il fit tirer un nombre
considérable de grandes gravures, représentant l'image du
Sauveur et de son cœur adorable, couronné de flammes et
d'épines, surmonté d'une croix, tel en un mot qu'il apparut
à la bienheureuse Marguerite Marie à la visitation de Paray-
le-Monial. Il se fit le propagateur infatigable et comme
le semeur de cette image divine. Il la donna à toutes les
communautés religieuses avec lesquelles il se trouvait en
rapport suivi ou sacerdotal, c'est-à-dire à presque toutes
les communautés du diocèse. Il la donna également à tous les
curés qui voulaient bien l'accepter pour en orner leur pres-
bytère, et comme, dans ce clergé si pieux et si éclairé de

la province de Cambrai, nul ne se refusait à cette aimable
et salutaire dévotion, la plupart des presbytères reçurent
et gardent ce souvenir de la piété et du zèle de monsieur
l'abbé Bernard. Avec cette délicatesse exquise qui était une
des grâces de sa charité, il lui arriva souvent de donner la
gravure tout encadrée, afin disait-il, de ne pas obliger ceux
auxquels il la donnait à une dépense onéreuse et qui dimi-
nuait le prix du bienfait. « Je puis affirmer, écrit Monsieur
l'abbé Bourgeois, que, jusque dans ses derniers moments,
lorsqu'il n'était plus capable d'aucun ministère, la pensée
de son vœu l'occupait. Il craignait de ne pas faire assez
pour le cœur de Jésus, et cependant il ne cessa jamais de
répandre ses gravures. C'était tout ce qui lui était possible
de faire. »

En racontant ses divers voyages à Rome, nous avons
longuement parlé de son tendre attachement pour le Pape
et l'Église ; nous n'y reviendrons pas, et nous nous borne-
rons à dire qu'il revenait à ce sujet dans toutes ses conversations, dans toutes ses lettres, et qu'en lui se vérifiait, au
figuré, ce proverbe populaire que tout chemin mène à Rome.
« Le bouquet de fête que vous m'avez adressé pour le 4
novembre, écrivait-il, en 1859, renfermait quelques soucis,
assurément contre votre intention. C'est que je ne puis songer à saint Charles sans me rappeler que son diocèse est
affligé et que le successeur du grand cardinal Borromée ne
peut prendre possession, par l'opposition que lui fait un
gouvernement excommunié. En même temps, ma pensée
se porte sur tous les États de l'Église, si éprouvés, et sur
la personne de Pie IX qui est presque un second Louis XVI.
C'est surtout de ce côté que nous devons diriger notre

prière. » Et un peu plus tard, à l'occasion de la même fête de saint Charles Borromée il ajoutait : « Me voici un peu libre pour vous dire brièvement que je souhaite à toutes les âmes qui me sont chères d'aimer l'Église, comme l'a aimée le grand archevêque de Milan. Vous savez par expérience qu'on n'aime pas sa mère ici-bas sans être aimé d'elle. L'Église, notre mère à tous, ne fait pas exception à la règle. »

Il voulait qu'on témoignât son amour à cette épouse du Christ, à cette mère du genre humain, non-seulement par des paroles, mais par des actes. Il exhortait avec un zèle infatigable ses pénitents, ses parents, tous ceux qui l'approchaient, à donner sans compter pour le denier de Saint-Pierre. Lorsque quelqu'un des siens avait fait à cette œuvre catholique par excellence quelque largesse extraordinaire, il en témoignait sa joie et en tirait des motifs d'espérance, de récompense même ici-bas, « car, disait-il, si les prospérités temporelles sont promises au simple respect des enfants pour leur père selon la chair, qu'elle sera la bénédiction attachée au dévouement filial envers le pape, père spirituel de tous les chrétiens ? »

On conçoit quelle tristesse les malheurs de ce père tant aimé de cette Église si chère, si sainte et si persécutée, jetaient dans l'âme de l'abbé Bernard. Il ressentait tous les coups portés, toutes les trahisons, toutes les apostasies ; et dans les moments où la maladie le remettait sur la Croix, cette compassion ajoutait à son abandon spirituel d'inexprimables angoisses. Mais jamais il ne se laissait aller au désespoir, et toujours la confiance en Dieu reprenait le dessus et dominait les impressions de la nature ou de la maladie. La confiance surnaturelle en Dieu, en son secours, en sa toute-puissante miséricorde, était une de ses plus solides vertus, et lui, si faible, si troublé quand il s'agissait de lui-même, il remontait les autres par son imperturbable espérance. « On pourrait, dit le P. Ravenez écrire des pages très profitables aux lecteurs de sa vie sur l'invincible esprit de foi de M. Bernard. « *Quærite primum regnum Dei et justitiam ejus, et hæc omnia adjicientur vobis :* Cherchez d'abord le royaume de Dieu et sa justice, et le reste vous sera donné par surcroît. » Cette vérité des saints livres était profondément gravée en son âme. Pour l'œuvre gigantesque de Notre-Dame de la Treille qu'il entreprit avec le Père Vitse, pour l'Université catholique de Lille, à laquelle il donna une si vive impulsion, comme pour les communautés religieuses qu'il encouragea, dirigea et soutint, c'était cette vérité qui l'enflammait et qui, plus tard, lui faisait voir comme possible et facile pour Dieu la résistance à la loi des écoles par la fondation d'écoles catholiques. « Pour le royaume de Dieu, travaillez, bâtissez sans crainte ; toujours en avant pour Dieu et avec Dieu, et Dieu paiera tout. » C'était vraiment l'esprit de foi héroïque qui soutint tous les grands serviteurs de Dieu et présida à toutes les grandes créations de l'église catholique.

Aussi n'eut-il jamais d'inquiétude au milieu des bruits alarmants qui retentissaient à ses oreilles, touchant les assauts que l'Église subit de nos jours. « Confiance ! confiance ! répétait-il sans cesse ; on en a vu d'autres. Si nous avons à gémir, c'est sur les malheurs qui menacent les impies et sur leur aveuglement. Mon Dieu, convertissez-les ! Ouvrez-leur les yeux ! Oh ! que pourrais-je faire encore pour leur salut ? Quant à l'Église, quant à la France, confiance ! par le Sacré-Cœur, nous sommes sauvés ! On menace le monument de Montmartre ! ce n'est rien ; donnez, bâtissez toujours ! » et encore « Ne craignez rien ! Dès ce monde même, les maux de l'Église ont toujours tourné à son avantage. Suivez son histoire, vous verrez que les persécutions ont servi à l'établir ; que les hérésies ont affirmé sa foi ; qu'elles sont tombées ou du moins fort affaiblies, tandis qu'elle est toujours demeurée inébranlable. Ce qu'elle a perdu d'un côté, elle l'a regagné de l'autre. Pour les religieux, voyez donc ! on les chasse d'un endroit ; ils se dispersent et se font plus et mieux connaître. Des étrangers momentanément ou pour longtemps peut-être occupent les établissements qu'ils ont fondés ; mais à l'instant même et de toutes parts, ils en consolident ou en fondent de nouveaux. Non, pas de crainte : *Diligentibus Deum, omnia cooperantur in bonum*, tout tourne à bien à ceux qui aiment Dieu. »

Telle était l'énergie de la foi et l'intrépidité surnaturelle de ce saint prêtre, si timoré pour lui-même, si prudent et réservé par caractère, mais que l'amour de Dieu et la confiance en ses promesses éternelles élevaient au-dessus de tous les calculs de la sagesse humaine, de toutes les défaillances de la nature. Terrassé par la souffrance dans son corps et dans son esprit, il se relevait par son indomptable espérance, et jusque dans l'agonie de ses dernières épreuves, il soutenait tout autour de lui, et se retrouvait tout entier pour louer Dieu, exalter sa Providence et chanter, au milieu des ruines politiques et privées, le triomphe de Jésus-Christ et de son Église.

CHAPITRE XXI

Ses dernières épreuves. — Congestions, paralysie. — Il donne sa
démission de vicaire-général. — Malheurs de famille. — Sa résignation à la souffrance, à l'inaction, à l'impuissance de tout ministère. — Témoignages du Père Payen, du Père Ravenez, des
Filles de la Sagesse.

Après les crises douloureuses qui, en 1855 et en 870,
l'avaient obligé de suspendre son ministère et de s'abste-
nir de tout travail, l'abbé Bernard put atteindre, comme
nous l'avons dit, l'année 1877 sans être contraint de renoncer à ses fonctions de vicaire-général. Plus d'une fois,
tourmenté du scrupule de ne pas les remplir avec une suffisante activité, poussé, par l'excès de son humilité, à se
croire et à se dire serviteur inutile, il avait offert sa démission à son archevêque qui, plein d'estime et d'affection
pour lui, l'avait toujours refusée. Mais en 1877, une grave
complication survenue dans sa santé et dans sa vie le mit
dans l'impossibilité de garder plus longtemps une charge
aussi lourde et des devoirs aussi étendus. Jusque-là ses
souffrances, quelque pénibles qu'elles fussent, avaient revêtu un caractère purement accidentel et nerveux, et la
crise passée, il se retrouvait avec la plénitude de sa force
intellectuelle et physique. Son régime de nourriture qu'il
observait avec une rigoureuse exactitude, suffisait à le ré-

22

tablir et à le maintenir dans un état de santé en rapport
avec son ministère. Mais quand une congestion, principe
et prélude de beaucoup d'autres, vint ajouter à son état
nerveux un ébranlement cérébral et une légère atteinte de
paralysie, il devint évident pour tous que le fardeau des
fonctions de vicaire-général, si vaillamment porté pendant
trente-deux ans, était trop lourd pour ses épaules déjà
courbées sous la croix, et, le 7 août 1877, le cardinal Régnier dut accepter sa démission. L'éminent prélat voulut
cependant, que, tout en abandonnant la charge de vicaire-
général, l'abbé Bernard en gardât le titre. Mais il trouva
dans l'humilité du saint prêtre un obstacle invincible. Cette
humilité qui lui avait fait refuser autrefois l'épiscopat et la
prélature romaine, qui lui faisait maintenant quitter ses
hautes fonctions pour les laisser, disait-il, à un plus valide
et à un plus digne que lui, s'opposa à ce qu'il portât, depuis sa démission, le titre de vicaire-général honoraire que
lui avait conféré son archevêque. Tout le monde le lui
donnait ; il ne le prit jamais, et quand il signait, il ne
mettait après son nom que le titre de *prêtre* ou quelquefois
de *chanoine honoraire*.

Il continua autant qu'il put le ministère restreint qui
restait à sa portée, disant la messe avec exactitude et une
touchante dévotion, n'y renonçant, dans ses moments de
crise, qu'à la dernière extrémité, et remontant à l'autel
avec un courage admirable, quelquefois le lendemain
d'une congestion qui, pendant plusieurs heures, l'avait
privé de connaissance et de mouvement. Il continua également à confesser, après sa messe, dans la chapelle des
Filles de la Sagesse, les personnes qui avaient recours à

son ministère ; à recevoir chez lui les pauvres avec une bonté qui semblait croître à proportion de son infirmité. L'hiver, il les faisait asseoir au coin du feu, les retenait à causer de leurs misères, leur parlait du bon Dieu ; et, joignant le temporel au spirituel, il allait, de sa personne, à l'office dévaliser le buffet, enchanté de se piller lui-même et de jouer ce tour charitable à sa domestique. Son besoin de se dépouiller pour les autres, par aumônes ou par cadeaux, était tel qu'il fallut plus d'une fois redemander, à son insu, aux donataires les objets indispensables à son entretien ou à sa maison, dont il leur avait fait présent.

Il put aussi, pendant assez longtemps, aller faire à Lille, sa ville natale, le lieu qu'il chérissait le plus au monde, des séjours d'édification et de famille qui le rendaient heureux. Il visitait, non sans peine et sans efforts, les communautés religieuses, qu'il avait ou fondées, ou secourues, ou dirigées, notamment les Filles de la Sagesse, les Sœurs de l'Enfant Jésus et les dames Bernardines d'Esquermes. Il se faisait conduire, pour y prier, dans les sanctuaires que son zèle et sa charité avaient contribué à élever, en particulier la basilique de Notre-Dame de la Treille et la chapelle des Pères Jésuites. Il se plaisait au milieu des frères et sœurs qui lui restaient, au milieu de ses neveux et de ses petits-neveux ; et les souvenirs de son heureuse jeunesse et de ses pieux parents, dans la maison de la rue de Courtrai qui les lui rappelait tous, remuaient doucement son cœur.

Hélas ! le moment arriva où les progrès de la paralysie le retinrent prisonnier à Cambrai, où il ne put rendre aux siens les visites qu'ils lui faisaient dans sa maison de la rue

Saint-Georges, le moment à jamais douloureux où il dut assister de loin, en esprit seulement, au départ pour le Ciel de ceux qu'il aimait le plus ici-bas. Deux de ses frères moururent à Lille sans qu'il pût aller recevoir leurs adieux et bénir leurs derniers moments. M. Félix Bernard partit le premier, le 19 avril 1880, plein de mérites devant Dieu, après une vie que les souffrances et les bonnes œuvres se partageaient depuis de longues années. Atteint dans toute la force de l'âge d'un asthme dont la première attaque parut mortelle et qui, depuis ce jour jusqu'à la fin de sa vie, ne le laissa jamais six mois tranquille ; vivant par conséquent dans l'attente presque continuelle de la mort, avec des crises de souffrances cruelles, frappé dans ses plus chères affections par la mort presque simultanée de sa femme et de sa fille aînée, il supporta toutes ces épreuves morales et physiques avec une fermeté, une sérénité, un esprit de foi admirables, et il mourut, comme il avait vécu, dans les sentiments d'un prédestiné. M. Louis Bernard, bon, simple, aimable et parfait chrétien comme son frère, voué comme lui aux bonnes œuvres et prodigue de ses biens pour l'Église et pour les pauvres, éprouvé aussi par des pertes de famille et dans ses dernières années par la maladie, rendit son âme à Dieu dix-huit mois après ce cher frère, le 17 septembre 1881. Quoique enlevé presque subitement, la mort le trouva prêt, étant de ceux dont la vie entière est une préparation de chaque jour au redoutable passage.

Enfin quelque mois plus tard, au printemps de 1882, un neveu et une nièce de l'abbé Bernard furent enlevés presque en même temps à la tendresse de leur famille.

M. Georges Bernard, maire de Santes, tuteur de ses treize neveux et nièces, père de quatre enfants, mourut à quarante-cinq ans, le 13 mars 1882, presque subitement comme son oncle Louis, et comme lui préparé à la mort par une existence toujours pure, dévouée et chrétienne. La dernière fille de M. Henri Bernard, Marguerite, mariée depuis trois ans à M. Davaine, expira le 14 avril, des suites d'une fièvre typhoïde rapportée de Naples. Bénie par le pape Léon XIII dont elle avait entendu la messe et reçu la communion à son passage à Rome, elle fut jusqu'à la fin douce à la souffrance et à la mort ; elle fit généreusement le sacrifice de sa vie, et ce fut en souriant à son mari, à son père, à ses frères et sœurs agenouillés auprès de son lit, qu'elle rendit le dernier soupir. La nouvelle de tous ces départs, de toutes ces épreuves de famille, causait à l'abbé Bernard une vive émotion. Son cœur toujours vivant pour aimer les siens en fut brisé. Mais la certitude du salut de ces chères âmes, la résignation chrétienne des survivants et la pensée de la volonté de Dieu, l'empêchèrent de pousser une plainte. De grosses larmes coulèrent de ses yeux, il pria davantage, et ce fut tout. Il se sentait lui-même si près d'aller rejoindre dans l'éternité cette innombrable famille qui l'y attendait !

Cet amour des siens, où la nature était pénétrée de la foi et de la charité de Jésus-Christ, lui apporta, dans ses dernières années de grandes consolations spirituelles, au milieu de tant de deuils. C'était avec une douce joie qu'il recevait touchant ses neveux et ses nièces, des nouvelles qui lui faisaient concevoir des espérances pour la sanctification croissante de la famille, et pour la gloire de Dieu.

22.

En voyant deux de ses neveux entrer et s'affermir dans leurs belles vocations religieuses, l'un dans la congrégation du Saint-Esprit, l'autre dans la compagnie de Jésus, il se sentit renaître ; la famille Bernard, ne donnait plus seulement son or à l'Église, elle lui donnait le plus pur de son sang. Avec quel amour il lisait et relisait les lettres de ses deux neveux ! Comme il remerciait le père Pillon, recteur du collége de Lille, de lui avoir envoyé à Cambrai Claude pour le réjouir, le consoler et lui donner de vive voix l'assurance de sa joyeuse persévérance en sa vocation. « Puisque Notre-Seigneur, disait-il, ne m'a pas fait la grâce d'être Jésuite, puisque je n'ai pas eu ce bonheur, du moins que Claude soit fidèle à l'appel de Dieu ! »

La tendresse particulière qu'il avait toujours eue pour les jeunes gens qui se destinaient au sacerdoce demeura jusqu'à la fin toute vivante en son âme. Il avait autrefois fondé une bourse au séminaire français de Rome. Vers la fin de sa vie une de ses plus chères consolations était de voir les séminaristes passer devant lui pour quelque promenade. Alors qu'il ne s'avançait plus qu'au bras du frère qui le soignait ou de celui d'un ami, il voulut se faire conduire une fois encore à la maison de campagne du séminaire de Cambrai, et là, sous un arbre, il contempla longtemps avec attendrissement ces jeunes gens, réserve du sacerdoce et espérance de l'Église. Son visage alors était radieux, illuminé par la foi et l'amour qui animaient son cœur. Il priait pour ces héritiers de son ministère achevé, et à la pensée de ce qu'ils feraient un jour pour Jésus-Christ, ses yeux se remplissaient de pleurs. Au souvenir de la grâce que Dieu lui avait faite, cinquante ans auparavant, de l'appeler au sacerdoce et de le séparer du monde, il se répandait en actions de grâces, et de grosses larmes d'émotion inondaient son visage lorsqu'il en parlait dans l'intimité.

Peu de temps avant sa mort, il se fit également conduire ou plutôt traîner dans la chapelle du séminaire où il avait été ordonné prêtre. Il eût désiré ardemment pouvoir se prosterner encore une fois sur ce parvis contre lequel avait battu son cœur au jour de son ordination ; du moins il alla d'un pas tout chancelant s'agenouiller quelques instants sur une chaise et y pria avec une piété toute séraphique.

Nous venons de parler de ses douleurs de famille, des peines qui lui venaient du dehors. Il nous reste à parler des épreuves qui venaient d'en haut ou du dedans, de celles qui, pendant les derniers temps de son séjour en ce monde, crucifièrent plus que jamais son corps et son âme. Pour retracer le récit admirable et douloureux de tant de souffrances et de tant de vertus, nous laisserons la parole à des témoins oculaires, aux religieux dévoués et aux saintes filles dont le témoignage est deux fois précieux, par leur caractère de serviteurs ou d'épouses du Dieu de vérité, et parce qu'ils racontent ce qu'ils ont vu et entendu. On ne pourra ainsi nous soupçonner de complaisance ou d'exagération.

« Quand je connus Monsieur l'abbé Bernard, écrit le père Payen, de la compagnie de Jésus, c'était en octobre 1881, moins d'une année avant sa mort. Il était déjà bien amoindri sans doute, mais quel édifice accusait la splendeur de ces ruines ! La première fois que je le vis, je sortis de cette entrevue tout embaumé du parfum de ses vertus, et toutes mes impressions s'échappaient de mes lèvres en un mot : « Voilà un saint homme ! » Oui un saint homme, c'est-à-dire tout dévoué aux intérêts du bon Dieu, où qu'il les vit, et quels qu'ils fussent. Ses souffrances physiques, même les tortures morales que le scrupule lui infligeait, disparaissaient sitôt qu'on l'entretenait des choses de Dieu. Il prêtait l'oreille, oubliant tout le reste, et son front rayonnait de joie. Si l'on s'arrêtait, il écoutait encore. Son regard, parfois humide, se tournait vers son interlocuteur, disant clairement : « Merci, continuez. » Son attention paraissait plus grande encore s'il était question d'œuvres, de démarches actives, d'entreprises ardentes pour la gloire de Dieu. Alors, il interrogeait sur les détails, il signalait des perfectionnements, prévoyait avec enthousiasme les résultats, s'offrait à lever les obstacles. Nous avions l'innocente industrie de mettre de pareilles questions sur le tapis quand nous voyions notre cher malade repris par l'une ou l'autre des idées fixes qui le fatiguaient aux heures de faiblesse intellectuelle. Nous parlions de certains articles de l'*Univers* ou de l'*Emancipateur*, sur les questions brûlantes. Nous donnions des nouvelles de nos Pères dispersés ; nous proposions quelque difficulté sur tel ou tel détail de morale ou d'ascétisme, et subitement son regard, de douteux et somnolent, se faisait vif et scrutateur. La pensée toujours précise sortait alors en un langage choisi, plein de force, d'originalité, et souvent aiguisée, selon la matière, d'une pointe de joyeuseté. C'est surtout quand on lui demandait conseil qu'il était admirable de **sagesse** ; comprenant à demi-mot et mesurant avec, justesse tous les tenants et aboutissants d'une situation.

Rien n'égalait sa résignation à la volonté de Dieu, sinon la patience avec laquelle il repoussait la tentation de tristesse qui l'obsédait. Il connaissait les besoins de l'Eglise et du clergé, et il se sentait impuissant. Son cœur ne battait que pour la gloire de Dieu, pour le salut des âmes, et il se voyait incapable de servir désormais ces causes sacrées. Quand sa position se présentait ainsi devant ses yeux, il en sentait vivement le fardeau. Son âme héroïque avait à supporter de furieux assauts ; des larmes mouillaient ses yeux, et quelques plaintes tombaient de ses lèvres. Mais un mot, un seul mot le relevait. « Dieu le veut ainsi, lui disions-nous ; pourriez-vous désirer le servir autrement qu'il ne veut ? C'est travailler pour Dieu, que souffrir les épreuves. — Oui, c'est vrai, répliquait-il, je suis bienheureux ! » et c'étaient alors des flots de reconnaissance qui coulaient de ses lèvres, pour le bon Dieu, et pour ceux qui voulaient bien le venir voir, et pour la compagnie de Jésus à qui il devait les soins dont nous l'entourions. Il refusait de se souvenir qu'il était lui-même le grand bienfaiteur de nos maisons de Lille. Il voulait se croire notre obligé, et nous devions, sous peine de l'affliger, accepter comme dû tout ce qui montait de son cœur à ses lèvres. C'était pour moi un spectacle réconfortant que celui de ce beau vieillard aux prises avec tant de souffrances physiques et morales, et toujours prêt à en rendre grâces à Dieu.

Son estomac, siège de sa maladie, lui faisait éprouver de véritables supplices, des fringales dont l'assouvissement eût eu des résultats néfastes : aussi le frère qui prenait soin de lui se montrait-il attentif à lui mesurer la nour-

riture. M. Bernard s'amusait quelquefois de ces minuties:
on le traitait, disait-il, en enfant, en moineau, et il en
riait. D'autres fois il perdait patience, alors, il suffisait de
lui rappeler l'obéissance due au médecin. On était sûr de
l'arrêter : il connaissait celle des règles de la Compagnie
qui a trait à ce détail, il nous priait de la lui citer, et il y
conformait sa vie avec bonheur. Il était heureux d'offrir à
notre pauvreté les ressources de sa bibliothèque. « Prenez,
disait-il, il faut bien que cela serve, et vous l'employez à
la gloire de Dieu. » Il était véritablemant le pauvre d'esprit que Notre-Seigneur proclame bienheureux, ne tenant
à rien de ce qu'il possédait. Ses domestiques en diraient
long sur ce sujet, et les pauvres de Cambrai, comme les
curés nécessiteux, en savent plus encore. »

Après ce témoignage du Père Payen, voici celui que
nous a envoyé le Père Ravenez, comme lui compagnon et
témoin des derniers temps de la vie de l'abbé Bernard, et
auquel nous devons beaucoup des renseignements précieux
que nous avons donnés plus haut sur ses œuvres et ses
vertus.

« L'auteur de ces lignes, dit-il en commençant, ne les
écrit que le cœur rempli d'une très grande vénération pour
M. l'abbé Bernard, qu'il n'a connu qu'au cours de ses
derniers mois de souffrances, mais qui lui parut de plus en
plus l'idéal d'un saint. Personne, ce me semble, ne pourrait dire tout ce que cet admirable serviteur de Dieu a
souffert, au physique et au moral ; et cependant, quelle
patience incomparable, quel amour de la douleur, quelle
joie dans la sainte volonté de Dieu, quelle grande pureté
d'intention dans la demande qu'il faisait parfois de sa gué-

rison ! Ce n'était, on peut l'assurer, que pour se dépenser davantage à la gloire de Dieu et de son cher diocèse de Cambrai, pour lequel il avait sacrifié déjà sa fortune entière, tout son temps, toutes ses forces. Durant un an et demi que nous l'avons intimement connu, nous pouvons l'affirmer, nous n'avons jamais entendu une parole sortir de sa bouche, qui ne fût toute d'une admirable charité à l'adresse du prochain, quel qu'il fût. Que de fois, les soins de son excellent frère infirmier étaient contraires à ses goûts et l'agaçaient ! Et cependant si parfois il s'en plaignait, c'était avec ces seules expressions. « Le frère, dans sa charité, croit bien faire ; il est si dévoué, si pieux, si bon ! ne se trompe-t-il pas cependant ! ne serait-il pas préférable d'agir autrement ? mais pourvu que cela ne le contrarie pas. » Il eut toujours un si grand amour pour le devoir qu'au milieu de ses grandes souffrances, alors qu'il était si heureux d'avoir un visiteur près de lui, lorsque ce dernier, pour se retirer, alléguait un devoir à remplir, tout aussitôt il se résignait à son départ. « Oh ! oui, le devoir, disait-il, le devoir avant tout ! » Et pourtant, il faut l'avouer, à part les membres de sa famille qui venaient à tour de rôle le voir à Lille, à part un très petit nombre d'amis qui le visitaient en ces souffrances, il était bien délaissé par plusieurs de ceux qu'il avait autrefois obligés. Non pas qu'il eût perdu dans le respect ou l'affection de qui que ce soit, au contraire. Mais comme on le savait malade, on craignait de le déranger, et l'on ne comprenait pas assez combien un malade a besoin de recevoir des marques de sympathie. Son cœur, si tendre, si délicat pour tout ce qui est tact, reconnaissance, déférence, ressentait vivement cet isolement. Mais jamais une plainte ne sortit à ce sujet de sa bouche. Il ne voulait même jamais dire qu'on le délaissait, et trouvait très souvent à faire le plus bel éloge de ceux dont le souvenir lui revenait à la pensée et dont il aurait eu lieu de se plaindre.

Notre-Seigneur avait permis cet abandon pour rendre son serviteur plus semblable à lui. M. Bernard était comme Notre-Seigneur au Calvaire ; il éprouvait les douleurs qu'éprouva Jésus sur la croix, et comme lui il pouvait s'écrier : « Mon Dieu ! mon Dieu ! Pourquoi m'avez-vous donc abandonné ? » C'est inimaginable ce que cet homme a souffert. Aux crucifiements du corps se joignait un crucifie_ ment de l'âme, causé tantôt par la crainte de n'avoir pas fait assez pour la gloire de Dieu, tantôt par une tristesse, une désolation, une agonie mortelle qui lui faisait dire : « Mon âme est triste jusqu'à la mort. » Ce mot du Christ à Gethsémani, qu'il nous répétait dans d'intimes confidence était déchirant. Lisez tout ce que les plus pieux ascètes ont écrit sur la croix dont Dieu, dans sa sagesse, veut accabler quelques-uns de ses plus fidèles serviteurs. Par exemple, ce que rapporte Surin en son *Traité de l'amour de Dieu*, ou le Père Groux en son *Manuel des âmes intérieures* ; vous aurez ce qu'en réalité souffrait M. Bernard. Pour mériter que Dieu l'élevât à un si haut degré de souffrance et par conséquent de pur amour, qui, nous disent les ascètes, glorifie Notre-Seigneur plus que ne l'offensent tous les péchés d'un vaste royaume, il ne lui a pas fallu moins que la plus *parfaite* correspondance à la grâce et la plus grande générosité durant une longue vie. Il lui a fallu acquérir un courage, une magnanimité, une élévation de sentiments qui ne s'acquièrent que par une multitude de sacrifices ou douloureux pour le corps, ou désolants et humiliants pour l'esprit.

Sans doute parfois il se plaignait aux confidents de son âme ; mais ces plaintes n'étaient jamais que celles de Notre-Seigneur au Jardin des Oliviers, et comme lui, il les terminait par ces mots : *fiat voluntas tua*. Et même il ajoutait souvent du fond du cœur : « Encore plus, mon Dieu, si c'est pour votre gloire et si, par là, je puis continuer à être apôtre ! »

A la fin de sa vie, il lui arrivait assez souvent d'être plus affaibli après ses sommeils qu'avant. Comme il rêvait toujours du bien des âmes et de l'apostolat à exercer à Lille, sa bien-aimée ville natale, il n'était pas toujours assez fort de tête pour discerner si ce qu'il avait vu en rêve était un jeu de l'imagination ou une réalité. De là, des paroles étranges qu'il proférait parfois et une apparence de déraison, qui, aussitôt qu'il s'en apercevait, devenait pour lui un nouveau sujet de douleur et d'humiliation. Eh bien ! chose admirable ! même au milieu de ces défaillances mentales, on ne venait jamais à lui pour lui demander une parole d'encouragement, pour lui exprimer une peine, pour lui demander une explication sur un point de rubrique sur une règle de cérémonial civil ou ecclésiastique, sans qu'oubliant l'agonie qui l'accablait, il ne vous reçût avec une aménité touchante, avec un sourire que seule peut exprimer la bouche d'un saint, et qu'il ne vous donnât, avec une bonté parfaite, une grande onction et une sagesse rare, tous les conseils qu'on pouvait désirer. Même au milieu de ses plus mortelles tristesses, il eût été pour les

23

autres un directeur sûr, disant les choses les plus admirables sur la confiance que nous devons avoir en Dieu, sur la nécessité de la croix, et donnant les avis les plus précieux sur tout ce qui est de la vie pratique. Il était sur la croix à peu près comme Jésus lui-même, triste jusqu'à la mort, en apparence abandonné de Dieu, et cependant sachant s'oublier pour prier en faveur des pécheurs comme Jésus pour ses bourreaux, et pour réconforter et consoler les autres, comme Jésus à l'égard du bon larron.

Parmi ses épreuves physiques, une des plus répugnantes à sa nature était l'obligation de prendre très souvent une potion très écœurante, nécessaire pour dégager sa poitrine. Cette potion était pour le pauvre malade un épouvantail. Rien que la pensée de se la voir administrer lui donnait des frissons. Mais il la buvait généreusement, en pensant au fiel de son divin Maître.

Un dernier mot au sujet de sa dévotion au Sacré-Cœur de Jésus. Cette dévotion dominante est pour nous l'explication de ses dernières années de crucifiement spirituel. Il avait si bien concentré sa vie en celle du Cœur de Jésus, il avait tant demandé d'avoir un cœur semblable au sien, que Jésus l'abreuva de son calice jusqu'à la lie, et lui fit endurer ses propres souffrances, comme il ne le permet qu'à ses plus dévoués serviteurs. Le jeudi soir était pour lui un renouvellement de dévotion et de recueillement. Avec Jésus, il entrait au jardin de Gethsémani, et là il souffrait l'agonie avec lui. Il sentait pour le cœur adorable de son Dieu des ardeurs indicibles. Il en fut et il en resta jusqu'au dernier soupir le brûlant apôtre. Sur sa poitrine, dans une de ses poches ou dans ses mains serrées, reposait sans cesse un crucifix qu'il baisait souvent avec tendresse : il l'arrosait même de ses larmes dans ses élans de dévotion. Nous avions nous-mêmes en le voyant le cœur tout ému. »

Nous pourrions ne rien ajouter à ces deux témoignages si touchants et si décisifs. Mais nous désirons les compléter par ceux des Filles de la Sagesse d'Haubourdin et de Cambrai, qui parlent comme les deux révérends Pères de la compagnie de Jésus, de ce qu'elles ont vu de leurs yeux et comme touché de leurs mains pendant leur longue intimité avec l'abbé Bernard.

« Je ne puis passer sous silence, nous écrit la supérieure d'Haubourdin, les longues années d'épreuve par lesquelles il a plu au Seigneur de sanctifier de plus en plus M. l'abbé Bernard. Sa belle intelligence a été voilée et comme enchaînée sur la fin de sa vie, et nous l'avons vu semblable à un musicien habile qui n'aurait plus entre les mains qu'un instrument brisé. Plus que jamais, son âme était unie à son Dieu par la foi, l'espérance et l'amour, et il se voyait dans l'impuissance de donner à ses nobles aspirations cette forme sensible qui édifie le prochain et qui donne d'abord tant de paix et de joie à nos pauvres cœurs.

Oh ! qui comprendra la grandeur du sacrifice qu'il offrait à chaque instant au Seigneur ! Il voyait parfaitement son état, il sentait la pitié profonde dont l'entouraient ses supérieurs et ses égaux, et ses larmes coulaient souvent, car, dans son humilité, il se plaisait à laisser voir sa faiblesse. Il disait un jour : « Je suis dans une obscurité si grande que je ne sais plus où je marche. Il me semble que je traverse en chemin de fer un interminable tunnel. »

Dans cette rude et longue agonie, jamais il n'a cessé de prier. Du fond de sa sombre prison, vrai purgatoire anticipé, cette âme sublime s'élevait sans cesse vers le ciel, bien que le ciel lui semblât d'airain. Oh ! qu'il dut être beau pour lui, le jour heureux de la délivrance ! »

Le langage des Filles de la Sagesse de Cambrai est identiquement le même, avec quelque chose peut-être de plus poignant encore. Après avoir, comme leurs sœurs d'Haubourdin, parlé de sa charité, de son humilité, de ses œuvres, elles arrivent aux dernières épreuves de sa vie. « Qui dira, s'écrient-elles, les actes héroïques dont nous avons été témoins pendant les longues années d'épreuve de ce prêtre vénérable et si bien selon le cœur de Dieu ! Nous l'avons vu, et quel souvenir en avons-nous gardé ! En proie à des souffrances physiques et morales telles que l'esprit humain ne les peut concevoir, ni la langue les exprimer, son esprit ne se détachait jamais de la pensée de celui qui, pour le récompenser de ses vertus sans nombre, a voulu qu'il passât par le creuset de la douleur, pour le couronner au sortir de son pèlerinage, dans un monde meilleur. Les noms sacrés de Jésus et de Marie étaient constamment sur ses lèvres, et les élans de son âme nous révélaient à chaque instant et sa piété ardente et son humilité profonde. Quand ses forces l'abandonnant ne lui permettaient plus de prier il suppliait ceux qui l'entouraient de le faire à sa place et de lui rappeler quelque verset de la Sainte Écriture approprié au besoin actuel de son âme.

Dans ces moments de cruelle agonie où il paraissait comme plongé dans un océan d'indicibles douleurs, il s'adressait à Marie, à cette mère de miséricorde que, dans sa vie apostolique, il avait tant fait honorer et qu'il avait tant priée : il disait avec une profonde amertume. « Oh ! Marie ne me parle plus ! Marie, elle aussi, m'a abandonné ! ô sainte mère, où êtes-vous ? ô mère de mon Dieu, pitié, pitié ! » Or quelqu'un entendant un jour cette plainte déchirante, lui dit : « L'intimité est donc bien grande entre vous et cette bonne mère ? Elle vous parle donc quelquefois ? » A ces mots, le vénéré malade ouvrit les yeux, regarda la personne qui lui parlait, puis les baissa avec un doux sourire, et ce fut sa seule réponse. La pensée de Marie avait calmé la crise, et comme un baume précieux, elle avait ramené la paix.

La lutte apaisée, le pauvre affligé paraissait d'ordinaire comme affaissé sous le poids de la souffrance, pour se ranimer, trop souvent hélas ! dans une étreinte plus terrible encore. Il pressait souvent contre son cœur une petite croix bénite, présent de Sa Sainteté Pie IX. Il ne s'en séparait jamais, et s'il lui arrivait de la perdre, il lui fallait la retrouver à tout prix. Le souvenir du Saint-Père y était attaché, et pour lui, fils constamment dévoué de l'Église et de son chef auguste, ce souvenir était sacré. Aussi voulut-il que ce don du vicaire de Jésus-Christ le suivît dans la tombe. Elle repose avec lui, cette croix, symbole des angoisses de son âme, jusqu'au jour de la glorification des élus.

Oh ! qu'il nous resterait à dire si nous pouvions rapporter tout ce dont nous avons été témoins et confidentes !... Mais non, car il est dans la vie des justes ici-bas, des choses que Dieu seul doit connaître, des choses que le monde doit ignorer, parce qu'il ne les saurait comprendre.

Pour nous, Filles de la Sagesse, appelées par la volonté de l'illustre malade et l'ordre de nos supérieurs près de son lit de souffrance, quelle consolation de rendre au plus insigne bienfaiteur de notre congrégation quelques services, en retour de tant de travaux entrepris pour nous appeler dans la Province, ou pour nous procurer des œuvres nouvelles! Aussi en déposant dans la bière le corps du très regretté défunt, nous n'avons point enseveli avec sa dépouille mortelle le souvenir de ses bienfaits. Toujours nous le garderons et nous prierons pour celui qui, nous l'espérons, nous conservera au ciel cette bienveillance dont il nous a si longtemps honorées. »

A ces témoignages, si éloquents dans leur émotion, si divers et si semblables entre eux, des souffrances indicibles et des vertus héroïques de l'abbé Bernard, nous n'ajouterons pas un seul mot. Quel chrétien, après les avoir lus, ne sera tenté de s'écrier, comme le centurion de l'Évangile au pied de la croix du Sauveur expiré : « Vraiment, cet homme était juste ! Il était le digne disciple, le vrai ministre du fils de Dieu crucifié ! »

CHAPITRE XXII

Dernière année de l'abbé Bernard. — Dévouement de son entourage. — Ses dernières lettres. — Ses suprêmes souffrances. — Sa mort. — Ses funérailles. — Lettres du cardinal archevêque de Toulouse, de l'abbé L. — Conclusion.

Dès l'année 1881, l'affaiblissement de l'abbé Bernard, suite de ses fréquentes congestions cérébrales, les progrès lents mais continus de la paralysie, ne laissaient plus de doute sur le dénouement plus ou moins prochain de sa maladie ; et devant tant d'infirmités physiques et de souffrances morales, ses meilleurs amis ne pouvaient souhaiter la prolongation de son épreuve. Dix-huit mois avant sa mort, ses jambes lui refusant leur service, on disposa en chambre à coucher une des salles du rez-de-chaussée, pour lui éviter la fatigue excessive de remonter l'escalier. Il obtint en même temps de l'archevêché l'insigne faveur de pouvoir dire la messe chez lui. Offrir le saint sacrifice était sa grande, sa suprême consolation, et grâce à ce privilège, il put jouir de ce bonheur jusqu'au mois de juillet 1882. Alors il dut y renoncer, non point à cause de l'état de son esprit qui restait lucide pour les choses de Dieu, malgré son invincible mélancolie, mais parce que ses jambes affaiblies ne lui permettaient plus de s'agenouiller ni de se tenir debout devant l'autel. Tant qu'il put dire la

messe, il la dit avec une touchante piété, et quand il dut
en faire le sacrifice deux mois avant sa mort, il lui sembla
voir s'éteindre la dernière lumière de sa vie. Pour retarder
jusque-là ce douloureux et dernier renoncement, il lui
fallut un grand amour de l'Eucharistie et un courage
presque héroïque. Ce n'était pas seulement contre la faiblesse de ses jambes et l'extrême fatigue de se tenir
debout qu'il avait à lutter, mais contre les souffrances de
son estomac, qui ne pouvait rester vide pendant la nuit
sans de terribles révoltes. Il s'en exprimait en termes singulièrement touchants, dans des lettres écrites de sa main,
au commencement de 1882, à des amis de Rome dont il
implorait le secours pour remédier à la fois à ses angoisses
morales et à ses épreuves physiques.

« Mon très cher et R. frère en Jésus-Christ, écrivait-il le
24 février 1882 au supérieur des passionistes, permettez
à mon cœur navré de tristesse de venir s'épancher dans le
vôtre. Le mauvais temps dur, sombre et rigoureux,
empêche les progrès de ma convalescence : la disparition
de mes maîtres et condisciples m'afflige toujours. Où vivre
heureux sans Mgr de Ségur, Mgr Bastide, le R. P. Freyd ?
Il me faudrait messieurs de Saint-Sulpice, avec leur procure
et leur infaillibilité *actuelle*, vivant qu'ils sont à Rome, sous
les yeux du pape, et bien contents de lui plaire et de
marcher docilement sous sa houlette bien-aimée. — Mon
estomac reste faible. Il faut que je mange au lit pour
dormir et avoir assez de tête, de jambes et de poitrine
pour célébrer. Soyez mon médecin et mon conseil, après
avoir consulté S. S. notre St. Père le pape Léon XIII.....
Ayez pitié de mon estomac, et songez à me faire obtenir

paululum cibi per modum potús, ante ce'ebrationem. » Et
le 11 mai suivant, quatre mois avant sa mort, il écrivait à
Mgr Cataldi : « Très vénéré Seigneur et bien cher père,
vous devez être renseigné sur un besoin de ma santé et un
tourment de ma conscience. J'ai prié mon jeune ami et
compatriote de vous intéresser à mes besoins de prêtre et
de chrétien. J'aurais besoin d'une dispense du jeûne eucha-
ristique *propter debilitatem stomachi.* Né en 1806, frappé
6 ou 7 fois d'apoplexie, obligé de suivre un régime fortifiant
et tonique, il me faudrait un secours de nuit *per modum
potûs.....* Vous êtes assez près du St.-Père pour être
exaucé sans peine ; et comme ami de Mgr Haffreingue
je dois être bien avant dans votre cœur. Je me persuade
que la recette de Pie IX pour une précédente maladie,
l'invocation de la madone de la Colonne, me servira pour
mon infirmité actuelle, à moins que S. S. Léon XIII ne me
donne un autre conseil de médecine spirituelle. Venez nous
voir, mon cher et vénéré Seigneur, avant que les complications du cardinalat ne vous contrarient. Alors, vous tra-
vaillerez pour le triomphe final de Mgr Haffreingue, et
aussi pour l'accomplissement du vœu de Pie VII et de Pie
IX au sujet de la sanctification de Lille. Notre-Dame de la
Treille vous récompensera : *cancellata meis, virgo, precor,
annue votis.* Je suis, très cher Père et Seigneur, votre bien
respectueux et affectionné serviteur.

CHARLES-JOSEPH BERNARD,

Chanoine honoraire de Cambrai. »

Nous avons cité jusqu'au bout cette lettre, la dernière
que nous connaissions de lui, parce qu'on l'y retrouve tout

23.

entier, avec ses infirmités corporelles et ses souffrances spirituelles, sa dévotion au S. Sacrifice, à Rome et au Pape, sa préoccupation persistante de la sanctification de Lille par la création d'un siège épiscopal et le culte de N. D. de la Treille ; enfin avec cette tendresse de sentiment et cette grâce littéraire qui l'accompagnèrent jusque dans les bras de la mort.

Quelques jours auparavant, il écrivait à une personne avec laquelle il avait d'étroites relations spirituelles. « Je me sens porté à me rendre à Rome pour y passer quelques semaines. Il me faut de la vie de famille et respirer quelque temps l'air que respirèrent les apôtres Pierre et Paul. J'ai besoin aussi de me retremper dans la sympathie pour Notre-Dame de la Treille et d'y associer votre nouvel et saint archevêque... Pauvres religieux ! Voici encore les Bénédictins brutalement chassés. Gare aux représailles divines ! N'y aura-t-il pas chasse ou expulsion pour chasse ou expulsion ? On peut redouter la prière de dom Guéranger ! Et puis, Notre-Seigneur nous apparaîtra comme un sauveur qui pardonne. O règne du Sacré-Cœur ! ô conversion des hommes ! ô dilatation de l'Église ! ô poésies pieuses, chants du Sacré-Cœur !... Que Dieu verse ses bénédictions sur vous ! Obtenez-moi un retour à la sérénité. »

Ces épanchements d'une âme sainte et désolée, ce mélange d'enthousiasme mystique et de tristesse n'ont-ils pas un charme tout particulier, et ne semblent-ils pas appeler la couronne déjà prête qui l'attendait dans le ciel ? Cette conviction de la récompense prochaine de tant d'amour et d'épreuves respire dans les lettres des pieuses femmes qui, semblables aux saintes femmes de l'Évangile, l'assistaient de leur religieuse affection et le suivirent jusqu'au bout de son chemin de croix. Ces lettres, datées du monastère d'Esquermes ou du couvent des dames de Sion à Paris, lui montraient le paradis déjà entr'ouvert, comme prix de ses bienheureuses souffrances. Nous en citerons quelques courts extraits.

« Enfin, voici le diocèse de Cambrai consacré au Sacré-Cœur de Jésus ! J'ai partagé votre joie quand ces désirs d'ancienne date ont été ainsi accomplis par Monseigneur Duquesnay. Dieu soit loué, et que de nouvelles bénédictions descendent de ce cœur adorable sur tous les habitants de son diocèse ! .. Les rangs se serrent de plus en plus pour combattre l'enfer. Vos souffrances, mon vénéré père, pèsent d'un grand poids dans la balance de la miséricorde divine. » — « Dans maintes circonstances, j'ai reçu la lumière de vous : dans la circonstance présente, c'est moi qui vous la donnerai en deux mots, puisque vous le permettez. Ce qui se passe en vous, c'est la réalisation de l'action de Dieu sur les âmes qui font leur purgatoire en ce monde et qui entreront tout de suite dans la gloire du Paradis, lorsqu'elles rendront leur dernier soupir. Tachez donc de vous réjouir, lorsque le divin Maître vous envoie des souffrances. Ce sont autant de grâces précieuses dont vous aurez plus tard les ineffables jouissances. » — « Vous êtes donc encore et toujours sur la croix ! Notre doux maître vous aime tant qu'il veut vous serrer sur son cœur endolori, pour vous associer à ses souffrances, avant de vous couronner dans la gloire. Qu'elle sera brillante, cette couronne ! Combien d'âmes vous avez fait rayonner

déjà sur la terre par votre dévotion si éclairée et si sage,
et qui brillent maintenant au ciel comme des astres lumineux ! Toutes ces âmes prennent part à vos douleurs, à vos
sacrifices et elles vous entoureront au ciel dans des transports de joie et d'amour. » — « Depuis le 17 décembre
(c'était le cinquantième anniversaire de son ordination)
je désire savoir comment la divine bonté vous a fait passer
ce grand jour. Avez-vous pu monter à l'autel pour offrir le
Saint-Sacrifice, ou bien avez-vous offert à Notre-Seigneur
le sacrifice de vos désirs sur l'autel de votre cœur ? Dites-
moi, si vous le pouvez sans fatigue, comment s'est passée
votre *noce d'or ?* Quand je repasse dans mon esprit votre
vie tout entière consacrée à l'amour et à la charité, vous
oubliant vous-même pour vous donner sans cesse aux
âmes que vous saviez si bien encourager, je me dis que
votre récompense sera grande dans les cieux, que vous
n'aurez pas de purgatoire à traverser, ayant été purifié
entièrement ici-bas par le feu de la plus pénible souffrance
qu'une âme aimante puisse endurer. J'ai aussi la confiance
que ce terrible feu n'est pas pour vous seul, mais qu'il
sauve beaucoup d'âmes. Soyez donc heureux, mon bien
cher père, comme le sont les âmes dans le purgatoire :
elles sont unies à Dieu et se réjouissent de faire son
adorable volonté. Cette nourriture les soutient et les
console... Que l'année qui va s'ouvrir soit pour vous une
année de compensation ! Qu'elle vous rende la paix sentie,
la joie du Saint-Esprit et les tendresses du cœur de Jésus !
Ce cœur vous aime indiciblement et il sera heureux de
vous rendre les consolations dont votre âme a soif. »

Le vœu de la pieuse religieuse fut exaucé. Car, le cin-

quantième anniversaire de l'ordination de l'abbé Bernard
fut le dernier, et, avant la fin de l'année, son âme allait
retrouver au ciel la paix, la consolation, la joie sans voile
et sans mélange que Dieu réserve à ses fidèles serviteurs.

Au soulagement qu'il trouvait dans ces paroles célestes
qui lui venaient des épouses de Jésus-Christ, se joignaient
les soins respectueux et dévoués dont il fut entouré jusqu'à
la fin par ses amis de Cambrai et par ses serviteurs. Monseigneur Duquesnay, son nouvel archevêque, qu'il avait
vu avec tant de joie appelé au siège de Cambrai ; Mgr
Monnier, évêque de Lodda, longtemps son collègue comme
vicaire général, devenu son supérieur comme évêque auxiliaire pour le diocèse et qui resta toujours son ami ; les
vicaires généraux, les chanoines de Cambrai, nous pourrions dire tous les prêtres résidant dans la ville archiépiscopale, mesuraient sans doute leurs visites à ses forces
décroissantes plutôt qu'à ses désirs, mais lui témoignaient
la plus respectueuse sympathie. Parmi les intimes qui le
voyaient à peu près tous les jours, nous devons citer M.
l'abbé Margerin, M. l'abbé Hécart, les Pères Payen et
Ravenez, et M. Ernest Delloye, son parent qui l'entoura
de soins et de tendresse jusqu'à son dernier soupir. Nous
avons reproduit les souvenirs des Pères Payen et Ravenez,
les notes de M. Margerin, et nous devons à M. Ernest
Delloye une partie des documents les plus importants de
notre ouvrage. Quant à M. Hécart, voici ce qu'il écrivait
après la mort de son vénérable ami :

« Toute ma vie de prêtre était si unie à la sienne !
Depuis le lendemain de mon ordination, appelé comme
aumônier de la Sagesse, j'ai vu de près M. Bernard qui

m'a nommé tant de fois son fils, qui m'a donné tant et de si précieuses marques de son affection paternelle, qui était vraiment heureux quand je lui donnais quelques heures, surtout lorsqu'il eut chez lui son autel et qu'il put célébrer tranquillement le Saint-Sacrifice. Ces souvenirs me dureront la vie entière, et jamais je n'oublierai les grandes leçons de cette période douloureuse de la vie de M. Bernard, qu'on pourra intituler l'*épreuve*, dans sa biographie. Dieu m'a réservé d'être le médecin de ses souffrances physiques et morales, et je l'en bénis; car j'ai vu de près un grand exemple d'inaltérable patience, de résignation admirable. J'ai vu l'homme, le juste qui vit de la foi; j'ai vu le prêtre éprouvé, mais toujours confiant dans les promesses de son sacerdoce; et si j'ai pu lui faire quelque bien et le consoler quelque peu, je n'ai été vis-à-vis de lui que l'instrument de la Providence. »

Le dévouement de ses domestiques ne lui fit pas plus défaut que celui des frères qui l'assistaient dans ses dernières années et des amis fidèles dont nous venons de parler. Toute sa vie, il avait été un modèle à proposer à tous les prêtres sur ce point. Il était réservé et plein de bonté. Il ne mettait jamais le pied à la cuisine; c'est à son cabinet que ses serviteurs venaient chercher les ordres; mais il se faisait rendre compte de tout. Largeur dans les dépenses, exactitude dans les comptes, telle était sa règle de conduite. Tous les soirs, il faisait la prière en commun, et elle était suivie d'une lecture sur la doctrine chrétienne. Jamais il n'élevait la voix en grondant. Il reprenait avec douceur et fermeté quand c'était nécessaire, ou se taisait quand il croyait pouvoir tenir les yeux et la bouche fermés sans grave inconvénient. Aussi, quand il fut réduit par l'infirmité à une sorte de dépendance de ceux qui le servaient, il trouva dans Sophie, sa dernière domestique, qui resta près de lui pendant dix ans, un dévouement respectueux qui ne se démentit pas une minute. Elle assistait, dans les soins qui croissaient avec les progrès de la paralysie, le frère Basile, de l'ordre de St-Jean de Dieu, qui, pendant trois ans, fut le bâton de vieillesse de l'abbé Bernard, son aide, son ange gardien, et qui avait gagné le cœur du pieux malade par sa dévotion solide et sa vie de véritable religieux.

C'est au milieu de ces dévouements, auxquels il faut ajouter celui des Filles de la Sagesse, appelées par la volonté de leurs supérieurs à soigner leur bienfaiteur dans ses indicibles souffrances, que l'abbé Bernard arriva enfin au terme de son douloureux pèlerinage. C'était pendant la retraite des prêtres du diocèse qui, tous les ans, se réunissent au séminaire, autour de leur archevêque, pour se retremper dans la ferveur sacerdotale. Quelques jours auparavant, les médecins le trouvaient déjà si faible, si près de sa fin, qu'on jugea opportun de l'administrer. L'abbé Bourgeois, qui avait été son compagnon et son commensal à Cambrai après sa démission en 1877, comme autrefois à Bavai en 1834, fut appelé auprès de lui pendant la nuit, et lui proposa de le confesser. Le malade, qui semblait ne pouvoir parler, fit un signe d'acquiescement, et écouta en silence les paroles de piété du confesseur. Il demeura dans le même silence pendant qu'on lui donnait l'Extrême-Onction, qu'il avait reçue plusieurs fois déjà, dans ses précédentes attaques, une fois notamment des mains du cardinal Régnier; et comme l'abbé Bourgeois lui dit que pour la communion, on attendrait qu'il fût mieux, il ne répondit rien. Sa conversation était tout entière au-dedans, avec le Dieu dont l'amour remplissait son cœur.

Un moment, il sembla reprendre à la vie, et on put croire que cette fois encore il dominerait le mal qui l'envahissait. Mais peu de jours après, le 3 septembre, il eut une nouvelle congestion qui fut la dernière. Il demeura sans mouvement, presque sans voix, et ne reprit un peu de force que pour tracer le signe de la croix. Il avait toute sa connaissance, et il entendait encore, car, jusqu'à la fin, il répondit aux demandes nombreuses de bénédictions qui lui étaient faites, en levant à demi le bras, et en ébauchant le signe sacré de la Rédemption. Une heure avant sa mort, il bénit une fois encore les Filles de la Sagesse qui priaient près de son lit de douleur. Jusqu'au dernier soupir, il tint son crucifix de Pie IX étroitement serré dans sa main. L'abbé Bourgeois, voyant qu'il allait s'éteindre, lui donna une dernière absolution générale, et peu après, sans agonie, sans aucune marque de souffrance, il rendit son âme à Dieu. C'était le mercredi, 6 septembre 1882, à cinq heures et demie du matin. Il avait vécu soixante-quinze ans et dix mois.

Les Filles de la Sagesse lui fermèrent les yeux et veil-lèrent près de sa dépouille mortelle pendant les deux jours qu'il resta exposé sur sa couche funèbre. Son visage respirait une paix profonde et ses traits avaient repris leur grave et sereine beauté. Quand on le mit au cercueil, son corps n'exhalait aucune odeur et n'offrait aucun signe d'al-tération. Du jour de sa mort à celui des funérailles, une foule nombreuse vint prier près de lui, et bien des yeux se mouillèrent de larmes en le contemplant pour la dernière fois. L'archevêque de Cambrai vint un des premiers lui apporter le témoignage public de son affectueuse estime et de ses regrets, et l'on peut dire que tout le clergé du diocèse, réuni pour la retraite, défila dans la chambre mortuaire et lui rendit les derniers devoirs.

Voici en quels termes Mgr Duquesnay annonça à ses prêtres la perte que le diocèse et l'Église venaient de faire. C'était quelques heures après la mort de l'abbé Bernard : ces paroles, sorties du cœur de son évêque, sont la plus belle des oraisons funèbres.

« J'ai la douleur de vous annoncer la mort de M. l'abbé Bernard, ancien vicaire-général du diocèse. Ce matin, à cinq heures, il a rendu sa belle âme à Dieu. Vous saviez que, depuis plusieurs années, il ne vivait plus que dans la souffrance. Sa mort a donc été une délivrance, car nous ne doutons pas qu'il ait reçu déjà la récompense de sa vie si pleine de mérites. Je n'ai pas à vous faire l'éloge de ce prêtre qui pratiquait toutes les vertus sacerdotales. Il était connu de vous tous, et moi-même je le connaissais avant d'arriver au milieu de vous. Car l'abbé Bernard était un de ces hommes dont la réputation s'étend au delà des limites d'un diocèse. Il était un des prêtres les plus justement appréciés de notre beau clergé de France. Mais ce qui le caractérisait tout principalement, c'était une piété angélique. Il avait la passion des intérêts de Dieu et de son Eglise sur la terre. Cette piété, jointe à la distinction de ses manières dues à une noble et haute éducation, le rendait affable à tous et dévoué à toutes les œuvres de Dieu.

Combien de prêtres ont connu sa charité ! Toutes les œuvres du diocèse ont éprouvé les effets de sa générosité. La paroisse de Sainte-Catherine, qu'il a dirigée et qui le regrette encore, a pu apprécier son zèle, et c'est à lui que Lille doit la basilique inachevée de Notre-Dame de la Treille. Il possédait une grande fortune. Que lui en reste-t-il ? Il meurt pauvre. Il est vrai qu'il a amassé des biens pour le ciel. Ce matin, j'ai dit la messe pour lui, et nous allons tous ensemble réciter le *De profundis* pour le repos de son âme, le recommandant à la miséricorde de Dieu, par l'intercession de la Sainte-Vierge dont il était le dévot serviteur. »

Ses funérailles eurent lieu le vendredi 8 septembre, en l'église métropolitaine. Le deuil était conduit par M. Henri Bernard, le seul survivant de ses frères, entouré de vingt neveux ou petits-neveux du défunt. Tous les membres du chapitre, les chanoines honoraires présents à Cambrai, au nombre de plus de trente, les sœurs de la Sagesse de diverses maisons du diocèse, des députations de toutes les communautés religieuses et des écoles libres catholiques de la ville, accompagnaient le corps en priant. Le service fut célébré par Mgr l'évêque de Lydda, au milieu d'une assistance émue et recueillie qui remplissait la cathédrale : les cinq cents prêtres du diocèse rassemblés à Cambrai pour la retraite y assistaient aux premiers rangs. L'archevêque de Cambrai donna lui-même l'absoute.

A l'issue de la cérémonie, les prières qui se disent au cimetière furent prononcées sur le corps, en dehors de l'église, puis on se dirigea vers la gare, d'où le cercueil devait être transporté à Lille. En sortant de la cathédrale, un prêtre dit que c'était un enterrement plein d'édification. Ce mot exprimait bien l'opinion universelle. On eût dit que du cercueil s'exhalait une impression de foi et de dévotion saintement contagieuse. Sur le parcours du cortége, la foule se découvrait avec respect. On sentait que celui qui passait mort vivait toujours, par le souvenir de ses vertus et de ses bienfaits, au milieu de ce peuple catholique qu'il avait tant aimé.

Le lendemain samedi 9 septembre, un nouveau service aussi remarquable par la foule et le recueillement des fidèles, eut lieu à l'église Sainte-Catherine. Par une inspiration touchante qui émut profondément l'assistance, l'organiste fit entendre à l'offrande et après la communion deux cantiques que l'abbé Bernard aimait à redire jusque dans ses dernières épreuves, consacrés l'un aux joies de la souffrance chrétienne, l'autre à la gloire de N.-D. de la Treille, et qui formaient ainsi un résumé saisissant de sa vie. Tout le monde à Lille connaissait ces cantiques composés le premier par M. Gachet, l'ancien maître et ami de l'abbé Bernard, le second par lui-même. Tandis que l'orgue les redisait sur le cercueil du saint prêtre, on croyait entendre la voix du défunt les murmurer encore du sein de la tombe, ou plutôt du haut du ciel, comme un chant suprême d'adieu et d'espérance. Aucune oraison funèbre n'eût eu cette éloquence, et parmi les assistants, il en est bien peu qui ne l'accompagnèrent point de leurs larmes.

Après le service, le corps fut transporté à Santes pour y être inhumé, suivant la volonté du défunt. C'est dans le cimetière de cette paroisse, dont le château appartient depuis longtemps à la famille, que les Bernard ont leur

sépulture. C'est là que l'abbé Bernard avait voulu reposer « près de mon père et de ma mère, écrivait-il avant
de mourir, dans une paroisse où résident bon nombre de
mes parents qui prieront et feront prier pour le repos de
mon âme. » Humble jusqu'à la fin, il avait ajouté : « Je
recommande à M. le curé de Santes d'interdire tout
discours au cimetière. Je supplie l'assistance de se borner
à prier. Je désire vivement que toutes les cérémonies
soient faites avec simplicité et recueillement. »

Ces dernières volontés de l'abbé Bernard furent scrupu-
leusement respectées, et ses funérailles furent pieuses,
simples et modestes comme sa vie. Sa louange ne retentit point
en chaire, en présence de son corps ; il n'eut point d'oraison
funèbre. Mais, au lendemain de sa sépulture, quand sa dépouille mortelle eut disparu, quand il ne resta plus rien de
lui sur la terre que le souvenir de ses vertus et ses œuvres
toujours vivantes, la reconnaissance et la justice reprirent
leurs droits, et son éloge se trouva sur toutes les bouches et
sous toutes les plumes. Pontifes, prêtres, religieux, religieuses, simples fidèles de tous rangs, tous les témoins de sa
vie célébrèrent ses mérites, rappelèrent ou dévoilèrent ses
œuvres, exprimèrent leur vénération et leurs regrets. De
ces témoignages précieux et spontanés, nous n'en citerons
que deux qui résument tous les autres, celui du cardinal
Desprès, archevêque de Toulouse, et celui d'un prêtre,
enfant lui aussi du diocèse de Cambrai, qui pénétra plus
que personne dans la vie intime de l'abbé Bernard. Leurs
deux lettres sont adressées à M. Henri Bernard, frère du
vénérable défunt.

« Toulouse, 10 septembre 1882. — Mon cher Monsieur,

je viens avec empressement m'associer à votre nouveau deuil. Si vous perdez un frère, qui était comme l'âme de votre nombreuse famille, le clergé de Cambrai perd un prêtre qui a été son modèle dans tous les degrés de la hiérarchie. Longtemps moi-même j'ai pu apprécier tout ce qu'il y avait, dans M. l'abbé Bernard, de foi, de piété, de science et de générosité pour rendre fructueux les divers ministères auxquels il a été employé. Aussi les œuvres nombreuses qu'il a produites l'ont précédé au ciel où déjà il en a reçu la récompense. Ne pleurez donc pas, mais tenez fixé là-haut le regard d'espérance qui console. Demain, je dirai la sainte messe pour le cher et vénéré défunt ; j'y prierai aussi pour ceux qui le pleurent. — Fl. cardinal-archevêque de Toulouse. »

« La Tour Saint-Joseph, 16 sept. 1882.

« Mon cher Henri, je vis bien, en passant à Cambrai dans les derniers jours d'août, que notre très cher et bon abbé n'irait plus bien loin. Mais je partis sans m'attendre à un dénouement si prochain. Le second jour où je le vis, il était mieux que le premier ; je m'en allai en pensant que le danger immédiat était conjuré. Ernest Delloye, qui m'accompagnait, partageait cette espérance, si on peut donner ce nom à la conservation d'une vie devenue si douloureuse. C'est seulement au Hâvre, dimanche dernier, que je sus que Dieu en avait disposé autrement et qu'il avait mis un terme à des épreuves devenues depuis longtemps un vrai Purgatoire. La famille compte un saint de plus au ciel. J'ai trop connu celui que nous pleurons en commun

pour douter qu'il en soit ainsi. J'étais de ceux à qui il s'ouvrait parfois intimement : je sais donc la pureté de cette belle
âme, son zèle pour la maison de Dieu, son désintéresse-
ment, et le long martyre intérieur qu'il a supporté. Il en
était parfois accablé, mais il se relevait. Il a passé par ces
heures de ténèbres et d'agonie par lesquelles Dieu visite
les cœurs pour achever de les purifier en les humiliant :
crucifiement spirituel aussi méritoire qu'il est dur ; vraie
participation aux douleurs de Celui qui a dit : « Mon âme
est triste jusqu'à la mort ; » état incompréhensible pour
celui-même qui le supporte, et où nul homme ne peut être
à un autre homme d'aucun soulagement. Il faut que l'ange
du ciel vienne, comme il est venu souvent à notre bon
abbé, pour raffermir le cœur défaillant. Le sien était à
Dieu, tout à Dieu, uniquement à Dieu. C'est en Dieu,
pour lui, qu'il vous aimait tous, vous, ses frères et les enfants de ses frères, d'un amour tout divinisé par la charité.

J'ai vu ces choses à fond, et il m'a été donné de les
comprendre, dans notre voyage de 1855 en Italie. Celui
qui était alors tant dévoré de scrupules et rongé de craintes,
se croyant éloigné de Dieu, ne le perdait pas de vue un
seul instant, lui était uni de toute la force de sa volonté. Ne
l'oublions pas. Qu'il prie pour nous ! A vous, dans la commune affection de ce frère vénéré. — E. L. Prêtre. »

Nous sera-t-il permis, après ces témoignages si remar-
quables, de reproduire, avec la réserve ordonnée en pareille matière, un autre témoignage où l'on pourrait
voir quelque chose de plus ? Voici, sans commentaire, sans
affirmation d'une intervention surnaturelle, mais sans respect humain, la reproduction pure et simple d'une lettre

qui nous a été écrite le 25 février 1883 par une personne très chrétienne, d'un jugement très sûr, et dont la raison égale et dirige la foi.

« Un de mes parents, connu de l'abbé Bernard, avait *depuis sept ans* une maladie noire dans le genre de celle de l'abbé Bernard lui-même. Depuis ce temps, *il n'avait pas quitté sa chambre*, ne voyait que sa fille chez qui il demeurait, et lui, qui était très religieux, ne faisait plus aucun acte de piété, se disant damné. Sa fille, qui l'avait fait souvent recommander aux prières de l'abbé Bernard vivant, pensa à prier l'abbé Bernard mort, pour son père : c'était vers le milieu d'octobre. Or, la veille de la Toussaint, le malade demande ses vêtements de promenade, sort, cause avec tout le monde, va se confesser, communie le lendemain ; et, sans autre transition, il se remit à la vie commune avec son ancienne gaieté. Ses enfants attribuent ce changement, cette guérison, à l'intervention de l'abbé Bernard. »

Nous livrons ce fait, au moins très édifiant, à l'appréciation de nos lecteurs et sans rien préjuger, sans en tirer aucune conséquence certaine, nous y puisons un grand motif d'espérance et de consolation.

Nous serions heureux et bien récompensé de notre travail si la lecture de cet ouvrage pouvait non-seulement perpétuer et honorer la mémoire de l'abbé Bernard, mais être de quelque utilité aux âmes pieuses, de quelque exemple salutaire aux âmes sacerdotales, de quelque soulagement aux âmes éprouvées comme celle de l'homme de Dieu dont nous venons de retracer la vie et que les fidèles de Rome appelaient le saint prêtre.

APPENDICE

NOTE N° 1.

—

SONNET

A L'OCCASION DU COURONNEMENT DE NOTRE-DAME DE LA TREILLE.

A MONSIEUR L'ABBÉ BERNARD,

Restaurateur de son culte.

Salut Reine du Nord ! J'aime ta foi qui veille
Sur la Madone chère à tes nobles aïeux.
L'écho des anciens temps l'a dit à mon oreille :
A ton aube, Marie apparut dans les cieux.

Hermengarde et son fils, ô Dame de la Treille,
Ont vu de ta beauté l'éclat mystérieux.
En leur cité grandie, un peuple entier s'éveille
Pour chanter tes splendeurs, en ces jours radieux.

Lille, réjouis-toi ! le Pontife suprême
Au front de ta patronne a mis un diadème :
Des miracles nombreux appelaient cet honneur.

Vierge, Mère de grâce, à ta riche couronne
Où brille l'émeraude, où le saphir rayonne,
Laisse-nous ajouter l'or pur de notre cœur.

PIERRE LEBRUN.

24

NOTE N° 2.

PLAN D'ÉDUCATION D'UNE MÈRE CHRÉTIENNE.

septembre 18....

Ma mission près de mes enfants, est celle d'un Ange visible placé par Dieu au milieu d'eux, pour les aider à traverser la vie. Je suis l'auxiliaire de leur Ange gardien, pour disposer leur âme à recevoir et à comprendre les bonnes pensées qu'il leur suggère, pour les fixer dans leur imagination mobile, et pour les aider à les mettre en pratique. — Le but de ma mission est leur introduction dans le Ciel. Après les avoir enfantés à la vie je dois les enfanter à la grâce, travail plus noble, mais plus long, plus laborieux et parfois plus pénible. Sans négliger les soins plus matériels que réclament leur corps et leur santé, ma sollicitude doit surtout s'attacher à l'éducation de leur cœur et de leur intelligence, au moment où leurs facultés morales commencent à se développer. Ma tâche devient alors chaque jour plus importante. Variant dans les détails selon l'âge et le caractère de mes enfants, elle est toujours la même quant au principe : faire une étude particulière du caractère de chacun d'eux, développer le germe de toutes les bonnes inclinations, favoriser même l'aptitude particulière de chacun d'eux aux choses matérielles, combattre, déraciner, au contraire, chaque vice à mesure qu'il se manifeste.

Bonne, indulgente, pour tout ce qui est enfantillage, je veux être sévère pour tout ce qui est vicieux ; punir alors, mais avec calme et réflexion. — Pour encourager leur bonne volonté, et comme stimulant, créer un cahier de bonnes notes selon la méthode indiquée. Les bonnes notes leur donneront le droit de choisir au magasin des récompenses un objet plus ou moins important, selon la valeur de leurs bons points. J'aurai soin de placer parmi ces objets quelques vêtements de pauvre, afin qu'ils apprennent qu'il y a joie pour soi-même à faire celle des autres. Leur laissant toutefois la liberté de choisir ou de laisser ces objets. La privation de bonnes notes sera déjà une punition, dans les circonstances graves il faudra un châtiment plus sévère, se coucher sans m'embrasser sera la punition réservée aux cas exceptionnels. — Les envoyant à l'Asile assez jeunes, et comptant les mettre ensuite en pension, ma part active de leur instruction se réduit à peu de chose. Dans le désir pourtant de ne point y rester tout à fait étrangère, je leur ferai réciter leurs leçons tous les jours, tâchant de leur en faire comprendre le sens, autant qu'il me sera possible, avantage qu'ils ne peuvent guère rencontrer en classe, à cause du grand nombre des enfants. Nous consacrerons à cet effet quelques instants à la suite d'une récréation de trois quarts d'heure qui suivra le dîner. — Me trouvant souvent au milieu d'eux, je m'efforcerai de former leur jugement, en leur faisant apprécier chaque chose à sa juste valeur, et afin de juger du résultat de nos conversations, je les sonderai parfois, leur laissant exprimer leur opinion particulière sur certains évènements. — Quant aux moyens de distractions qui doivent aussi avoir ma part de sollicitude, ils sont je crois bien disposés pour le moment, et il suffira d'éviter que la présence trop fréquente des plus petits ne soit pour les aînés un sujet d'ennui et d'impatience, et à cet effet, les tenir quelquefois à distance, jouant chacun de leur côté aux jeux convenables à leurs divers âges. La surveillance pendant leurs récréations sera exercée avec soin, sans ressembler pourtant à une faction évitant qu'ils puissent supposer que je me défie de leur sagesse. Les plus grands seront un peu solidaires de la sagesse des plus petits. J'aurai soin lorsque leur âge nécessitera de nouveaux genres de distractions, de leur procurer quelques occupations attrayantes qui développent en eux soit leur intelligence, soit leur adresse. J'éviterai avec le plus grand soin, aussi bien pour les petits que pour les grands, l'inaction complète de l'esprit et du corps, même pendant les récréations. — Les besoins de chacun n'étant pas les mêmes, je m'occuperai des plus petits pendant que les aînés seront en classe. Je le ferai avec le plus grand soin, sachant que c'est surtout sur ces petits cœurs que l'on agit le plus efficacement. Désirant que mon influence sur A. ne s'exerce pas seulement au temps des vacances, je lui écrirai souvent, pour entretenir en lui l'esprit de famille, et l'aider de mes conseils qu'il paraît goûter. Afin d'être avec mes enfants à leur retour de classe, je m'occuperai, autant que possible, de mes arrangements de ménage pendant leur absence. J'éviterai aussi tout travail sérieux lorsque je me trouverai au milieu d'eux, afin de conserver la douceur, la patience que je veux avoir avec eux. — Les conseils sur les défauts se donneront en particulier, ils sont plus efficaces de cette manière, et blessent moins le petit amour-propre. Je me tiendrai aussi en garde contre tout ce qui pourrait provoquer la jalousie, véritable plaie entre des frères et sœurs. A cet effet, j'éviterai d'exciter leur émulation par des comparaisons entre eux, me servant de préférence de la lecture d'histoires édifiantes, et par dessus tout je chercherai à ce qu'ils soient sages, par amour du devoir. J'ai une crainte horrible, même dans les histoires édifiantes, de toutes louanges qui, données comme encouragement et émulation, deviennent parfois le mobile des bonnes actions, et par suite les empoisonnent. Je voudrais conserver à mes enfants une si grande simplicité, qu'ils ne fussent jamais préoccupés de ce que les autres pensent ou disent d'eux, qu'ils n'eussent même pas la pensée que l'on puisse s'occuper d'eux. Je voudrais que la simplicité de leurs goûts et de leur manière d'être, leur donnassent une grande droiture de langage, et d'action. Je veux les prémunir contre ce luxe, véritable plaie de notre siècle, qui fait chaque jour des progrès effrayants, et contre la vanité. J'éviterai, autant que possible, que les étrangers non seulement ne les louent, mais qu'ils ne louent même pas d'autres enfants en leur présence. Leur toilette sera convenable, mais simple, et je ne paraîtrai jamais y attacher d'autre importance que celle de l'ordre et de la propreté. — Tout l'ensemble de leur éducation consiste à leur faire connaître, aimer et pratiquer leurs devoirs envers Dieu, envers leurs semblables, envers eux-mêmes. Tout petits encore, je leur dirai qui les a créés, pour quelle fin ils sont créés, quel Royaume ils doivent gagner, ce que Jésus-Christ a fait pour eux, qu'ils ont au Ciel une bonne Mère, à laquelle ils ont été consacrés le jour de leur baptême. Comme préservatif contre le mal, et stimulant au bien, je les pénétrerai de la pensée que Dieu voit tout, entend tout, toujours, toujours. Je leur apprendrai à bien prier en leur expliquant le sens de leurs petites prières, et je prierai parfois avec eux. Après les premières notions de la religion, je m'appliquerai surtout à former leurs sentiments religieux, laissant à leurs maîtres et aux ecclésiastiques le soin de leur instruction religieuse. C'est par mes prières que je veux leur obtenir l'amour de Dieu, c'est encore en le perfectionnant en moi, afin qu'en leur parlant de Dieu mes paroles touchent leurs petits cœurs. A six ans, ils iront à la messe régulièrement le Dimanche ; avant cet âge, seulement de loin en loin, comme récompense. A huit ans, on les conduira à la fin des vêpres, un moment seulement, pour leur en donner l'habitude, pas assez longtemps pour qu'ils en aient de l'ennui. Je leur expliquerai les motifs pour lesquels les diverses fêtes de l'année sont établies, et l'esprit de l'Eglise pendant ces fêtes. Selon la solennité de la fête, ils y prendront leur petite part active, soit en allant à l'église, soit en récitant chez eux à cette intention une prière particulière. Je profiterai de toutes les circonstances qui se présenteront pour exciter, selon la nature de cette circonstance, soit leur confiance, soit leur reconnaissance, soit leur amour pour Dieu. La préparation à la première communion commencera longtemps avant. Elle deviendra le mobile de toutes les bonnes actions, le but de tous les petits combats intérieurs. Quelques mois avant l'époque de cette action importante, je les mettrai en pension, afin que leurs dispositions soient plus parfaites.

Je leur dirai encore que, non seulement ils doivent avoir pour leurs frères et sœurs une vive affection, beaucoup de douceur, de bienveillance, mais que ces sentiments doivent s'étendre encore (d'une manière plus générale sans doute) à tous les autres hommes, parce qu'en Jésus-Christ nous sommes tous frères. Que parmi ces frères il en est qui sont les enfants de prédilection de Dieu, et qui ont la première place dans son cœur, à cause de leurs souffrances. Que pour ces motifs ils doivent aussi avoir leur première sollicitude, leur première sympathie. Que leur intérêt y est engagé, puisqu'ils ne peuvent entrer dans le ciel que par eux. J'éviterai devant les plus petits, qui ne peuvent comprendre mes motifs, de refuser l'aumône aux pauvres peu respectables. Un tronc sera placé à leur chapelle, afin qu'ils puissent de leur propre mouvement, seuls sans témoin, y déposer leurs petites aumônes. Les faibles sommes recueillies dans ce tronc seront distribuées à un pauvre du quartier, soit en pain, soit en vêtements. Lorsqu'ils seront plus grands, je les conduirai quelquefois, à titre de récompense, visiter un ménage pauvre, et tâcherai surtout d'exciter leur affection pour les petits enfants des pauvres. Ils fourniront de leur petite bourse la cotisation annuelle de la propagation de la foi, et de la Sainte-Enfance auxquelles ils sont associés. Je leur en expliquerai le but, afin qu'ils comprennent qu'ils ne doivent pas seulement à leurs semblables l'aumône matérielle mais qu'ils doivent encore, selon leur pouvoir, procurer à leurs âmes l'aumône spirituelle. — Toute parole hautaine de mépris sera punie, surtout si elle s'adresse à un domestique : des excuses devront alors les réparer.

Après leur avoir appris que le Ciel pour lequel ils étaient créés, ayant été fermé par le péché d'Adam leur premier père, il a fallu la mort d'un Dieu pour expier cette révolte de la créature, et lui rendre ses droits au Ciel, je leur ferai comprendre que la mort de Jésus-Christ ne les introduit pas indubitablement dans le paradis, mais que par ses souffrances il nous a rendu notre titre d'enfants de Dieu, et que dès lors, nous pouvons et devons maintenant conquérir notre héritage par nos bonnes actions. Que rien de souillé n'entrera dans le Ciel ; que par nature nous sommes vicieux, de là l'obligation de nous combattre, de nous corriger toute notre vie. Que sans la grâce de Dieu nous ne pouvons faire aucune bonne œuvre, mais que Dieu a promis cette grâce à ceux qui la lui demanderont dans leur prière. — Je leur inspirerai, tout petits encore, une vive horreur pour le péché, particulièrement pour l'inclination mauvaise qui paraîtra se manifester dans chacun d'eux. Je leur apprendrai que pour travailler efficacement à sa perfection, il ne faut pas le faire d'une manière générale, mais qu'il faut s'attacher à combattre un vice à la fois, et se corriger tous les ans, ne fût-ce que d'un défaut. Je les aiderai dans leur petit travail, indiquant à chacun par quel défaut il doit commencer, et me faisant rendre compte quelquefois, dans une conversation particulière et très intime, du résultat de leurs efforts. Ils prendront très jeunes l'habitude de l'examen du soir. — Je leur dirai encore, qu'outre ces devoirs envers leur âme, ils ont des devoirs envers leur corps qu'ils doivent respecter comme l'œuvre de Dieu et le temple du Saint-Esprit, et des devoirs envers leur intelligence qu'ils sont obligés de cultiver avec soin, par reconnaissance pour Dieu qui la leur a donnée, et pour devenir un jour utiles à leurs semblables, auxquels ils devront aide et conseil dans la mesure des dons qu'ils auront reçus. — Je veillerai aussi à développer en eux le goût de l'ordre et de la propreté.

Mon travail, qui est un travail de tous les jours, de tous les instants, ne sera achevé que le jour où, avec la grâce de Dieu, tous mes enfants seront devenus des chrétiens selon son cœur. Je ne leur devrai plus alors que les douceurs de mon affection, et l'appui de ma vieille expérience de la vie. Forte des conseils de celui que Dieu a choisi pour me diriger, j'accomplirai ma mission avec courage, confiance et persévérance.

TABLE DES MATIÈRES

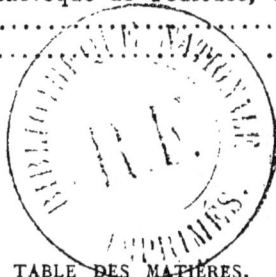

FIN DE LA TABLE DES MATIÈRES.

2905. — ABBEVILLE, TYP. ET STÉR. A. RETAUX.